本書爲國家古籍整理出版專項經費資助項目

歷代經學要籍叢刊

春秋公羊解詁

〔漢〕何休 撰
郜積意 校定

中華書局

圖書在版編目(CIP)數據

春秋公羊解詁/(漢)何休著;部積意校定. —北京:中華書局,2025.3. —(歷代經學要籍叢刊). —ISBN 978-7-101-17093-1

Ⅰ.K225.04

中國國家版本館 CIP 數據核字第 2025XU7679 號

責任編輯:汪　煜
封面設計:劉　麗
責任印製:陳麗娜

歷代經學要籍叢刊
春秋公羊解詁
〔漢〕何　休 著
部積意 校定

*

中 華 書 局 出 版 發 行
(北京市豐臺區太平橋西里 38 號　100073)
http://www.zhbc.com.cn
E-mail:zhbc@zhbc.com.cn
河北品睿印刷有限公司印刷

*

850×1168 毫米 1/32 · 16 印張 · 4 插頁 · 300 千字
2025 年 3 月第 1 版　2025 年 3 月第 1 次印刷
印數:1-2000 册　定價:98.00 元

ISBN 978-7-101-17093-1

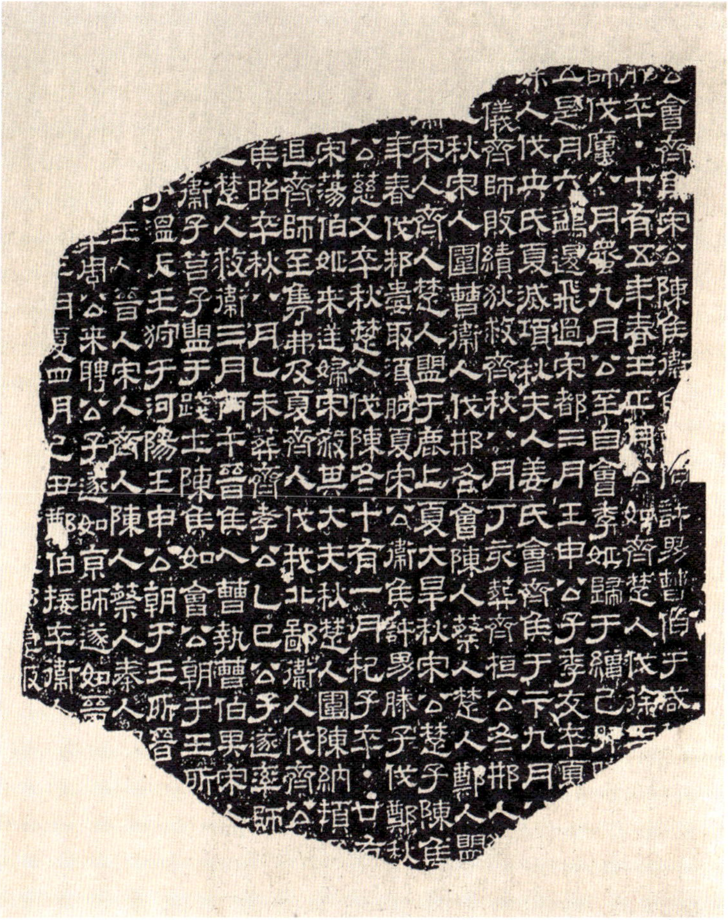

漢熹平石經拓本

唐開成石經拓本

漢司空掾任城樊何休序

昔者孔子有云吾志在春秋行在孝經此二學者聖人之極致治世之要務也傳春秋者非一本據亂而作其中多非常異義可怪之論說者疑惑至有倍經任意反傳違戾者其勢雖問不得不廣是以講誦師言至於百萬猶有不解時加讓嘲辭援引他經失其句讀以無爲有甚可閔笑者不可勝記也是以治古學貴文章者謂之俗儒至使賈逵緣隙奮筆以爲公羊可奪左氏可興恨先師觀聽不決多隨二創此世之餘事斯豈非守文持論敗績失據之過哉余竊悲之久矣往者略依胡毋生條例多得其正故遂隱括使就繩墨焉

春秋公羊經傳解詁隱公第一

何休學

元年春王正月元年者何（諸據疑問所不知故曰者何）君之始年也（以常錄即位知君之始年君魯侯隱公也年者十二月之揔號春秋書十二月稱年是也變一爲元元者氣也無形以起有形以分造起天地天地之始也故上無所繫而使春繫之也不言公言君之始年者王者諸侯皆稱君所以通其義於王者惟王者然後改元立號春秋託新王受命於魯故因以錄即位明王者當繼天奉元養成萬物）春者

宋淳熙撫州公使庫刻本

（中華再造善本）

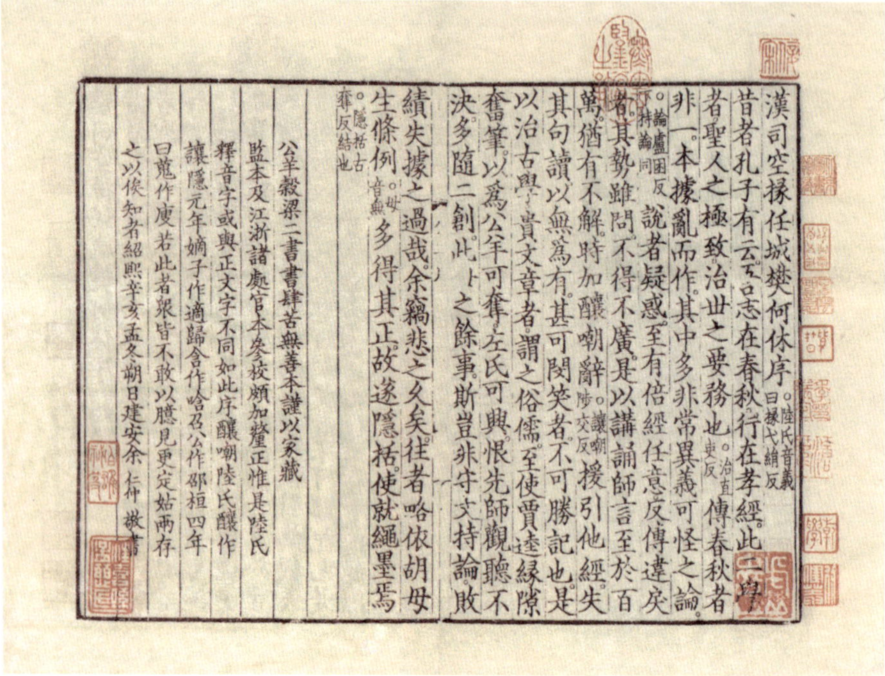

漢司空掾任城樊何休序○陸氏音義曰掾弋絹反
昔者孔子有云吾志在春秋行在孝經此二學者聖人之極致治世之要務也○治直吏反傳春秋者
非一本據亂而作其中多非常異義可怪之論○論盧困反下持論同説者疑惑至有倍經任意反傳違戾
者其勢雖問不得不廣是以講誦師言至於百萬猶有不解時加釀嘲辭○釀嘲陟交反援引他經失
其句讀以無爲有甚可閔笑者不可勝記也是
以治古學貴文章者謂之俗儒至使賈逵緣隙
奮筆以爲公羊可奪左氏可興恨先師觀聽不
決多隨二創此卜之餘事斯豈非守文持論敗
績失據之過哉余竊悲之久矣往者略依胡毋
生條例○毋音無多得其正故遂隱括使就繩墨焉○隱括古奪反結也

公羊穀梁二書書肆苦無善本謹以家藏
監本及江浙諸處官本參校頗加釐正惟是陸氏
釋音字或與正文字不同如此序釀嘲陸氏釀作
讓隱元年嫡子作適歸含作唅召公作邵桓四年
曰蒐作廋若此者衆皆不敢以臆見更定姑兩存
之以俟知者紹熙辛亥孟冬朔日建安余仁仲敬書

宋紹熙二年余仁仲萬卷堂刻本
（中華再造善本）

弁言

正經注疏之合刻，蓋始於南宋兩浙東路茶鹽司刊五經注疏，自茲厥後，代有其事。嘉之者謂其便於讀者披繹，譏之者謂其似便而易惑。取意既異，立説自殊。案經注、義疏、釋文合刊，乃併三書爲一書，然漢晉經注本，與孔穎達正義本、陸德明釋文本不同，故後來者合刻義疏、釋文，或據經注以改釋文、疏文，或據釋文、疏文以改經注，皆失其真。是以清儒於此多有譏辭，如段玉裁云：「自宋人合正義、釋文於經注，而其字不相同者，一切改之使同，使學而不思者白首茫如。其自負能挍經者，分别又無真見，故三合之注疏本，似便而易惑。」魏彦亦云：「陸氏所據各本，與孔賈所據各本，與宋人傳習各本，本各不同，自宋人以釋文合之經傳注疏本，而所釋多非其字，令學者展卷芒然。」以此言之，傳本失真，乃注疏合刻之大弊也。欲救此弊，必先辨析諸本之異同。故段玉裁云：「挍經之法，必以賈還賈，以孔還孔，以陸還陸，以杜還杜，以鄭還鄭。」誠哉斯言。讀者若明於家法之沿革，通乎傳本之流變，則不至於展卷而無所適從。然「以賈還賈，以鄭還鄭」云云，豈易也哉？即以段氏論公羊爲證，其撰春秋經殺弑二字辯别考，總論夫子春秋經本；撰晉里克弑其君之子奚齊，分别三家傳本之異同；撰公羊經傳弑字辯誤，專辨何休注本之誤。春秋經本、三家傳本、何氏注本各不相同，而段氏未嘗分疏，實與「以賈還賈，以鄭還鄭」之意自相乖違。竊謂解詁原本既不可得，若欲定本正字，勢必折中於何氏義例。以何氏義例爲準，廣蒐諸本，參伍比勘，則後來者傳寫之訛，猶可得其蹤跡。斯篇即循段氏之意，「以何還何」，既一一讎校衆本，又以何氏家法相證，廣異本，定文字，辨是非，雖不敢云盡還解詁舊貌，猶可言十得七八。解詁原本既明，則不爲注疏本、釋文本所累矣。傳云「名從主人」，其斯之謂歟？兹敘校例如左：

一、以中華再造善本景印宋淳熙撫州公使庫刻紹熙四年重脩春秋公羊經傳解詁爲底本，凡唐宋經注本之異文，皆一一對校，列異文，論是非，明理據。

二、論是非，明理據，一皆以何氏家法爲準。凡不能以何氏家法定者，則闕疑焉。

三、所出校記，主據宋以前單經本、經注本。所以然者，今日所見公羊注疏各本，以十行本爲最早，十行本乃據余本與單疏本合刻，閩本又依十行本重刻，監本據閩本重刻，毛本則據監本重刻，清武英殿本又主據監本。今校記詳列單經本、經注本異同，而略不舉注疏本之異文者，以注疏本之經注文，多不出余本之外，即有不同，乃出校記，庶可免目勞之患焉。

四、經傳文之改字，凡確知經傳文必誤，且有别本可證者，則改，並出校記。如昭公四年經「大雨雹」，諸本皆誤作「大雨雪」，今改雪爲雹，有徐彦所引「正本」及左氏經本可證。若無別本可證，雖確知經傳文必誤，則不改字，但出校記。如僖公十四年傳「孰城之」，衍「之」字，然無別本可證，故不删正，僅出校記而已。

五、唐宋人最講字樣之學，如張參五經文字、唐玄度九經字樣是也。然字樣所據，或説文，或經典相承者，未必皆是，且寫刻石經者，又不全依字樣。如僖公十年穀梁傳「稚曰卓子」，用稚字，然五經文字出「稺穉」云：「並丈利反，幼禾也。上説文，下字林。」今説文不見稚字，唐石經作稚字者，與張參字樣不合。又如毛居正六經正誤謂奈何之「奈」，字從大；李柰之「柰」，字當從木；案諸書傳，亦與此説多違。至於「臂」之從肉，「朔」之從月，「朝」之從舟，「青」之從丹，「甲胄」之從冃，「胄胤」之從肉，縱有理據，以其難寫也。他如「笑」下寫作夭，不從犬；「致」旁寫作攵，不從夊；「往」字不作徃，「朋」之體不斜，取便也。昔岳氏九經三傳沿革例云：「與同志之精於字學者逐一探討折衷，不使分毫差誤，雖注字，偏旁點畫必校」，今觀其所刻，所謂「不使分毫差誤」云云，亦有嫌矣，如寧字，岳本周易寫作寧，案説文篆體作寧，心在皿上，今岳本作罒不作皿，非許氏意也。又如含字，寫作舍，若據説文篆體含，則舍字猶有可商。故斯篇之用字，雖首重經意，然要皆從便，凡諸本有字樣殊異且須辨别者，皆出校記。至若奈柰、弔吊、間閒之屬，徑加統一，不作詳叙。

六、專名綫所加，尤關何氏義例之闡發。諸侯氏國，故國爵連名，專名綫不可斷，如齊侯小白是也。大夫繫國不氏國，故須隔斷專名綫，如齊崔杼。大夫若當國，則專名綫相連，如其意也，如鄭段。衛州吁弑君當國，故專名綫相連；宋督弑君，不當國，故專名綫不連。齊小白入于齊，彼時尚未爲君，所以專名綫相連者，言「入」，明小白有當國之意，故連綫氏齊。宋督弑君，不當國，故專名綫不連。宋萬弑君，亦不當國，而專名綫相連者，何休謂争博弑君而以當國言之，重録彊禦之賊也。紀季爲大夫，不當國，亦連綫者，以「季」爲天子上大夫字稱，起其賢，可爲附庸小國之君，故連綫氏國。宰咺爲天子之士，繫屬於「宰」，不得氏「宰」，是以不連綫。宰渠伯糾，天子下大夫以官氏，故連綫。宰周公雖以采邑爲氏，然「宰」是周公身上官，故亦連綫。要言之，凡氏者，專名綫相連；凡繫者，專名綫隔斷。如此，則不失何氏之旨。

七、版式編排，經文頂格，傳注文低一格，既尊經，又清眉目耳。

引據公羊各本目録

單經本

漢石經春秋經、公羊傳殘字，見馬衡輯漢石經集存。又見漢魏洛陽故城南郊禮制建筑遺址一九六二—一九九二年考古發掘報告（文物出版社，二〇一〇年）。

漢石經春秋經、公羊傳分别勒石，春秋閔公篇附於莊公下，此與解詁同。然解詁合併經傳，且用字與石經多異。

唐石經春秋公羊經傳解詁，見中華書局景印張氏皕忍堂本。又見西安碑林全集，廣東經濟出版社據西安碑林舊藏拓本景印。

皕忍堂本與西安碑林所藏舊拓本略有不同。如成公二年傳「踊于棓而闚客」，景印皕忍堂本據阮刻本補作「窺」，而西安碑林舊藏拓本則作「闚」。

宋小字本公羊春秋，中華再造善本據中國國家圖書館藏宋刻本景印。

此與穀梁傳合爲一帙，經傳相併，不分卷，但以十二公爲題，又加欄附陸氏音義。

經注本

經典釋文公羊音義一卷，上海古籍出版社據中國國家圖書館藏宋刻本景印。又見宋淳熙撫州公使庫刻春秋公羊經傳解詁附刻公羊釋文一卷。又見宋紹熙二年余仁仲萬卷堂刊春秋公羊經傳解詁，釋文則分附於經注之下。

同是宋刻，釋文單行本與附刻本略有不同。

蜀石經春秋公羊殘字，湖南美術出版社據清劉體乾藏宋拓本景印。

拓本殘字自桓公六年傳「來也」起，止於桓公十五年經「公會齊侯」。石經合刻注文，蓋始於此。以唐石經、撫本、余本相比勘，此本用字略有不同。

撫本春秋公羊經傳解詁十二卷，中華再造善本據中國國家圖書館藏宋淳熙撫州公使庫刻紹熙四年重脩本景印。

此岳氏九經三傳沿革例所言「撫州舊本」也。寫刻精良，視余氏萬卷堂刊本猶勝一籌。宋諱闕筆至慎字，書口有「癸丑重刊」四字，乃宋紹熙四年重脩本。有補版一葉，自僖公十年傳「荀息曰」至「美未見乎天下故」。今據以爲底本。

余本春秋公羊經傳解詁十二卷，中華再造善本據中國國家圖書館藏宋紹熙二年余仁仲萬卷堂刻本景印。又見臺北故宫博物院據宋紹熙二年余仁仲萬卷堂刻紹熙四年重脩本景印。

中華再造善本景印者，乃余氏萬卷堂初刻本；臺北故宫博物院景印者，則是重脩本；二本文字略有不同。余本即岳氏九經三傳沿革例所言「建安余仁仲」本也。

鄂本春秋公羊經傳解詁，據阮元挍勘記引。

單疏本

春秋公羊疏鈔本三十卷，日本名古屋蓬左文庫藏。

宋王堯臣崇文總目、晁公武郡齋讀書志、陳振孫直齋書録解題皆云春秋公羊疏三十卷，此鈔本三十卷完帙，而今注疏本分爲二十八卷，非舊疏本之次。此鈔本無界欄，每半葉十二行，行二十一字至二十五字不等，鈔寫成於衆手。首載景德二年六月中書門下牒，末載校書人名銜，避宋諱闕筆至桓、完止，則鈔自宋本可知。

春秋公羊疏三十卷存七卷，中華再造善本據中國國家圖書館藏宋刻元脩本景印。

存七卷者，即隱公三卷、桓公二卷、莊公二卷。宋諱敬、殷、恒、貞、桓、完等字闕末筆，然慎字未嘗闕筆，蓋版行於南宋孝宗朝之前。此七卷與單疏鈔本相比勘，又有微異。

注疏本

元本監本附音春秋公羊傳註疏二十八卷，中華再造善本據北京市文物局藏元刻明脩本景印。

此即十行本也。半葉十行，行十七字，注文、疏文小字雙行，行二十三字。然校刻不精，字多俗體，訛謬時見。

阮本春秋公羊傳注疏二十八卷，臺北藝文印書館據清嘉慶廿年南昌府學栞本景印。

此清阮元校刻十三經注疏本，題曰「重栞宋本十三經注疏」，然近來學者謂阮元所據本實非真宋本，乃元本。此亦十行本，每卷末附有挍勘記，列諸本異同，頗便讀者。

閩本春秋公羊傳註疏二十八卷，明嘉靖中福建御史李元陽、福建提學僉事江以達刊本。

閩本乃據十行本重刻，然版式已改。半葉九行，經傳大字，行二十一字；注文中字，行二十字；疏文則小字雙行，亦行二十字。傳文前加「傳」字，注文前加「註」字。又或據釋文改經注文，或據經注文改釋文，皆與十行本有異。

監本春秋公羊傳註疏二十八卷，明萬曆中北京國子監刊本。

毛本春秋公羊傳註疏二十八卷，明崇禎中虞山毛氏汲古閣刊本。

殿本春秋公羊傳注疏二十八卷，清乾隆四年武英殿刊本。

殿本主據監本，又參校諸本，齊召南云：「凡書局所有各本，罔不讎對，正其脱訛。」於文字之是正，殿本頗有可取，然體例大改，其疏文逕繫於經注之下，不標示起訖，則與十行本殊異。雖便於覽讀，然徐彦所據本遂不得詳焉。

四庫本春秋公羊傳注疏二十八卷，臺北商務印書館據文淵閣四庫全書本景印。

四庫本主據殿本，然書前提要又有不同。

目録

漢司空掾任城樊何休序〔一〕

昔者孔子有云：「吾志在春秋，行在孝經。」此二學者，聖人之極致，治世之要務也〔二〕。傳春秋者非一，本據亂而作〔三〕，其中多非常異義可怪之論。説者疑惑，至有倍經任意〔四〕、反傳違戾者，其勢雖問〔五〕，不得不廣，是以講誦師言至於百萬，猶有不解。時加釀嘲辭〔六〕，援引他經，失其句讀，以無爲有，甚可閔笑者〔七〕，不可勝記也。是以治古學貴文章者謂之俗儒，至使賈逵緣隙奮筆，以爲公羊可奪，左氏可興。恨先師觀聽不決，多隨二創。此世之餘事，斯豈非守文持論、敗績失據之過哉？余竊悲之久矣，往者略依胡毋生條例，多得其正，故遂隱括使就繩墨焉。

【校勘記】

〔一〕漢司空掾任城樊何休序，余本同，此非何氏本之舊，乃後人所改。釋文則作「春秋公羊序」，亦非漢儒題序之例。諸本此序皆冠於篇首，唯陳立公羊義疏移置於書末，與漢人撰述之例合。

〔二〕治世之要務也，唐石經、余本同。疏云：「考諸舊本，皆作『也』字，又且於理亦宜然。若作『世』字者，俗誤已行。」阮氏挍勘記云：「『也』作『世』，則屬下讀，曰：『世傳春秋者非一。』俗本是。」案阮氏以「世」字爲勝，與疏不同，備一説耳。

〔三〕據，諸本同，疑當作「据」。考宋經注本，注文用「据」字凡六百餘例，無作「據」者，是何氏用据不用據。下文「敗績失據」，亦當作「据」。漢儒撰序，例在書末，後人移置諸卷端，遂改「据」爲「據」。説詳今本解詁通用字考（見義例與用字第四章，下同）。

〔四〕倍，疑當作「背」。案何氏用字之例，凡增倍、加倍義，用倍字；凡乖背、反背義，用背字。説詳今本解詁通用字考。

〔五〕雖問，唐石經、余本同。疏云：「一説：其勢維適畏人問難，故曰維問。遂恐己説窮短，不得不廣引外文，望成己説，故曰不得不廣也。維，誤爲雖耳。」阮氏挍勘記云：「維，當作惟。言其形勢惟問難者多，是以不得不廣爲之説。」案如阮説，「惟」字，當寫作「唯」。説參今本解詁通用字考。

〔六〕讓，余本同。陸氏釋文作「讓」。阮氏挍勘記云：「釋文作讓嘲，相責讓也。嘲，嘲笑也，言時加誚讓嘲笑之辭，作釀誤也。」案阮挍備一説。加釀者，蓋何氏彼時方言，亦未可知。

〔七〕笑，唐石經、余本同作笑，阮氏挍勘記云：「閩、監、毛本笑改笑，誤。」案張參五經文字：「笑，喜也，從竹下犬。」唐玄度九經字様出「笑笑」云：「喜也。上，案字統注曰：『從竹從夭，竹爲樂器，君子樂然後笑。』下，經典相承字，義本非從犬。笑、賓、莫、蓋、芉、靡、鼎、隸等八字，舊字樣已出，注解不同，此乃重見。」段玉裁說文解字注云：「楊承慶字統異說云：『从竹从夭。竹爲樂器，君子樂然後笑。』字統每與說文乖異，見玄應書。蓋楊氏求从犬之故不得，是用改夭形聲。」段、阮皆以笑字爲正，本乎說文。然今日通寫作笑，從便俗也。

春秋公羊經傳解詁隱公第一〔一〕

何休 學〔二〕

元年，春，王，正月。

元年者何？諸据疑問所不知，故曰「者何」。君之始年也。以常録即位，知君之始年。君，魯侯隱公也。年者，十二月之捴號，春秋書十二月稱年是也。變一爲元，元者，氣也，無形以起，有形以分，造起天地，天地之始也。故上無所繫，而使「春」繫之也。不言公，言「君之始年」者，王者諸侯皆稱君，所以通其義於王者。惟王者然後改元立號〔三〕，春秋託新王受命於魯，故因以録即位，明王者當繼天奉元，養成萬物。春者何？獨在「王」上，故執不知問。歲之始也。以上繫「元年」，在「王正月」之上，知歲之始也。春者，天地開辟之端〔四〕、養生之首、法象所出、四時本名也。昬斗指東方曰春，指南方曰夏，指西方曰秋，指北方曰冬。歲者，捴號其成功之稱，尚書「以閏月定四時成歲」是也。王者孰謂？孰，誰也。欲言時王則無事，欲言先王又無謚，故問誰謂。謂文王也。以上繫「王」於「春」，知謂文王也。文王，周始受命之王，天之所命，故上繫天端。方陳受命制正月，故假以爲王法。不言謚者，法其生，不法其死，與後王共之，人道之始也。**曷爲先言王而後言正月？**據下「秋七月天王」先言月而後言王。**王正月也。**以上繫於「王」，知王者受命布政施教所制月也。王者受命，必徙居處，改正朔，易服色，殊徽號，變犧牲，異器械，明受之於天，不受之於人。夏以斗建寅之月爲正，平旦爲朔，法物見，色尚黑。殷以斗建丑之月爲正，雞鳴爲朔，法物牙，色尚白。周以斗建子之月爲正，夜半爲朔，法物萌，色尚赤。**何言乎王正月？**據定公有王無正月。**大一統也。**統者，始也，揔繫之辭。夫王者始受命改制〔五〕，布政施教於天下，自公侯至於庶人，自山川至於草木昆蟲，莫不一一繫於正月，故云政教之始。**公何以不言即位？**據文公言即位也。即位者，一國之始，政莫大於正始。故春秋以元之氣正天之端，以天之端正王之政，以王之政正諸侯之即位，以諸侯之即位正竟內之治。諸侯不上奉王之政，則不得即位，故先言「正月」，而後言「即位」。政不由王出，則不得爲政，故先言「王」而後言「正月」也。王者不承天以制號令，則無法，故先言「春」，而後言「王」。夫不深正其元〔六〕，則不能成其化，故先言「元」，而後言「春」。五者同日並見，相須成體，乃天人之大本，萬物之所繫，不可不察也。**成公意也。**以不有正月而去即位，知其成公意。**何成乎公之意？**據刺欲救紀而後不能。**公將平國而反之桓。**平，治也。時廢桓立隱不平，故曰「平」。反，還之。**曷爲反之桓？**據己立也。**桓幼而貴，隱長而卑。**長者，已冠也。禮，年二十見正而冠。士冠禮曰：「嫡子冠於阼〔七〕，以著代也。醮於客位，加有成也。三加彌尊，諭其志也。冠而字之，敬其名也」「公侯之有冠禮，夏之末造也。天子之元子猶士也，天下無生而貴者。」**其爲尊卑也微，母俱媵也。國人莫知。**國人，謂國中凡人。莫知者，言惠公不早分別也。禮〔八〕，男子年六十閉房，無世子，則命貴公子；將薨，亦如之。**隱長又賢，**此以上皆道立隱所緣。**諸大夫扳隱而立之，**扳，引也。諸大夫立隱不起者，在春秋前，明王者受命不追治前事。孔子曰：「不教而殺謂之虐，不戒視成謂之暴。」**隱於是焉而辭立，**辭，讓也，言隱欲讓。**則未知桓之將必得立也。**是時公子非一。**且如桓立，**且如，假設之辭。**則恐諸大夫之不能相幼君也。**隱見諸大夫背正而立己不正，恐其不能相之。**故凡隱之立，爲桓立也。**凡者，凡上所慮二事，皆不可，故於是己立，欲須桓長大而歸之，故曰「爲桓立」。明其本無受國之心，故不書即位，所以起其讓也。**隱長又賢，何以不宜立？**据賢繆公與大夫，貜且長以得立。**立適以長不以賢〔九〕，立子以貴不以長。**適，謂適夫人之子，尊無與敵，故以齒。子，謂左右媵及姪娣之子，位有貴賤，又防其同時而生，故以貴也。禮，適夫人無子，立右媵；右媵無子，立左媵；左媵無子，立嫡姪娣；嫡姪娣無子，立右媵姪娣；右媵姪娣無子，立左媵姪娣。質家親親，先立娣；文家尊尊，先立姪。嫡子有孫而死，質家親親，先立弟；文家尊尊，先立孫。其雙生也，質家据見立先生，文家据本意立後生，皆所以防愛爭。**桓何以貴？**据俱公子也。**母**

貴也。据桓母右媵。母貴則子何以貴？据俱言公子。子以母貴，以母秩次立也。母以子貴。禮，妾子立，則母得爲夫人，夫人成風是也。

三月，公及邾婁儀父盟于眜〔一〇〕。

及者何？與也。若曰：公與邾婁盟也。會、及、暨，皆與也。都解經上會、及、暨也。曷爲或言會？或言及？或言暨？會，猶最也〔一一〕。最，聚也。直自若平時聚會，無他深淺意也。最之爲言聚，若今聚民爲投最。及，猶汲汲也。暨，猶暨暨也。及，我欲之；暨，不得已也。我者，謂魯也。內魯，故言我。舉及、暨者，明當隨意善惡而原之。欲之者，善重惡深；不得已者，善輕惡淺；所以原心定罪。儀父者何？邾婁之君也。以言「公及」不諱，知爲君也。何以名〔一二〕？据齊侯以祿父爲名。字也。以當褒，知爲字。曷爲稱字？据諸侯當稱爵。褒之也。以宿與微者盟書卒，知與公盟當褒之。有土嘉之曰褒，無土建國曰封。稱字所以爲褒之者，儀父本在春秋前，失爵在名例爾。曷爲褒之？据功不見。爲其與公盟也。爲其始與公盟。盟者，殺生歃血，詛命相誓，以盟約束也。傳不足言託始者〔一三〕，儀父比宿、滕、薛最在前，嫌獨爲儀父發始，下三國意不見，故顧之。與公盟者衆矣，曷爲獨褒乎此？据戎、齊侯、莒人皆與公盟，傳不足託始，故復据衆也。因其可褒而褒之。春秋王魯，託隱公以爲始受命王，因儀父先與隱公盟，可假以見褒賞之法，故云爾。此其爲可褒奈何？漸進也。漸者，物事之端，先見之辭。去惡就善曰進。譬若隱公受命而王，諸侯有倡始先歸之者，當進而封之，以率其後。不言先者，亦爲所褒者法，明當積漸，深知聖德灼然之後乃往，不可造次陷於不義。昧者何？地期也。會、盟、戰，皆録地其所期處，重期也。凡書盟者，惡之也，爲其約誓大甚，朋黨深背之，生患禍重。胥命於蒲，善近正是也。君、大夫盟例日，惡不信也。此月者，隱推讓以立，邾婁慕義而來相親信，故爲小信辭也。大信者時，柯之盟是也。魯稱公者，臣子心所欲尊號其君父。公者，五等之爵最尊。王者探臣子心欲尊其君父，使得稱公，故春秋以臣子書葬者皆稱公。于者，於也。凡以事定地者加于例，以地定事者不加于例〔一四〕。

夏，五月，鄭伯克段于鄢〔一五〕。

克之者何？加之者，問訓詁，并問施于之爲。殺之也。殺之，則曷爲謂之克？大鄭伯之惡也。以「弗克納」大郤缺之善，知加「克」大鄭伯之惡也。曷爲大鄭伯之惡？据晉侯殺其世子申生不加「克」以大之。母欲立之，己殺之，如勿與而已矣。如，即不如，齊人語也。加克者，有嫌也，段無「弟」文，稱君，甚之不明。又段當國，嫌鄭伯殺之無惡，故變「殺」言「克」，明鄭伯爲人君，當如傳辭，不當自己行誅殺，使執政大夫當誅之。克者，詁爲殺，亦爲能，惡其能忍戾母而親殺之。禮，公族有罪，有司讞于公，公曰「宥之」。及三宥，不對，走出。公又使人赦之，以不及反命。公素服不舉而爲之變，如其倫之喪，無服，親哭之。段者何？鄭伯之弟也。殺母弟，故直稱君。何以不稱弟？据天王殺其弟年夫稱弟。當國也。欲當國爲之君，故如其意，使如國君氏上「鄭」，所以見段之逆。其地何？据齊人殺無知不地。當國也。齊人殺無知何以不地？据俱欲當國也。在内也。在内，雖當國，不地也。其不當國而見殺者，當以殺大夫書，無取於地也。其當國者，殺於國内，禍已絶，故亦不地。不當國，雖在外，亦不地也。明當國者在外乃地爾，爲其將交連鄰國，復爲内難，故録其地，明當急誅之。不當國，雖在外，禍輕，故不地也。月者，責臣子不以時討，與殺州吁同例。不從討賊辭者，主惡以失親親，故書之。

秋，七月，天王使宰咺來歸惠公、仲子之賵。

宰者何？官也。以周公加「宰」，知爲官也。咺者何？名也。别何之者，以有宰周公，本嫌「宰」爲官。曷爲以官氏？据石尚。宰，士也。天子上士以名氏通，中士以官録，下士略稱人。惠公者何？隱之考也。生稱父，死稱考，入廟稱禰。仲子者何？桓之母也。以無謚也。仲，字；子，姓。婦人以姓配字，不忘本也，因示不適同姓。生稱母，死稱妣。何以不稱夫人？此難生時之稱也。据「秦人來歸僖公、成風之襚」，成風稱謚。今仲子無謚，知生時不稱夫人。桓未君也。賵者何？喪事有賵。賵者蓋以馬，以乘馬束帛。此道周制也。以馬者，謂士不備四也，禮既夕曰「公賵玄纁束帛兩馬」是也。乘馬者，謂大夫以上備四也。禮，大夫以上至天子皆乘四馬，所以通四方也。天子馬曰龍，高七尺以上；諸侯曰馬，高六尺以上；卿大夫士曰駒，高五尺以上。束帛，謂玄三纁二，玄三法天，纁二法地，因取足以共事。**車馬曰賵，貨財曰賻，衣被曰襚。**此者，春秋制也。賵，猶覆也；賻，猶助也；皆助生送死之禮。襚，猶遺也，遺是助死之禮。知生者賵賻，知死者贈襚。**桓未君，則諸侯曷爲來賵之？**据非禮。**隱爲桓立，故以桓母之喪告于諸侯。**經言王者賵，赴告王者可知，故傳但言諸侯。**然則何言爾？成公意也。**尊貴桓母，以赴告天子、諸侯，彰桓當立，得事之宜。故善而書仲子，所以起其意，成其賢。**其言來何？**据「歸含且賵」不言來〔一六〕。**不及事也。**比於去「來」，爲不及事。時以葬事畢，無所復施，故云爾。去來所以爲及事者，若己在於內者。**其言惠公、仲子何？**据歸含且賵不言主名。**兼之。兼之，非禮也。**禮不賵妾，既善而賵之，當各使一使，所以異尊卑也。言「之賵」者，起兩賵也。**何以不言「及仲子」？**据「及」者別公、夫人尊卑文也〔一七〕。仲子，即卑稱也。**仲子微也。**比夫人微，故不得並及公也。月者，爲內恩録之也。諸侯不月，比於王者輕，會葬皆同例。言天王者，時吴楚上僭稱王，王者不能正，而上自繫於「天」也。春秋不正者，因以廣是非。稱「使」者，王尊敬諸侯之意也。王者据土，與諸侯分職，俱南面而治，有不純臣之義。故異姓謂之「伯舅」「叔舅」，同姓謂之「伯父」「叔父」。言歸者，與使有之辭也。天地所生，非一家之有，有無當相通。所傳聞之世，外小惡不書，書者，來接内也。春秋王魯，以魯爲天下化首，明親來被王化、漸漬禮義者，在可備責之域，故從内小惡舉也。主書者，從不及事也。

九月，及宋人盟于宿。

孰及之？内之微者也。内者，謂魯也。微者，謂士也。不名者，略微也。大者正，小者治，近者説，遠者來，是以春秋上刺王公，下譏卿大夫而逮士庶人。宋稱人者，亦微者也。魯不稱人者，自内之辭也。宿不出主名者，主國主名，與可知，故省文，明宿當自首其榮辱也。微者盟例時，不能專正，故責略之。此月者，隱公賢君，雖使微者，有可采取，故録也。

冬，十有二月，祭伯來。

祭伯者何？天子之大夫也。以無所繫言來也。何以不稱使？據凡伯稱使。奔也。奔者，走也。以不稱使而無事，知其奔。奔則曷爲不言奔？據齊慶封來言奔。王者無外，言奔，則有外之辭也。言奔，則與外大夫來奔同文，故去奔，明王者以天下爲家，無絶義。主書者，以罪舉。内外皆書者，重乖離之禍也。當春秋時，廢選舉之務，置不肖於位，輒退絶之，以生過失。至於君臣忿爭出奔，國家之所以昏亂，社稷之所以危亡，故皆録之。録所奔者，爲受義者明當受賢者、不當受惡人也。祭者，采邑也。伯者，字也。天子上大夫字，尊尊之義也。月者，爲下卒也，當案下例〔一八〕，當蒙上月，日不也。奔例時。一月二事，月當在上。十言有二者，起十復有二，非十中之二。

公子益師卒。

何以不日？据臧孫辰書日。遠也。孔子所不見。所見異辭，所聞異辭，所傳聞異辭。所見者，謂昭、定、哀，己與父時事也。所聞者，謂文、宣、成、襄，王父時事也。所傳聞者，謂隱、桓、莊、閔、僖，高祖曾祖時事也。異辭者，見恩有厚薄，義有深淺〔一九〕。時恩衰義缺，將以理人倫，序人類，因制治亂之法。故於所見之世，恩己與父之臣尤深，大夫卒，有罪無罪皆日録之，「丙申，季孫隱如卒」是也。於所聞之世，王父之臣恩少殺，大夫卒，無罪者日録，有罪者不日略之，「叔孫得臣卒」是也。於所傳聞之世，高祖曾祖之臣恩淺，大夫卒，有罪無罪皆不日，略之也，公子益師、無駭卒是也。於所傳聞之世，見治起於衰亂之中，用心尚麤觕，故內其國而外諸夏，先詳內而後治外，録大略小，內小惡書，外小惡不書，大國有大夫，小國略稱人，內離會書，外離會不書是也〔二〇〕。於所聞之世，見治升平，內諸夏而外夷狄，書外離會，小國有大夫，宣十一年秋，晉侯會狄於欑函〔二一〕、襄二十三年邾婁鼻我來奔是也〔二二〕。至所見之世，著治大平，夷狄進至於爵，天下遠近小大若一，用心尤深而詳，故崇仁義，譏二名，晉魏曼多〔二三〕、仲孫何忌是也。所以三世者，禮，爲父母三年，爲祖父母期，爲曾祖父母齊衰三月。立愛自親始，故春秋据哀録隱，上治祖禰。所以二百四十二年者，取法十二公，天數備足，著治法式。又因周道始壞絶於惠、隱之際。主所以卒大夫者，明君當隱痛之也。君敬臣則臣自重，君愛臣則臣自盡。公子者，氏也；益師者，名也。諸侯之子稱公子，公子之子稱公孫。

二年，春，公會戎于潛。凡書會者，惡其虚内務、恃外好也。古者諸侯非朝時不得踰竟〔二四〕。所傳聞之世，外離會不書，書内離會者，春秋王魯，明當先自詳正，躬自厚而薄責於人，故略外也。王者不治夷狄，録戎者，來者勿拒，去者勿追。東方曰夷，南方曰蠻，西方曰戎，北方曰狄。朝聘會盟例皆時。

夏，五月，莒人入向〔二五〕。

入者何？得而不居也。入者，以兵入也，已得其國而不居，故云爾。凡書兵者，正不得也。外内深淺皆舉之者，因重兵害衆，兵動則怨結禍構〔二六〕，更相報償，伏尸流血無已時。諸侯擅興兵不爲大惡者，保伍連帥，本有用兵征伐之道，魯入杞不諱是也。入例時，傷害多則月。

無駭帥師入極〔二七〕。

無駭者何？展無駭也。何以不氏？据「公子遂帥師入杞」氏公子也。貶。貶，猶損也。曷爲貶？据公子遂俱用兵入杞不貶也。疾始滅也。以下終其身不氏，知貶疾始滅，非但起入爲滅。始滅昉於此乎〔二八〕？昉，適也，齊人語。据傳言「撥亂世」。前此矣。前此者，在春秋前，謂宋滅郜是也。前此則曷爲始乎此？託始焉爾。焉爾，猶於是也。曷爲託始焉爾？据戰伐不言託始。春秋之始也。春秋託王者始，起所當誅也。言疾始滅者，諸滅復見不復貶，皆從此取法，所以省文也。此滅也，其言入何？据齊師滅譚不言入。內大惡諱也。明魯臣子當爲君父諱。滅例月，不復出月者，與上同月。當案下例〔二九〕，當蒙上月，日不。

秋，八月，庚辰，公及戎盟于唐。後不相犯，日者，爲後背隱而善桓，能自復爲唐之盟。

九月，紀履緰來逆女。

紀履緰者何？紀大夫也。以逆女不稱使，知爲大夫。何以不稱使？据宋公使公孫壽來納幣稱使。婚禮不稱主人。爲養廉遠恥也。然則曷稱？稱諸父兄師友。宋公使公孫壽來納幣，則其稱主人何？辭窮也。辭窮者何？無母也。禮，有母，母當命諸父兄師友，稱諸父兄師友以行。宋公無母，莫使命之，辭窮，故自命之，自命之，則不得不稱使。然則紀有母乎？曰：有。以不稱使，知有母。有則何以不稱母？据非主人，何不稱母通使文？母不通也。禮，婦人無外事，但得命諸父兄師友，稱諸父兄師友以行耳。母命不得達，故不得稱母通使文，所以遠別也。外逆女不書，此何以書？据伯姬歸于宋不書逆人。譏。譏，猶譴也。何譏爾？譏始不親迎也。禮，所以必親迎者，所以示男先女也。於廟者，告本也。夏后氏逆於庭，殷人逆於堂，周人逆於户。始不親迎昉於此乎？前此矣。以惠公妃匹不正，不嫌無前也。**前此則曷爲始乎此？託始焉爾。**焉爾，猶於是也。**曷爲託始焉爾？**据納幣不託始。**春秋之始也。**春秋正夫婦之始也。夫婦正則父子親，父子親則君臣和，君臣和則天下治。故夫婦者，人道之始，王教之端。内逆女常書，外逆女但疾始不常書者，明當先自正〔三〇〕，躬自厚而薄責於人，故略外也。**女曷爲或稱女？或稱婦？或稱夫人？女在其國稱女，**未離父母之辭，紀履緰來逆女是也。**在塗稱婦，**在塗見夫，服從之辭，「公子結媵陳人之婦」是也。**入國稱夫人。**入國則尊尊，有臣子之辭，「夫人姜氏入」是也。紀無大夫，書紀履緰者，重婚禮也。月者，不親迎例月，重録之。親迎例時。

冬，十月，伯姬歸于紀。

伯姬者何？内女也。以無所繫也。不稱公子者，婦人外成，不得獨繫父母。**其言歸何？**据去父母國也。**婦人謂嫁曰歸**〔三一〕。婦人生以父母爲家，嫁以夫爲家，故謂嫁曰歸，明有二歸之道。書者，父母恩録之也。禮，男之將取〔三二〕，三日不舉樂，思嗣親也；女之將嫁，三夜不息燭，思相離也。内女歸例月，恩録之。

紀子伯、莒子盟于密。

紀子伯者何？無聞焉爾。言無聞者，春秋有改周受命之制，孔子畏時遠害，又知秦將燔詩、書，其説口授相傳，至漢公羊氏及弟子胡毋生等，乃始記於竹帛，故有所失也。

十有二月，乙卯，夫人子氏薨。

夫人子氏者何？隱公之母也。以不書葬。何以不書葬？据姒氏書葬。成公意也。何成乎公之意？据己去即位。子將不終爲君，故母亦不終爲夫人也。時隱公屈卑其母，不以夫人禮葬之，以妾禮葬之，以卑下桓母，無終爲君之心，得事之宜，故善而不書葬，所以起其意而成其賢。子者，姓也。夫人以姓配號，義與仲子同。書薨者，爲隱公恩録痛之也。日者，恩録之，公、夫人皆同例也。

鄭人伐衛。書者，與入向同。侵、伐、圍、入例皆時。

三年，春，王，二月。二月、三月皆有王者。二月，殷之正月也；三月，夏之正月也。王者存二王之後，使統其正朔，服其服色，行其禮樂，所以尊先聖，通三統〔三三〕，師法之義，恭讓之禮，於是可得而觀之。

己巳，日有食之。

何以書？諸言「何以書」者，問主書。記異也。異者，非常可怪先事而至者。是後，衛州吁弑其君完〔三四〕，諸侯初僭，魯隱係獲，公子翬進諂謀。日食，則曷爲或日或不日？或言朔或不言朔？曰：某月某日朔，日有食之者，食正朔也。桓三年「秋七月壬辰朔，日有食之」是也。此象君行外彊内虛，是故日月之行無遲疾，食不失正朔也。其或日或不日，或失之前或失之後。失之前者，朔在前也。謂二日食，「己巳，日有食之」是也。此象君行暴急，外見畏，故日行疾月行遲，過朔乃食，失正朔於前也。失之後者，朔在後也。謂晦日食，莊公十八年「三月，日有食之」是也。此象君行懦弱見陵〔三五〕，故日行遲月行疾，未至朔而食，失正朔於後也。不言月食之者，其形不可得而覩也，故疑言「日有食之」〔三六〕。孔子曰：「多聞闕疑，慎言其餘，則寡尤。」不傳天下異者，從王内録可知也。

三月，庚戌，天王崩。平王也。

何以不書葬？据書葬桓王。天子記崩不記葬，必其時也。至尊無所屈也。諸侯記卒記葬，有天子存，存，在。不得必其時也。設有王、后崩，當越紼而奔喪，不得必其時，故恩録之。曷爲或言崩？或言薨？天子曰崩，大毀壞之辭。諸侯曰薨，小毀壞之辭。大夫曰卒，卒，猶終也。士曰不禄。不禄，無禄也。皆所以别尊卑也。葬不别者，從恩殺略也。書崩者，爲天下恩痛王者也。記諸侯卒葬者，王者亦當加之以恩禮，故爲恩録。

夏，四月，辛卯，尹氏卒〔三七〕。

尹氏者何？天子之大夫也。以尹氏立王子朝也。其稱尹氏何？据宰渠氏官，劉卷卒名。貶。曷爲貶？据俱卒也。譏世卿。世卿者，父死子繼也。貶去名言氏者〔三八〕，起其世也，若曰：世世尹氏也。世卿，非禮也。禮，公卿大夫士皆選賢而用之。卿大夫任重職大，不當世，爲其秉政久，恩德廣大，小人居之，必奪君之威權，故尹氏世，立王子朝；齊崔氏世，弒其君光；君子疾其末，則正其本。見譏於卒者，亦不可造次無故驅逐，必因其遇卒絶之〔三九〕，明君案見勞授賞，則衆譽不能進無功；案見惡行誅，則衆讒不能退無罪。外大夫不卒，此何以卒？據原仲不卒。天王崩，諸侯之主也。時天王崩，魯隱往奔喪，尹氏主儐贊諸侯，與隱交接而卒。恩隆於王者，則加禮録之，故爲隱恩録痛之。日者，恩録之，明當有恩禮。

秋，武氏子來求賻。

武氏子者何？天子之大夫也。其稱武氏子何？據宰渠氏官，仍叔不稱氏，尹氏不稱子。譏。何譏爾？父卒，子未命也。時雖世大夫，緣孝子之心不忍便當父位，故順古先試一年，乃命於宗廟。武氏子父新死，未命而便爲大夫，薄父子之恩，故稱氏言子，見未命以譏之。何以不稱使？據南季稱使。當喪未君也。當喪，謂天子也。未君者，未三年也，未可居君位稱使也，故絶正其義，與毛伯同。武氏子來求賻何以書？不但言何以書者，嫌以主覆問上所以説二事〔四〇〕，不問求賻。譏。何譏爾？喪事無求。求賻，非禮也。主爲求賻書也。禮本爲有財者制，有則送之，無則致哀而已。不當求，求則皇皇傷孝子之心。蓋通于下。云爾者，嫌天子財多不當求、下財少可求〔四一〕，故明皆不當求之。

八月，庚辰，宋公和卒。不言薨者，春秋王魯，死當有王文，聖人之爲文辭孫順，不可言崩，故貶外言卒，所以褒内也。宋稱公者，殷後也。王者封二王後，地方百里，爵稱公，客待之而不臣也。詩云「有客宿宿，有客信信」是也。

冬，十有二月，齊侯、鄭伯盟于石門。

癸未，葬宋繆公。

葬者曷爲或日或不日？不及時而日，渴葬也〔四二〕。不及時，不及五月也。禮，天子七月而葬，同軌畢至。諸侯五月而葬，同盟至。大夫三月而葬，同位至。士踰月，外姻至。孔子曰：「葬於北方，北首，三代之達禮也，之幽之故也。」渴，喻急也，「乙未，葬齊孝公」是也。不及時而不日，慢葬也。慢葬〔四三〕，不能以禮葬也，「八月，葬蔡宣公」是也。過時而日，隱之也。隱，痛也，痛賢君不得以時葬，「丁亥，葬齊桓公」是也。過時而不日，謂之不能葬也。解緩不能以時葬，「夏四月，葬衛桓公」是也。當時而不日，正也。「六月，葬陳惠公」是也。當時而日，危不得葬也。此當時，何危爾？宣公謂繆公曰：「以吾愛與夷，則不若愛女。以爲社稷宗廟主，則與夷不若女，盍終爲君矣。」與夷者，宣公之子；繆公者，宣公之弟。宣公死，繆公立。繆公逐其二子莊公馮與左師勃，左師，官；勃，名也。曰：「爾爲吾子，生毋相見，死毋相哭。」所以遠絶之。與夷復曰：復，報。「先君之所爲不與臣國，而納國乎君者，以君可以爲社稷宗廟主也。今君逐君之二子，而將致國乎與夷，此非先君之意也。且使子而可逐，則先君其逐臣矣。」繆公曰：「先君之不爾逐，可知矣。爾，女也。可知者，欲使我反國。吾立乎此，攝也。」暫攝行君事，不得傳與子也，謙辭。終致國乎與夷。莊公馮弒與夷。馮與督共弒殤公，在桓二年，危之於此者，死乃反國，非至賢之君不能不爭也。故君子大居正。明脩法守正，最計之要者。宋之禍，宣公爲之也。言死而讓，開爭原也。繆公亦死而讓，得爲功者，反正也。外小惡不書，録渴隱者，明諸侯卒，王者當加恩意，憂勞其國，所以哀死閔患也。

四年，春，王，二月，莒人伐杞，取牟婁。

牟婁者何？杞之邑也。以上有伐杞。外取邑不書，此何以書？据楚子伐宋取彭城不書。疾始取邑也。外小惡不書，以外見疾始，著取邑以自廣大，比於貪利差爲重，故先治之也。內取邑常書，外但疾始不常書者，義與上逆女同。不傳託始者〔四四〕，前此有滅，不嫌無取邑，當託始明，故省文也。取邑例時。

戊申，衛州吁弒其君完〔四五〕。

曷爲以國氏？据「齊公子商人弒其君舍」氏公子。當國也。與段同義。日者，從外赴辭，以賊聞例。

夏，公及宋公遇于清。

遇者何？不期也。一君出，一君要之也。古者有遇禮，爲朝天子，若朝罷朝，卒相遇于塗，近者爲主，遠者爲賓，稱先君以相接，所以崇禮讓、絶慢易也。當春秋時，出入無度，禍亂姦宄多在不虞，無故卒然相要，小人將以生心，故重而書之，所以防禍原也。言及者，起公要之，明非常遇也。地者，重録之。遇例時。

宋公、陳侯、蔡人、衛人伐鄭。

秋，翬帥師會宋公、陳侯、蔡人、衛人伐鄭。

翬者何？公子翬也。以入桓稱公子。何以不稱公子？貶。曷爲貶？据叔老會鄭伯伐許不貶。與弑公也。弑者，殺也，臣弑君之辭〔四六〕。以終隱之篇貶，知與弑公也。其與弑公奈何？公子翬諂乎隱公，諂，猶佞也。謂隱公曰：「百姓安子，諸侯説子，盍終爲君矣？」隱曰：「吾否！否，不也。吾使脩塗裘，吾將老焉。」塗裘者，邑名也。將老焉者，將辟桓，居之以自終也。故南面之君，勢不可復爲臣，故云爾。不以成公意者，隱本爲桓守國，國邑皆桓之有，不當取以自爲也。公子翬恐若其言聞乎桓，於是謂桓曰：「吾爲子口隱矣。口，猶口語相發動也。隱曰『吾不反也』。」桓曰：「然則奈何？」曰：「請作難，難，兵難也。弑隱公。」謚者，傳家所加。於鍾巫之祭焉弑隱公也。鍾者，地名也。巫者，事鬼神禱解以治病請福者也。男曰覡，女曰巫。傳道此者，以起淫祀之無福。

九月，衛人殺州吁于濮。

其稱人何？據晉殺大夫里克，俱弑君賊，不稱人。討賊之辭也。討者，除也。明國中人人得討之，所以廣忠孝之路。書者，善之也。討賊例時，此月者，久之也。

冬，十有二月，衛人立晉。

晉者何？公子晉也。以下有衛侯晉卒，又言立。立者何？立者不宜立也。諸侯立不言立，此獨言立，明不宜立之辭。其稱人何？據尹氏立王子朝也。衆立之之辭也。晉得衆，國中人人欲立之。然則孰立之？石碏立之〔四七〕。石碏立之，則其稱人何？據尹氏立王子朝不稱人。衆之所欲立也。衆雖欲立之，其立之非也。凡立君爲衆，衆皆欲立之，嫌得立無惡，故使稱「人」見衆言立也，明下無廢上之義。聽衆立之，爲立篡也〔四八〕。不刺嗣子失位者，時未當喪典主得權重也。月者，大國篡例月，小國時，立、納、入皆爲篡。卒日葬月，達於春秋，爲大國例。主書，從受立也〔四九〕。

五年，春，公觀魚于棠。

何以書？譏。何譏爾？遠也。公曷爲遠而觀魚？据浚洙也。登來之也。登，讀言得來〔五〇〕。得來之者，齊人語也，齊人名求得爲得來。作登來者，其言大而急，由口授也。百金之魚，公張之。解言登來之意也。百金，猶百萬也。古者以金重一斤，若今萬錢矣。張，謂張罔罟障谷之屬也〔五一〕。登來之者何？弟子未解其言大小緩急，故復問之。美大之之辭也。其言大而急者，美大多得利之辭也。實譏張魚，而言「觀」譏遠者，恥公去南面之位，下與百姓爭利，匹夫無異，故諱使若以遠觀爲譏也。諸諱主書者，從實也。觀例時，從行賤略之。棠者何？濟上之邑也。濟者，四瀆之別名，江、河、淮、濟爲四瀆。

夏，四月，葬衛桓公。

秋，衛師入盛。

曷爲或言率師？或不言率師？將尊師衆稱某率師，將尊者，謂大夫也。師衆者，滿二千五百人以上也，二千五百人稱師，「無駭率師入極」是也〔五二〕。禮，天子六師，方伯二師，諸侯一師。將尊師少稱將，師少者，不滿二千五百人也，「衛孫良夫伐廧咎如」是也〔五三〕。將卑師衆稱師，將卑者，謂士也，「衛師入盛」是也。將卑師少稱人。「鄭人伐衛」是也。君將不言率師，書其重者也。分別之者，責元帥〔五四〕，因録功惡有小大，救徐，從王伐鄭是也。

九月，考仲子之宮。

考宮者何？考猶入室也，始祭仲子也〔五五〕。考，成也。成仲子之宮廟而祭之，所以居其鬼神，猶生人入宮室，必有飲食之事。不就惠公廟者，妾母卑，故雖爲夫人，猶特廟而祭之。禮，妾廟子死則廢矣。不言立者，得變禮也。加「之」者，宮廟尊卑共名，非配號稱之辭，故加「之」以絶也。桓未君，則曷爲祭仲子？据無子不廟也。隱爲桓立，故爲桓祭其母也。然則何言爾？成公意也。尊桓之母爲立廟，所以彰桓當立，得事之宜，故善而書之，所以起其意，成其賢也。

初獻六羽。

初者何？始也。六羽者何？舞也。持羽而舞。初獻六羽何以書？譏。何譏爾？譏始僭諸公也。僭，齊也，下傚上之辭。六羽之爲僭奈何？天子八佾，佾者，列也。八人爲列，八八六十四人，法八風。諸公六，六人爲列，六六三十六人，法六律。諸侯四。四人爲列，四四十六人，法四時。諸公者何？諸侯者何？天子三公稱公，王者之後稱公，其餘大國稱侯，大國，謂百里也。小國稱伯、子、男。小國謂伯七十里，子男五十里。天子三公者何？天子之相也。相，助也。天子之相，則何以三？据經但有祭公、周公。自陝而東者，周公主之；自陝而西者，召公主之〔五六〕；一相處乎內。陝者，蓋今弘農陝縣是也。禮，司馬主兵，司徒主教，司空主土。春秋撥亂世，以絀陟爲本，故舉絀陟以所主者言之。始僭諸公昉於此乎？前此矣。前此則曷爲始乎此？僭諸公猶可言也，僭天子不可言也。傳云爾者〔五七〕，解不託始也。前僭八佾於惠公廟，大惡不可言也。還從僭六羽譏，本所當託者非但六也，故不得復傳上也。加「初」者，以爲常也。獻者，下奉上之辭。不言六佾者，言佾，則干舞在其中，明婦人無武事，獨奏文樂。羽者，鴻羽也，所以象文德之風化疾也。夫樂本起於和順，和順積於中，然後榮華發於外。是故八音者，德之華也；歌者，德之言也；舞者，德之容也。故聽其音可以知其德，察其詩可以達其意，論其數可以正其容，薦之宗廟足以享鬼神，用之朝廷足以序羣臣，立之學官足以協萬民。凡人之從上教也，皆始於音，音正則行正，故聞宮聲，則使人温雅而廣大；聞商聲，則使人方正而好義；聞角聲，則使人惻隱而好仁；聞徵聲，則使人整齊而好禮；聞羽聲，則使人樂養而好施，所以感蕩血脉，通流精神〔五八〕，存寧正性，故樂從中出，禮從外作也。禮樂接於身，望其容而民不敢慢，觀其色而民不敢爭，故禮樂者，君子之深教也，不可須臾離也。君子須臾離禮，則暴慢襲之；須臾離樂，則姦邪入之。是以古者天子諸侯，雅樂鍾磬未曾離於庭，卿大夫御琴瑟，未曾離於前，所以養仁義而除淫辟也。魯詩傳曰：「天子食，日舉樂；諸侯不釋縣；大夫士日琴瑟。王者治定制禮，功成作樂，未制作之時，取先王之禮樂宜於今者用之。堯曰大章，舜曰簫韶，夏曰大夏，殷曰大護，周曰大武，各取其時民所樂者名之。堯時民樂其道章明也，舜時民樂其修紹堯道也，夏時民樂大其三聖相承也，殷時民樂大其護己也，周時民樂其伐紂也〔五九〕。蓋異號而同意，異歌而同歸。」失禮鬼神例日，此不日者，嫌獨考宮以非禮書，故從末言初可知。

邾婁人、鄭人伐宋。邾婁小國序上者，主會也。

螟。

何以書？記災也。災者，有害於人物、隨事而至者。先是，隱公張百金之魚，設苛令急法以禁民之所致。

冬，十有二月，辛巳，公子彄卒。日者，隱公賢君，宜有恩禮於大夫。益師始見法，無駭有罪，俠又未命也〔六〇〕，故獨得於此日。

宋人伐鄭，圍長葛。

邑不言圍，此其言圍何？据伐於餘丘不言圍。彊也。至邑雖圍當言伐，惡其彊而無義也。必欲爲得邑，故如其意言圍也。所以不知鄭彊者，公以楚師伐宋圍緡不言彊也。

六年，春，鄭人來輸平。

輸平者何？輸平，猶墮成也。何言乎墮成？据翬會諸侯伐鄭後未道平也，何道墮成？敗其成也。翬伐鄭後已相與平，但外平不書，故云爾。曰：吾成敗矣。吾，魯也。吾與鄭人末有成也〔六一〕。末，無也。此傳發者，解鄭稱人爲共國辭〔六二〕。吾與鄭人則曷爲末有成？据無戰伐之文。狐壤之戰，隱公獲焉。時與鄭人戰於狐壤，爲鄭所獲。然則何以不言戰？

戰者，内敗文也，据搴戰君獲言「師敗績」。諱獲也。君獲不言師敗績，故以「輸平」諱也，與搴戰辟内敗文異。戰例時，偏戰日，詐戰月。不日者，鄭詐之。不月者，正月也，見隱終無奉正月之意。不地者，深諱也，使若實輸平，故不地也。稱人共國辭者，嫌來輸平獨惡鄭，明鄭擅獲諸侯，魯不能死難，皆當絶之。

夏，五月，辛酉，公會齊侯盟于艾。

秋，七月。

此無事，何以書？春秋雖無事，首時過則書。首，始也。時，四時也。過，歷也。春以正月爲始，夏以四月爲始，秋以七月爲始，冬以十月爲始。歷一時無事，則書其始月也。首時過則何以書？据無事也。春秋編年，四時具，然後爲年。明王者當奉順四時之正也。尚書曰「欽若昊天，歷象日月星辰，敬授民時」是也。有事不月者，人道正則天道定矣。

冬，宋人取長葛。

外取邑不書，此何以書？久也。古者師出不踰時，今宋更年取邑，久暴師苦衆居外，故書以疾之。不繫鄭舉伐者，明因上伐圍取也。

七年，春，王，三月，叔姬歸于紀。叔姬者，伯姬之媵也。至是乃歸者，待年父母國也。婦人八歲備數，十五從嫡〔六三〕，二十承事君子。媵賤，書者，後爲嫡，終有賢行。紀侯爲齊所滅，紀季以酅入于齊，叔姬歸之，能處隱約，全竟婦道，故重録之。

滕侯卒。

何以不名？據蔡侯考父卒名。微國也。小國，故略不名。微國則其稱侯何？據大國稱侯，小國稱伯、子、男。不嫌也。滕侯卒不名，下常稱子，不嫌稱侯爲大國。春秋貴賤不嫌同號，貴賤不嫌者，通同號稱也。若齊亦稱侯，滕亦稱侯；微者亦稱人，貶亦稱人；皆有起文，貴賤不嫌同號是也。美惡不嫌同辭。若繼體君亦稱即位，繼弑君亦稱即位，皆有起文，美惡不嫌同辭是也。滕，微國，所傳聞之世未可卒，所以稱侯而卒者，春秋王魯，託隱公以爲始受命王，滕子先朝隱公，春秋褒之以禮，嗣子得以其禄祭〔六四〕，故稱侯見其義。

夏，城中丘。

中丘者何？内之邑也。城中丘何以書？上問「中丘者何」〔六五〕，指問邑也，故因言「何以書」〔六六〕，嫌但問書中丘，故復言「城中丘何以書」也。以重書也。以功重故書也。當稍稍補完之，至令大崩弛壞敗，然後發衆城之，猥苦百姓，空虚國家，故言「城」，明其功重，與始作城無異〔六七〕。城邑例時。

齊侯使其弟年來聘。

其稱弟何？據諸侯之子稱公子。母弟稱弟，母兄稱兄。母弟，同母弟；母兄，同母兄。不言同母言母弟者，若謂不如爲如矣，齊人語也。分别同母者，春秋變周之文，從殷之質，質家親親，明當親厚異於羣公子也。聘者，問也。來聘書者，皆喜内見聘事也。古者諸侯朝罷朝聘，爲慕賢考禮，一法度，尊天子。不言聘公者，禮，聘受之於大廟，孝子謙不敢以己當之，歸美於先君，且重賓也。

秋，公伐邾婁。

冬，天王使凡伯來聘。書者，喜之也。古者諸侯有較德殊風異行，天子聘問之，當北面稱臣，受之於大廟，所以尊王命，歸美於先君，不敢以己當之。

戎伐凡伯于楚丘以歸。

凡伯者何？上言聘，此言伐，嫌其異，故執不知問。天子之大夫也。此聘也，其言伐之何？據出聘與郊、柳異，不得言伐也。問伐加「之」者，辟問輕重兩舉之。執之也。執之，則其言伐之何？據執季孫隱如不言伐。大之也。尊大王命，責當死位，故使與國同。曷爲大之？據王子突繫諸人。不與夷狄之執中國也。因地不接京師，故以中國正之。中國者，禮義之國也。執者，治文也。君子不使無禮義制治有禮義，故絶不言執，正之言伐也。執天子大夫而以中國正之者，執中國尚不可，況執天子之大夫乎？所以降夷狄尊天子爲順辭。其地何？

据執季孫隱如不地。大之也。順上伐文，使若楚丘爲國者，猶慶父伐於餘丘也。不地以衛者，天子大夫銜王命至尊，顧在所諸侯有出入，所在赴其難，當與國君等也。録「以歸」者，惡凡伯不死位，以辱王命也。

八年，春，宋公、衛侯遇于垂。宋公序上者，時衛侯要宋公，使不虞者爲主，明當戒慎之。無王者〔六八〕，遇在其間，置上，則嫌爲事出；置下，則嫌無天法可以制月，文不可施也。

三月，鄭伯使宛來歸邴。

宛者何？鄭之微者也。邴者何？鄭湯沐之邑也。天子有事于泰山，諸侯皆從泰山之下，諸侯皆有湯沐之邑焉。有事者，巡守祭天告至之禮也〔六九〕。當沐浴絜齊以致其敬，故謂之湯沐邑也。所以尊待諸侯而共其費也。禮，四井爲邑，邑方二里。東方二州四百二十國。凡爲邑，廣四十里〔七〇〕，袤四十二里，取足舍止共稾穀而已。歸邴書者，甚惡鄭伯無尊事天子之心，專以湯沐邑歸魯，背叛當誅也。録使者，重尊湯沐邑也。王者所以必巡守者，天下雖平，自不親見，猶恐遠方獨有不得其所，故三年一使三公絀陟，五年親自巡守。巡，猶循也；守，猶守也，循行守視之辭；亦不可國至人見爲煩擾，故至四嶽〔七一〕，足以知四方之政而已。尚書曰：「歲二月，東巡守，至于岱宗，柴望秩于山川，遂覲東后，協時月正日，同律度量衡，脩五禮、五玉、三帛、二生、一死贄，如五器，卒乃復。五月南巡守，至于南嶽，如岱禮。八月西巡守〔七二〕，至于西嶽，如初。十有一月朔，巡守至于北嶽，如西禮；還至嵩，如初禮。歸，格于禰祖〔七三〕，用特。」是也。

庚寅，我入邴。

其言入何？據上書歸，取邑已明，無事復書入也。難也。入者，非已至之文，難辭也。此魯受邴，與鄭同罪，當誅，故書入，欲爲魯見重難辭。其日何？據取邑不日。難也。以歸後乃日也。言時重難，不可即入，至此日乃入。其言我何？據「吴伐我」，以吴伐，故言我。言我者，非獨我也，自入邑不得言我，有他人在其中，乃得言我，故能起其非獨我。齊亦欲之。時齊與鄭、魯比聘會者，亦欲得之，故以「非獨我」起齊惡，齊惡起，則魯蒙欲邑，見於惡愈矣。

夏，六月，己亥，蔡侯考父卒。

辛亥，宿男卒。宿本小國，不當卒，所以卒而日之者，春秋王魯，以隱公爲始受命王，宿男先與隱公交接，故卒褒之也。不名、不書葬者，與微者盟功薄，當褒之，爲小國，故從小國例。

秋，七月，庚午，宋公、齊侯、衛侯盟于瓦屋。

八月，葬蔡宣公。

卒何以名而葬不名？卒從正，卒當赴告天子，君前臣名，故從君臣之正義言也。而葬從主人。至葬者，有常月可知。不赴告天子，故自從蔡臣子辭稱公。卒何以日而葬不日〔七四〕？卒赴，赴天子也，緣天子閔傷，欲其知之。又臣子疾痛，不能不具以告。而葬不告。不告天子也。發傳於葬者，從正也。

九月，辛卯，公及莒人盟于包來。

公曷爲與微者盟？据與齊高傒盟諱之。稱人，則從不疑也。從者，隨從也，實莒子也。言莒子，則嫌公行微不肖，諸侯不肯隨從公盟，而公反隨從之，故使稱人，則隨從公不疑矣。隱爲桓立，狐壤之戰，不能死難，又受湯沐邑，卒無廉恥，令翬有緣諂，爲桓所疑，故著其不肖，僅能使微者隨從之耳，蓋痛録隱所以失之。又見獲、受邑皆諱不明，因與上相起也。

螟。先是，有狐壤之戰、中丘之役，又受邴田，煩擾之應。

冬，十有二月，無駭卒。

此展無駭也，何以不氏？据公子彄卒氏公子。疾始滅也，故終其身不氏。嫌上貶主起入爲滅，不爲疾始，故復爲疾始滅終身貶之，足見上貶爲疾始滅。

九年，春，天王使南季來聘。

三月，癸酉，大雨，震電。

何以書？記異也。何異爾？不時也。震，雷。電者，陽氣也。有聲名曰雷，無聲名曰電。

周之三月，夏之正月，雨當水雪雜下，雷當聞於地中，其雉雊〔七五〕，電未可見。而大雨震電，此陽氣大失其節，猶隱公久居位不反於桓，失其宜也。日者，一日之中也。凡災異一日者日，歷日者月，歷月者時，歷時者加「自」文爲異。發於九年者，陽數可以極〔七六〕，而不還國於桓之所致。

庚辰，大雨雪。

何以書？記異也。何異爾？俶甚也。俶，始怒也。始怒甚，猶大甚也。蓋師説以爲平地七尺雪者，盛陰之氣也。八日之間，先示隱公以不宜久居位，而繼以盛陰之氣大怒，此桓將怒而弑隱公之象。

俠卒。

俠者何？吾大夫之未命者也。以無氏而卒之也。未命所以卒之者，賞疑從重。無氏者，少略也。

夏，城郎。

秋，七月。

冬，公會齊侯于邴〔七七〕。

十年，春，王，二月，公會齊侯、鄭伯于中丘。月者，隱前爲鄭所獲，今始與相見，故危録内，明君子當犯而不校也。

夏，翬帥師會齊人、鄭人伐宋。

此公子翬也，何以不稱公子？據楚公子嬰齊貶後復稱公子。貶。曷爲貶？隱之罪人也，故終隱之篇貶也。嫌上一貶可移於他事者，故終隱之篇貶之，明爲隱貶，所以起隱之罪人也。

六月，壬戌，公敗宋師于菅。

辛未，取郜。

辛巳，取防。

取邑不日，此何以日？據取闞不日也。一月而再取也。欲起一月而再取，故日。何言乎一月而再取？據取漷東田及沂西田，亦一月再取兩邑，不日。甚之也。甚魯因戰見利生事，利心數動。內大惡諱，此其言甚之何？春秋録内而略外，於外大惡書，小惡不書，於内大惡諱，小惡書。明取邑爲小惡，一月再取，小惡中甚者耳，故書也。於内大惡諱，於外大惡書者，明王者起，當先自正，内無大惡，然後乃可治諸夏大惡，因見臣子之義，當先爲君父諱大惡也。内小惡書、外小惡不書者，内有小惡，適可治諸夏大惡，未可治諸夏小惡，明當先自正，然後正人。小惡不諱者，罪薄恥輕。敗宋師日者，見結日偏戰也。不言戰者，託王於魯，故不以敵辭言之，所以彊王義也。

秋，宋人、衛人入鄭。

宋人、蔡人、衛人伐載[七八]，鄭伯伐取之。

其言伐取之何？據國言滅、邑言取，又徐人取舒不言伐。易也。其易奈何？因其力也。因誰之力？因宋人、蔡人、衛人之力也。載屬爲上三國所伐，鄭伯無仁心，因其困而滅之，易若取邑，故言取，欲起其易因上伐力，故同其文言伐，就上載言取之也。不月者，移惡上三國。

冬，十月，壬午，齊人、鄭人入盛。日者，盛，魯同姓，於隱篇再見入者，明當憂録之。

十有一年，春，滕侯、薛侯來朝。

其言朝何？據内言如。諸侯來曰朝，大夫來曰聘。傳言來者，解内外也。春秋王魯，王者無朝諸侯之義，故内適外言如，外適内言朝聘，所以別外尊内也。不言朝公者，禮，朝受之於大廟，與聘同義。其兼言之何？據鄧、穀來朝不兼言朝。微國也。略小國也。稱侯者，春秋託隱公以爲始受命王，滕、薛先朝隱公，故褒之。已於儀父見法，復出滕、薛者，儀父盟功淺，滕、薛朝功大，宿與微者盟功尤小，起行之當各有差也。滕序上者，春秋變周之文，從殷之質，質家親親，先封同姓。

夏，五月，公會鄭伯于祁黎。

秋，七月，壬午，公及齊侯、鄭伯入許。日者，危録隱公也，爲弟守國，不尚推讓，數行不義，皇天降災，諂臣進謀，終不覺悟。又復構怨入許，危亡之釁，外内並生，故危録之。

冬，十有一月，壬辰，公薨。

何以不書葬？據莊公書葬。隱之也。何隱爾？弑也〔七九〕。爲桓公所弑。弑則何以不書葬？據桓公書葬。春秋君弑，賊不討，不書葬，以爲無臣子也。道春秋通例，與文、武異。子沈子曰：「君弑，臣不討賊，非臣也；子不復讎，非子也。葬，生者之事也。春秋君弑，賊不討，不書葬，以爲不繫乎臣子也〔八〇〕。」子沈子，後師〔八一〕。明説此意者，明臣子不討賊當絶，君喪無所繫也。沈子稱「子」冠氏上者，著其爲師也。不但言「子曰」者，辟孔子也。其不冠「子」者，他師也。公薨何以不地？據莊公薨于路寢。不忍言也。不忍言其僵尸之處。隱何以無正月？據六年輸平不月。隱將讓乎桓，故不有其正月也。嫌上諸成公意適可見始讓，不能見終，故復爲終篇去正月，明隱終無有國之心，但桓疑而弑之。公薨主書者，爲臣子恩痛之。他國自從王者恩例録也。

春秋公羊卷第一〔八二〕

【校勘記】

〔一〕春秋公羊經傳解詁隱公第一，余本同。案漢人撰述之例，多小題在上，大題在下。孔穎達毛詩正義云：「鄭注三禮、周易、中候、尚書，皆大名在下。孔安國、馬季長、盧植、王肅之徒，其所注者莫不盡然。班固之作漢書，陳壽之撰國志，亦大名在下，蓋取法於經典也」。大名所以在下者，取配注之意也，禮記正義云：「禮記者，一部之大名；曲禮者，當篇之小目。既題曲禮於上，故著禮記於下，以配注耳。」賈公彦儀禮疏云：「儀禮者，一部之大名；士冠者，當篇之小號。退大名在下者，取配注之意故也。」何休之撰解詁，蓋亦小題在上，大題在下。徐彦公羊疏云：「案舊題云『春秋 隱公經傳解詁第一 公羊 何氏』。題云『春秋』者，一部之揔名。『隱公』者，魯侯之謚號。『經傳』者，雜縟之稱。『解詁』者，何所自目。『第一』者，無先之辭。『公羊』者，傳之别名。『何氏』者，邵公之姓也。」據此，則舊本正是小題「隱公」在上，大題「公羊」在下。或疑舊本「春秋」二字既冠於前，豈得謂大題在下？案「春秋」乃一部之揔名，傳既爲解經，不宜没經而獨言傳，先言「春秋」，尊經之意也。考服虔撰左氏解誼，題曰「隱公左氏傳解誼第一」，不題「春秋」二字，服虔但注傳不注經，故「隱公」寫於「左氏傳」上，亦即小名在上、大名在下例。服氏不注經，故不題「春秋」。今何休合經傳而注之，若寫作「隱公經傳解詁第一 公羊」，則注經之意不見。既兼注經，故「春秋」冠於上，尊經也；「公羊」寫於「隱公」下，配注之意也，仍循大名在下之例。徐疏又云：「今定本則升『公羊』字在『經傳』上，退『隱公』字在『解詁』之下，未知自誰始也。」此云「定本」者，謂齊隋以前定本。陸德明公羊音義題曰「春秋公羊經傳解詁」，蓋據彼「定本」歟？考後漢書本傳云何氏「作春秋公羊解詁」，隋書經籍志亦云「春秋公羊解詁十一卷，漢諫議大夫何休注」，則何氏書之題名當是「春秋公羊解詁」，非「春秋公羊經傳解詁」。今釋文、唐石經以下各本俱增「經傳」二字，恐非何氏書之舊題矣。

又「隱」字，漢石經寫作隱，説文小篆作隱，張參五經文字云：「隱，從爪從工，或作隱，訛。」今從説文作隱者，既以蔡邕與何休不同家法，亦緣唐石經以下諸本多用隱字。

〔二〕何休學，諸本同。阮元公羊注疏挍勘記云「臧氏云：『古人遜謙，不欲自表其名，但著氏族，俾可識別耳。』按唐石經『桓公第二何休學』，原刻作何氏，後磨改作何休。據疏引博物志，則晉時本已稱『何休學』矣。」案阮氏不作決辭。考張華博物志云：「何休注公羊傳，云『何氏學』。有不能解者，或荅云：『休謙詞，受學于師，乃宣此義不出于己。』此言爲允。」若然，晉時人所見作「何氏學」，非「何休學」。然則，徐彦所見定本作「何氏」，晉人所見作「何氏學」，今又作「何休學」，未能畫一。以去漢最近言之，似晉人「何氏學」最得舊題。

〔三〕惟，諸本同。考何氏用字之例，凡爲語辭、獨一之義者，用「唯」字；凡爲思念義者，用「惟」字。此惟，疑後來傳寫改易，解詁原本蓋作「唯」字。説詳今本解詁通用字考。

〔四〕辟，余本同。陸德明經典釋文：「本亦作闢。」案「辟」是，解詁通書用「辟」不用「闢」。説詳今本解詁通用字考。

〔五〕夫，余本同。阮元公羊注疏挍勘記云：「監、毛本同誤也。宋鄂州官本、元本、閩本『天』作『夫』。成十五年疏、定元年疏引此注同，當據以訂正。」案此説是。

〔六〕夫不，余本同。阮氏挍勘記云：「鄂本、元本、閩本『天』作『夫』，誤也。監、毛本夫作天，是也。釋文作『夫不，音扶』。〇按此陸德明一時誤會，未審其文理也。」案阮説可從。

〔七〕嫡，余本同。釋文出「適子」云：「丁歷反，下同。」是陸德明所據本作「適」不作「嫡」。考何氏用字之例，似「嫡」是解詁用字，「適」蓋後人傳寫改易。説詳今本解詁通用字考。

〔八〕禮，余本誤脱，徐疏標注亦有「禮」字。

〔九〕適，各本同。案昭公五年傳「匿嫡之名也」，作「嫡」，與此「適」字不同。攷何氏用字之例，無或用本字、或用借字者。疑此傳「適」字及注文三「適」字，皆後人改易，解詁原本作「嫡」字。説詳今本解詁通用字考。

〔一〇〕眛，原誤作「昧」，唐石經、余本同誤。宋元以下槧本眛、昧混用，不能畫一。案眛是而昧非。説文訓眛云「目不明也，从目末聲」，訓昧云「目不明也，从目未聲」，字義全同，然一在末韻，一在隊韻。段氏謂眛字乃淺人所改，當以眛字爲正，其説深具識見。此經作眛，左氏經作「蔑」，陸德明音「蔑」「眛」皆云「亡結反」，亡結反，則以眛字爲正。案廣雅云「懱蔑，末也」，釋名云「目眥傷赤曰䁾。䁾，末也，創在目兩末也」，又云「襪，末也，在脚末也」，以末釋懱、𥌓、襪，則眜字從末可知。然古籍傳寫，未、末多相混，眜字時誤作眛字，眜字又常與昧字相混，如荀子議兵篇「唐篾死」，楊倞注引史記「唐眜」云「眜與蔑同」，即眜、眛相混之證。此經，宋小字本誤作眛，亦其證也。又如昭公十五年公羊經「吴子夷眜卒」，陸氏音義出「夷眛」云「音末，本亦作末」，是陸氏所據本，「眜」已譌作「眛」。今漢石經書「先眜」，正寫作「眜」字，明解詁與石經同。後之注疏本，惟閩本作「眜」字，是也，其餘皆非。又，儀父，諸本同，釋文：「本又作甫。」案「父」字是，「甫」字非。「父」是字稱，如家父，不得寫作「甫」，此何氏家法如此。知陸氏所見「又本」非解詁原本。

〔一一〕最，據段玉裁説文解字注，當作冣，冣與聚音義皆同。王引之經義述聞、李富孫春秋三傳異文釋亦謂「最，當作冣」。

〔一二〕何以名，余本、宋小字本同。唐石經作「何以不名」，誤衍「不」字。説見阮氏挍勘記。

〔一三〕不足言託始，余本同。阮氏挍勘記云：「按『言』字當誤衍，下注云『傳不足託始』可證。」案阮説可商。注云「不足言託始」、「不足託始」、「不言託始」、「不傳託始」、「傳不託始」，知何氏行文無定例，阮氏僅據下注「不足託始」以證上注「言」字誤衍，不敢必也。

〔一四〕于例，余本同。阮氏挍勘記云：「按解云，謂先約其事，乃期于某處作盟會者，加于。先在其地，乃定盟會之事者，不加于。此注亦當作『加于』『不加于』，二『例』字當爲衍文。」案阮説可商。莊四年注云

「省文，從可知例」，僖五年注云「省文，從可知」，「例」字或無或有。又，莊公九年注云「不致者，有敗文，得意不得意可知例」，若據阮說，則此「例」字亦是衍文，恐未必。

〔一五〕克，諸本同。唐陸淳春秋集傳纂例三傳經文差繆略云：「克，公羊作剋。」案陸氏所見，非解詁原本。考何注云「克者，詁爲殺，亦爲能」，是何氏於克勝、克能二義同用「克」字。干禄字書云「克、剋，上克能，下剋勝」，亦非何氏家法。

〔一六〕含，余本同。陸德明釋文出「歸唅」云：「本又作含，下同。」案含是而唅非。徧考注文，書歸含者凡十見，無作唅者。

〔一七〕夫，余本初刻不誤，重脩本誤作「列」。

〔一八〕當，余本同。阮氏挍勘記云：「按二年注作『常案下例，當蒙上月』，解云『祭伯來之下已有此注』，然則，此亦應作常。」案阮說非。「常」字誤，「當」字是。此本隱公二年注正作「當案下例」，余本誤「當」爲「常」。阮氏乃據十行本立說，誤謂二年注作「常案下例」。今以單疏鈔本相證，疏標注亦作「當案下例」，明「當」字是。

〔一九〕深淺，余本同。阮氏挍勘記云：「鄂本作淺深，當乙正，諸本皆誤倒。」案阮說可商。義有深淺，正與上句「恩有厚薄」對文，不誤。

〔二〇〕是，余本誤作「見」。

〔二一〕櫕，原作「攢」，余本同。案宣十一年經，唐石經、余本並皆作櫕字，且疏文標此注亦作櫕，則攢字誤也。宋小字本作攢，同誤。

〔二二〕鼻，原作「鄡」，阮氏所引鄂本同，余本則作劓。案説文：「劓，刖鼻也，从刀臬聲。劓，臬或從鼻。」知劓是劓之或體。又龍龕手鑑卷四邑部云：「鄡，俗，魚器反，正作劓，割鼻也。」則鄡是劓之俗字。然襄公二十三年經傳皆書「鼻我」，昭公二十七年注云「説與鼻我同義」，則解詁原本作「鼻」可知。阮氏挍勘記云：「鼻是也。劓、鄡皆非。」是也。疏本作鄡者，亦非。

〔二三〕曼，原作「萬」，據余本改。案哀公七年經、十四年傳注皆是「曼多」字。阮氏挍勘記云：「鄂本曼作萬，此本疏中標注亦作萬。○按作曼是也。萬者，聲之誤。」是也。

〔二四〕踰竟，余本同。釋文作「竟」，云：「音境，今本多即作『境』字。」案何氏原本作「竟」不作「境」。知者，傳有「諸侯越竟送女」、「城壞壓竟」、「出竟有可以安社稷利國家者」、「諸侯越竟觀社」、「大夫越竟逆女」、「以瀦爲竟也」、「與莒爲竟也」，注云「正竟内之治」、「將兵至竟」、「欲復魯竟」、「從竟外去」、「疆，竟也，與莒是正竟界」等等，足證「竟」是正字，「境」乃後人改易。

〔二五〕莒，唐石經、余本、宋小字本同。漢石經寫作「筥」。漢世碑石亦有並見筥、莒者。漢石經莒寫作筥，筮則寫作莁，篤則寫作蔦，是從竹、從艸之字時見互易。然何休與蔡邕家法不同，此仍循今本之字。

〔二六〕怨結禍構，余本同。殿本作「構怨結禍」，則與宣公二年注相同。未知孰是。

〔二七〕帥，諸本同，漢石經作「率」。今本解詁率、帥竝用，不能畫一。隱五年何注引此經云「無駭率師入極」，則是「率」字。隱二年何注「保伍連帥」，僖十八年何注「保伍連率」，是率、帥兼用。又僖公廿七年經「公子遂帥師入杞」，僖卅三年經「公子遂率師伐邾婁」，同是公子遂將，一作「率」，一作「帥」，前後互殊。案率、帥二字，漢末之世已見通用，如鄭玄聘禮注云「帥，古文皆作率」是也。然據何氏用字之例，率、帥當取其一，猶漢石經用率不用帥也。考成公二年經「季孫行父以下帥師會晉郤克以下及齊侯戰于鞌」，傳云「二大夫歸，相與率師爲鞌之戰」，下注云「率諸侯侵中國」，經用「帥」，傳注則並用「率」。以理揆之，解詁於同年經傳，不宜帥、率兼用。今此經傳異文，以經字少而傳注字多，改經易爲，改傳注煩難，故後人改經之帥字，理有或然。且據陸淳所見，此公羊經文正作「率」字，尤可爲證。然今本解詁率、帥互見多矣，難以定奪，此循舊本不改。

〔二八〕昉，唐石經、余本、宋小字本同。阮氏挍勘記云：「唐石經、諸本同。隸釋載漢熹平石經公羊殘碑，『昉』作『放』。又鄭氏詩譜序、考工記注皆言『放乎此乎』，本公羊傳文。是蔡、鄭所據本皆作『放』，當以『放』爲正。昉，俗字，下同。〇按古多作放，後人作倣、作仿、作昉，皆俗字也。公羊傳寫作昉，俗字耳。惠棟乃疑嚴氏春秋作放，顔氏春秋作昉，何用顔，其説誤也。」案阮説不可從。解詁原本作昉不作放，以注云「昉，適也，齊人語」可知。若作放，注不得云「齊人語」。且經文「晉放其大夫胥甲父于衞」，傳文「放乎殺母弟」「放乎堂下而立」「放乎路衢」，皆用放字，明解詁原本昉、放分别二字。漢石經作放者，蔡邕與何氏家法不同，不可據彼難此。

〔二九〕當，余本誤作「常」。説見隱公元年校記。

〔三〇〕先自正，余本同。成公十四年疏引此注作「先自詳正」，浦鏜謂「先自詳正」與隱二年注同，當補「詳」字，然隱四年疏引此注則無「詳」字。疑不能定。

〔三一〕婦人謂嫁曰歸，唐石經、余本同。阮氏挍勘記云：「毛詩傳本作『婦人謂嫁歸』，無『曰』字。陸德明本有曰字，謂依公羊傳文。唐石經公羊婦人以下損缺，以每行十字計之，不當有曰字，若有，衍也。○按陸德明時已有『有曰』之本矣。後人或依『無曰』者，或依『有曰』者，故不同耳。」案阮氏前後挍不同。據皕忍堂唐石經本，此行末字猶存「曰」字殘畫，是行十一字，乃與常例十字殊。故阮氏云「不當有曰字，若有，衍也」。又考葛覃毛傳云「婦人謂嫁曰歸」，陸德明釋文出「謂嫁曰歸」云：「本亦無『曰』字。此依公羊傳文。」陸氏之意，有曰字者，乃公羊傳文。無曰字者，則其所見毛傳「亦本」也。阮氏依唐石經行十字之例及陸德明所見毛傳亦本，疑此「曰」字衍文，理據不足，故其後挍在依違之間。今以注云「故謂嫁曰歸」，則解詁原本似有「曰」字。

〔三二〕取，諸本同。釋文出「將取」云：「七住反。」陸氏所據本亦是取字。然考解詁用字，凡嫁娶字，例皆寫作「娶」，此「取」字，恐是後人改易。説詳今本解詁通用字考。

〔三三〕三，原作「二」，據余本改。

〔三四〕弑其，余本同，釋文標「殺其」云：「申志反，下『殺其君』同。」是陸氏所據本作殺不作弑。然據何氏家法，此當作弑字，殺字非解詁原本之字。説詳今本解詁弑殺異文考（見義例與用字第三章，下同）。

〔三五〕懦，余本同。據段玉裁説文解字注，正字當寫作㤨。案字有正俗，解詁唯取一字，或用正字，或用俗字，或用本字，或用借字，何氏無定例。

〔三六〕日，余本同。阮氏校勘記云：「鄂本日作曰。按作曰是也，不敢正言月食日，故疑言之，曰『有食之』者而已。」案阮説恐非。「有食之」乃實事，無可置疑，所疑者在「日」字。注云「疑言日有食之」者，意謂食日者是月，然月之食日，其形不得見，故不敢質言「月食日」，而改言「日有食之」。日爲月所食，文卻不見「月」，故爲疑言「日有食之」。

〔三七〕尹氏，諸本同。釋文：「左氏作君氏。」案斯篇所校者，本乎公羊，故凡二家經與公羊經不同者，不復辨，遵家法也。

〔三八〕氏者，余本同。阮氏校勘記云：「鄂本『者』作『言』，當據正。」案阮説可商。若作言字，則屬下讀，恐非。

〔三九〕遇，徐彦疏本作「過」。杉浦豐治公羊疏論考攷文篇所附解詁校定本，即據疏本改作「過」，備一説耳。

〔四〇〕覆問，各本同。釋文云：「芳服反。」案定公二年、哀公三年疏引此注，亦作「覆問」，則今所見諸本咸作「覆」字。然考解詁，凡反復之義用「復」字，凡覆被之義用「覆」字，似何氏於二字不相通用，疑此「覆」字乃後人改易，解詁原本作「復」。説詳今本解詁通用字考。

〔四一〕少可求，余本同。阮氏挍勘記云：「『可求』上當脱『不』字。」案阮説誤。注意謂天子財多，自不當求；下者財少，亦不當求。若增「不」字，則「嫌」意無著落。汪文臺十三經注疏校勘記識語卷四云：「此謂下財少有可求之嫌，故云通乎下以明之，不當有脱字。周禮宰夫疏引下財少可求，亦可證。」是也。

〔四二〕渴，諸本同。阮氏挍勘記云：「廣韻十四泰引公羊傳『不及時而葬曰愒。愒，急也。』苦蓋切。」則本又作愒。然注云「渴，喻急也」、「録渴隱者」，知何氏本作「渴」不作「愒」。

〔四三〕慢葬，余本同。疏標注作「慢薄」，阮氏挍勘記引鄂本也作「慢薄」。案當以「慢薄」爲長。傳文渴葬、不能葬，注皆不重出傳文，且「不能以禮葬」，不第是慢葬之義，亦渴葬、不能葬之義。惟云「慢薄不能以禮葬」，乃專解慢葬。

〔四四〕不傳，余本同，疏本作「傳不」。

〔四五〕弑，唐石經、余本、宋小字本同。漢石經作「殺」。案何氏用字，弑、殺異義分明，凡臣弑君者，解詁原本俱作弑，不作殺，此與漢石經不同。説詳今本解詁弑殺異文考。魏彦校云：「經本皆作殺其君，龔橙云：先有殺字，後以讀試，別造弑字。陸氏所據，漢以前古本也。」此説似是而非。陸氏音義所據，乃何休注本，不宜云漢以前古本。何氏本有弑字，隱公四年注「弑者，殺也，臣弑君之辭」，即是明證。

〔四六〕臣弑君之辭，余本同。浦鏜云：「殺誤弑。」案浦説可商。注意凡臣弑君者稱弑，何氏以殺訓弑，乃釋字義。言「臣弒君」不言「臣殺君」者，重君臣尊卑之義。若改言「臣殺君之辭」，則嫌臣弒君可云「殺」，違乎君臣尊卑之義。

〔四七〕䃼，諸本同。阮氏挍勘記云：「唐石經、諸本同。隸釋載漢石經公羊殘碑『䃼』作『踖』。惠棟九經古義云：説文無䃼字，當從漢石經作『踖』。」然解詁也不見踖字，惠説不敢必是。

〔四八〕爲立篡也，余本、鄂本同。注疏本皆脱「爲立」二字。

〔四九〕立，余本作「位」，疏本亦作「位」。然據疏文云「主惡晉之從立」，又似注文作「立」字。

〔五〇〕登讀言得來，余本同。齊召南公羊注疏考證云：「『登』字下各本俱脱『來』字，今增。」齊氏於『登』字下增「來」字，不言其所據。然阮氏挍勘記云：「按此當作『登，讀言得』，猶云『登』讀爲『得』也。『來』當誤衍。」此與齊説不同，讀作「登讀言得」。案釋文云：「依注，登音得。」似阮説義勝。

〔五一〕罔，余本同。鄂本作「網」，恐非。案桓公四年注引易云「結繩罔以田魚」，據此，則解詁原本蓋用「罔」字。又，釋文「障」作「鄣」。案當以障爲是。「障」從𨸏，隔斷義；「鄣」從邑，乃邑名。考陸氏公羊音義注障字二音，一音「之尚反」，一音章。注鄣字但云「音章」。似陸氏亦分别障、鄣二字。然則，「障谷」當作「障」，不作「鄣」，與今本僖公三年傳文「無障谷」同。徐疏本亦作「障」，可證。

〔五二〕率，余本同。疏本作「帥」。

〔五三〕廧，余本同，俱誤，當作「將」。阮氏挍勘記云：「成三年經作將咎如，左氏作『廧』，此誤。」是。

〔五四〕元帥，余本同。釋文出「元率」云：「本又作帥。」案解詁原本蓋作「率」。考何氏用字之例，注文皆承經傳之字，此傳咸作率字，且上注云「無駭率師入極」，亦用率字，此無緣別用「帥」字。說詳今本解詁通用字考。

〔五五〕也，諸本同。阮氏挍勘記云：「隸釋載漢石經無『也』字。」案蔡邕家法與何休不同，不宜據彼決此。

〔五六〕召，諸本同。釋文出「邵公」云：「又作召。」案「召」字是。經傳注並寫作召，如召公、召伯、召陵、召忽等，無作「邵」者。

〔五七〕云爾，余本同。鄂本「云」作「言」。案注文常言「云爾」，當以「云」字爲長。

〔五八〕通流，余本同，鄂本作流通。未知孰是。

〔五九〕紂，余本作「討」。案朱子儀禮經傳通解、王應麟玉海皆引作「伐紂」，當以紂字爲勝。

〔六〇〕俠，余本作「据俠」。阮氏挍勘記云：「鄂本無『据』，疏中標注同，此衍，當删正。浦鏜云：元年益師卒疏引此注亦無据字。」案阮挍是，余本誤衍「据」字。

〔六一〕末，余本同，唐石經、宋小字本作「未」。阮氏挍勘記云：「宋本、閩本、監本、毛本同。隸釋載漢石經無『也』字。唐石經末作未，誤。何訓爲無，則當作末。此本下句亦譌作『未有成』。」案阮說是。

〔六二〕稱人爲共國辭，余本同。阮氏挍勘記引段玉裁說：「疏云一箇人字，兩國共有。當是國共，非共國也。下注稱人共國辭者，同誤。」案段說非。注中「稱人共國辭」凡五見，皆不作「國共辭」。疏云「一箇人字，兩國共有」者，謂經但見一國之人，如「鄭人」，然義兼別國，如魯，故曰共國辭。若作國共辭，則當見二國以上，如「齊人、鄭人」，猶「齊師、鄭師」，是國共辭之文，然非注意。

〔六三〕嫡，余本同。釋文出「從適」云：「本亦作嫡。」案嫡蓋解詁原字，適乃後人改寫。説詳今本解詁通用字考。

〔六四〕禄，余本同。阮氏挍勘記云：「宋本、閩、監、毛本同，鄂本禮作禄。」案劉敞春秋權衡引何氏此注亦作禄，則禄字是。自十行本改禄爲禮，後之注疏本咸祖其謬。

〔六五〕上問，余本同。阮氏挍勘記云：「諸本同。定二年疏引此注『問』作『言』，當據正。下文云『因言』可證。若作問，則與『指問邑也』字複也。」案阮挍備一説耳。

〔六六〕故，余本同，定公二年疏引此注作「欲」。

〔六七〕與，原脱，據余本補。

〔六八〕王，原作「主」，誤，余本同誤。齊召南考證云：「各本俱作無主者，非也。何休以此年之春不言王二月及王三月也，玩疏自明。」阮氏挍勘記云：「監、毛本同誤也。宋本、閩本主作王，當據正。按解云：『若言八年春，王、宋公、衛侯遇于垂，即嫌桓王亦與之遇。』可證本作王也。」案齊、阮説是。

〔六九〕巡守，余本同。阮氏挍勘記云：「釋文『巡守，本又作狩，下同』。鄂本作巡狩。」案守是而狩非。解詁凡巡守作守，田狩作狩字。説詳下條。

〔七〇〕廣四十，諸本同。釋文寫作「廣卌」。下文「袤四十」，釋文寫作「袤卌」。偏檢今本經注文，凡二十、三十、四十字，皆不寫作廿、卅、卌。桓公八年注云「天子置三公、九卿、二十七大夫、八十一元士」，以「八十一」對「二十七」，似何氏即寫作「二十」，不作「廿」。若然，則解詁原本作三十、四十也。

〔七一〕嶽，余本同。阮氏挍勘記云：「鄂本嶽作岳，下並同。」案何氏原本作嶽。知者，僖公三十一年注兩云「五嶽四瀆」。又注引詩云「嵩高維嶽」，皆是其證。或有作岳者，蓋後人傳寫改易。

〔七二〕守，余本作狩，誤。注云「守，猶守也」，例同「孫，猶孫也」。桓四年傳「冬曰狩」，何注云「狩，猶獸也」，是田狩作狩。故凡巡守之義，字作「守」；凡田狩之義，字作「狩」，何氏用此二字別義，不得通用。且此注「巡守」六見，皆「守」字，獨此一作「狩」者，亦見其非。

〔七三〕格、禰，余本同。阮氏挍勘記云：「釋文：『格，本又作假，同。禰，本又作藝。』段玉裁云：按作藝乃淺人用古文尚書改之也。何所據者，今文尚書，其說六宗用今說，可證也。」案段說可從。

〔七四〕不日，唐石經、余本同，宋小字本誤作「不名」。

〔七五〕雷當聞於地中其雉雊，余本同。徐疏云：「一本云雷當聞於雉雊，誤也。」阮氏挍勘記引武億說：「夏小正『雉震呴』條，正月必雷，類不必聞，唯雉爲必聞之。何以謂之雷，則雉震呴，相識以雷。注文蓋本此，疏既牽引非倫，又云『一本云雷當聞於雉雊，誤』，皆謬言也。」案此說可從。

〔七六〕可以極，余本同。阮氏挍勘記云：「按可字疑衍。以、已通。」阮挍備一説耳。

〔七七〕邴，諸本同，此即上八年經「鄭伯使宛來歸邴」之邴。然左氏經前書祊，此書防。杜注祊在琅邪費縣東南，防在琅邪華縣東南，是二地。穀梁與左氏同，亦是二地。考莊七年公羊經「夫人姜氏會齊侯于防」，彼書防，與此邴不同，也是二地；然左、穀二家經均書防，乃爲一地。案何氏注例，凡屬有傳有注之經，釋經之注常書於釋傳之注下，不在經下，少數釋經之注逕寫於經下者，則有發凡之意，如莊三年經「公次于郎」，注云「次者，兵舍止之名」，注直在經下，釋「次」義，故莊三十年經「師次于成」，何氏不更出注。莊十八年經「公追戎于濟西」，注云「以兵逐之曰追」，注寫於經下，釋「追」義，故僖公廿六年經「公追齊師至酅，弗及」，亦不釋「追」。莊二十二年經「公如齊納幣」，何注「納幣即納徵」云云，在經下，釋納幣之義，而文公二年經「公子遂如齊納幣」、成公八年經「宋公使公孫壽來納幣」，俱不複釋。莊三十一年經「齊侯來獻戎捷」，注云「戰所獲物曰捷」，注在經下，釋捷義；下僖廿一年經「楚人使宜申來獻捷」，也不複釋。以此例之，莊二十二年經「及齊高傒盟于防」，何注云「防，魯地」，注在經下。則今本莊七年經「夫人姜氏會齊侯于防」之防，疑當作「邴」，若是「防」字，彼注「防，魯地」宜寫於此經之下。然則，解詁原本，此經即作邴，非防也。説參公羊注疏合刻例考(見義例與用字第二章，下同)。

〔七八〕載，余本、宋小字本同。阮氏挍勘記云：「諸本同。唐石經『載』字缺，釋文無音。按漢書五行志載作戴，注引此經同。師古曰：『戴國，今外黄縣東南戴城是也。讀者多誤爲載，故隋室置載州焉。』顔氏此條較之義疏、釋文爲勝。」案下注何氏兩言載，則解詁原本蓋作「載」字歟？

〔七九〕弑，唐石經、余本同。漢石經作試。案解詁原本作弑不作試，以隱公四年注云：「弑者，殺也，臣弑君之辭。」明何氏本作弑字。説詳今本解詁弑殺異文考。

〔八〇〕以爲，唐石經、余本、宋小字本同。洪适隸釋載漢石經無「以爲」二字。

〔八一〕後師，余本同，疑當作「己師」。阮氏挍勘記云：「宋本、閩、監、毛本同誤也。蜀大字本作『己師』。解云『知子沈子爲己師者』，亦作己字，當據正。」案阮説可從。

〔八二〕春秋公羊卷第一，唐石經、余本並同。據阮氏挍勘記，蜀大字本、鄂本作「春秋公羊傳第一」，易「卷」爲「傳」，非也。又考漢石經，春秋經、公羊傳魯十二公之末皆不題「春秋公羊卷第幾」字，不知解詁原本有否。案皕忍堂本唐石經於十二公篇首皆隸書「某公第幾」，其下則真書「卷幾」，如僖公篇隸書「春秋公羊經傳解詁僖公第五」，下則真書「卷四」，又於篇末記「春秋公羊卷第四」。雖不敢必定解詁原本如此，然合乎解詁十一卷之數。後之槧本，如撫本、余本之分卷，皆與唐石經違，如僖公篇題「春秋公羊經傳解詁僖公第五」，卷末作「春秋公羊卷第五」，則十二公凡爲十二卷，非解詁原本之卷次可知。又，此行下有小字二行：「經三千四百二十字，注九千七百六十三字。」

春秋公羊經傳解詁桓公第二

何休 學

元年，春，王，正月，公即位。

繼弒君不言即位，此其言即位何？據莊公不言即位。如其意也。弒君欲即位，故如其意以著其惡，直而不顯，諱而不盈。桓本貴當立，所以爲篡者，隱權立，桓北面君事隱也。即者，就也。先謁宗廟，明繼祖也。還之朝，正君臣之位也。事畢而反凶服焉。

三月，公會鄭伯于垂。桓公會皆月者，危之也。桓弒賢君，篡慈兄，專易朝宿之邑，無王而行，無仁義之心，與人交接，則有危也，故爲臣子憂之。不致之者，爲下去王適足以起無王，未足以見無王罪之深淺，故復奪臣子辭，成誅文也。

鄭伯以璧假許田。

其言以璧假之何？據實假不當持璧也。易之也。易之則其言假之何？爲恭也。爲恭孫之辭，使若暫假借之辭。曷爲爲恭？據取邑不爲恭敬辭。有天子存，則諸侯不得專地也。

許田者何？地皆不得專，而此獨爲恭辭，疑非凡邑，故更問之。魯朝宿之邑也。諸侯時朝乎天子，天子之郊，諸侯皆有朝宿之邑焉。時朝者，順四時而朝也，緣臣子之心，莫不欲朝朝莫夕。王者與諸侯別治，勢不得自專朝，故即位比年，使大夫小聘，三年使上卿大聘，四年又使大夫小聘，五年一朝，王者亦貴得天下之歡心，以事其先王，因助祭以述其職。故分四方諸侯爲五部，部有四輩，輩主一時。孝經曰「四海之内，各以其職來助祭」，尚書曰「羣后四朝，敷奏以言，明試以功，車服以庸」，是也。宿者，先誠之辭。古者天子邦畿千里，遠郊五百里，諸侯至遠郊，不敢便入，必先告至，由如他國至竟而假塗也，皆所以防未然，謹事上之敬也。王者以諸侯遠來朝，亦加殷勤之禮以接之。爲告至之須〔一〕，當有所住止，故賜邑於遠郊，其實天子地，諸侯不得專也。桓公無尊事天子之心，專以朝宿之邑與鄭，背叛當誅，故深諱使若暫假借之者。不舉假爲重，復舉上會者，方諱言許田，不舉會，無以起從魯假之也。此魯朝宿之邑也，則曷爲謂之許田？諱取周田也。諱取周田，則曷爲謂之許田？繫之許也。曷爲繫之許？近許也。此邑也，其稱田何？田多邑少稱田，邑多田少稱邑。分別之者，古有分土無分民，明當察民多少，課功德。

夏，四月，丁未，公及鄭伯盟于越〔二〕。

秋，大水。

何以書？記災也。災傷二穀以上書災也。經曰「秋，大水，無麥苗」，傳曰「待無麥，然後書無苗」是也。先是，桓篡隱，百姓痛傷悲哀之心既蓄積，而復專易朝宿之邑，陰逆而與怨氣并之所致。

冬，十月。

二年，春，王，正月，戊申，宋督弒其君與夷及其大夫孔父〔三〕。賢者不名，故孔父稱字。督，未命之大夫，故國氏之〔四〕。及者何？以公、夫人言及，仲子微，不得及君。上下大夫言及。知君尊，亦不得及臣，故問之。累也。累，累從君而死，齊人語也。弒君多矣，舍此無累者乎？曰：有。仇牧、荀息皆累也。舍仇牧、荀息無累者乎？曰：有。叔仲惠伯是也。有則此何以書？賢也。何賢乎孔父？据叔仲惠伯不賢。孔父可謂義形於色矣。以稱字見先君死。其義形於色奈何？督將弒殤公，孔父生而存，則殤公不可得而弒也，故於是先攻孔父之家。大夫稱家。父者，字也。禮，臣死，君字之。以君得字之，知先攻孔父之家。殤公知孔父死，己必死，趨而救之，皆死焉。趨，走也。傳道此者，明殤公知孔父賢而不能用，故致此禍。設使殤公不知孔父賢，焉知孔父死己必死？設使魯莊公不知季子賢，焉知以病召之？皆患安存之時則輕廢之，急然後思之，故常用不免。孔父正色而立於朝，則人莫敢過而致難於其君者，孔父可謂義形於色矣。内有其義，而外形見於顔色。孔子曰：「君子正其衣冠，尊其瞻視，儼然人望而畏之〔五〕。」是也。重道「義形於色」者，君子樂道人之善。言「及」者，使上及其君，若附大國以名通，明當封爲附庸，不絶其祀，所以重社稷之臣也。督不氏者，起馮當國。不舉馮弒爲重者，繆公廢子而反國，得正，故爲之諱也。不得爲讓者，死乃反之，非所以全其讓意也。

滕子來朝。

三月，公會齊侯、陳侯、鄭伯于稷，以成宋亂。

内大惡諱，此其目言之何？目，見也，斥見其惡，言「成宋亂」。遠也。所見異辭，所聞異辭，所傳聞異辭〔六〕。所以復發傳者，益師以臣見恩，此以君見恩，嫌義異也。所見之世，臣子恩其君父尤厚，故多微辭是也。所聞之世，恩王父少殺，故立煬宫不日、武宫日是也。所傳聞之世，恩高祖、曾祖又少殺，故子赤卒不日、子般卒日是也。隱亦遠矣，曷爲爲隱諱？據觀魚諱。隱賢而桓賤也。宋公馮與督共弒君而立，諸侯會於稷，欲共誅之，受賂便還，令宋亂遂成。桓公本亦弒隱而立，君子疾同類相養，小人同惡相長，故賤不爲諱也。古者諸侯五國爲屬，屬有長；二屬爲連，連有帥；三連爲卒，卒有正；七卒爲州，州有伯也。州中有爲無道者，則長、帥、卒、正、伯當征之，不征，則與同惡。當春秋時，天下散亂，保伍敗壞，雖不誅，不爲成亂。今責其成亂者，疾其受賂也。加「以」者，辟直成亂也。

夏，四月，取郜大鼎于宋。

此取之宋，其謂之郜鼎何？據莒人伐杞取牟婁，後莒牟夷以牟婁來奔不繫杞也。器從名，從本主名名之。地從主人。從後所屬主人。器何以從名？地何以從主人？據錯。器之與人，非有即爾。即，就也。若曰：取彼器與此人異國物。凡人取異國物，非就有取之者，皆持以歸爲有。爲後不可分明，故正其本名。宋始以不義取之，故謂之郜鼎。宋始以不義取之，不應得，故正之，謂之郜鼎。如以義應得，當言取宋大鼎。郜本所以有大鼎者，周家以世孝，天瑞之鼎以助享祭。諸侯有世孝者，天子亦作鼎以賜之。禮，祭，天子九鼎，諸侯七，卿大夫五，元士三也。至乎地之與人，則不然，凡取地，皆就有之，與器異也。俄而可以爲其有矣。俄者，謂須臾之間，制得之頃也[七]。諸侯土地各有封疆里數，今日取之，然後王者起，興滅國，繼絶世，反取邑，不嫌不明，故卒可使以爲其有，不復追録繫本主。然則，爲取可以爲其有乎？爲取，恣意辭也。弟子未解，故云爾。曰：否。何者？何者，將設事類之辭。若楚王之妻娟，無時焉可也。娟，妹也。引此爲喻者，明其終不可名有也[八]。經不正者，從可知，省文也。

戊申，納于大廟。

何以書？譏。何譏爾？遂亂受賂，納于大廟，非禮也。納者，入辭也。周公稱大廟。所以必有廟者，緣生時有宫室也。孝子三年喪畢，思念其親，故爲之立宗廟，以鬼享之。廟之爲言貌也，思想儀貌而事之，故曰：「齊之日，思其居處，思其笑語，思其志意，思其所樂，思其所嗜。祭之日，入室僾然，必有見乎其位。周旋出入〔九〕，肅然必有聞乎其容聲。出户而聽，慨然必有聞乎其嘆息之聲。」孝子之至也。質家右宗廟，上親親〔一〇〕；文家右社稷，尚尊尊。

秋，七月，紀侯來朝。稱侯者，天子將娶於紀，與之奉宗廟，傳之無窮，重莫大焉，故封之百里。月者，明當尊而不臣，所以廣孝敬。蓋以爲天子得娶庶人女，以其得專封也。

蔡侯、鄭伯會于鄧。

離不言會，此其言會何？據齊侯、鄭伯如紀。二國會曰離，二人議，各是其所是，非其所非，所道不同，不能決事、定是非、立善惡，不足采取，故謂之離會。蓋鄧與會爾。時因鄧都，得與鄧會。自三國以上言會者，重其少從多也，能決事，定是非，立善惡。尚書曰「三人議，則從二人之言」，蓋取諸此。

九月，入杞。

公及戎盟于唐。不日者，戎怨隱不反國，善桓能自復，翕然相親信。

冬，公至自唐。致者，君子疾賢者失其所，不肖者反以相親榮，故與隱相違也。明前隱與戎盟，雖不信，猶可安也。今桓與戎盟，雖信，猶可危也，所以深抑小人也。凡致者，臣子喜其君父脱危而至。

三年，春，正月，公會齊侯于嬴。無王者，以見桓公無王而行也。二年有王者，見始也。十年有王者，數之終也。十八年有王者，桓公之終也。明終始有王，桓公無之爾。不就元年見始者，未無王也。二月，非周之正月，所以復去之者，明春秋之道，亦通於三王，非主假周以爲漢制而已。

夏，齊侯、衞侯胥命于蒲。

胥命者何？相命也。胥，相也。時盟不歃血〔一一〕，但以命相誓。何言乎相命？据盟亦相命，不道也。近正也。以不言盟也。此其爲近正奈何？古者不盟，結言而退。善其近正似於古而不相背，故書以撥亂也。

六月，公會紀侯于盛〔一二〕。

秋，七月，壬辰，朔，日有食之，既。

既者何？盡也。光明滅盡也。是後，楚滅鄧、穀，上僭稱王，故尤甚也。楚滅鄧、穀不書者，後治夷狄。

公子翬如齊逆女。

九月，齊侯送姜氏于讙。

何以書？譏。何譏爾？諸侯越竟送女，非禮也。以言姜氏也。禮，送女，父母不下堂，姑姊妹不出門。此入國矣，何以不稱夫人？据讙魯地。自我言齊，恕己以及人也。父母之於子，雖爲鄰國夫人，猶曰「吾姜氏」。所以崇父子之親，從父母辭。不言孟姜言姜氏者，從魯辭，起魯地。

公會齊侯于讙。

夫人姜氏至自齊。

翬何以不致？据「遂以夫人婦姜至自齊」致。得見乎公矣。本所以致夫人者，公不親迎，有危也。翬當并致者，翬親迎，重在翬也。上會讙，時夫人以得見公，得禮失禮在公，不復在翬，故不復致。不就讙上致者，婦人危重，故据都城乃致也。月者，爲夫人至例，危重之。

冬，齊侯使其弟年來聘。

有年。

有年何以書？方分别問「大有年」，故不但言「何以書」。以喜書也。大有年何以書？亦以喜書也。此其曰「有年」何？僅有年也。僅，猶劣也，謂五穀多少皆有，不能大成熟。彼其曰「大有年」何？問宣十六年也。大豐年也。謂五穀皆大熟成〔一三〕。僅有年，亦足以當喜乎？恃有年也。恃，賴也。若桓公之行，諸侯所當誅，百姓所當叛，而又元年大水，二年秏減〔一四〕，民人將去，國喪無日，賴得五穀皆有，使百姓安土樂業，故喜而書之，所以見不肖之君爲國尤危。又明爲國家者不可不有年。

四年，春，正月，公狩于郎。

狩者何？田狩也。田者，蒐狩之揔名也。古者肉食，衣皮服，捕禽獸，故謂之田。取獸于田，故曰狩。易曰：「結繩罔以田魚。」春曰苗。苗，毛也，明當毛物取未懷任者〔一五〕。秋曰蒐〔一六〕。蒐，簡擇也。簡擇幼稚〔一七〕，取其大者。冬曰狩。狩，猶獸也。冬時禽獸長大，遭獸可取。不以夏田者，春秋制也。以爲飛鳥未去於巢，走獸未離於穴，恐傷害於幼稚，故於苑囿中取之。常事不書，此何以書？譏。何譏爾？遠也。以其地遠。禮，諸侯田狩不過郊。諸侯曷爲必田狩？据有囿也。一曰乾豆，一者，第一之殺也。自左膘射之，達於右髃〔一八〕，中心，死疾，鮮絜，故乾而豆之中，薦於宗廟。豆，祭器名，狀如鐙。天子二十有六，諸公十有六，諸侯十有二，卿上大夫八，下大夫六，士二〔一九〕。二曰賓客，二者，第二之殺也。自左膘射之，達於右脾〔二〇〕，遠心，死難，故以爲賓客。三曰充君之庖。充，備也。庖，廚也。三者，第三之殺也。自左膘射之〔二一〕，達于右䯨〔二二〕，中腸胃，汙泡，死遲，故以充君之庖廚。已有三牲，必田狩者，孝子之意，以爲己之所養，不如天地自然之牲逸豫肥美。禽獸多則傷五穀，因習兵事，又不空設，故因以捕禽獸〔二三〕，所以共承宗廟，示不忘武備，又因以爲田除害。狩例時，此月者，譏不時也。周之正月，夏之十一月，陽氣始施，鳥獸懷任，草木萌牙，非所以養微。

夏，天王使宰渠伯糾來聘。

宰渠伯糾者何？天子之大夫也。其稱宰渠伯糾何？据劉卷卒氏采、不名且字。下大夫也。天子下大夫，繫官氏、名且字。繫官者，卑不得專官事也。稱伯者，上敬老也。上敬老則民益孝，上尊齒則民益弟。是以王者以父事三老，兄事五更，食之於辟雝〔二四〕，天子親袒而割牲，執醬而饋〔二五〕，執爵而酳，冕而揔干，率民之至也。先王之所以治天下者有五：貴有德，爲其近於道也；貴貴，爲其近於君也；貴老，爲其近於父也；敬長，爲其近於兄也；慈幼，爲其近於子弟也。禮，君於臣而不名者有五：諸父兄不名，經曰「王札子」是也，詩曰「王謂叔父」是也；上大夫不名，祭伯是也；盛德之士不名，叔肸是也；老臣不名，宰渠伯糾是也。下去二時者，桓公無王而行，天子不能誅，反下聘之，故爲貶，見其罪，明不宜。

五年，春，正月，甲戌、己丑，陳侯鮑卒。

曷爲以二日卒之？怴也〔二六〕。怴者，狂也。齊人語。甲戌之日亡，己丑之日死而得，君子疑焉，故以二日卒之也。君子，謂孔子也。以二日卒之者，闕疑。

夏，齊侯、鄭伯如紀。

外相如不書，此何以書？據蔡侯東國卒于楚不言「如」也。離不言會也。時紀不與會，故略言如也。春秋始録内小惡，書内離會；略外小惡，不書外離會。至所聞之世，著治升平，内諸夏而詳録之，乃書外離會，嫌外離會常書，故變文見意，以别嫌明疑。

天王使仍叔之子來聘。

仍叔之子者何？天子之大夫也。其稱仍叔之子何？據宰渠氏官、武氏子不稱字又不加「之」、尹氏不稱子。譏。何譏爾？譏父老子代從政也。禮，七十縣車致仕〔二七〕。不言氏者，起父在也。加「之」者，起子辟一人。

葬陳桓公。不月者，責臣子也，知君父有疾，當營衛，不謹而失之也。傳曰：「葬，生者之事。」

城祝丘。

秋，蔡人、衛人、陳人從王伐鄭。

其言從王伐鄭何？據河陽舉王狩，别出「朝」文，文不連王，王師不道所加。從王，正也。美其得正義也，故以從王征伐録之，蓋起時天子微弱，諸侯背叛，莫肯從王者征伐，以善三國之君〔二八〕，獨能尊天子死節。稱人者，刺王者也。天下之君，海内之主，當秉綱撮要，而親自用兵，故見其微弱，僅能從微者，不能從諸侯，猶莒稱人，則從不疑也。不使王者首兵者，本不爲王舉也。知實諸侯者，以美得正。

大雩。

大雩者何？旱祭也。雩，旱請雨祭名。不解「大」者，祭言大雩，大旱可知也。君親之南郊，以六事謝過自責，曰：「政不一與？民失職與？宮室榮與〔二九〕？婦謁盛與？苞苴行與？讒夫唱與〔三〇〕？」使童男女各八人，舞而呼雩，故謂之雩。不地者，常地也。然則何以不言旱？據日食，鼓用牲于社。言雩，則旱見；言旱，則雩不見。從可知，故省文也。日食獨不省文者，與「大水」同禮。若但言「鼓用牲」，則不知其所爲。必見雩者，善其能戒懼天災，應變求雨，憂民之急也。何以書？記災也。旱者，政教不施之應。先是，桓公無王行，比爲天子所聘，得志益驕，去國遠狩，大城祝丘，故致此旱。

蟓〔三一〕。

何以書？記災也。蟓者，煩擾之所生，與上旱同說。

冬，州公如曹。

外相如不書，此何以書？過我也。爲六年化我張本也。傳不言化我者，張本非再化也。稱公者，申其尊，起其慢，責無禮。

六年，春，正月，寔來。

寔來者何？猶曰「是人來」也。猶曰是人來，不録何等人之辭。孰謂？謂州公也。以上如曹書。曷爲謂之寔來？慢之也。曷爲慢之？據葵丘之盟曰。化我也。行過無禮謂之化，齊人語也。諸侯相過至竟必假塗，入都必朝，所以崇禮讓、絶慢易、戒不虞也。今州公過魯都，不朝魯，是慢之爲惡，故書「寔來」見其義也。月者，危録之，無禮之人，不可備責之。

夏，四月，公會紀侯于成。

秋，八月，壬午，大閲。

大閲者何？簡車徒也〔三二〕。大簡閲兵車，使可任用而習之。何以書？蓋以罕書也。罕，希也。孔子曰：「以不教民戰，是謂棄之。」故比年簡徒謂之蒐，三年簡車謂之大閲，五年大簡車徒謂之大蒐，存不忘亡，安不忘危。不地者，常地也。蒐例時，此日者，桓既無文德，又忽忘武備，故尤危録。

蔡人殺陳佗〔三三〕。

陳佗者何？陳君也。以躍卒不書葬也。陳君，則曷爲謂之陳佗？據殺蔡侯般不言蔡般。絶也。絶者，國當絶。曷爲絶之？據戕鄫子不絶。賤也。其賤奈何？外淫也。惡乎淫？惡乎，猶於何也。淫于蔡〔三四〕，蔡人殺之。蔡稱人者，與使得討之，故從討賊辭也。賤而去其爵者，起其見卑賤，猶律文立「子姦母見，乃得殺之」也。不日、不書葬者，從賤文。

九月，丁卯，子同生。

子同生者孰謂？謂莊公也〔三五〕。以夫人言「同非吾子」。何言乎子同生？据君存稱世子，子般不言生。喜有正也。喜國有正嗣。未有言喜有正者，此其言喜有正何？久無正也。子公羊子曰：「其諸以病桓與？」其諸，辭也。本所以書莊公生者，感隱、桓之禍生於無正，故喜有正，而不以世子正稱書者，明欲以正見無正，疾惡桓公。日者，喜録之。禮，生與來日，死與往日，各取其所見日也。禮，世子生三日，卜士負之寢門外，以桑弧蓬矢射天地四方〔三六〕，明當有天地四方之事；三月，君名之，大夫負朝于廟，以名徧告之。

冬，紀侯來朝。朝聘例時。

七年，春，二月，己亥，焚咸丘。

焚之者何？樵之也。樵，薪也，以樵燒之，故因謂之樵之。樵之，齊人語。樵之者何？以火攻也。何言乎以火攻？据戰伐不道所用兵。疾始以火攻也。征伐之道，不過用兵，服則可以退，不服則可以進。火之盛炎，水之盛衝，雖欲服罪，不可復禁，故疾其暴而不仁也。傳不託始者，前此未有，無所託也。咸丘者何？邾婁之邑也。曷爲不繫乎邾婁？据邦、鄑、郚繫紀。**國之也。**欲使如國，故無所繫。加「之」者，辟實國也〔三七〕。**曷爲國之？**据郱、鄑、郚不國。**君存焉爾。**所以起邾婁君在咸丘邑，明臣子當赴其難，與在國等也。日者，重録以火攻也。

夏，穀伯綏來朝。

鄧侯吾離來朝。

皆何以名？据滕、薛不名也。**失地之君也。其稱侯朝何？**据以賤也。**貴者無後，待之以初也。**穀、鄧本與魯同貴爲諸侯，今失爵亡土來朝，託寄也，義不可卑，故明當待之如初，所謂「故舊不遺，則民不偷」〔三八〕。無後者，施於所奔國也，獨妻得配夫，託衣食於公家；子孫當受田而耕，故云爾。下去二時者，桓公以火攻人君，故貶，明大惡。不月者，失地君朝惡人，輕也。名者，見不世也。

八年，春，正月，己卯，烝。

烝者何？冬祭也。春曰祠，薦尚韭卵〔三九〕。祠，猶食也，猶繼嗣也。春物始生，孝子思親繼嗣而食之，故曰祠，因以别死生〔四〇〕。**夏曰礿**〔四一〕，薦尚麥魚〔四二〕。麥始熟可礿，故曰礿。**秋曰嘗，**薦尚黍肫。嘗者，先辭也。秋穀成者非一，黍先熟，可得薦，故曰嘗。**冬曰烝。**薦尚稻鴈。

烝，衆也，氣盛貌。冬，萬物畢成，所薦衆多，芬芳備具，故曰烝。無牲而祭謂之薦。天子四祭四薦，諸侯三祭三薦，大夫士再祭再薦。祭於室，求之於幽；祭於堂，求之於明；祭於祊，求之於遠；皆孝子博求之意也。大夫求諸明，士求諸幽，尊卑之差也。殷人先求諸明，周人先求諸幽，質文之義也。禮，天子、諸侯、卿大夫，牛羊豕凡三牲曰大牢；天子元士、諸侯之卿大夫，羊豕凡二牲曰少牢；諸侯之士，特豕。天子之牲角握，諸侯角尺，卿大夫索牛。**常事不書，此何以書？譏。何譏爾？譏亟也。**亟，數也。屬十二月已烝，今復烝也。不異烝祭名而言烝者，取冬祭所薦衆多，可以包四時之物。**亟則黷，黷則不敬。**黷，渫黷也。**君子之祭也，敬而不黷。**君子生則敬養，死則敬享，故將祭，宮室既脩，牆屋既繕，百物既備，序其禮樂，具其百官，散齊七日，致齊三日，夫婦齊戒沐浴盛服，君牽牲，夫人奠酒；君親獻尸，夫人薦豆。卿大夫相君，命婦相夫人，洞洞乎，屬屬乎，如弗勝，如將失之。濟濟乎，致其敬也；愉愉乎，盡其忠也；勿勿乎，其欲饗之也〔四三〕。文王之祭，事死如事生，孝子之至也。**疏則怠，怠則忘。**怠，解〔四四〕。**士不及茲四者，則冬不裘，夏不葛。**禮本下爲士制。茲，此也。四者，四時祭也。疏數之節，靡所折中，是故君子合諸天道，感四時物而思親也。祭必於夏之孟月者，取其見新物之月也。裘葛者，禦寒暑之美服〔四五〕。士有公事，不得及此四時祭者，則不敢美其衣服，蓋思念親之至也。故孔子曰：「吾不與祭，如不祭。」

天王使家父來聘。家，采地。父，字也。天子中大夫氏采，故稱字不稱伯仲也。

夏，五月，丁丑，烝。

何以書？譏亟也。與上祀同爲亟也。

秋，伐邾婁。

冬，十月，雨雪。

何以書？記異也。何異爾？不時也。周之十月，夏之八月，未當雨雪。此陰氣大盛，兵象也。是後，有郎師、龍門之戰，沵血尤深〔四六〕。

祭公來，遂逆王后于紀。

祭公者何？天子之三公也。天子置三公、九卿、二十七大夫、八十一元士，凡百二十官，下應十二子。祭者，采也。天子三公氏采稱爵。何以不稱使？据宰周公稱使。婚禮不稱主人。時王者有母也。遂者何？生事也。生，猶造也，專事之辭。大夫無遂事，此其言遂何？据待君命然後卒大夫也。成使乎我也。以上來無事，知遂成使于我。其成使乎我奈何？使我爲媒，可則因用是往逆矣。婚禮成於五：先納采、問名、納吉、納徵、請期，然後親迎。時王者遣祭公來，使魯爲媒，可則因用魯往迎之，不復成禮，疾王者不重妃匹，逆天下之母若逆婢妾，將謂海内何哉！故譏之。不言如紀者，辟有外文。女在其國稱女，此其稱王后何？王者無外，其辭成矣。

九年，春，紀季姜歸于京師。其辭成矣，則其稱紀季姜何？自我言紀，父母之於子，雖爲天王后，猶曰「吾季姜」。明子尊不加於父母。京師者何？天子之居也。以季姜言歸。京者何？大也。師者何？衆也。天子之居，必以衆大之辭言之。地方千里，周城千雉，宫室、官府制度廣大，四方各以其職來貢，莫不備具。所以必自有地者，治自近始，故據土〔四七〕，與諸侯分職而聽其政焉，即春秋所謂内治其國也。書季姜歸者，明魯爲媒，當有送迎之禮。

夏，四月。

秋，七月。

冬，曹伯使其世子射姑來朝。

諸侯來曰朝。此世子也，其言朝何？据臣、子一例，當言聘。春秋有譏父老子代從政者，則未知其在齊與？曹與〔四八〕？在齊者，世子光也。時曹伯年老有疾，使世子行聘禮，恐卑，故使自代朝，雖非禮，有尊厚魯之心，傳見下卒葬詳録，故序經意依違之也。小國無大夫，所以書者，重惡世子之不孝甚。

十年，春，王，正月，庚申，曹伯終生卒。

夏，五月，葬曹桓公。小國始卒，當卒月葬時，而卒日葬月者，曹伯年老，使世子來朝，春秋敬老重恩，故爲魯恩録之尤深。

秋，公會衛侯于桃丘，弗遇。

會者何？期辭也。其言弗遇何？公不見要也。時實桓公欲要見衛侯，衛侯不肯見，公以非禮動，見拒有恥，故諱使若會而不相遇。言弗遇者，起公要之也。弗者，不之深也。起公見拒深。傳言公不見要者〔四九〕，順經諱文。

冬，十有二月，丙午，齊侯、衛侯、鄭伯來戰于郎。

郎者何？吾近邑也。以言來也。吾近邑，則其言來戰于郎何？據「齊師、宋師次于郎」不言來、公敗宋師不言戰、龍門之戰不舉地也。近也。惡乎近？近乎圍也〔五〇〕。地而言來者，明近都城，幾與圍無異。不解戰者，從下説可知。此偏戰也，何以不言師敗績？據十三年師敗績。偏，一面也，結日定地，各居一面，鳴鼓而戰，不相詐。內不言戰，言戰，乃敗矣。春秋託王於魯。戰者，敵文也。王者兵不與諸侯敵，戰，乃其已敗之文，故不復言師敗績。魯不復出主名者，兵近都城，明舉國無大小，當戮力拒之〔五一〕。

十有一年，春，正月，齊人、衛人、鄭人盟于惡曹。月者，桓公行惡，諸侯所當誅，屬上三國來戰于郎。今復使微者盟，故爲魯懼危録之。

夏，五月，癸未，鄭伯寤生卒。

秋，七月，葬鄭莊公。莊公殺段，所以書葬者，段當國，本當從討賊辭，不得與殺大夫同例。

九月，宋人執鄭祭仲。

祭仲者何？鄭相也〔五二〕。不言大夫者，欲見持國重。何以不名？賢也。何賢乎祭仲？据身執君出，不能防難。以爲知權也。權者，稱也，所以別輕重，喻祭仲知國重君輕。君子以存國除逐君之罪，雖不能防其難，罪不足而功有餘，故得爲賢也。不引度量者，取其平實以無私。其爲知權奈何？古者鄭國處于留〔五三〕，先鄭伯有善于鄶公者，通乎夫人，以取其國，而遷鄭焉。遷鄭，都於鄶也。而野留。野，鄙也。傳本上事者，解宋所以得執祭仲，因以爲戒。莊公死，已葬，祭仲將往省于留，塗出于宋，宋人執之。宋人，宋莊公也。謂之曰：「爲我出忽而立突。」突，宋外甥。祭仲不從其言，則君必死、國必亡；祭仲死，而忽旋爲突所驅逐而出奔〔五四〕。經不書忽奔，見微弱甚。是時，宋強而鄭弱，祭仲探宋莊公本弑君而立，非能爲突，將以爲賂動。守死不聽，令自入，見國無拒難者，必乘便將滅鄭，故深慮其大者也。從其言，則君可以生易死，國可以存易亡。少遼緩之，宋當從突求賂，鄭守正不與，則突外乖於宋，內不行於臣下，遼假緩之。則突可故出，而忽可故反。是不可得，則病。使突有賢才，是計不可得行，則已病逐君之罪。然後有鄭國。己雖病逐君之罪，討出突，然後能保有鄭國，猶愈於國之亡。古人之有權者，祭仲之權是也。古人，謂伊尹也。湯孫大甲驕蹇亂德，諸侯有叛志，伊尹放之桐宮，令自思過，三年而復成湯之道。前雖有逐君之負，後有安天下之功，猶祭仲逐君存鄭之權是也。權者何？權者反於經，然後有善者也。權之所設，舍死亡無所設。設，施也。舍，置也。如置死亡之事不得施。行權有道，自貶損以行權，身蒙逐君之惡以存鄭是也。不害人以行權。已納突不害忽是也。殺人以自生，亡人以自存，君子不爲也。祭仲死則忽死，忽死則鄭亡。生者，乃所以生忽存鄭，非苟殺忽以自生、亡鄭以自存。反覆道此者〔五五〕，皆所以解上死亡不施於己。宋不稱公者，脅鄭立篡，首惡當誅，非伯執也。祭仲不稱行人者，時不銜君命出使，但往省留耳。執例時，此月者，爲突歸鄭奪正，鄭伯出奔。

突歸于鄭。

突何以名？據忽復歸于鄭，俱祭仲所納，繫國稱世子，不但名也。挈乎祭仲也。挈，猶提挈也。突當國，本當言鄭突，欲明祭仲從宋人命，提挈而納之，故上繫於祭仲。不繫國者，使與外納同也。時祭仲勢可殺突以除忽害，而立之者，忽內未能懷保其民，外未能結助諸侯，如殺之，則宋軍强乘其弱滅鄭，不可救，故少遼緩之。其言歸何？據小白言入。順祭仲也。順其計策，與使行權，故使無惡。

鄭忽出奔衛。

忽何以名？據宋子既葬稱子。春秋伯、子、男一也，辭無所貶。春秋改周之文，從殷之質，合伯子男爲一，一辭無所貶，皆從子，夷狄進爵稱子是也。忽稱子，則與春秋改伯從子辭同〔五六〕，於成君無所貶損，故名也。名者，緣君薨有降既葬名義也。此非罪貶也，君子不奪人之親，故使不離子行也。王者起，所以必改質文者，爲承衰亂救人之失也。天道本下，親親而質省；地道敬上，尊尊而文煩。故王者始起，先本天道以治天下，質而親親，及其衰敝，其失也親親而不尊；故後王起，法地道以治天下，文而尊尊，及其衰敝，其失也尊尊而不親，故復反之於質也。質家爵三等者，法天之有三光也。文家爵五等者，法地之有五行也。合三從子者，制由中也。

柔會宋公、陳侯、蔡叔盟于折〔五七〕。

柔者何？吾大夫之未命者也。以俠卒也。輒發傳者，無氏，嫌貶也。所以不卒柔者，深薄桓公不與有恩禮於大夫也。盟不日者，未命大夫盟會用兵，上不及大夫，下重於士，罰疑從輕，故責之略。蔡稱叔者〔五八〕，不能防正其姑姊妹，使淫於陳佗，故貶在字例。

公會宋公于夫童。

冬，十有二月，公會宋公于闞。

十有二年，春，正月。

夏，六月，壬寅，公會紀侯、莒子盟于毆蛇。

秋，七月，丁亥，公會宋公、燕人盟于穀丘。

八月，壬辰，陳侯躍卒。不書葬者，佗子也。佗不稱侯者，嫌貶在名例，不當絶，故復去躍葬也。

公會宋公于郯。

冬，十有一月，公會宋公于龜。

丙戌，公會鄭伯盟于武父。

丙戌，衛侯晉卒。不蒙上日者，春秋獨晉書立記卒耳。當蒙上日，與不，嫌異於篡例，故復出日，明同。

十有二月，及鄭師伐宋。

丁未，戰于宋。

戰不言伐，此其言伐何？辟嫌也。惡乎嫌？嫌與鄭人戰也。時宋主名不出，不言伐，則嫌内微者與鄭人戰於宋地，故舉伐以明之。宋不出主名者，兵攻都城，與郎同義。此偏戰也，何以不言師敗績？内不言戰，言戰，乃敗矣。

十有三年，春，二月，公會紀侯、鄭伯。

己巳，及齊侯、宋公、衛侯、燕人戰，齊師、宋師、衛師、燕師敗績。

曷爲後日？據鞌之戰先書日。恃外也。其恃外奈何？得紀侯、鄭伯，然後能爲日也。得紀侯、鄭伯之助，然後乃能結戰日以勝。君子不掩人之功，不蔽人之善，故後日以明之。内不言戰，此其言戰何？據公敗宋師于菅。從外也。從外諸侯相與戰例。曷爲從外？據戰于宋不從外言敗績。恃外，故從外也。明當歸功於紀、鄭，故從紀、鄭言戰。何以不地？據在下句。近也。惡乎近？近乎圍。郎亦近矣，郎何以地？郎猶可以地也。郎雖近，猶尚可言其處。今親戰龍門，兵攻城池，尤危，故恥之。績，功也，非義不戰，故以功言之。不言功者，取其積聚師衆，有尊卑上下。次第行伍，必出萬死而不奔北，故以自敗爲文〔五九〕，明當坐也。燕戰稱人，敗績稱師者，重敗也，戰少而敗多。言及者，明見伐者爲主〔六〇〕，故得汲汲敗勝之文。

三月，葬衛宣公。背殯用兵，而月，不危之者，衛弱於齊、宋，不從亦有危，故量力不責也。

夏，大水。爲龍門之戰死傷者衆，民悲哀之所致。

秋，七月。

冬，十月。

十有四年，春，正月，公會鄭伯于曹。

無冰。

何以書？記異也。周之正月，夏之十一月，法當堅冰。無冰者，温也，此夫人淫泆，陰而陽行之所致〔六一〕。

夏五，鄭伯使其弟語來盟。

夏五者何？無聞焉爾。來盟者，聘而盟也。不言聘者，舉重也。内不出主名者，主國也，莅盟可知。莅盟、來盟例皆時。時者，從内爲王義，明王者當以至信先天下。

秋，八月，壬申，御廩災。

御廩者何？粢盛委之所藏也。黍稷曰粢，在器曰盛。委，積也。御者，謂御用于宗廟。廩者，釋治穀名。禮，天子親耕東田千畝，諸侯百畝，后夫人親西郊采桑，以共粢盛祭服，躬行孝道以先天下。御廩災何以書？記災也。火自出燒之曰災。先是，龍門之戰，死傷者衆，桓無惻痛於民之心，不重宗廟之尊，逆天危先祖，鬼神不饗〔六二〕，故天應以災御廩。

乙亥，嘗。

常事不書，此何以書？譏。何譏爾？譏嘗也。譏新有御廩災而嘗之。曰：猶嘗乎？難曰：四時之祭不可廢，則無猶嘗乎？御廩災，不如勿嘗而已矣。當廢一時祭，自責以奉天災也。知不以不時者書，本不當嘗也。

冬，十有二月，丁巳，齊侯禄父卒。

宋人以齊人、衛人、蔡人、陳人伐鄭。

以者何？行其意也。以己從人曰行，言四國行宋意也。宋前納突求賂，突背恩伐宋，故宋結四國伐之。四國本不起兵，當分别之，故加「以」也。宋恃四國乃伐鄭，四國當與宋同罪，非爲四國見輕重。

十有五年，春，二月，天王使家父來求車。

何以書？譏。何譏爾？王者無求，求車，非禮也。王者千里，畿内租税足以共費，四方各以其職來貢，足以尊榮，當以至廉無爲率先天下，不當求，求則諸侯貪、大夫鄙、士庶盜竊。求例時，此月者，桓行惡，不能誅，反從求之，故獨月。

三月，乙未，天王崩。桓王也。

夏，四月，己巳，葬齊僖公。當時而日者，背殯伐鄭，危之。

五月，鄭伯突出奔蔡。

突何以名？據衛侯出奔楚不名。不連爵問之者，并問上已名、今復名，故使文相顧。奪正也。明祭仲得出之，故復於此名，著其奪正〔六三〕，不以失衆録也。月者，大國奔例月，重乖離之禍，小國例時。

鄭世子忽復歸于鄭。

其稱世子何？據上出奔不稱世子。復正也。欲言鄭忽，則嫌其出奔還入，與當國同文，反更成上鄭忽爲當國，故使稱世子，明復正以效祭仲之權，亦所以解上非當國也。曷爲或言歸？或言復歸？復歸者，出惡歸無惡；復入者，出無惡入有惡。入者，出入惡；歸者，出入無惡。皆於還入乃別之者，入國犯命，禍重也。忽未成君出奔，不應絶。出惡者，不如死之榮也。入無惡者，出不應絶，則還入不應盜國。

許叔入于許。稱叔者，春秋前失爵在字例也。入者，出入惡，明當誅也。不書出時者，略小國。

公會齊侯于鄗。

邾婁人、牟人、葛人來朝。

皆何以稱人？據言朝也。夷狄之也。桓公行惡，而三人俱朝事之。三人爲衆，衆足責，故夷狄之。

秋，九月，鄭伯突入于櫟。

櫟者何？鄭之邑。曷爲不言入于鄭？据齊陽生立陳乞家言「入于齊」。末言爾。末者，淺也，解不言入國意。曷爲末言爾？据俱篡也。祭仲亡矣。亡，死亡也。祭仲亡則鄭國易得，故明入邑則忽危矣，不須乃入國也，所以效「君必死、國必亡」矣。然則曷爲不言忽之出奔？据上言出奔也。言忽爲君之微也。祭仲存，則存矣〔六四〕；祭仲亡，則亡矣。言忽微弱甚於鴻毛，僅若匹夫之出耳，故不復録，皆所以終祭仲之言，解不虚設危險之嫌。

冬，十有一月，公會齊侯、宋公、衛侯、陳侯于侈伐鄭。月者，善諸侯征突，善録義兵也。不舉伐爲重者，用兵重於會，嫌月爲桓伐，有危舉，不爲義兵録，故復録會。

十有六年，春，正月，公會宋公、蔡侯、衛侯于曹。

夏，四月，公會宋公、衛侯、陳侯、蔡侯伐鄭。

秋，七月，公至自伐鄭。致者，善桓公能疾惡同類，比與諸侯行義兵伐鄭。致例時，此月者，善其比與善行義，故以致復加月也。

冬，城向。

十有一月，衛侯朔出奔齊。

衛侯朔何以名？據衛侯出奔楚不名。絶。曷爲絶之？據俱奔也。得罪于天子也。其得罪于天子奈何？見使守衛朔，朔，十二月朔政事也，月所以朝廟告朔是也。而不能使衛小衆。時天子使發小衆，不能使行。越在岱陰齊，越，猶走也。岱，岱宗泰山也，山北曰陰。先言岱陰，後言齊者，明名山大澤不以封諸侯，以爲天地自然之利，非人力所能加，故當與百姓共之。傳著朔在岱陰者，明天子當及是時未能交連五國之兵，早誅之。屬負茲舍，不即罪爾。屬，託也。天子有疾稱不豫，諸侯稱負茲，大夫稱犬馬，士稱負薪。舍，止也，託疾止不就罪。

十有七年，春，正月，丙辰，公會齊侯、紀侯盟于黄。

二月，丙午，公及邾婁儀父盟于趡。本失爵在名例，中朝桓公稱人。今此不名者，蓋以爲儀父最先與隱公盟〔六五〕，明元功之臣有誅而無絶。

五月，丙午，及齊師戰于奚。夏者，陽也。月者，陰也。去夏者，明夫人不繫於公也。此戰蓋由桓公曰「同非吾子」云爾。

六月，丁丑，蔡侯封人卒。

秋，八月，蔡季自陳歸于蔡。稱字者，蔡侯封人無子，季次當立，封人欲立獻舞而疾害季，季辟之陳。封人死，歸反奔喪，思慕三年，卒無怨心，故賢而字之。出奔不書者，方以起季奔喪歸，故使若非出奔歸。不稱弟者，見季不受父兄之尊，起宜爲天子大夫。天子大夫不得與諸侯親通，故魯季子、紀季皆去其氏，唯卒以恩録親，季友、叔肹卒是也。

癸巳，葬蔡桓侯。稱侯者，亦奪臣子辭也〔六六〕。有賢弟而不能任用，反疾害之，而立獻舞，國幾并於蠻荆，故賢季、抑桓稱侯，所以起其事。

及宋人、衛人伐邾婁。

冬，十月，朔，日有食之。是後，夫人譖公，爲齊侯所誘殺。去日者，著桓行惡，故深爲内懼其將見殺無日。

十有八年，春，王，正月，公會齊侯于濼。

公、夫人姜氏遂如齊〔六七〕。

公何以不言及夫人？据公及夫人會齊侯于陽穀。**夫人外也。**若言夫人已爲公所絶外也。**夫人外者何？内辭也。**内爲公諱辭。**其實夫人外公也。**時夫人淫於齊侯而譖公，故云爾。言遂者，起夫人本與公出會齊侯于濼，故得并言「遂如齊」。不書夫人會、書夫人遂者，明遂在夫人，齊侯誘公，使遂如齊，以夫人譖公故。

夏，四月，丙子，公薨于齊。不書齊誘殺公者，深諱恥也。地者在外，爲大國所殺，於國尤危，國重，故不暇隱也。

丁酉，公之喪至自齊。凡公薨外致日者，危痛之。外多窮厄伐喪，内多乘便而起，不可不戒慎。加「之」者，喪者，死之通辭也，本以別生死，不以明貴賤，非配公之稱，故加「之」以絶。

秋，七月。

冬，十有二月，己丑，葬我君桓公。

賊未討，何以書葬？据隱公也。讎在外也。讎在外，則何以書葬？据俱讎也。君子辭也。時齊强魯弱〔六八〕，不可立得報，故君子量力。且假使書葬，於可復讎而不復，乃責之，諱與齊狩是也。桓者，謚。禮，生有爵，死有謚，所以勸善懲惡也。禮，諸侯薨，天子謚之；卿大夫受謚於君；唯天子稱天以誄之，蓋以爲祖祭乃謚。「丁酉，公之喪至自齊」「丁巳，葬我君定公，雨不克葬。戊午，日下昃，乃克葬」是也。以公配謚者，終有臣子之辭。上葬日者〔六九〕，起生者之事也，且明王者當遣使者與諸侯共會之。加「我君」者，録内也，猶君薨地也。

春秋公羊卷第二〔七〇〕

【校勘記】

〔一〕須，余本同。阮氏挍勘記云：「閩、監、毛本同誤也。宋本須作頃，當據正。按二年注云『俄者，謂須臾之間，創得之頃也』，頃字正此意。」案此「須」字不誤。云「告至之須」者，謂諸侯朝王，先有告至之禮，天子賜邑於遠郊，諸侯須焉，以待來日行朝禮。又隱元年注云「欲須桓長大」，宣公十五年注「相須而舉，相待而成」，須即待也。此告至之須，亦待義，故云有所住止。阮氏謂宋本須作頃，又以桓二年注「須臾之間，創得之頃」爲説，然此「頃」字釋作「俄而」，爲疾速意，與須待意正相反，其説非是。

〔二〕越，諸本同。釋文曰「本亦作粤，音同」。案粤、越音同可假，然解詁原本作「越」不作「粤」。傳云：「於越者何？越者何？於越者，未能以其名通也。越者，能以其名通也。」注云：「越人自名於越，君子名之曰越。」據傳注，若此作粤，彼「於越」亦當作「於粤」。今釋文不注「於越」，知陸氏所見本無作「於粤」者，且何氏注文皆寫作越，不見粤字。可知陸德明所見一本作粤者，非解詁原本。舉此一隅，明經書校勘當字隨本定。諸字雖可通假，何氏原本唯取一字。字若不能定，疑以傳疑，不得專據通假字立説。

〔三〕弑，唐石經、余本、宋小字本同。漢石經作殺。案解詁原本作弑不作殺，説詳今本解詁弑殺異文考。

〔四〕此注文全衍。阮氏挍勘記云：「疏本無。此注與何義不合，當是别家注竄入者。解云：『考諸舊本，悉無此注，且與注違，則知有者衍文也。』」按，與注違者，注云『督不氏者，起馮當國』，此云『未命之大夫，故國氏之』，是與注違也。」案此說是。

〔五〕儼然，余本同。釋文出「嚴」云：「本又作儼。」别無佐證，未知解詁原本爲何字。

〔六〕所傳聞異辭，諸本同。阮氏挍勘記云：「唐石經原刻無第三『所』字，後磨改補入。隸釋載石經殘碑曰：桓公二年顔氏有『所見異辭，所聞異』，以下缺。然則熹平立石者，爲嚴氏春秋，於此無『所見異辭』三句，何氏所注者，爲顔氏春秋，於此有之。漢石經於碑末列其同異。按無此三句，則『遠也，隱亦遠矣』文相承。有，則與哀十四年傳複出矣。」案注云「所以復發傳者」，則何氏本有此三句明矣。

〔七〕制，余本同。阮氏挍勘記云：「宋本制作創。」案阮氏言宋本者，乃蜀大字本歟？蓋彼時方言，未知孰是。

〔八〕名，余本同。徐疏云：「考諸古本，『名』作『多』字。」阮氏挍勘記云：「按作名是。終不可名有，猶云終不可爲有，此專以地言，不如疏所說。」案阮説可從。

〔九〕出入，余本同。阮氏挍勘記云：「鄂本以下同，禮記作『出户』。」案宜以「户」字爲正。

〔一〇〕上，余本同。阮氏挍勘記云：「浦鏜云『尚』誤『上』。按，否則下『尚尊尊』當作上，庶不岐出。」案當以尚字爲長。徧考注文，凡高尚之意，皆作尚不作上。

〔一一〕歃，余本同，釋文：「本又作歃。」説文作歃，唐玄度九經字樣云：「從干從臼從欠，見春秋傳。」則釋文所出異文，乃字樣不同。

〔一二〕盛，諸本同，咸誤，當作成。案莊八年經「師及齊師圍成，成降于齊師」，傳云「成者何？盛也。盛則曷爲謂之成？諱滅同姓也」，知此公羊經改書成者，以諱故也，其餘則皆書盛，如文十二年經「盛伯來奔」，莊四年注云「師及齊師圍盛」，莊八年注云「師出，本爲下滅盛」，解詁皆用本字「盛」，不用諱字「成」，是何氏於盛、成區畫分明，盛是國名（二傳作郕），成乃魯邑。下六年經「公會紀侯于成」，會地在魯，故作「成」。據清一統志：「古郕國與魯之成邑雖皆屬寧陽，實爲二地，郕國在西，近洸水；魯成邑在東，近淄水，不相混也。」紀在壽光縣。此魯紀相會之地在魯，不當在盛，故成字是，盛字非。

〔一三〕大熟成，余本同。十行本同余本，閩本始改作「大成熟」，未知何據。

〔一四〕秏，余本作耗，據説文，秏字從禾毛聲，宜以秏字爲正，釋文亦標「秏減」。

〔一五〕毛，鄂本同，余本作「見」。阮氏挍勘記云：「鄂本作毛，當據正。毛，猶現也，詩『左右毛之』，玉篇見部引作現。」案阮説是。

〔一六〕曰蒐，諸本同。釋文出「曰廋」云：「本又作搜，亦作蒐。」案偏考經注，何氏用蒐字，不用廋、搜字。

〔一七〕稚，余本同。張參五經文字：「稺穉，並丈利反，幼禾也。上説文，下字林。」案説文亦不收稚字。然史記商本紀贊：「契爲子姓，其後分封，以國爲姓，有稚氏。」漢碑亦稚、稺並見。張參固出「稺穉」，然唐石經穀梁傳僖十年「稚曰卓子」，乃用稚字，是寫刻之人未必全依字樣。今以下注云「恐傷害於幼稚」，「稚」字又見，疑解詁原本即作稚字。閩本改稚爲稺，恐非何氏原字。

〔一八〕髃，余本同。釋文曰：「本又作腢。」案説文不收腢字。張參五經文字云：「腢音隅，肩前也，亦作髃。見詩小雅。」云「詩小雅」者，即車攻毛傳也。今以獸體言之，當以髃字爲長，以下殺「右䯇」字亦從骨。

〔一九〕二，原作「三」，據余本改。

〔二〇〕脾，余本同。阮氏校勘記云：「當依説文作髀。」案阮説恐非。説文：「髀，股也。古文作𨁈。」若據阮校達於右髀，髀在股。自左膘射入，膘是小腹兩邊肉（或是脅後髀前肉），自左膘射之，達於髀股，與「逐禽左」之法不合，一也。據上下文例，上殺中心，下殺中腸，則第二殺所中，宜在心、腸之間。據禽體言之，當是肝、肺，故云「遠心」。中肝肺，視中心死緩，視中腸死疾，正第二殺之義，二也。又上殺達於髃，説文「髃，肩前也」，肩前，即肩頭（據鄭玄儀禮注），字從骨。下殺達於䯇，䯇，肩骨（據廣韻三十小），字亦從骨，亦關肩。則第二殺所達者，蓋髆歟？説文「髆，肩甲」，肩甲即肩胛，字從骨，亦關肩。肩胛去肩頭少偏下。以射法言之，射者自左膘射禽獸，中心，達於右髃，是爲上殺；自左膘射之，中肝/肺，達於右髆，少偏於肩頭下，是爲次殺；自左膘射之，中腸胃，達於右䯇，位又在肩胛少下，是爲下殺。三也。然則，此句宜云「達於右髆」。范氏注穀梁云「次殺射髀骼」，與「自左膘射之」不合，不得據以爲證。又車攻毛傳謂「次殺射右耳本，下殺射左髀，達于右䯇」，亦非何氏義。

〔二一〕左膘，余本同。釋文出「左脾」云：「本又作膘。」案三殺皆自左膘射入，作「脾」字者，非。

〔二二〕右䯇，余本同。釋文：「一本作胘。」案説文：「胘，牛百葉也。」牛百葉，非射禽所達，當以䯇字爲正。

〔二三〕捕，余本同。阮氏校勘記：「釋文『捕，本又作搏，音博』。按當作搏禽獸。」案阮校不言所據。以田狩爲習兵言之，似「捕」字義長。桓公四年注云：「古者肉食，衣皮服，捕禽獸，故謂之田；取獸于田，故曰狩」，可證。

〔二四〕雝，余本同，下注作辟雍，疑「雍」是何氏用字，「雝」蓋後人傳寫改易。

〔二五〕饋，余本同，釋文也作「而饋」。十行本改饋爲餽，非。

〔二六〕怴，諸本同。阮氏挍勘記云：「唐石經、諸本同。釋文作㤜，呼述反。按㤜，當作怴，字之訛也。廣雅釋詁二『怴，怒也』。又釋訓『怴，怴亂也』，曹憲音呼述反，今亦誤作㤜。禮記禮運『故鳥不獝』，注云『獝，狘，飛走之貌也』。釋文『狘，況越反』。怴、狘義同，皆戉聲。玉篇心部『怴，許律切，怒也』。廣韻六術『怴，狂也』，皆從戉，不誤。」案阮説頗具理證。然徧考注言「齊人語」者，義多與字書不同，未知解詁原本是否如阮氏所言。

〔二七〕車，余本同，釋文亦是車字。徐彦所據本則作「輿」，疏云：「亦有作車字者。」

〔二八〕三，原作「二」，據余本改。

〔二九〕榮，余本作禜。案説文：「禜，設緜蕝爲營，以禳風雨雪霜、水旱癘疫於日月星辰山川也。」是禜爲祭名。然則，「榮」當是解詁用字。

〔三〇〕唱，余本作倡。案隱公元年注云「諸侯有倡始先歸之者」，莊公元年「申陽倡陰和之道」，當以倡字爲勝。

〔三一〕蝝，諸本同。釋文：「本亦作蚉。説文：蚉，或螽字。」案漢石經即作蚉，蚉即蝝之異體，蝝是古文螽字，解詁蓋用螽不用蝝。文公三年經「雨螽于宋」之「螽」，疑亦後人傳寫改易。知者，何氏釋螽字云「猶衆也，衆死而墜者」，取聲形爲詁，蓋據蝝字爲釋。參文公三年校記。

〔三二〕車徒，各本同。案「徒」字疑衍。經書蒐、大閱、大蒐，三者有差，即下注云「比年簡徒謂之蒐，三年簡車謂之大閱，五年大簡車徒謂之大蒐」，是也。蒐爲簡徒，大閱爲簡車，大蒐則爲大簡車徒，故此注云「大簡閱兵車」，正釋簡車之義。昭公八年傳「蒐者何？簡車徒也」，疑衍「車」字，彼注云「徒，衆」，正釋簡徒之義。否則，大閱與蒐皆是「簡車徒」，二者無異，與注意不合。説詳王引之經義述聞。

〔三三〕佗，諸本同。漢石經作它。案今本解詁皆作佗，無作它者，如北宫佗、仲佗、公子佗人。諸佗字，漢石經俱寫作它，是蔡、何家法不同。

〔三四〕于，蜀石經、余本、宋小字本同。阮氏挍勘記云「唐石經、蜀大字本同。鄂本、閩、監、毛本于作乎，誤。」案閔公元年傳亦云「淫于」，則「于」字爲長。

〔三五〕莊公，諸本同。釋文出「嚴公」云：「本亦作莊。」案經注皆作莊，何氏不避漢帝諱，解詁原本作莊字。

〔三六〕桑，余本同，蜀石經作桒。

〔三七〕實，蜀石經同，余本作「寔」。

〔三八〕偷，各本同。阮氏挍勘記云：「釋文作不愉，云『本又作偷』。按當依陸本作愉。今本從人旁，非。周禮大司徒以俗教安，則民不愉，今本亦改偷。○按愉、偷古今字，説文無偷，鄭箋詩有之。」阮説前後少異，前挍以愉字爲是，後挍似謂偷字亦可。案此注引論語文，論語作偷，則此注宜亦作偷。前挍據周禮爲説，非何氏家法。

〔三九〕卯，余本同。蜀石經作「卯」，誤。

〔四〇〕因，余本同。蜀石經作「國」，誤。

〔四一〕礿，諸本同。釋文：「礿，本又作禴，同。」案説文有礿無禴，然毛詩天保「禴祠烝嘗」，是禴字亦見於經者。李富孫云：「繁露、説文、論衡皆作礿，是漢人多從此字。禴，别體。」今據文公二年注寫作礿字，知解詁用礿不用禴。

〔四二〕魚，蜀石經同，余本誤作「苗」。阮氏挍勘記云：「閩、監、毛本苗作魚，無下麥字。按苗字誤，當定從魚。宋本亦有下麥字。穀梁疏引同，與儀禮經傳通解合，今本無者，誤脱也。」此説是。

〔四三〕饗，各本同。據何氏用字之例，享施於死者，饗施於生者。此宜作享，「饗」蓋後人改易。説詳今本解詁通用字考。

〔四四〕怠解，蜀石經、余本同。阮氏挍勘記云：「鄂本作怠懈，釋文作怠解。」案「解」字是。襄公五年注云「乃解怠前後至」，僖公十五年注「激揚解惰也」，俱作解，是其證。

〔四五〕禦，蜀石經、余本、鄂本同。阮氏挍勘記云：「閩、監、毛本禦作御。按釋文作御。」案禦是御非。何氏用字，凡抵禦、防禦義，用「禦」字；凡御用、使御義，用「御」字。二字别義，不得相通。説詳今本解詁通用字考。

〔四六〕汧，蜀石經、余本同。陸氏釋文「汧，古流字」。案成公五年傳「壅河三日不汧」，諸本皆作汧字。依何氏用字承經傳之例，傳作汧，注宜亦作汧。然隱二年注「伏尸流血」，僖公二十五年注「威權下流」，文公十二年注「河曲流」，哀十四年注「積骨流血之虐」等，並作流字。以注文多見流字，則傳文之「汧」字蓋後人改易歟？説參文公十二年校記。

〔四七〕據，諸本同，俱誤，當作据。解詁通書用据不用據，説詳今本解詁通用字考。

〔四八〕曹與，唐石經、余本、宋小字本同。阮氏挍勘記云：「監、毛本『曹與』上衍『在』字。」汪氏識語云：「案襄二年疏引，『曹與』上有『在』字。」以無明證，不能決也。

〔四九〕不見要，蜀石經同。余本作「不要見」。阮氏挍勘記云：「閩、監、毛本作見要。按上云『時桓公欲要見衛侯』，與此合，傳則云『公不見要也』。」似以「見要」爲是。然瞿氏鐵琴銅劍樓藏書目録云：「上言時實桓公欲要見衛侯，是著其實；此言公不見要於衛侯，是從其諱。故下云順經諱文，其義不同。」則以「不見要」爲是。案注既云「傳言」，則不宜改易傳文，當以「不見要」爲正。

〔五〇〕圍，唐石經、蜀石經、余本、宋小字本同。阮氏挍勘記云：「唐石經、鄂本以下同。疏本圍作國，云：『國，讀如圍。考諸古本，皆作國字，而舊解以國爲圍。』按注云『地而言來者，明近都城，幾與圍無異』，此釋傳之『近乎圍』，言雖非圍，而似圍也。」案阮挍是。解詁原本作圍，注云「幾與圍無異」，即直解傳

「近乎圍」之意，若作國字，則「幾與圍無異」嫌無著落。

〔五一〕戮，余本同，蜀石經作勠。阮氏挍勘記云：「閩、監、毛本同。鄂本戮作勠，是也。釋文勠力字多作勠。按十二年疏引此注亦作勠。」案阮説不可從。莊公三十二年傳「爲天下戮笑」，唐石經、余本、宋小字本同作戮，且僖公五年注「戮力一心」，鄂本雖作勠，然此本及余本均是戮字。又以疏文相驗，據單疏鈔本，桓十二年疏文固用勠字，莊公三十二年疏卻兩用戮字，是疏文用字無一定，不得據以爲證。至於釋文，陸德明出「戮力」云「字亦作勠」，明陸氏所據本即作戮字。今以傳文二「戮笑」皆作戮字，釋文、鄂本不見異文，知解詁原本作戮不作勠。

〔五二〕鄭相也，蜀石經、余本同。唐石經作「鄭之相也」。阮氏挍勘記云：「鄂本以下同。唐石經作『鄭之相也』。嚴杰云：周禮大司徒正義引亦無『之』字。」案後漢書賈逵傳李賢注引此傳有「之」字。

〔五三〕于，余本同，阮氏挍勘記云：「于，並當作『於』。下同。」案阮氏之意，經作「于」字，傳則多寫作「於」字。然今本傳文「于」「於」並用，不能決也。

〔五四〕旋，蜀石經、余本作旋。

〔五五〕覆，各本同，疑當作復。説詳今本解詁通用字考。

〔五六〕春秋，蜀石經、鄂本同。余本作「諸侯」，誤。

〔五七〕折，諸本同。釋文：「一本作析。」案左、穀二家經作折，似折字爲勝。

〔五八〕蔡，蜀石經、鄂本同。余本作蔡侯，衍「侯」字。

〔五九〕自，余本同，蜀石經誤作「日」。

〔六〇〕伐者，蜀石經同。余本「伐」作「我」，鄂本亦作「我」。阮氏挍勘記云：「鄂本同。閩、監、毛本我作伐，誤。按『者』字當衍，蓋我誤爲伐，始衍『者』字矣。」案如阮説，則注當云「明我爲主」，不宜云「明見我者爲主」。阮氏既以「我」誤作「伐」，更謂「者」是衍文，頗嫌迂曲。考莊公二十八年傳云「春秋伐者爲客，伐者爲主」，何注：「伐人者爲客，見伐者爲主。戰，序上言及者爲主。」今此四國伐魯，則魯即「見伐者」也，是此本與蜀石經不誤。陳立未見撫本、蜀石經，但憑鄂本、余本立説，故公羊義疏從阮説，亦可議。

〔六一〕陽，原作「陰」，據蜀石經、余本改。

〔六二〕饗，各本同，疑當作「享」。説詳今本解詁通用字考。

〔六三〕著，蜀石經同。余本誤作「者」。

〔六四〕存矣，余本、宋小字本同，唐石經無「矣」字。阮氏挍勘記云：「唐石經無『矣』字，非。十一年疏引此亦有『矣』字。」案疏本雖有「矣」字，猶不能決解詁原本之有無。

〔六五〕儀，原作「義」，據余本改。

〔六六〕「者亦」，原作「曰桓」，據余本改。案桓是謚號，稱謚者，正臣子之事，不得謂「奪臣子辭」。君葬稱公，臣子辭也，今稱侯，故云然。

〔六七〕公夫人，唐石經、余本、宋小字本同。阮氏校勘記云：「鄂本『公』下有『與』字，是也。左、穀皆有『與』。」案阮説非也。傳云「公何以不言及夫人？夫人外也」，若有「與」字，則不得云「夫人外也」。且莊公元年注云「据公、夫人遂如齊未有來文」，是無「與」字可知。

〔六八〕强，余本同，疑當作彊字。説詳今本解詁通用字考。

〔六九〕上，余本同，疑衍文。徐疏云：「考諸古本，皆無『上』字，衍文。」是。

〔七〇〕春秋公羊卷第二，此行下有小字二行記經注文字數：「經三千一百五十六字，注七千九百二字。」

春秋公羊經傳解詁莊公第三

何休 學

元年，春，王，正月。

公何以不言即位？春秋君弒〔一〕，子不言即位。君弒，則子何以不言即位？据繼君不絕也。隱之也。孰隱？隱子也。隱痛是子之禍，不忍言即位。

三月，夫人孫于齊〔二〕。

孫者何？孫，猶孫也。孫，猶遁也。內諱奔謂之孫。言于齊者，盈諱文。夫人固在齊矣，其言孫于齊何？据「公、夫人遂如齊」未有來文。念母也。固在齊而書孫者，所以起念母也。正月以存君，念母以首事。禮，練祭取法存君，夫人當首祭事。時莊公練祭，念母而迎之，當書迎，反書孫者，明不宜也。夫人何以不稱姜氏？据夫人姜氏孫于邾婁。貶。曷爲貶？据俱以孫爲文。與弒公也〔三〕。其與弒公奈何？夫人譖公於齊侯，如其事曰訴，加誣曰譖。公曰：「同非吾子，齊侯之子也。」以淫於齊侯所生。齊侯怒，與之飲酒。欲醉而殺之。禮，飲酒不過三爵。於其出焉，使公子彭生送之。於其乘焉，於其將上車時。搚幹而殺之〔四〕。搚，折聲也〔五〕，扶上車〔六〕，以手搚折其幹。念母者，所善也，則曷爲於其念母焉貶？据貶必於其重。不與念母也。念母則忘父，背本之道也。故絶文姜不爲不孝，距蒯聵不爲不順〔七〕，脅靈社不爲不敬。蓋重本尊統，使尊行於卑，上行於下。貶者，見王法所當誅。至此乃貶者，并不與念母也。又欲以孫爲内見義〔八〕，明但當推逐去之，亦不可加誅，誅不加上之義，非實孫。月者，起練祭左右。

夏，單伯逆王姬。

單伯者何？吾大夫之命乎天子者也。以稱字也。禮，諸侯三年一貢士於天子，天子命與諸侯輔助爲政，所以通賢共治，示不獨專，重民之至。大國舉三人，次國舉二人，小國舉一人。何以不稱使？据「公子遂如京師」言如者，内稱使之文。天子召而使之也。逆之者何？使我主之也。逆者，魯自往之文，方使魯爲父母主嫁之，故與魯使自逆之。不言「于京師」者，使魯主之，故使若自魯女，無使受之。曷爲使我主之？据諸侯非一。天子嫁女乎諸侯，必使諸侯同姓者主之。諸侯與天子同姓者。諸侯嫁女于大夫，必使大夫同姓者主之。大夫與諸侯同姓者不自爲主者，尊卑不敵，其行婚姻之禮，則傷君臣之義；行君臣之禮，則廢婚姻之好，故必使同姓有血脉之屬宜爲父道，與所適敵體者主之。禮，尊者嫁女于卑者，必待風旨，爲卑者不敢先求，亦不可斥與之者，申陽倡陰和之道。天子嫁女於諸侯，備姪娣，如諸侯之禮，義不可以天子之尊，絶人繼嗣之路。主書者〔九〕，惡天子也。禮，齊衰不接弁冕，仇讎不交婚姻。

秋，築王姬之館于外〔一〇〕。

何以書？譏。何譏爾？築之，禮也；于外，非禮也。以言外，知有築内之道也。于外，非禮也。禮，同姓本有主嫁女之道，必闕地于夫人之下、羣公子之上也。時魯以將嫁女于讎國，故築于外。于外何以非禮？据非内女。築于外，非禮也。于，遠辭也，爲營衛不固。不以將嫁于讎國除譏者，魯本自得以讎爲解，無爲受命而外之，故曰非禮。据禮當豫設。主王姬者，必爲之改築。主王姬者，則曷爲必爲之改築？据諸侯宫非一。於路寢則不可，小寢則嫌，皆所以遠別也。羣公子之舍，謂女公子也。則以卑矣。以爲大卑。其道必爲之改築者也。以上傳言爾，知當築夫人之下、羣公子之上。築例時。

冬，十月，乙亥，陳侯林卒。

王使榮叔來錫桓公命。

錫者何？賜也。上與下之辭。命者何？加我服也。增加其衣服，令有異於諸侯。禮有九錫：一曰車馬，二曰衣服，三曰樂則，四曰朱户，五曰納陛，六曰虎賁，七曰弓矢，八曰鈇鉞，九曰秬鬯，皆所以勸善扶不能。言命不言服者，重命不重其財物。禮，百里不過九命，七十里不過七命，五十里不過五命。其言桓公何？据錫文公命不言謚。追命也。舉謚，明知追命死者。禮，生有善行，死當加善謚，不當復加錫。不言天王者，桓行實惡，而乃追錫之，尤悖天道〔一一〕，故云爾。王姬歸于齊何以書？我主之也。魯主女爲父母道，故恩録而書之。内女歸例月，外女不月者，聖人探人情以制恩，實不如魯女。

齊師遷紀郱、鄑、郚。

遷之者何？取之也。以稱師，知取之。取之，則曷爲不言取之也？据莒人伐杞取牟婁。爲襄公諱也。襄公將復讎於紀，故先孤弱取其邑，本不爲利舉，故爲諱，不舉伐，順諱文也。外取邑不書，此何以書？大之也。何大爾？自是始滅也。將大滅紀從此始，故重而書之。

二年，春，王，二月，葬陳莊公。

夏，公子慶父帥師伐於餘丘〔一二〕。

於餘丘者何？邾婁之邑也。曷爲不繫乎邾婁？國之也。曷爲國之？君存焉爾。慶父幼少將兵，不譏者，從不言弟意，亦起之。

秋，七月，齊王姬卒。

外夫人不卒，此何以卒？録焉爾。曷爲録焉爾？据王后崩猶不録。我主之也。魯主女爲父母道，故卒録之，明當有恩禮。内女卒例日，外女卒不日者，實不如魯女也。

冬，十有二月，夫人姜氏會齊侯于郜。書者，婦人無外事，外則近淫。不致者，本無出道。有出道乃致，奔喪致是也。

乙酉，宋公馮卒。

三年，春，王，正月，溺會齊師伐衛。

溺者何？吾大夫之未命者也。所伐大夫不卒者，莊公薄於臣子之恩，故不卒大夫，與桓同義。月者，衛朔背叛出奔，天子新立衛公子留，齊魯無憚天子之心而伐之，故明惡重於伐，故月也。

夏，四月，葬宋莊公。莊公馮篡不見，書葬者，篡以計除，非以起他事不見也。

五月，葬桓王。

此未有言崩者，何以書葬？蓋改葬也。改，更也。改葬服輕，不當月，月者，時無非常之變，榮奢改葬爾，故惡録之。書者，諸侯當有恩禮。

秋，紀季以酅入于齊〔一三〕。

紀季者何？紀侯之弟也。何以不名？賢也。何賢乎紀季？據叛也。服罪也。其服罪奈何？魯子曰：「請後五廟以存姑姊妹。」紀與齊爲讎，不直，齊大紀小，季知必亡，故以酅首服。先祖有罪於齊，請爲五廟後，以酅共祭祀、存姑姊妹。稱字賢之者，以存先祖之功，則除出奔之罪，明其知權。言入者，難辭，賢季有難去兄入齊之心，故見之。男謂女先生爲姊，後生爲妹，父之姊妹爲姑。

冬，公次于郎。次者，兵舍止之名。

其言次于郎何？國内兵不當書，公斂處父帥師而至，雖有事而猶不書是也。刺欲救紀而後不能也。惡公既救人，辟難道還，故書其止次以起之。諸侯本有相救之道，所以抑强消亂也〔一四〕。次例時。

四年，春，王，二月，夫人姜氏饗齊侯于祝丘。書者，與會郜同義。牛酒曰犒，加飯羹曰饗。月者，再出，重也。三出不月者，省文，從可知例。

三月，紀伯姬卒。禮，天子諸侯絶期，大夫絶緦。天子唯女之適二王後者，諸侯唯女之爲諸侯夫人者，恩得申，故卒之。

夏，齊侯、陳侯、鄭伯遇于垂。

紀侯大去其國。

大去者何？滅也。孰滅之？齊滅之。曷爲不言齊滅之？爲襄公諱也。春秋爲賢者諱，何賢乎襄公？据楚莊王亦賢，滅蕭不爲諱。復讎也。何讎爾？遠祖也。哀公亨乎周，亨，煑而殺之。紀侯譖之。以襄公之爲於此焉者，事祖禰之心盡矣。盡者何？襄公將復讎乎紀，卜之曰：「師喪分焉。」龜曰卜，蓍曰筮。分，半也，師喪亡其半。「寡人死之，襄公荅卜者之辭。不爲不吉也。」遠祖者，幾世乎？九世矣。九世猶可以復讎乎？雖百世，可也。百世，大言之爾，猶詩云「嵩高維嶽〔一五〕，峻極于天，君子萬年」。家亦可乎？家，謂大夫家。曰：不可。國何以可？据家不可。國君一體也。先君之恥，猶今君之恥也；今君之恥，猶先君之恥也。先君，謂哀公；今君，謂襄公；言其恥同也。國君何以爲一體？据非一世。國君以國爲體，諸侯世，故國君爲一體也。雖百世，號猶稱齊侯。今紀無罪，今紀侯也。此非怒與？怒，遷怒，齊人語也。此非怒其先祖，遷之于子孫與？曰：非也。古者有明天子，則紀侯必誅，必無紀者。紀侯之不誅，至今有紀者，猶無明天子也。古者諸侯必有會聚之事，相朝聘之道，號辭必稱先君以相接。然則齊、紀無説焉，不可以並立乎天下。無説，無説懌也。故將去紀侯者，不得不去紀也。有明天子，則襄公得爲若行乎？若，如也，猶曰：得爲如此行乎？曰：不得也。不得，則襄公曷爲爲之？上無天子，下無方伯，有而無益於治曰無，猶易曰「闃其無人」。緣恩疾者可也。疾，痛也。賢襄公，爲諱者，以復讎之義，除滅人之惡。言大去者，爲襄公明義，但當遷徙去之，不當取有〔一六〕，有，明亂義也。不爲文實者，方諱，不得貶。

六月，乙丑，齊侯葬紀伯姬。

外夫人不書葬，此何以書？據鄫季姬也。隱之也。何隱爾？其國亡矣，徒葬於齊爾。徒者，無臣子辭也。國滅無臣子，徒爲齊侯所葬〔一七〕，故痛而書之，明魯宜當閔傷臨之。卒不日葬日者，魯本宜葬之，故移恩録文於葬。此復讎也，曷爲葬之？據恩怨不兩行。滅其可滅，葬其可葬。此其爲可葬奈何？復讎者，非將殺之，逐之也，以爲雖遇紀侯之殯，亦將葬之也。以爲者，設事辭而言之。以大斂而從棺曰殯。夏后氏殯於阼階之上，若存；殷人殯於兩楹之間，賓主夾之；周人殯於西階之上，賓之也。稱齊侯者，善葬伯姬，得其宜也。

秋，七月。

冬，公及齊人狩于郜。

公曷爲與微者狩？據與高傒盟諱，此競逐，恥同。齊侯也。以不没公，知爲齊侯也。齊侯則其稱人何？諱與讎狩也。禮，父母之讎不同戴天，兄弟之讎不同國，九族之讎不同鄉黨，朋友之讎不同市朝。稱人者，使若微者。不没公，言齊人者，公可以見齊微者。至於魯人，皆當復讎，義不可以見齊侯也。前此者有事矣，溺會齊師伐衛是也。後此者有事矣，師及齊師圍盛是也〔一八〕。則曷爲獨於此焉譏？於讎者，將壹譏而已，故擇其重者而譏焉，莫重乎其與讎狩也。狩者，上所以共承宗廟，下所以教習兵行義。於讎者則曷爲將壹譏而已？讎者無時焉可與通，通則爲大譏，不可勝譏，故將壹譏而已，其餘從同同〔一九〕。其餘輕者從義與重者同，不復譏，都與無讎同文論之。所以省文，達其異義矣。凡二同，故言同同。

五年，春，王，正月。

夏，夫人姜氏如齊師。

秋，倪黎來來朝。

倪者何？小邾婁也。小邾婁國。小邾婁則曷爲謂之倪？未能以其名通也。倪者，小邾婁之都邑。時未能爲附庸，不足以小邾婁名通，故略謂之倪。黎來者何？名也。其名何？據僖七年稱子。微國也。此最微，得見者，其後附從齊桓，爲僖七年張本文。

冬，公會齊人、宋人、陳人、蔡人伐衛。

此伐衛何？納朔也。曷爲不言納衛侯朔？據「納頓子于頓」言納。下朔入，公入致伐，齊人來歸衛寶，知爲納朔伐之。辟王也。辟王者兵也，王人子突是也。使若伐而去、不留納朔者，所以正義〔二〇〕，因爲内諱。

六年，春，王，三月，王人子突救衛。

王人者何？微者也。子突者何？别何之者，稱人序上，又僖八年王人不稱字，嫌二人。貴也。貴子之稱。貴則其稱人何？據王子瑕不稱人，本當言王子突，示諸侯親親以責之也。繫諸人也。曷爲繫諸人？據不以微及大。王人耳。刺王者，朔在岱陰齊時，一使可致，一夫可誅，而緩，令交連五國之兵，伐天子所立，還以自納。王遣貴子突，卒不能救，遂爲天下笑，故爲王者諱，使若遣微者弱愈，因爲内殺惡。救例時，此月者，嫌實微者，故加録之，以起實貴子突。

夏，六月，衛侯朔入于衛。

衛侯朔何以名？據衛侯入于陳儀不名。絶。曷爲絶之？據俱入也。犯命也。犯天子命，尤重。其言入何？據頓子不復書入。篡辭也。上辟王，不得言納，故復從篡辭書入也。不直言篡者，事各有本也。「殺而立者〔三〕，不以當國之辭言之」，非殺而立者，以當國之辭言之。國人立之曰立，他國立之曰納，從外曰入，諸侯有屬託力，加「自」文也。不書公子留出奔者，天子本當絶衛，不當復立公子留，因爲天子諱微弱。

秋，公至自伐衛。

曷爲或言致會，或言致伐？得意致會，所伐國服，兵解國安，故不復録兵所從來，獨重其本會之時。不得意致伐。所伐國不服，兵將復用，國家有危，故重録所從來。此謂公與二國以上也。公與一國及獨出用兵，得意不致，不得意致伐。公與二國以上出會盟，得意致會，不得意不致。公與一國出會盟，得意致地，不得意不致。皆例時。衛侯朔入于衛，何以致伐？据得意。不敢勝天子也。與上「辟王」同義，久不月者，不與伐天子也，故不爲危録之。

螟。先是，伐衛納朔，兵歷四時乃反〔二二〕，民煩擾之所生。

冬，齊人來歸衛寶。

此衛寶也，則齊人曷爲來歸之？衛人歸之也。以稱人共國辭。衛人歸之，則其稱齊人何？讓乎我也。其讓乎我奈何？齊侯曰：「此非寡人之力，魯侯之力也。」時朔得國後遣人賂齊，齊侯推功歸魯，使衛人持寶來，雖本非義賂，齊當以讓除惡，故善起其事。主書者，極惡魯犯命，復貪利也。不爲大惡者，納朔本不以賂行，事畢而見謝爾。寶者，玉物之凡名。

七年，春，夫人姜氏會齊侯于防。

夏，四月，辛卯，夜〔二三〕，恒星不見。夜中，星霣如雨。

恒星者何？列星也。恒，常也，常以時列見。列星不見，則何以知夜之中〔二四〕？星反也。反者，星復其位。如雨者何？如雨者，非雨也。非雨，則曷爲謂之如雨？不脩春秋曰：「雨星不及地尺而復。」不脩春秋，謂史記也，古者謂史記爲春秋。君子脩之曰：

「星霣如雨。」明其狀似雨爾，不當言雨星。不言尺者，霣則爲異，不以尺寸録之。何以書？記異也。列星者，天之常宿，分守度，諸侯之象。周之四月，夏之二月，昏，參伐狼注之宿當見，參伐主斬艾立義，狼注主持衡平也。皆滅者，法度廢絶，威信陵遲之象。時天子微弱，不能誅衞侯朔。是後，遂失其政〔二五〕，諸侯背叛，王室日卑，星霣未墜，而夜中星反者，房心見其虚危斗。房心，天子明堂布政之宫也。虚危，齊分。其後，齊桓行霸，陽穀之會有王事。

秋，大水。

無麥苗。

無苗，則曷爲先言無麥而後言無苗？苗者，禾也，生曰苗，秀曰禾。据是時苗微麥彊，俱遇水災，苗當先亡。一災不書，待無麥，然後書無苗。明君子不以一過責人。水、旱、螟、蠓，皆以傷二穀乃書。然不書穀名，至麥苗獨書者，民食最重。何以書？記災也。先是，莊公伐衞納朔，用兵踰年，夫人數出淫泆，民怨之所生。

冬，夫人姜氏會齊侯于穀。

八年，春，王，正月，師次于郎，以俟陳人、蔡人。

次不言俟，此其言俟何？据次于陘俟屈完不書俟。託不得已也。師出本爲下滅盛興。陳、蔡屬與魯伐衛，同心，又國遠〔二六〕，故因假以諱滅同姓，託待二國爲留辭主，所以辟下言及也。加「以」者，辟實侯。陳、蔡稱人者，略以外國辭稱人微之〔二七〕。

甲午，祠兵〔二八〕。

祠兵者何？出曰祠兵，禮，兵不徒使，故將出兵，必祠於近郊，陳兵習戰，殺牲饗士卒。**入曰振旅，**五百人曰旅。**其禮一也，皆習戰也。**言與祠兵禮如一。將出，不嫌不習，故以祠兵言之；將入，嫌於廢之，故以振訊士衆言之〔二九〕；互相見也。祠兵，壯者在前，難在前；振旅，壯者在後，復長幼，且衛後也。**何言乎祠兵？**據不書。**爲久也。**爲久稽留之辭。**曷爲爲久？**据取長葛久之。**吾將以甲午之日，然後祠兵於是。**諱爲久留辭，使若無欲滅同姓之意，因見出竟，明盛非内邑也。

夏，師及齊師圍成，成降于齊師。

成者何？盛也〔三〇〕。以上有祠兵，下有盛伯來奔。**盛則曷爲謂之成？諱滅同姓也。**因魯有成邑，同聲相似，故云爾。**曷爲不言降吾師？**据戰於宋不言歸鄭〔三一〕。**辟之也。**辟滅同姓。言圍者，使若魯圍之而去，成自從後降於齊師也。降者，自伏之文，所以醇歸於齊。言及者，起魯實欲滅之。不月者，順諱文。不書盛伯出奔，深諱之。

秋，師還。

還者何？善辭也。此滅同姓，何善爾？病之也，慰勞其罷病。曰：師病矣。曷爲病之？據師出皆罷病，曷爲獨勞此病也？非師之罪也。明君之使，重在君，因解非師自汲汲。

冬，十有一月，癸未，齊無知弑其君諸兒。諸兒，襄公也。無知，公子夷仲年之子，襄公從弟。

九年，春，齊人殺無知。

公及齊大夫盟于暨。

公曷爲與大夫盟？據與高傒盟，諱不言公。齊無君也。然則何以不名？據高傒名。爲其諱與大夫盟也，使若衆然。鄰國之臣，猶吾臣也。君之於臣，當告從命行，而反歃血約誓，故諱使若悉得齊諸大夫約束之者愈也。不月者，是時齊以無知之難，小白奔莒、子糾奔魯，齊迎子糾欲立之，魯不與而與之盟，齊爲是更迎小白，然後乃伐齊，欲納子糾，不能納，故深諱使若信者也。不致者，魯地也。子糾出奔不書者，本未命爲嗣，賤，故不録之。

夏，公伐齊納糾。

納者何？入辭也。其言伐之何？據晉人納捷菑于邾婁不言伐〔三二〕。伐而言納者，猶不能納也。伐者，非入國辭，故云爾。糾者何？公子糾也。何以不稱公子？據下言子糾，知非當國，本當去國見挈言公子糾。君前臣名也。春秋別嫌明疑，嫌當爲齊君，在魯君前不爲臣。禮，公子無去國道、臣異國義，故去「公子」，見臣於魯也。納不致者，言伐，得意不得意可知，猶遇弗遇例也。不月者，非納篡辭。

齊小白入于齊。

曷爲以國氏〔三三〕？據宋公子池自陳入于蕭〔三四〕，氏「公子」也。當國也。當國，故先氏國也。不月者，移惡于魯也。其言入何？篡辭也。

秋，七月，丁酉，葬齊襄公。

八月，庚申，及齊師戰于乾時，我師敗績。

内不言敗，此其言敗何？據郎之戰。伐敗也。自誇大其伐而取敗〔三五〕。曷爲伐敗？據内不言敗績，曷爲自誇大其伐而取敗？復讎也。復讎以死敗爲榮，故録之。高齊襄、賢仇牧是也。此復讎乎大國，曷爲使微者？據納子糾公猶自行，即大夫，當有名氏。公也。如上據，知爲公。公則曷爲不言公？不與公復讎也。曷爲不與公復讎？據諱與讎狩。復讎者在下也。時實爲不能納子糾伐齊，諸大夫以爲不如以復讎伐之，於是以復讎伐之，非誠心至意，故不與也。書敗者，起託義。戰不致者，有敗文，得意不得意可知例。

九月，齊人取子糾殺之。

其取之何〔三六〕？據楚人殺陳夏徵舒不言取，執齊慶封殺之言執也。内辭也。脅我，使我殺之也。以下浚洙，知其脅也。以稱人共國辭，知使魯殺之。時小白得國，與鮑叔牙圖國政，故鮑叔薦管仲、召忽曰〔三七〕：「使彼國得賢，己國之患也。」乃脅魯使殺子糾，求管仲、召忽。魯惶恐，殺子糾，歸管仲，召忽死之，故深諱使若齊自取殺之。其稱子糾何？據不立也。貴也。其貴奈何？宜爲君者也。故以君薨稱子某言之者，著其宜爲君，明魯爲齊殺之，皆當坐弒君。因解上納言糾，皆不爲篡，所以理嫌疑也。月者，從未踰年君例。主書者，從齊取也。

冬，浚洙。

洙者何？水也。以言浚也。浚之者何？深之也。曷爲深之？據本非人功所爲。畏齊也。洙在魯北，齊所由來。曷爲畏齊也？據伐敗也。辭殺子糾也。時魯新見脅，畏齊，浚之，微弱恥甚，故諱使若辭不肯殺子糾也，齊自取殺之。畏齊怒，爲備，亦所以起上脅也。

十年，春，王，正月，公敗齊師于長勺。

二月，公侵宋。

曷爲或言侵？或言伐？粗者曰侵，粗，麤也。將兵至竟，以過侵責之，服則引兵而去，用意尚麤。精者曰伐。精，猶精密也。侵責之，不服，推兵入竟，伐擊之益深，用意稍精密。戰不言伐，舉戰爲重，犂戰是也〔三八〕。合兵血刃曰戰。圍不言戰，舉圍爲重，楚子圍鄭是也。以兵守城曰圍。入不言圍，舉入爲重，晉侯入曹，執曹伯是也。得而不居曰入。滅不言入，舉滅爲重，齊滅萊是也。取其國曰滅。書其重者也。明當以重者罪之，猶律：一人有數罪，以重者論之。月者，屬北敗彊齊之兵，南侵彊宋，南北有難，復連禍於大國，故危之。

三月，宋人遷宿。

遷之者何？不通也，以其不道所遷之地。以地還之也。還，繞也，解上不通也。不通反爲遷者，宋本欲遷宿君，取其國，不知宿之不肯邪？宋逆詐邪？先繞取其地，使不得通四方，宿窮，從宋求遷，故得言遷。子沈子曰：「不通者，蓋因而臣之也。」以宋稱人也，宿不得通四方，宿君遷，宋因臣有之，不復以兵攻取，故從國辭稱人也。月者，遷取王封，當與滅人同罪。書者，宋當坐滅人；宿不能死社稷，當絶也。主書者，從宋也。

夏，六月，齊師、宋師次于郎。公敗宋師于乘丘。

其言次于郎何？据齊國書伐我不言次，敗不言乘丘。伐也。時伐魯，故書次。郎，魯地。伐則其言次何？据齊國書伐我不言次。齊與伐而不與戰，故言伐也。此道本所以當言伐意也。齊與伐而不與戰，伐兵得成，故當言伐也。我能敗之，故言次也。此解本所以不言伐言次意也。二國纔止次〔三九〕，未成於伐，魯即能敗宋師，齊師罷去，故不言伐言次也。明國君當彊、折衝當遠。魯微弱，深見犯，至於近邑，賴能速勝之，故云爾，所以彊内，且明臣子當將順其美，匡救其惡。

秋，九月，荆敗蔡師于莘，以蔡侯獻舞歸。

荆者何？州名也。州謂九州：冀〔四〇〕、兖、青、徐、揚、荆、豫、梁、雍。州不若國，國不若氏，氏不若人，人不若名，名不若字，皆取精詳録也。字不若子。爵最尊〔四一〕，春秋假行事以見王法，聖人爲文辭孫順，善善惡惡，不可正言其罪，因周本有奪爵稱國、氏、人、名、字之科，故加「州」文，備七等以進退之。若自記事者書人姓名，「主人習其讀而問其傳，則未知己之有罪焉爾」，猶此類也。蔡侯獻舞何以名？据獲晉侯不名。絶。曷爲絶之？据晉侯不名，絶。獲也。獲，得也，戰而爲敵所得。獻舞不言獲，故名以起之。曷爲不言其獲？据晉侯言獲也。不與夷狄之獲中國也。與凡伯同義，夷狄謂楚。不言楚言荆者，楚彊而近中國，卒暴責之，則恐爲害深，故進之以漸，從此七等之極始也。

冬，十月，齊師滅譚。譚子奔莒。

何以不言出？据衛侯出奔也。國已滅矣，無所出也。别於有國出奔者，孔子曰：「君子於其言，無所苟而已矣。」月者，惡不死位也。

十有一年，春，王，正月。

夏，五月，戊寅，公敗宋師于鄑。

秋，宋大水。

何以書？記災也。外災不書，此何以書？据瀞移不書〔四二〕。及我也。時魯亦有水災，書魯，則宋災不見；兩舉，則煩文不省，故詭例書外以見内也。先是，二國比興兵相敗，百姓同怨而俱災，故明天人相與報應之際甚可畏之。

冬，王姬歸于齊。

何以書？過我也。時王者嫁女於齊，塗過魯，明當有送迎之禮。在塗不稱婦者，王者無外，故從在國辭。

十有二年，春，王，三月，紀叔姬歸于酅。

其言歸于酅何？据國滅來歸不書，酅非紀國而言歸。隱之也。何隱爾？其國亡矣，徒歸于叔爾也。叔者，紀季也，婦人謂夫之弟爲叔。來歸不書，書歸酅者，痛其國滅無所歸也。酅不繫齊者，時齊聽後五廟，故國之，起有五廟存也。月者，恩録之。

夏，四月。

秋，八月，甲午，宋萬弑其君接及其大夫仇牧。

及者何？累也。弑君多矣，舍此無累者乎？孔父、荀息皆累也。舍孔父、荀息無累者乎〔四三〕？曰：有。復反覆發傳者，樂道人之善也。孔子曰：「益者三樂，損者三樂：樂節禮樂，樂道人之善，樂多賢友，益矣；樂驕樂，樂佚遊，樂宴樂，損矣。」有則此何以書？賢也。何賢乎仇牧？據與孔父同也。仇牧可謂不畏彊禦矣。以下録萬出奔月也。禦，禁也，言力彊不可禁也。其不畏彊禦奈何？萬嘗與莊公戰，莊公，即魯莊公。戰者，乘丘時。獲乎莊公。莊公歸，散舍諸宫中，散，放也。舍，止也。獲不書者，士也。數月然後歸之。歸，反爲大夫於宋〔四四〕。與閔公博〔四五〕，傳本道此者，極其禍生於博戲相慢易也。婦人皆在側，萬曰〔四六〕：「甚矣！魯侯之淑，淑，善。魯侯之美也！美，好。天下諸侯宜爲君者，唯魯侯爾！」萬見婦人皆在側，故訐閔公以此言〔四七〕，言閔公不如魯侯美好。閔公矜此婦人，色自美大於此婦人。妬其言，顧曰：「此虜也！顧，謂側婦人曰：此萬也。虜，執虜也。爾虜焉故，爾，女也，謂萬也，更向萬曰〔四八〕：女嘗執虜於魯侯，故稱譽爾。魯侯之美惡乎至？」惡乎至，猶何所至。萬怒，搏閔公，絶其脰。脰，頸也，齊人語。仇牧聞君弑，趨而至，遇之于門，手劒而叱之。手劒，持拔劒。叱，駡之。萬臂摋仇牧〔四九〕，碎其首，側手曰摋。首，頭。齒著乎門闔〔五〇〕。闔，扇。仇牧可謂不畏彊禦矣。猶乳犬攫虎〔五一〕、伏雞搏貍〔五二〕，精誠之至也。爭博弑君〔五三〕，而以當國言之者，重録彊禦之賊，禍不可測，明當防其重者，急誅之。

冬，十月，宋萬出奔陳。萬弑君所以復見者，重録彊禦之賊，明當急誅之也。月者，使與大國君奔同例，明彊禦也。

十有三年，春，齊侯、宋人、陳人、蔡人、邾婁人會于北杏。齊桓行霸，約束諸侯尊天子，故爲此會也。桓公時未爲諸侯所信鄉，故使微者會也。桓公不辭微者，欲以卑下諸侯，遂成霸功也。

夏，六月，齊人滅遂。不會北杏故也。不諱者，桓公行霸，不任文德而尚武力，又功未足以除惡。

秋，七月。

冬，公會齊侯盟于柯。

何以不日？据唐之盟日。易也。易，猶佼易也，相親信無後患之辭。其易奈何？桓之盟不日，其會不致，信之也。其不日何以始乎此？莊公將會乎桓，曹子進曰：「君之意何如？」進，前也。曹子見莊將會，有慙色，故問之。莊公曰：「寡人之生，則不若死矣。」自傷與齊爲讎不能復也。伐齊納糾，不能納，反復爲齊所脅而殺之。曹子曰：「然則君請當其君，臣請當其臣。」當，猶敵也，將劫之辭〔五四〕。莊公曰：「諾。」於是會乎桓。莊公升壇，土基三尺，土階三等曰壇。會必有壇者，爲升降揖讓，稱先君以相接，所以長其敬。曹子手劒而從之。從，隨也，隨莊公上壇，造桓公前而脅之。曹子本謀當其臣，更當其君者，見莊有不能之色。管子進曰：「君何求乎？」管子，管仲也。君，謂莊公也。桓公卒愕不能應，故管子進爲此言。曹子曰：莊公亦造次不知所言，故任曹子。「城壞壓竟〔五五〕，齊數侵魯取邑，以喻侵深也。君不圖與？」君，謂齊桓公。圖，計也。猶曰：君不當計侵魯大甚。管子曰：「然則君將何求？」所侵邑非一，欲求何者。曹子曰：「願請汶陽之田。」欲復魯竟。管子顧曰：「君許諾。」諸侯死國不死邑，故可許諾。桓公曰：「諾。」曹子請盟，桓公下與之盟。下壇與曹子定約盟誓莊公也。必下壇者，爲殺牲不絜，又盟本非禮，故不于壇上也。已盟，曹子摽劒而去之。摽，辟也。時曹子端劒守桓公，已盟，乃摽劒置地，與桓公相去離，故云爾。要盟可犯，臣約束君曰要，彊見要脅而盟爾，故云可犯。而桓公不欺；曹子可讎，以臣劫君，罪可讎。而桓公不怨；桓公之信著乎天下，自柯之盟始焉。諸侯猶是翕然信鄉服從，再會于鄄，同盟于幽，遂成霸功，故云爾。劫桓公、取汶陽田不書者，諱行詐劫人也。

十有四年，春，齊人、陳人、曹人伐宋。

夏，單伯會伐宋。

其言會伐宋何？據伐國不殊會，曹伯襄言會諸侯。後會也。本期而後，故但舉會。書者，刺其不信，因以分別功惡有深淺也。從義兵而後者，功薄〔五六〕；從不義兵而後者，惡淺。

秋，七月，荆入蔡。

冬，單伯會齊侯、宋公、衛侯、鄭伯于鄄〔五七〕。

十有五年，春，齊侯、宋公、陳侯、衛侯、鄭伯會于鄄。

夏，夫人姜氏如齊。

秋，宋人、齊人、邾婁人伐兒〔五八〕。

鄭人侵宋。

冬，十月。

十有六年，春，王，正月。

夏，宋人、齊人、衛人伐鄭。

秋，荆伐鄭。

冬，十有二月，公會齊侯、宋公、陳侯、衛侯、鄭伯、許男、曹伯、滑伯、滕子同盟于幽〔五九〕。

同盟者何？同欲也。同心欲盟也。同心爲善，善必成；同心爲惡，惡必成；故重而言同心也〔六〇〕。

邾婁子克卒。小國未嘗卒，而卒者，爲慕霸者，有尊天子之心，行進也。不日〔六一〕，始與霸者，未如瑣。瑣卒在二十八年〔六二〕。

十有七年，春，齊人執鄭瞻。

鄭瞻者何？鄭之微者也。以無氏也。此鄭之微者，何言乎齊人執之？据獲宋萬不書者，不坐獲微者。今書齊稱人，坐執文。書甚佞也。爲甚佞，故書惡之，所以輕坐執人也。然不得爲伯討者，事未得行，罪未成也。孔子曰：「放鄭聲，遠佞人。」罪未成者，但當遠之而已。

夏，齊人瀸于遂。

瀸者何？瀸積也〔六三〕，衆殺戍者也。瀸者，死文。瀸之爲死，積死非一之辭，故曰「瀸積」。衆，多也。以兵守之曰戍。齊人滅遂，遂民不安欲去，齊强戍之〔六四〕。遂人共以藥投其所飲食水中，多殺之。古者有分土，無分民，齊戍之，非也，遂不當坐也，故使齊爲自積死文也。稱人者，衆辭也。不書戍將帥者，封内之兵，故不書。

秋，鄭瞻自齊逃來。

何以書？書甚佞也，曰：「佞人來矣！佞人來矣！」重言來者，道經主書者，若傳云爾，蓋痛魯知而受之，信其計策，以取齊淫女〔六五〕，丹楹刻桷，卒爲後敗也。加逃者，抑之也。所以抑之者，上執稱人，嫌惡未明。繫鄭者，明行當本於鄉里也。子貢問曰：「鄉人皆好之，何如？」子曰：「未可。」「鄉人皆惡之，何如？」子曰：「未可。不若鄉人之善者善之，鄉人之惡者惡之。」

冬，多麋。

何以書？記異也。麋之爲言猶迷也，象魯爲鄭瞻所迷惑也。言多者，以多爲異也。

十有八年，春，王，三月，日有食之。是後，戎犯中國，魯蔽鄭瞻，夫人如莒，淫泆不制所致。

夏，公追戎于濟西。以兵逐之曰追。

此未有伐者〔六六〕，其言追何？據公追齊師至巂〔六七〕，舉齊侵也。大其爲中國追也。以其不限所至，知爲中國追也。此未有伐中國者，則其言爲中國追何？大其未至而豫禦之也。其言「于濟西」何？據「公追齊師至巂，弗及」不言「于」也。大之也。大公除害，恩及濟西也。言大者，當有功賞也。追例時。

秋，有蜮。

何以書？記異也。蜮之猶言惑也。其毒害傷人，形體不可見，象魯爲鄭瞻所惑，其毒害傷人，將以大亂而不能見也。言「有」者，以有爲異也。

冬，十月〔六八〕。

十有九年，春，王，正月。

夏，四月。

秋，公子結媵陳人之婦于鄄，遂及齊侯、宋公盟。

媵者何？諸侯娶一國，則二國往媵之，以姪娣從。言往媵之者，禮，君不求媵，二國自往媵夫人，所以一夫人之尊。姪者何？兄之子也。娣者何？弟也〔六九〕。諸侯壹聘九女，諸侯不再娶。必以姪娣從之者，欲使一人有子，二人喜也。所以防嫉妬，令重繼嗣也。因以備尊尊親親也。九者，極陽數也，不再娶者，所以節人情，開媵路。媵不書，此何以書？据伯姬歸于紀不書媵也。爲其有遂事書。爲下有遂事善也，故書所以不當書〔七〇〕，以起將有所詳録，猶伯姬書媵也。不媵，則當取得書者張本文，言「公子結如陳，遂及齊侯、宋公盟于鄄」。大夫無遂事，此其言遂何？聘禮，大夫受命不受辭，以外事不素制，不豫設，故云爾。出竟有可以安社稷利國家者，則專之可也。先是，鄄、幽之會，公比不至〔七一〕，公子結出竟，遭齊宋欲深謀伐魯，故專矯君命而與之盟，除國家之難，全百姓之命，故善而詳録之。先書地，後書盟者，明出竟乃得專之也。盟不地者，方使上爲出竟地，即更出地，嫌上地自爲媵出地也。陳稱人者，爲内書，故略以外國辭言之。此陳侯夫人，言婦者，在塗也。加之者，禮未成也。「冬，齊人、宋人、陳人伐我西鄙」，而盟不日者，起國家後背結之約，非結不信也。

夫人姜氏如莒。

冬，齊人、宋人、陳人伐我西鄙。鄙者，邊垂之辭，榮見遠也。

二十年，春，王，二月，夫人姜氏如莒。月者，再出也，不從四年已月者，異國。

夏，齊大災。

大災者何？大瘠也〔七二〕。瘠，病也，齊人語也。以加「大」，知非火災也。大瘠者何？痢也。痢者，民疾疫也。何以書？記災也。外災不書，此何以書？及我也。與宋大水同義。痢者，邪亂之氣所生。是時，魯任鄭瞻，夫人如莒淫泆，齊侯亦淫諸姑姊妹，不嫁者七人。

秋，七月。

冬，齊人伐戎。

二十有一年〔七三〕，春，王，正月。

夏，五月，辛酉，鄭伯突卒。

秋，七月，戊戌，夫人姜氏薨。

冬，十有二月，葬鄭厲公。春秋簒明者書葬。

二十有二年，春，王，正月，肆大省〔七四〕。

肆者何？跌也。跌，過度。大省者何？災省也。謂子卯日也。夏以卯日亡，殷以子日亡，先王常以此日省吉事，不忍舉；又大自省敕，得無獨有此行乎？常若聞災自省，故曰災省也。肆大省何以書？譏。何譏爾？譏始忌省也。時魯有夫人喪，忌省日不哭。省日本以忌吉事，不以忌凶事，故禮哭不辟子卯日，所以專孝子之恩也〔七五〕。不與念母而譏忌省者，本不事母，則己不當忌省，猶爲商人責不討賊〔七六〕。

癸丑，葬我小君文姜。

文姜者何？莊公之母也。輒發傳者，起讎母，録子恩。凡母在子年，無適庶，皆繫子也；不在子年，適母繫夫，庶母繫子。言小君者，比於君爲小，俱臣子辭也。文者，謚也，夫人以姓配謚，欲使終不忘本也。

陳人殺其公子禦寇。書者，殺君之子重也。

夏，五月。以五月首時者，譏莊公娶讎國女〔七七〕，不可以事先祖、奉四時祭祀，猶五月不宜以首時。

秋，七月，丙申，及齊高傒盟于防。防，魯地。

齊高傒者何？貴大夫也。曷爲就吾微者而盟？据暨與公盟也。公也。以其日。微者不得日，大夫盟當出名氏。公則曷爲不言公？諱與大夫盟也。

冬，公如齊納幣。納幣即納徵。納徵禮曰〔七八〕：「主人受幣，士受儷皮。」是也。禮言納徵，春秋言納幣者，春秋質也。凡婚禮皆用鴈，取其知時候。唯納徵用玄纁束帛、儷皮〔七九〕。玄纁，取其順天地也。儷皮者，鹿皮，所以重古也。

納幣不書，此何以書？据桓三年公子翬如齊逆女，不書納幣。譏。何譏爾？親納幣，非禮也。時莊公實以淫泆，大惡不可言，故因其有事於納幣，以無廉恥爲譏。不譏喪娶者，舉淫爲重也。凡公之齊所以起淫者，皆以危致也。

二十有三年，春，公至自齊。

桓之盟不日，其會不致，信之也。据柯之盟不日，柯之會不致。此之桓國，何以致？危之也。何危爾？公一陳佗也。公如齊淫，與陳佗相似如一也。

祭叔來聘。不稱使者，公一陳佗，故絶使，若我無君以起其當絶，因不與天子下聘小人。

夏，公如齊觀社。

何以書？譏。何譏爾？諸侯越竟觀社，非禮也。觀社者，觀祭社。諱淫言觀社者，與親納幣同義。社者，土地之主。祭者，報德也。生萬物，居人民，德至厚，功至大，故感春秋而祭之，天子用三牲，諸侯用羊豕。

公至自齊。

荆人來聘。

荆何以稱人？据上稱州。始能聘也。春秋王魯，因其始來聘，明夷狄能慕王化、脩聘禮、受正朔者，當進之，故使稱人也。稱人當繫國，而繫荆者，許夷狄者不一而足〔八〇〕。

公及齊侯遇于穀。

蕭叔朝公。

其言朝公何？据公在内不言朝公，在外言會。公在外也。時公受朝於外，故言朝公，惡公不受於廟。

秋，丹桓宫楹。

何以書？譏。何譏爾？丹桓宫楹，非禮也。楹，柱也，丹之者，爲將娶齊女，欲以誇大示之。傳言丹桓宫者，欲道天子諸侯各有制也。禮，天子斲而礱之，加密石焉；諸侯斲而礱之，不加密石；大夫斲之；士首本。失禮宗廟例時。

冬，十有一月，曹伯射姑卒。曹達春秋，常卒月葬時也。始卒日葬月，嫌與大國同，後卒而不日，入所聞世，可日不復日。

十有二月，甲寅，公會齊侯盟于扈。桓之盟不日，此何以日？危之也。何危爾？我貳也。莊公有淫泆汙貳之行〔八一〕。魯子曰：「我貳者，非彼然，我然也。」嫌上説以齊惡我貳〔八二〕，相疑而盟，故日也。解言非齊惡我也，我行汙貳，動作有危，故日之也。

二十有四年，春，王，三月，刻桓宮桷。何以書？譏。何譏爾？刻桓宮桷，非禮也。與丹楹同義。月者，功重於丹楹。

葬曹莊公。

夏，公如齊逆女。何以書？親迎，禮也。諱淫，故使若以得禮書也。禮，諸侯既娶，三月然後夫人見宗廟；見宗廟，然後成婦禮。

秋，公至自齊。

八月，丁丑，夫人姜氏入。

其言入何？據夫人姜氏言至不言入。難也。其言日何？據夫人姜氏至不日。難也。其難奈何？夫人不僂，不可使入，與公有所約，然後入。僂，疾也，齊人語。約，約遠媵妾也。夫人稽留，不肯疾順公，不可使即入。公至，後與公約定，八月丁丑乃入，故爲難辭也。夫人要公不爲大惡者，妻事夫有四義：雞鳴〔八三〕，縰笄而朝，君臣之禮也；三年惻隱，父子之恩也；圖安危可否，兄弟之義也；樞機之內、寢席之上，朋友之道。不可純以君臣之義責之。

戊寅，大夫宗婦覿，用幣。

宗婦者何？大夫之妻也。覿者何？見也。用者何？用者不宜用也。不宜用幣爲贄也。見用幣，非禮也。以文在覿下，不使齊見，知非禮也。然則曷用？棗栗云乎？腶脩云乎〔八四〕？腶脩者，脯也。禮，婦人見舅姑，以棗栗爲贄；見女姑，以腶脩爲贄；見夫人至尊，兼而用之。云乎，辭也。棗栗，取其早自謹敬；腶脩，取其斷斷自脩正。執此者，若其辭云爾，所以敘情配志也。凡贄，天子用鬯，諸侯用玉，卿用羔，大夫用鴈，士用雉。雉取其耿介；鴈取其在人上有先後行列；羔取其執之不鳴、殺之不號，乳必跪而受之，類死義知禮者也；玉取其至清而不自蔽其惡，絜白而不受汙，內堅剛而外溫潤，有似乎備德之君子；鬯取其芬芳在上，臭達於天，而醇粹無擇，有似乎聖人。故視其所執，而知其所任矣。日者，禮，夫人至，大夫皆郊迎。明日，大夫宗婦皆見，故著其明日也。大夫妻言宗婦者，大夫爲宗子者也。族所以有宗者，爲調族理親疏，令昭穆親疏各得其序也〔八五〕。故始統世世繼重者爲大宗，旁統者爲小宗，小宗無子則絶，大宗無子則不絶，重本也。天子諸侯世以三牲養，禮有代宗之義，大夫不世，不得專宗。著言宗婦者，重教化自本始也。

大水。夫人不制，遂淫二叔，陰氣盛，故明年復水也。

冬，戎侵曹。

曹羈出奔陳。

曹羈者何？曹大夫也。以小國，知無氏爲大夫。曹無大夫，此何以書？据羈無氏。賢也。何賢乎曹羈？据國見侵，出奔以辟難。戎將侵曹，曹羈諫曰：「戎衆以無義，戎師多，又常以無義爲事。君請勿自敵也〔八六〕。」禮，兵敵則戰，不敵則守。君師少，不如守，且使臣下往。曹伯曰：「不可。」臣下不可獨往。三諫不從，遂去之。故君子以爲得君臣之義也。孔子曰：「所謂大臣者，以道事君，不可則止。」此之謂也。諫必三者，取月生三日而成魄，臣道就也。不從得去者，仕爲行道，道不行，義不可以素餐，所以申賢者之志，孤惡君也。諫有五：一曰諷諫，孔子曰「家不藏甲，邑無百雉之城」，季氏自墮之是也。二曰順諫，曹羈是也；三曰直諫，子家駒是也；四曰爭諫，子反請歸是也；五曰贛諫，百里子、蹇叔子是也。

赤歸于曹，郭公。

赤者何？曹無赤者，蓋郭公也。以郭公在赤下。郭公者何？失地之君也。失地者，出奔也。名言歸，倒郭公置赤下者，欲起曹伯爲戎所殺，故使若曹伯死，謚之爲郭公，而赤微者，自歸曹也。不言赤奔者，從微者例，不得録出奔。

二十有五年，春，陳侯使女叔來聘。稱字者，敬老也。禮，七十，雖庶人，主字而禮之〔八七〕。孝經曰：「昔者明王之以孝治天下也，不敢遺小國之臣。」是也。

夏，五月，癸丑，衛侯朔卒。春秋篡明者當書葬，朔不書葬，嫌與篡同例。身絶國不絶，故去葬，明犯天子命重，不得書葬，與盜國同。

六月，辛未，朔，日有食之。鼓，用牲于社。

日食則曷爲鼓用牲于社？据日食在天。求乎陰之道也。求，責求也。以朱絲營社〔八八〕，或曰：脅之；或曰：爲闇〔八九〕，恐人犯之，故營之。或曰者，或人辭，其義各異也。「或曰脅之」，與責求同義。社者，土地之主也；月者，土地之精也。上繫于天而犯日，故鳴鼓而攻之，脅其本也。朱絲營之，助陽抑陰也。「或曰爲闇」者，社者，土地之主，尊也，爲日光盡，天闇冥，恐人犯歷之，故營之。然此説非也。記「或傳」者，示不欲絶異説爾。先言「鼓」後言「用牲」者，明先以尊命責之〔九〇〕，後以臣子禮接之，所以爲順也。不言「鼓于社用牲」者，與「禘于大廟，用致夫人」同，嫌起用牲爲非禮。書者，善内感懼天災，應變得禮也。是後，夫人遂不制，通於二叔，殺二嗣子也。

伯姬歸于杞。

秋，大水。鼓，用牲于社，于門。

其言于社于門何？據一鼓用牲耳。于社，禮也。于門，非禮也。于門非禮，故略不復舉鼓用牲。不舉非禮爲重者，如去于社，嫌于門禮也。大水與日食同禮者，水亦土地所爲，雲實出于地，而施于上乃雨，歸功于天，猶臣歸美于君。

冬，公子友如陳。如陳者，聘也。内朝聘言如者，尊内也。書者，録内所交接也。朝京師、大國，善，有加録文；如楚有危文。聘無月者，比於朝輕也。

二十有六年，公伐戎〔九一〕。

夏，公至自伐戎。

曹殺其大夫。

何以不名？據莒小於曹，殺公子意恢名。衆也。曷爲衆殺之？據殺三郤名。不死于曹君者也。曹諸大夫與君俱敵戎戰，曹伯爲戎所殺，諸大夫不伏節死義，獨退求生，後嗣子立而誅之。春秋以爲得其罪，故衆略之不名。凡書君殺大夫，大夫有罪以專殺書，他皆以罪舉。君死乎位曰滅，曷爲不言其滅？据胡子髡滅。爲曹羈諱也。此蓋戰也，何以不言戰？如上語，知爲戰。爲曹羈諱也。諱者，上出奔，嫌辟難，欲起其賢；又所諫者戰也，故爲去戰滅之文，所以致其意也。曹無大夫，書殺大夫者，起當誅也。

秋，公會宋人、齊人伐徐。

冬，十有二月，癸亥，朔，日有食之。異與上日食略同。

二十有七年，春，公會杞伯姬于洮。書者，惡公教内女以非禮也。洮，内地〔九二〕。凡公出，在外致，在内不致。其與婦人會，不别得意，雖在外猶不致。伯姬不卒者，蓋不與卒于無服。女會來，例皆時。

夏，六月，公會齊侯、宋公、陳侯、鄭伯同盟于幽。

秋，公子友如陳，葬原仲。原仲者何？陳大夫也。大夫不書葬，此何以書？据益師等皆不書葬。稱字者，葬從主人也。通乎季子之私行也〔九三〕。不以公事行曰私行。私行不言葬原仲于陳，若告糴者，告糴上有「無麥禾」，知以國事起。此上下無起文，而不言如陳，嫌不辟國事，實私行也。不嫌使乎大夫者，有國文也。何通乎季子之私行？據大夫私行不書。辟内難也。欲起其辟内難。君子辟内難，而不辟外難。禮記曰：「門内之治恩揜義，門外之治義揜恩〔九四〕。」内難者何？公子慶父、公子牙、公子友，皆莊公之母弟也。公子慶父、公子牙通乎夫人，通者，淫通。以脅公。語在三十二年。季子起而治之，則不得與于國政；坐而視之，則親親，親，至親也。因不忍見也。因緣己心不忍見親親之亂。故於是復請至于陳，而葬原仲也。書者，惡莊公不能任用，使辟難而出。

冬，杞伯姬來。

其言來何？據有來歸。直來曰來，直來，無事而來也。諸侯夫人尊重，既嫁，非有大故，不得反。唯自大夫妻，雖無事，歲一歸宗。大歸曰來歸。大歸者，廢棄來歸也。婦人有七棄、五不娶、三不去：嘗更三年喪，不去，不忘恩也；賤取〔九五〕，貴不去，不背德也〔九六〕；有所受，無所歸，不去，不窮窮也。喪婦長女不娶，無教戒也；世有惡疾不娶，棄於天也；世有刑人不娶，棄於人也；亂家女不娶，類不正也；逆家女不娶，廢人倫也。無子，棄，絶世也；淫泆，棄，亂類也；不事舅姑，棄，悖德也；口舌，棄，離親也；盜竊，棄，反義也；嫉妒，棄，亂家也；惡疾，棄，不可奉宗廟也。

莒慶來逆叔姬。

莒慶者何？莒大夫也。莒無大夫，此何以書？譏。何譏爾？大夫越竟逆女，非禮也。禮，大夫任重，爲越竟逆女，於政事有所損曠，故竟内乃得親迎，所以屈私赴公也。言叔姬者，婦人以字通，言叔姬賤，故略與歸同文，重乖離也。

杞伯來朝。杞，夏後，不稱公者，春秋黜杞，新周而故宋，以春秋當新王。黜而不稱侯者，方以子貶，起伯爲黜〔九七〕。説在僖二十三年。

公會齊侯于城濮。

二十有八年，春，王，三月，甲寅，齊人伐衛，衛人及齊人戰，衛人敗績。

伐不日，此何以日？据鄭人伐衛不日。至之日也。用兵之道，當先至竟侵責之，不服，乃伐之。今日至，便以今日伐之，故日以起其暴也。戰不言伐，此其言伐何？至之日也。至日便伐，明暴，故舉伐。春秋伐者爲客，伐人者爲客，讀伐，長言之，齊人語也。伐者爲主，見伐者爲主，讀伐，短言之，齊人語也。故使衛主之也。戰序上言及者爲主。曷爲使衛主之？据宋襄公伐齊，宋主齊。衛未有罪爾。蓋爲幽之會，服父喪未終而不至故。敗者稱師，衛何以不稱師？据桓十三年，「己巳，燕人戰」，敗績稱師也。未得乎師也。未得成列爲師也。詐戰不言戰，言戰者，衛未有罪，方欲使衛主齊，見直文也。不地者，因都主國也。

夏，四月，丁未，邾婁子瑣卒。日者，附從霸者朝天子，行進。

秋，荆伐鄭。

公會齊人、宋人、邾婁人救鄭〔九八〕。書者，善中國能相救。

冬，築微。

大無麥禾。

冬既見無麥禾矣，曷爲先言築微，而後言無麥禾？諱以凶年造邑也。諱使若造邑而後無麥禾者，惡愈也。此蓋秋水所傷，就築微下俱舉水，則嫌冬水，推秋無麥禾，使若冬水所傷者。但言無麥禾，則嫌秋自不成，不能起秋水，因疾莊公行類同，故加「大」，明有秋水也，此夫人淫泆之所致。

臧孫辰告糴于齊。

告糴者何？請糴也。買穀曰糴。何以不稱使？据上大無麥禾，知以國事行，當言「如」也。以爲臧孫辰之私行也。曷爲以臧孫辰之私行？据國事也。君子之爲國也，必有三年之委，一年不熟，告糴，譏也。古者三年耕，必餘一年之儲；九年耕，必有三年之積，雖遇凶災，民不飢乏。莊公享國二十八年，而無一年之畜，危亡切近，故諱使若國家不匱，大夫自私行糴也。

二十有九年，春，新延廏。

新延廏者何？脩舊也。舊，故也。繕故曰新，有所增益曰作，始造曰築。脩舊不書，此何以書？据新宮災後脩不書。譏。何譏爾？凶年不脩。不諱者，繕故功費差輕於造邑。延廏，馬廏也。

夏，鄭人侵許。

秋，有蜚。

何以書？記異也。蜚者，臭惡之蟲也〔九九〕，象夫人有臭惡之行。言「有」者，南越盛暑所生，非中國之所有。

冬，十有二月，紀叔姬卒。國滅卒者，從夫人行，待之以初也。

城諸及防。諸，君邑。防，臣邑。言及，别君臣之義。君臣之義正，則天下定矣。

三十年，春，王，正月。

夏，師次于成〔一〇〇〕。

秋，七月，齊人降鄣。

鄣者何？紀之遺邑也。降之者何？取之也。取之則曷爲不言取之？爲桓公諱也。

時霸功足以除惡，故爲諱。言降者，能以德見歸自來服者，可也。外取邑不書，此何以書？盡也。襄公服紀以過，而復盡取其邑，惡其不仁之甚也。月者，重於取邑。

八月，癸亥，葬紀叔姬。

外夫人不書葬，此何以書？隱之也。何隱爾？其國亡矣，徒葬乎叔爾。

九月，庚午，朔，日有食之，鼓，用牲于社。是後，魯比弒二君〔一○二〕，狄滅邢、衛。

冬，公及齊侯遇于魯濟。

齊人伐山戎。

此齊侯也，其稱人何？据下言齊侯來獻戎捷。貶。曷爲貶？据齊侯伐北戎不貶。子司馬子曰：「蓋以操之爲已蹙矣〔一○三〕。」操，迫也。已，甚也。蹙，痛也。迫殺之甚痛。此蓋戰也，何以不言戰？据得捷也。春秋敵者言戰，桓公之與戎狄，驅之爾。時桓公力但可驅逐之而已，戎亦天地之所生，而乃迫殺之甚痛，故去戰貶見其事，惡不仁也。山戎者，戎中之別名，行進，故録之。

三十有一年，春，築臺于郎。

何以書？譏。何譏爾？臨民之所漱浣也。無垢加功曰漱，去垢曰浣，齊人語也。譏者，爲瀆下也。禮，天子外屏，諸侯内屏，大夫帷，士簾，所以防泄慢之漸也。禮，天子有靈臺以候天地，諸侯有時臺以候四時。登高遠望，人情所樂，動而無益於民者，雖樂不爲也。四方而高曰臺。

夏，四月，薛伯卒。卒者，薛與滕俱朝隱公，桓弑隱而立〔一〇三〕，滕朝桓公，薛獨不朝，知去就也。

築臺于薛〔一〇四〕。

何以書？譏。何譏爾？遠也。禮，諸侯之觀不過郊。

六月，齊侯來獻戎捷。戰所獲物曰捷。

齊，大國也，曷爲親來獻戎捷？據齊未嘗朝魯。威我也。以威恐怖魯也。如上難，知爲威魯書之。其威我奈何？旗獲而過我也。旗，軍幟名〔一〇五〕，各有色，與金鼓俱舉，使士卒望而爲陳者。旗獲，建旗縣所獲得，以過魯也。不書威魯者，恥不能爲齊所忌難，見輕侮也。言獻捷繫戎者，春秋王魯，因見王義。古者方伯征伐不道，諸侯交格而戰者，誅絶其國，獻捷於王者。楚獻捷時，此月者，刺齊桓憍慢恃盈〔一〇六〕，非所以就霸功也。

秋，築臺于秦。

何以書？譏。何譏爾？臨國也。言國者，社稷、宗廟、朝廷皆爲國，明皆不當臨也。臨社稷、宗廟則不敬，臨朝廷則泄慢也。

冬，不雨。

何以書？記異也。京房易傳曰：「旱異者，旱久而不害物也。斯禄去公室，福由下作，故陽雖不施，而陰道獨行，以成萬物也。」先是，比築三臺，慶、牙專政之應。

三十有二年，春，城小穀。

夏，宋公、齊侯遇于梁丘。

秋，七月，癸巳，公子牙卒。

何以不稱弟？据公弟叔肸卒〔一〇七〕。殺也。殺則曷爲不言刺之〔一〇八〕？据公子買有罪殺之，言刺不言卒。爲季子諱殺也。曷爲爲季子諱殺？据叔孫得臣卒不日者，惡不發揚公子遂弑也。季子之遏惡也，遏，止。不以爲國獄，不就獄致其刑，故言卒。緣季子之心而爲之諱。季子過在親親，疑於非正，故爲之諱，所以別嫌明疑。季子之遏惡奈何？莊公病，將死，以病召季子。召之於陳。季子至而授之以國政，至不書者，内大夫出與歸不兩書。曰：「寡人即不起此病，吾將焉致乎魯國？」致，與也。季子曰：「般也存，君何憂焉？」公曰：「庸得若是乎？庸，猶傭傭無節目之辭。牙謂我曰：『魯一生一及，君已知之矣。』父死子繼曰生，兄死弟繼曰及。言隱公生、桓公及，今君生、慶父亦當及，是魯國之常也。慶父也存。」時莊公以爲牙欲立慶父。季子曰：「夫何敢！是將爲亂乎？夫何敢！」再言「夫何敢」者，反覆思惟〔一〇九〕，且欲以安病人也。孔子曰：「君子有九思：視思明，聽思聰，色思温，貌思恭，言思忠，事思敬，疑思問，忿思難，見得思義。」俄而牙弑械成〔一一〇〕。是時，牙實欲自弑君，兵械已成，但事未行爾。有攻守之器曰械。季子和藥而飲之，藥者，酖毒也〔一一一〕，傳曰「酖之」是也。時季子亦有械，故能飲之。傳不道者，從可知。曰：「公子從吾言而飲此，則必可以無爲天下戮笑，必有後乎魯國。時世大夫，誅不宣揚，子當繼體如故。不從吾言而不飲此，則必爲天下戮笑，必無後乎魯國。」於是從其言而飲之，飲之無傫氏〔一一二〕，至乎王堤而死。公子牙今將爾，今將，欲殺。辭曷爲與親弑者同？辭，傳序經辭。親，躬親也。君親無將，將而誅焉。親，謂父母。然則善之與？曰：然。殺世子、母弟直稱君者，甚之也。季子殺母兄，何善爾？誅不得辟兄，君臣之義也。以臣事君之義也，唯人君，然後得申親親之恩。然則曷爲不直誅而酖之？行誅乎兄，隱而逃之，使託若以疾死然，親親之道也。明當以親親原而與之。於治亂，當賞疑從重；於平世，當罰疑從輕。莊不卒大夫，而卒牙者，本以當國將弑君。書日者，録季子遏惡也。行誅親親，雖酖之，猶有恩也。

八月，癸亥，公薨于路寢。

路寢者何？正寢也。公之正居也。天子、諸侯皆有三寢：一曰高寢，二曰路寢，三曰小寢。

父居高寢，子居路寢，孫從王父母〔一一三〕，妻從夫寢，夫人居小寢。在寢地者，加録内也。夫人不地者，外夫人不卒，内書薨，已録之矣，故出乃地。

冬，十月，乙未〔一一四〕，子般卒。

子卒云子卒，此其稱子般卒何？据子赤不言「子赤卒」。君存稱世子，明當世父位爲君。君薨稱子某，緣民臣之心，不可一日無君，故稱子某，明繼父也。名者，尸柩尚存，猶以君前臣名也。既葬稱子，不名者，無所屈也，緣終始之義，一年不二君，故稱子也。踰年稱公。不可曠年無君。子般卒，何以不書葬？据定姒俱稱卒書葬。未踰年之君也，有子則廟，則立廟也。廟則書葬。録子恩也。無子不廟，不廟則不書葬。未踰年之君，禮，臣下無服，故無子不廟，不廟則不書葬，示一年不二君也。稱卒不地者，降成君也。日者，爲臣子恩録之也。殺不去日見隱者，降子赤也。

公子慶父如齊。如齊者，奔也。是時，季子新酖牙，慶父雖歸獄鄧扈樂，猶不自信於季子，故出也。不言奔者，起季子不探其情，不暴其罪。

狄伐邢〔一一五〕。

【校勘記】

〔一〕君弑，唐石經、余本、宋小字本同。釋文出「君殺」云：「申志反。」是陸氏所據本作「殺」，然解詁原本作弑不作殺。説詳今本解詁弑殺異文考。

〔二〕孫，唐石經、余本、宋小字本同。漢石經作遜。案解詁原本作孫不作遜，據傳云「孫，猶孫也」，明上「孫」字不得寫作遜，故注文承傳云「孫，猶遁也」。徧考注文，凡遜順、遜遁義，皆作孫字，無作遜者。

〔三〕與弑，唐石經、余本、宋小字本同。釋文出「與殺」，非何氏原本也。説詳今本解詁弑殺異文考。

〔四〕搚幹而殺之，唐石經、余本、宋小字本同。阮氏挍勘記云：「唐石經、諸本同。釋文作『拹幹』云『本又作搚，亦作拉，皆同』。按詩南山正義引作『拉幹而殺之』，玉篇引作『拉公幹而殺之』，皆作拉字。○段玉裁云：依説文當作拹，許云『摺也，从手、劦聲』，作搚者，或體也。作拉者，假借字也。」案解詁原本蓋作搚，注文二「搚」字可證。

〔五〕搚折聲，余本同。阮氏挍勘記云：「詩正義引何休云『幹，脇；拉，折聲』，今本脱『幹脇』二字。」案阮説未必是。若今本有幹脇二字，依何氏注例，當先釋搚，後釋幹，注宜云「搚，折聲；幹，脇。扶上車，以手搚折其幹脇」，今注但言幹，不出脇字，則「幹，脇」云云，未敢決也。

〔六〕扶，原作「抉」，據余本改。

〔七〕距，余本同，疑當作拒。説見今本解詁通用字考。

〔八〕又欲以孫爲内見義，余本同。阮氏挍勘記云：「定四年疏引此下有『言孫者』三字。」案疏以意言，未必何注原文。

〔九〕主書者，余本同。阮氏挍勘記云：「鄂本、宋本同。監、毛本上有『我』字，當衍。元本上空一字，此本上有一『○』，今删正。閩本『我』字重刻，蓋原本亦空缺一字也。○按有『我』字是也。我主書，謂以我主之書法書之也，『我主』見上文。」案阮氏前説是，後説非。主書者，謂經所以特書此事，不謂以我主之書法書之。無「我」字者是。

〔一〇〕之，諸本同。白虎通引此經無「之」字。又據漢石經殘字推排，此行多一字，未知解詁原本有「之」字否。

〔一一〕悖，原作「存」，據余本改。

〔一二〕於餘丘，諸本同，宋小字本誤奪「於」字。

〔一三〕以鄟，唐石經、余本同。然宋刻經典釋文作「以鄟」，余本附刻釋文亦作「以鄟」。此本附刻釋文則作「以鄟」。據經注文，當以鄟字爲正。黄焯經典釋文彙校作鄟，亦非。

〔一四〕强，各本同，疑當作彊。説詳今本解詁通用字考。

〔一五〕嵩高，余本同。釋文作「崧高」云：「本亦作嵩。」據隱公八年注引書「還至嵩」，則當以「嵩」字爲長。維，余本同，阮氏挍勘記云：「維，當作惟。」案阮氏不言所據。此何氏引詩語也，若此「維」字誤，據何氏用字之例，亦當作「唯」，不當作「惟」。説詳今本解詁通用字考。

〔一六〕有，余本同。阮氏挍勘記云：「鄂本、宋本『而』作『有』，疑誤。按解云『不當取而有之，明其亂正義矣』。」案阮説非是。今單疏鈔本標注云「不當取有有明亂義也」，是作「有」不作「而」。

〔一七〕葬，余本誤作「殺」。

〔一八〕盛，余本同。阮氏挍勘記云：「浦鏜云：『成誤盛，非。』按八年傳云『成者何？盛也』，注據此。」案阮氏之意，注作「盛」不誤。八年師及齊師圍成，成是諱辭，此何氏用盛本字，不誤。阮説是。

〔一九〕同同，諸本同。阮氏挍勘記云：「唐石經、諸本同。注『凡二同，故言同同』，解云『考諸古本，傳及此注『同』字之下皆無重語，有者衍文』。按疏中標注亦作『凡二同，故言同同』，衍一『同』字。」案阮説據徐疏立論，然徐氏所見古本未必是解詁原本。審繹注意，二同者，謂義同、辭同。義同者，謂凡與讎交接者，即有譏意。辭同者，謂魯與齊交接多矣，譏不勝譏，唯與讎狩譏，餘則不再譏，而與常文同。然則，「同同」未必誤衍。説詳徐彦公羊疏補正（見義例與用字第八章，下同）。

〔二〇〕正義，余本作「正其義」。

〔二一〕殺，余本同。十行本、九行本皆作殺，殿本、四庫本作弒，且據以改易釋文。據哀公六年傳「弒而立者，不以當國之辭言之」，則以弒爲是。下「非殺而立」亦當作弒。

〔二二〕乃，余本誤作「及」。

〔二三〕辛卯夜，諸本同。釋文：「一本無夜字。」案，夜，穀梁經作「夕」。又據漢石經殘字推排，字數與今本春秋經同，則陸氏所見「一本」無夜字者，恐非。

〔二四〕則，諸本同。然疏標傳無「則」字。

〔二五〕政，余本誤作「正」。案何氏用字之例，政教之政用「政」字，不用「正」字。

〔二六〕又，余本誤作「人」。

〔二七〕人，余本同。阮氏挍勘記云：「鄂本『人』作『知』，此誤，當讀『知微之』三字爲句。」案阮説可商。稱人爲外國辭者，是否微義，不能明。如公子結媵陳人之婦于鄄，注云「陳稱人者，爲内書，故略以外國辭言之」，是陳稱人，亦外國辭，然注言「略」，不言微。此稱「人」，既略且微，故不宜云「知」。

〔二八〕祠兵，諸本同。阮氏挍勘記云：「唐石經、諸本同。經義雜記曰：禮記曲禮注引春秋傳甲午祠兵，正義引異義：公羊説以爲甲午祠兵，左氏説甲午治兵。鄭駁之云：公羊字誤也，以治爲祠，因爲作説。案周禮、左傳、穀梁、爾雅皆爲治兵，知公羊是聲近之誤，故詩箋、周禮注用公羊，徑改爲治，詩正義所言是也。」案此經傳注皆言祠兵，注云「祠於近郊」，尤明解詁原本用祠字。鄭氏家法與何氏不同，不可據鄭以難何。

〔二九〕訊，余本同。釋文：「本亦作迅。」案爾雅、廣雅皆云「振，訊也」，似解詁用訊字。

〔三〇〕成者何盛也，諸本同。阮氏挍勘記云：「九經古義云：成與盛通，釋名：成，盛也。僖廿四年左氏傳管蔡郕霍，文之昭也。郕，後爲魯邑。説文云：郕，魯孟氏邑，是郕與成同。」案此説大謬。成是魯邑，盛是國名，一邑一國，不得相混。此盛國之盛寫作成者，以諱滅同姓故也。經云「成降于齊師」，謂盛國也，後爲齊邑，此非魯之成邑。惠氏謂成與盛通，乃以小學定經學，不可從。參桓公三年校記。

〔三一〕鄭，余本誤作「衛」。

〔三二〕捷菑，余本同，疑當作接菑。文公十四年經傳注皆作接菑，且此疏亦作接菑。捷菑者，蓋後人據二傳改易。

〔三三〕氏，諸本同，宋小字本誤作「民」。

〔三四〕池，余本初刻誤作「也」，重脩本改作「池」。鄂本譌作「地」。阮氏挍勘記云：「何煌云：地，當作池。」此説是，下經注皆作公子池。

〔三五〕誇，余本同。阮氏挍勘記云：「釋文『自誇，本又作夸。下同』。按夸大字作夸，從言者，詞之夸誕也，見爾雅挍勘記。郭景純注釋詁云：陵犯夸奢。」案莊公二十三年注云「欲以誇大示之」，則誇大亦作誇，不作夸，阮説可商。郭注爾雅，與何氏家法不同，不宜據彼難此。

〔三六〕其取之何，余本、宋小字本同。阮氏挍勘記云：「唐石經作『其言取之何』，諸本誤脱『言』字。」可從。

〔三七〕召忽，余本同。阮氏挍勘記云：「釋文作『邵忽』云：本又作召。」案經傳云召公、召陵。偏考注文，皆作「召」，無作「邵」者，知解詁原本即作「召」。陸氏所見「又本」是也。

〔三八〕犂，余本同。阮氏挍勘記云：「鄂本黎誤犂。」案「犂」字是。經、注皆作犂字，此本及余本、鄂本同，阮氏竟謂「黎」是，謬矣。然犂戰者，謂僖公元年經「公子友帥師敗莒師于犂」，此經不見「戰」字，注不宜舉以爲證。未知此犂戰是否郎戰之誤，即桓十年「冬，齊侯、衛侯、鄭伯來戰于郎」。

〔三九〕纔，原作「讒」，據余本改。

〔四〇〕冀，余本作兾，阮氏挍勘記云：「閩、監、毛本兾改冀，非，疏同。」案阮挍可商。説文「冀，北方州也，從北，異聲。」唐玄度九經字樣云：「冀兾，北方州也，堯所都，異於餘州，故從北從異。上説文，下隸省。」是冀爲正字。

〔四一〕最，原作「取」，據余本改。賈公彦儀禮疏引此注作「最」，可證。

〔四二〕滯，余本誤作「郭」。

〔四三〕者，余本同。阮氏挍勘記云：「鄂本無『者』字。」案唐石經亦有「者」字。桓公二年傳「舍仇牧、荀息無累者乎」、僖公十年傳「舍孔父、仇牧無累者乎」，與此文法全同，是有「者」字之證。

〔四四〕反，諸本同。阮氏挍勘記云：「唐石經、諸本同。惠棟云：漢書注『反』作『又』。」案成公十七年傳云「公孫嬰齊爲公請，公許之反爲大夫」，嬰齊本爲大夫，故云「反爲」。今注云萬先爲士，歸後乃爲大夫，則「又」字義勝。

〔四五〕公博，唐石經、余本同。陸氏釋文：「如字，戲名也。字書作簙。」案注云「禍生於博戲」，則何氏原本作博可知。

〔四六〕曰，余本、宋小字本同。唐石經誤作「日」。

〔四七〕訐，余本同。釋文：「一本作揭。」

〔四八〕向，各本同，疑當作鄉。何氏用字，凡面鄉之義，皆用「鄉」字，惟此作「向」，恐是後人所改。説見今本解詁通用字考。

〔四九〕臂，諸本同。釋文：「本又作辟。」王引之經義述聞云：「臂短不可以擊人，作辟者是也。左傳云『批而殺之』，玉篇引作『搲而殺之』，説文：搲，反手擊也。若作搲，而訓爲側手，則與辟義相復。古本公羊蓋作殺不作搲。」案王氏據左傳、玉篇、説文立説，改臂爲辟，改搲爲殺，非何氏家法。何注既云「側手曰搲」，則不得改搲爲殺。搲既訓爲側手殺，則臂字不得改爲辟字。徵諸傳文，仇牧持劍而叱萬，則萬之殺牧，勢當避其劍鋒而側殺之。又臂力彊於掌力，以臂側擊，合乎「碎首，齒著乎門闔」之狀。且莊公九年疏引注亦作臂字，是徐彦所據本同作「臂」字。

〔五〇〕齒著乎門闔，阮氏挍勘記云：「唐石經闔字磨改重刻。按爾雅釋宫郭注引公羊傳曰齒著于門闔，今本『于』作『乎』，非。」案阮氏據爾雅郭注引公羊傳，不必是何休之本。

〔五一〕攫，余本同，鄂本作玃。釋文：「攫，本又作搏。」案宜以攫字爲長。

〔五二〕貍，原作「狸」，據余本改。

〔五三〕博，原作「傳」，誤。余本作搏，鄂本作博。阮氏挍勘記云：「監、毛本同誤也。鄂本、閩本搏作博，當據正。宋本誤作傳。」案單疏本亦作博，當以博字爲勝。

〔五四〕劫，余本同。阮氏挍勘記云：「鄂本劫作却，誤。」是。

〔五五〕竟，諸本同。阮氏挍勘記云：「唐石經、諸本同。鄂本竟作境。按釋文亦作壓境，是俗竟字。」案何休原本用竟字，傳云「出竟有可以安社稷利國家者」，用竟字，注文皆寫作竟，無作境者。

〔五六〕功，原作「力」，據余本改。

〔五七〕鄄，唐石經、余本、宋小字本同。阮氏挍勘記引釋文曰：「鄄，本亦作甄。」案鄄是也。徧考經注，鄄字經三見，注亦三見，無有作甄者。

〔五八〕兒，諸本同。阮氏挍勘記云：「釋文兒音郳，按左氏作郳。」案穀梁亦作郳，與左氏同。莊五年經倪黎來，二家之經作郳，與此郳同是一國。然公羊前經作倪，此經作兒，則分别二字，蓋傳寫之譌，猶巂、酅實爲一地，今本解詁前作酅，後誤作巂也。故此兒字，疑解詁原本即作倪字。或問曰，解詁用字，專名字相同，如「甯」字用於人名地名，不得寫作「寧」字，今此倪字既是國名，何以嬰兒、諸兒又寫作兒字？竊謂解詁原本倪、兒並用，倪者，用於此經及前五年經倪黎來，是國名，陸音「五兮反」。兒者，則是人名專用，如嬰兒、諸兒，陸音「或讀如字，或音五兮反」。是二字之音容有不同。又或問曰，兒既用於人名，何以叔倪寫作倪，不作兒？案陸氏穀梁釋文注叔倪爲二音，一爲「五計反」，與「詣」字同音；一爲「五兮反」，與「兒」同音。故今本叔倪，何氏原本或寫作叔詣（音五計反），與左氏經同；或寫作叔兒（音五兮反）；

後來傳寫改「兒」爲「倪」，蓋緣穀梁傳歟？又，林寶元和姓纂云「郳黎來之後亦爲兒氏」「郳武公封次子於郳，是爲小邾，後失國，子孫爲郳氏，避仇改爲倪」，乃以兒、倪爲兩氏。然據公羊傳注，倪黎來即小邾婁，姓纂之釋，非何氏義也。

〔五九〕公會，余本、宋小字本同。阮氏挍勘記云：「諸本同，唐石經損缺，以字數計之，有『公會』二字。惠棟云『左氏、穀梁無『公』字，故穀梁傳云不言公』。按『公會』二字當爲衍文。左氏、穀梁無公字，猶賸『會』字。据十九年何注云『先是，鄄、幽之會，公皆不至』，春秋繁露滅國下云『幽之會，莊公不往』。」案阮説猶可補正。繁露云：「幽之會，齊桓數合諸侯，曹小，未嘗來也。」是董氏所見本不但無「公」字，亦無「曹伯」二字。據漢石經殘字推排，此行亦多三字。以左氏經無「公」「曹伯」三字，疑今本解詁亦衍此三字。説見漢石經春秋殘字合證與碑圖之復原（見義例與用字第一章，下同）。

〔六〇〕同心，余本同。阮氏挍勘記云：「惠棟云：心字衍。」此足備一説。

〔六一〕不日，余本同。然據疏標注，「日」下有「者」字。

〔六二〕二「瑣」字，原皆作「璅」，據余本改。阮氏挍勘記云：「鄂本、宋本瑣作璅。釋文作瑣，毛本改從之。○按瑣正璅俗。」案解詁原本蓋作瑣，以莊公二十八年經書瑣可證。

〔六三〕積也，余本、宋小字本同。釋文云：「本又作漬。」案注云：「瀸之爲死，積死非一之辭」，明何氏所據即作積字。作漬字者，非。

〔六四〕强，解詁原本疑作彊。説詳今本解詁通用字考。

〔六五〕取，余本同。疑解詁原本作娶不作取，説詳今本解詁通用字考。

〔六六〕「未有」下，原有「言」字，余本、宋小字本同，此據唐石經删。説詳王引之經義述聞。

〔六七〕鄗，余本同，阮氏挍勘記云：「鄂本鄗作犫，下同。此本疏中凡鄗字皆作犫，當據正。」案阮説非。下注云「公追齊師至鄗」，亦作鄗，且疏文時見鄗字，不得言「凡鄗字皆作犫」。説見僖公二十六年校記。

〔六八〕冬十月，余本、宋小字本同。唐石經誤脱此三字。

〔六九〕弟也，諸本同。案白虎通嫁娶篇引此傳云「娣者何？女弟也。」孔穎達毛詩正義、賈公彦儀禮疏引此傳亦云「娣者何？女弟也」，故王引之據此謂傳脱「女」字，備一説耳。

〔七〇〕所以，余本同。阮氏挍勘記云：「按『以』字衍，當删正。」案阮説未指明證據，似依文勢立説。然疏標注亦有「以」字，則阮説不敢必。

〔七一〕比，余本誤作「此」。

〔七二〕大瘠，唐石經、余本、宋小字本同。阮氏挍勘記云：「唐石經、諸本同。釋文『大瘠，在亦反，本或作㾊，才細反。一本作漬，才賜反』。鄭注曲禮引此同。經義雜記曰：『禮記曲禮下「四足死曰漬」，注：「漬謂相瀸汙而死也。春秋傳曰：大災者何？大漬也。」吕氏春秋貴公篇「仲父之疾病矣，漬甚」，高誘注：「漬，亦病也。公羊傳曰：大災者何？大漬也。」然則，鄭、高所據公羊皆作大漬。』按此當是嚴、顔之異。」

案阮説可從。鄭、高二氏所引作漬，與解詁原本不同。注云「瘠，病也，齊人語」，既以齊人語釋瘠，則未可易爲漬字，攷隱公元年注云「漸漬禮義者」，漬是浸染之義，非病義，可爲旁證。至於「瘠」字，爾雅訓爲病，與此注云「瘠，病也」同，然「瘠」之爲病恐非齊人語，疑解詁原本即作瘠字。

〔七三〕二十有一年，阮氏挍勘記云：「唐石經作廿有一年，下二十準此。鄂本作二年，誤字也。」案注凡言二十、三十者，不寫作廿、卅，疑解詁原本即作二十有一年，桓四年注云「天子二十有六」，又注云「不就莊三十一年發傳者」「語在三十二年」「説在僖二十三年」，似何氏本即用二十、三十字。漢石經、唐石經寫作廿、卅者，非何氏家法。説參隱公八年校記。

〔七四〕肆，諸本同。馬衡據漢石經殘字，以爲肆字。然細審石經殘畫，字形難定。釋文云「本或作佚」，是陸氏所見「或本」作佚字。據徐疏云「肆，讀如字，放肆也」，知徐彦所據本即肆字。然則，肆字爲長。肆、肆雖不能定，然佚字必誤，傳注釋「佚」字，俱無過度義。

〔七五〕恩，余本作思。阮氏挍勘記云：「鄂本、宋本思作恩。」案注多言孝子之恩，似「恩」字爲勝。

〔七六〕猶，原作「獨」，據余本改。

〔七七〕娶，余本作「取」。案解詁原本當作「娶」，説詳今本解詁通用字考。

〔七八〕納徵，余本同。阮氏挍勘記云：「鄂本納徵不重，此衍。」案此本、余本皆重「納徵」，鄂本未必是。

〔七九〕儷皮，余本同。釋文：「本又作麗。」案此注三見「儷」，則解詁原本蓋作儷字。

〔八〇〕一，余本同。阮氏挍勘記云：「六經正誤云：一，當作壹。按此本疏引襄廿九年傳不壹而足，閩、監、毛本亦改爲一。」阮氏之意，蓋以「不壹而足」爲正。案襄公二十九年傳固云「許夷狄者不壹而足」，然文公九年傳則云「許夷狄者不一而足」，今本一、壹並見。考何氏用字之例，壹與再對文，一則用於一二三四數，許夷狄者，不止一法，尚有二法、三法、四法，故宜云「不一而足」。説詳今本解詁通用字考。

〔八一〕有淫泆汚貳，余本同。阮氏挍勘記云：「諸本同。鄂本汚誤作汙。按淫泆二字當衍。釋文出『有汙』二字，疏標注『汚貳之行』四字，解云：『莊公之行既不清絜，又不專壹，故謂之汚貳矣。』是本無淫泆二字。」案阮説可從。又，釋文、鄂本作汙，然此本及余本皆作汚字，考桓公四年注云「汚泡」，釋文亦出「汚」字，似何氏本寫作汚，不作汙。

〔八二〕説，余本同。阮氏挍勘記云：「鄂本『説』作『託』，此誤。」案阮説可商。傳「我貳也」，嫌意有不明，謂我貳歟？抑齊惡我貳歟？故魯子釋曰「我貳」。注云「上説」者，即傳文「我貳也」。若作「託」字，則「我貳也」便成託言，似非文理。

〔八三〕雞，余本同。阮氏挍勘記云：「鄂本、宋本、閩、監本同，毛本鷄改雞。」案當以雞爲是。唐石經雞澤、雞父皆作雞不作鷄。此本及余本注文俱寫作雞，無作鷄者。

〔八四〕腶脩，諸本同。釋文出「斷脩」云：「本又作腶。」案「腶」字是。注云「棗栗，取其早自謹敬；腶脩，取其斷斷自脩正」，乃以早釋棗，以斷釋腶。鄭注有司徹云：「今文腶爲斷。」彼是儀禮之本，不得據彼難此。

〔八五〕親疏，余本同。阮氏挍勘記云：「鄂本無疏，此涉上『理親疏』誤衍。」案阮説未必是。「昭穆親疏」本有連文之例，疑鄂本脱「疏」字。

〔八六〕敵，余本、宋小字本同。阮氏挍勘記云：「諸本同，唐石經缺。九經古義云：春秋繁露曰：曹羈曰：戎衆以無義，君無自適，君不聽。適，讀爲敵。禮記雜記注云：適讀爲匹敵之敵。荀子云：天子四海之内無客禮，告無適也。注云：適，讀爲敵。史記范雎傳『攻適伐國』，田單傳『適人開户』，李斯傳『羣臣百官皆畔不適』，徐廣皆音征敵。」案阮挍似謂此傳敵當作適，恐非。其引惠説，不得施於何氏之本。傳注凡言匹敵之敵者，皆作敵字，無借適爲敵者。莊公元年注云「與所適敵體者主之」，若改敵爲適，則「適適」連文，嫌不辭。唐石經此敵字雖缺，但莊三十傳「春秋敵者言戰」，僖公二十八年傳「大夫不敵君也」，文公七年傳「何以不言師敗績？敵也」，皆作敵字，是不借適爲敵之證。

〔八七〕字，余本誤作「孝」。何氏之意，庶人七十猶稱字，況大夫耶？引孝經者，謂不遺小國之臣。今陳是大國，非小國，大夫稱字，正敬老之義。余本作孝者，蓋涉下引孝經文而訛。阮氏挍勘記云：「鄂本、宋本孝作字，當據正。」是。

〔八八〕營，諸本同。阮氏挍勘記云：「釋文營社，本亦作縈，同。按續漢禮儀志注引作縈。」孫詒讓十三經注疏校記謂賈公彦周禮疏引公羊傳文作縈。然孔穎達禮記正義所引公羊傳文則作「營」，今以上下注文俱作營字，似何氏本作營不作縈。

〔八九〕闇，宋小字本誤作「間」。

〔九〇〕尊命，余本同。阮氏挍勘記云：「續漢志引作『尊者命』，此脱『者』。」案阮挍備一説。

〔九一〕公伐戎，諸本同。阮氏挍勘記云：「諸本同。吕氏祖謙集解云：『公羊無春字。』按唐石經『公伐戎』之上損缺，然以每行十字計之，無『春』字。盧文弨曰：『疏標經文云春公伐戎，是疏本有春，自石經始脱耳。』」○按左傳經有公（公，蓋春之譌）字。」案陸淳差繆略云「公羊無春字」，是陸氏所見公羊經亦無「春」字。今據漢石經殘字推排，無「春」字，乃合行七十字之例，則蔡邕石經似亦無「春」字。然則，疏本有『春』，恐非解詁之舊矣。

〔九二〕地，余本誤作「也」。

〔九三〕通乎，余本同。阮氏挍勘記云：「鄂本以下同，唐石經無『乎』字。」案禮記雜記孔穎達正義引此傳有「乎」字，陸淳春秋集傳微旨引公羊傳亦有「乎」字，然則，唐石經奪文也。嚴可均唐石經校文云：「監本、毛本『通』下衍『乎』字。」以唐石經爲是，恐非。

〔九四〕義揜恩，今本禮記揜作斷。阮氏挍勘記云：「何據禮記不與鄭本同。」是。

〔九五〕取，余本同。阮氏挍勘記云：「按取當作娶，上下皆作娶。」案阮説是也。何氏用字，凡嫁娶字皆作娶，不作取。説詳今本解詁通用字考。

〔九六〕背德，余本同。下云「不事舅姑，棄，悖德也」，同言悖德，一作背，一作悖。案「悖」字是。解詁凡與禮義道德相乖者，用悖字，如悖義，悖天道；凡違於人事者，用背字，如背叛、背殯、背約。説詳今本解詁通用字考。

〔九七〕起，余本同。阮氏挍勘記云：「鄂本起作杞，此誤。」案阮説非，「起」字不誤。注意僖公二十三年經書杞子是貶稱，可起此「伯」爲黜稱。所以稱伯爲黜者，杞爲王者後，當稱公；稱子，則爲貶稱；子爲貶稱，故可起伯爲黜稱。若作杞，則讀作「方以子貶杞，伯爲黜」，嫌上下句文勢不相接。

〔九八〕邾婁人，唐石經、余本、宋小字本同。阮氏挍勘記云：「唐石經、諸本同。按左氏、穀梁無『邾婁人』。」案何休注例，凡公所會稱人者，或具貶義，或爲大夫稱。此會乃善中國能相救，非貶，明齊、宋稱人者，以將卑師少稱人故也。又據公不會大夫例，經不當書『公』字。今依漢石經殘字推排，此行多四字，疑解詁原本衍「公」「邾婁人」四字，與蔡邕石經同。説詳漢石經春秋殘字合證與碑圖之復原。

〔九九〕蟲，原作「虫」，余本同，恐誤。案隱公元年注「自山川至於草木昆蟲」，哀公十四年注「螟蟲冬踊」，經又有蟲牢字。是經注通用蟲字，惟此一見虫，蓋後人傳寫改易，茲據監本改。

〔一〇〇〕師，諸本同。左氏經無「師」字。陸淳差繆略云：「公、穀作師次于成。」明陸氏所見三家之經與今本同。然以漢石經殘字推排，此行多一字，疑蔡邕石經本亦無「師」字，未知解詁原本與蔡邕本同否。

〔一〇一〕比弒，余本同。釋文出「比殺」云：「申志反。」則陸氏所據本作殺。案解詁原本作弒不作殺，説詳今本解詁弑殺異文考。

〔一〇二〕蓋以操之爲已蹙矣，唐石經、余本、宋小字本同。阮氏挍勘記云：「唐石經、諸本同。武億云：『操，古本作躁，詩江漢正義引作躁，迫也』。按蹙當本作戚，何訓爲痛也，是傷戚之意。考工記『不微至無以爲戚速也』，注引春秋傳曰『蓋以操之爲已戚矣』，可證鄭本作戚。○按説文有戚無蹙。」案阮説未可信從。許慎、鄭玄所據本與何休本不同，不可據彼證此。

〔一〇三〕桓弑，余本同。釋文作「桓殺」。案解詁原本作弑不作殺，説詳今本解詁弑殺異文考。

〔一〇四〕薛，諸本同，漢石經作蘖。

〔一〇五〕幟，余本同。釋文：「本又作織。」案疏本亦作幟，似「幟」字爲勝。

〔一〇六〕憍慢恃盈，余本同。阮氏挍勘記出「憍慢持盈」云：「宋本同。閩、監、毛本誤『驕慢恃盈』。按解云：持盈者，謂自持盈滿之道。閩、監、毛本疏亦誤恃矣。此本修改者憍亦作驕。」案阮挍非是。十行本正作「憍慢恃盈」，阮氏標注改作「持」，非也。據單疏鈔本，疏文正作恃字，知阮氏所據十行本疏文已是誤本。閩本改憍爲驕，亦非。

〔一〇七〕肹，余本作肸，阮氏挍勘記云：「閩、監、毛本肹作肸，非。釋文作肸。」案張參五經文字出「肸肸」云：「上説文。」未知阮説何據。

〔一〇八〕刺之，余本、宋小字本同。唐石經無「之」字，疏所引此傳亦無「之」字。

〔一〇九〕覆，各本同，疑當作復。説詳今本解詁通用字考。

〔一一〇〕弑，唐石經、余本、宋小字本同。阮氏校勘記云：「唐石經、諸本同。釋文弑作殺，云『申志反』，注及下『親弑』同。按今本注作弑君，下作親弑，皆後人所改。陸本則皆作殺也。」案阮氏云陸本作殺，是也。然陸本之作殺，非何氏原本也，解詁原本當作弑。説詳今本解詁弑殺異文考。

〔一一一〕酖，余本同。阮氏校勘記引釋文云：「酖，本亦作鴆。」案傳注皆作酖字，無寫作鴆者，則解詁原本作酖明矣。

〔一一二〕無，余本、宋小字本同。釋文：「本又作巫。」案徐彦引舊説云：「飲之無傫氏者，言飲此毒，不累其子孫，謂當立其氏族也。」則舊本作「無」字。

〔一一三〕王，原作「正」，據余本改。

〔一一四〕乙未，諸本同。左氏作己未，據春秋曆日推排，當以己未爲是。説詳春秋朔閏表與經文曆日考證（見義例與用字第七章，下同）。

〔一一五〕「狄伐邢」後底本原有「春秋公羊卷第三」一行，余本同，唐石經無。案閔公二年注云「繫閔公篇于莊公下者，子未三年，無改於父之道」，明解詁原本閔公、莊公二篇同卷，今此本及余本並以莊公篇爲卷三，閔公篇爲卷四，非何氏意，當從唐石經。今據唐石經删去此行。又，底本「春秋公羊卷第三」一行下有小字二行記經注文字數：「經五千二百九十二字，注九千八百四十五字。」

春秋公羊經傳解詁閔公第四〔一〕

何休 學

元年，春，王，正月。

公何以不言即位？繼弑君不言即位。復發傳者，嫌繼未踰年君義異故也，明當隱之如一。孰繼？據子般弑不見。繼子般也。孰弑子般？慶父也。殺公子牙，今將爾，季子不免；慶父弑君，何以不誅？將而不免，遏惡也。既而不可及，因獄有所歸，不探其情而誅焉，親親之道也。論季子當從議親之辟，猶律：親親得相首匿。當與叔孫得臣有差。惡乎歸獄？歸獄僕人鄧扈樂。曷爲歸獄僕人鄧扈樂？據師還也。莊公存之時，樂曾淫于宮中〔二〕，子般執而鞭之。莊公死，慶父謂樂曰：「般之辱爾，國人莫不知，盍弑之矣〔三〕？」使弑子般，然後誅鄧扈樂而歸獄焉。殺鄧扈樂不書者，微也。季子至而不變也。至者，聞君弑，從家至朝，季子知樂勢不能獨弑，而不變正其真僞。

齊人救邢。

夏，六月，辛酉，葬我君莊公。

秋，八月，公及齊侯盟于洛姑。時慶父內則素得權重，外則出奔彊齊，恐爲國家禍亂，故季子如齊，聞之，奉閔公託齊桓爲此盟。下書歸者，使與君致同。主書者，起託君也。

季子來歸。

其稱季子何？据如陳名，不稱季，卒不稱子。賢也。嫌季子不探誅慶父，有甚惡，故復於託君安國賢之。所以輕歸獄，顯所當任，達其功。不稱季友者，明齊繼魯，本感洛姑之託，故令與高子俱稱「子」，起其事。其言來歸何？据召歸不書，隱如言至。喜之也。季子來歸則國安，故喜之而變至，加録云爾，蓋與賢相起。言歸者，主爲喜出；言來者，起從齊自外來。盟不日、公不致者，桓之盟不日，其會不致，信之也。

冬，齊仲孫來。

齊仲孫者何？公子慶父也。公子慶父，則曷爲謂之齊仲孫？繫之齊也。曷爲繫之齊？据欒盈出奔楚，還不繫楚。外之也。曷爲外之？据俱出奔還也。春秋爲尊者諱，爲閔公諱受賊人也。爲親者諱，爲季子親親而受之，故諱也。爲賢者諱。以季子有遏牙不殺慶父之賢，故爲諱之。子女子曰：「以春秋爲春秋，以史記氏族爲春秋，言古謂史記爲春秋。齊無仲孫，其諸吾仲孫與？」齊有高、國、崔，魯有仲孫氏，亦足以知魯仲孫。言仲孫者，以後所氏，起其事明。主書者，賊不宜來，因以起上如齊，實弒君出奔。

二年，春，王，正月，齊人遷陽。不爲桓公諱者，功未足以覆比滅人之惡也。

夏，五月，乙酉，吉禘于莊公。

其言吉何？据禘于大廟不言吉。言吉者，未可以吉也。都未可以吉祭。經舉重不書禘于大廟，嫌獨莊公不當禘，于大廟可禘者，故加吉，明大廟皆不當。曷爲未可以吉？据三年也。未三年也。禮，禘祫從先君數，朝聘從今君數，三年喪畢，遭禘則禘，遭祫則祫。三年矣，曷爲謂之未三年？三年之喪，實以二十五月。時莊公薨，至是適二十二月，所以必二十五月者，取期再期恩倍，漸三年也。孔子曰：「子生三年，然後免於父母之懷。夫三年之喪，天下之通喪。」禮士虞記曰：「期而小祥，曰：薦此常事。又期而大祥，曰：薦此常事〔四〕。中月而禫，是月也，吉祭猶未配。」是月者，二十七月也。傳言二十五月者，在二十五月外，可不譏。其言「于莊公」何？据禘于大廟不言周公，祫僖公不言僖宮〔五〕。未可以稱宮廟也。時閔公以莊公在三年之中，未可入大廟，禘之于新宮，故不稱宮廟，明皆非也。曷爲未可以稱宮廟？据言禘也。在三年之中矣。當思慕悲哀，未可以鬼神事之。吉禘于莊公何以書？譏。何譏爾？譏始不三年也。與託始同義。

秋，八月，辛丑〔六〕，公薨。

公薨何以不地？隱之也。何隱爾？弒也。孰弒之？慶父也。殺公子牙，今將爾，季子不免。慶父弒二君，何以不誅？將而不免，遏惡也。既而不可及，緩追逸賊，親親之道也。與不探其情同義。不書葬者，賊未討。

九月，夫人姜氏孫于邾婁。爲淫二叔、殺二嗣子出奔，不如文姜于出奔貶之者，爲内臣子明其義，不得以子絶母。凡公、夫人奔例日，此月者，有罪。

公子慶父出奔莒。慶父弒二君，不當復見，所以復見者，起季子緩追逸賊也。不日者，内大夫奔例：無罪者日，有罪者月。外大夫奔例皆時。

冬，齊高子來盟。

高子者何？齊大夫也。以有高傒也。何以不稱使？据鄭伯使其弟語來盟。我無君也。時閔公弒，僖公未立，故正其義，明君臣無相適之道也。春秋謹於别尊卑，理嫌疑，故絶去使文以起事張例，則所謂君不使乎大夫也。然則何以不名？据國佐盟名。喜之也。何喜爾？正我也。其正我奈何？莊公死、子般弒、閔公弒，比三君死，曠年無君，與曠年無君無異。設以齊取魯，曾不興師徒，以言而已矣。設時勢然。桓公使高子將南陽之甲，南陽，齊下邑。甲，革，皆鎧冑也。立僖公而城魯。或曰：「自鹿門至于爭門者是也〔七〕。」

或曰：「自爭門至于吏門者是也。」魯人至今以爲美談，曰：「猶望高子也。」久闊思相見者引此爲喻〔八〕，美談至今不絶也。立僖公、城魯不書者，諱微弱。喜而加高子者，美大齊桓繼絶于魯，故尊其使，起其功，明得子續父之道。

十有二月，狄入衛。

鄭棄其師。

鄭棄其師者何？據國者，并問稱國。惡其將也。以言棄師。鄭伯惡高克，使之將，逐而不納，棄師之道也。鄭伯素惡高克，欲去之，無由，使將師救衛，隨後逐之，因將師而去。其本雖逐高克，實棄師之道，故不書逐高克，舉棄師爲重，猶趙盾加弑也。不解國者，重衆，從國體録可知。繫閔公篇于莊公下者〔九〕，子未三年，無改於父之道。傳曰：「則曷爲於其封內三年稱子？緣孝之心，則三年不忍當也。」

春秋公羊卷第三〔一〇〕

【校勘記】

〔一〕唐石經此題下有「附莊公卷」四字，得注意。

〔二〕于，唐石經、余本、宋小字本同。阮氏挍勘記云：「唐石經亦作于，按當作於，疏中毛本改於。」案阮氏之意，經文多作「于」，傳多作「於」，故云爾。然今本傳文于、於互見，不能定。

〔三〕盍弑，余本、宋小字本同。阮氏挍勘記云：「釋文作盍殺，唐石經此弑字磨改，亦本作殺。按此作殺是也。」案阮説未的。此云弑者，傳家代言，解詁原本即作弑。説詳今本解詁弑殺異文考。

〔四〕常事，余本同。閩本作「祥事」，蓋據鄭玄儀禮注本而改，非解詁原本。

〔五〕僖宫，余本同。阮氏挍勘記云：「段玉裁挍本，宫乃公誤。○按疏引定八年注作僖公，彼疏云不言從祀僖公。」案阮挍可商。注云「据禘于大廟不言周公」，謂僖八年經書「禘于大廟」，而不書「禘于周公」，與此「吉禘于莊公」不同，故相比。注又云「祫僖公不言僖宫」，謂文公二年經「大事于大廟，躋僖公」，是祫祭而書「于大廟」，不書「大事于僖宫」，亦相比。前者是踰三年之殷祭，後者是未三年之殷祭，無論三年以否，禘祫大祭皆當書「大廟」，不當書莊公，亦不當書僖宫。今既是禘祭，經不書「大廟」，而書「莊公」，非禮明矣。設如段説，改僖宫爲僖公，則嫌注意以「大事于僖公，躋僖公」爲不可，然此疊書「僖公」，非春秋文法，無可爲嫌。注意實以「大事于僖宫，躋僖公」爲嫌，故云「祫僖公不言僖宫」，此僖宫，不得改作僖公。

〔六〕辛丑，各本同。陸淳差繆略云「丑，公羊作酉」，知陸氏所見公羊本作辛酉。推排曆表，當以辛酉爲是，辛丑誤。說詳春秋朔閏表與經文曆日考證。

〔七〕爭，諸本同。阮氏挍勘記云：「唐石經、諸本同。說文淨，魯北城門池也，從水爭聲，士耕切，又才性切。許據公羊，當作淨門，以水名其門也。何注本省作爭，自鹿門至于爭門者，自南門至于北門也。」案，解詁原本作爭，許慎所見與何本不同，阮挍未可信從。

〔八〕喻，余本同。阮氏挍勘記云：「鄂本喻作諭。」案作諭者非。徧檢何注，皆寫作喻字，無作諭者。

〔九〕繫閔公篇于莊公下者，余本同。阮氏挍勘記云：「按于，當作於。漢書藝文志公羊、穀梁二家經及傳各十一卷者，繫閔公篇於莊公下故也。宋王儉七志、梁阮孝緒七録皆云何注十一卷，皆以閔附莊也。唐石經於閔公傳末題『春秋公羊卷第三』，於『僖公第五』之下附注『卷四』，蓋據晉宋古本皆十一卷。」案何氏云「繫閔公篇于莊公下者」，是解詁原本即十一卷之證。唐石經於隸書「春秋公羊經傳僖公第五」之下附注真書「卷四」，而於此傳末猶題「春秋公羊卷第四」，乃本十一卷之舊。故阮氏云「蓋據晉宋古本皆十一卷」，是也。然宋經注本，如此本及余本，十二公凡十二卷，每卷卷末咸題「春秋公羊卷第幾」，不但與唐石經不同，也非十一卷本之舊。又，此行下有二行小字：「經六百六十二字，注一千二十八字。」

〔一〇〕第三，原作「第四」，余本同。據唐石經改。

春秋公羊經傳解詁僖公第五

何休　學

元年，春，王，正月。

公何以不言即位？據文公言即位。繼弑君，子不言即位。此非子也，其稱子何？僖公者，閔公庶兄，據閔公繼子般，傳不言子。臣、子一例也。僖公繼成君，閔公繼未踰年君。禮，諸侯臣諸父兄弟，以臣之繼君，猶子之繼父也，其服皆斬衰，故傳稱「臣、子一例」。

齊師、宋師、曹師次于聶北，救邢。

救不言次，此其言次何？據「夏，師救齊」不言次。不及事也。不及事者何？邢已亡矣。刺其救急舒緩，使至於亡，故録之止次以起之。孰亡之？蓋狄滅之。以上有狄伐邢。曷爲不言狄滅之？據狄滅温言滅。爲桓公諱也。曷爲爲桓公諱？據徐人取舒、晉滅夏陽、楚滅黄皆不諱。上無天子，下無方伯，天下諸侯有相滅亡者，桓公不能救，則桓公恥之。故以爲諱，所以醇其能以治世自任而厚責之。曷爲先言次，而後言救？據叔孫豹先言救。君也。叔孫豹，臣也，當先通君命，故先言救。今此先言次，知實諸侯。君則其稱師何？不與諸侯專封也。故没君文，但舉師而已。曷爲不與？據狄滅之爲桓公諱。實與，不書所封歸是也。而文不與。文曷爲不與？據實與也。諸侯之義，不得專封也。此道大平制。諸侯之義不得專封，則其曰實與之何？上無天子，下無方伯，天下諸侯有相滅亡者，力能救之，則救之可也。主書者，起文從實也。

夏，六月，邢遷于陳儀。

遷者何？其意也。其意自欲遷。時邢創畏狄兵，更欲依險阻。遷之者何？非其意也。謂宋人遷宿也。書者，譏之也。王者封諸侯，必居土中，所以教化者平，貢賦者均，在德不在險，其後爲衞所滅是也。遷例：大國月，重煩勞也；小國時。此小國月者，霸者所助城，故與大國同。

齊師、宋師、曹師城邢。

此一事也，曷爲復言齊師、宋師、曹師？据首戴前目而後凡。不復言師，則無以知其爲一事也。言諸師，則嫌與首戴同，嫌實師；言諸侯，則嫌與緣陵同，嫌歸聞其遷，更與諸侯來城之，未必反故人也[二]。故順上文，則知桓公宿留城之爲一事也。

秋，七月，戊辰，夫人姜氏薨于夷，齊人以歸。

夷者何？齊地也。齊地，則其言齊人以歸何？据從國中歸不當書，邾婁人執鄫子不書

「以歸」是也。夫人薨于夷，則齊人以歸。夫人所以薨于夷者，齊人以歸至夷。夫人薨于夷，則齊人曷爲以歸？據上説夫人薨于夷者，齊人以歸至夷也，齊人曷爲故以歸至于夷？桓公召而縊殺之〔二〕。先言薨，後言以歸，而不言喪者，起桓公召夫人于邾婁，歸殺之于夷，因爲内諱恥，使若夫人自薨于夷，然後齊人以歸者也。主書者，從内不絶録，因見桓公行霸，王誅不阿親親〔三〕，疾夫人淫泆二叔、殺二嗣子，而殺之。

楚人伐鄭。楚稱人者，爲僖公諱與夷狄交婚，故進，使若中國，又明嫁娶當慕賢者。

八月，公會齊侯、宋公、鄭伯、曹伯、邾婁人于朾。月者，危公會霸者而與邾婁有辨也。不從有夫人喪出會惡之者，不如危重也。

九月，公敗邾婁師于纓。有夫人喪，不惡親用兵者，時怨邾婁人以夫人與齊，於喪事無薄故也。

冬，十月，壬午，公子友帥師敗莒師于犂，獲莒挐〔四〕。

莒挐者何？莒大夫也。莒無大夫，此何以書？大季子之獲也。何大乎季子之獲？據獲人當坐。季子治内難以正，謂拒慶父〔五〕。禦外難以正。其禦外難以正奈何？公子慶父弑閔公，走而之莒，莒人逐之，將由乎齊，齊人不納，却反舍于汶水之上，使公子奚斯入請。季子曰：「公子不可以入，入則殺矣。」義不可見賊而不殺。奚斯不忍反命于慶父，自南涘，涘，水涯。北面而哭，時慶父在汶水之北。慶父聞之，曰：

「嘻！嘻，發痛語首之聲。此奚斯之聲也。諾！已！」諾、已，皆自畢語。曰：「吾不得入矣。」於是抗輈經而死。輈，小車轅，冀州以北名之云爾。莒人聞之曰：「吾已得子之賊矣。」以求賂乎魯，魯時雖緩追，猶外購求之。魯人不與，爲是興師而伐魯。故與季子獲之。季子待之以偏戰。傳云爾者，善季子忿不加暴，得君子之道。

十有二月，丁巳，夫人氏之喪至自齊。

夫人何以不稱姜氏？据薨于夷稱姜氏。經有氏，不但問不稱姜，并言氏者，嫌据夫人婦姜欲使去氏。貶。曷爲貶？据薨于夷不貶。與弑公也〔六〕。與慶父共弑閔公。然則曷爲不於弑焉貶？据酖牙於卒時貶。貶必於其重者〔七〕，莫重乎其以喪至也。刑人于市，與衆棄之，故必於臣子集迎之時貶之。所以明誅得其罪，因正王法所加，臣子不得以夫人禮治其喪也。貶置氏者，殺子差輕於殺夫，別逆順也。致者，從書薨，以常文録之。言自齊者，順上「以歸」文。

二年，春，王，正月，城楚丘。

孰城〔八〕？据内城不月〔九〕，故問之。城衛也。曷爲不言城衛〔一〇〕？据無遷文，以言城，故當言城衛〔一一〕。滅也。孰滅之？蓋狄滅之。以上有狄入衛。曷爲不言狄滅之？爲桓公諱也。曷爲爲桓公諱？上無天子，下無方伯，天下諸侯有相滅亡者，桓公不能救，則桓公恥之也。然則孰城之？據不出主名，見桓公德優，不待之；又不獨書齊，實諸侯也。桓公城之。曷爲不言桓公城之？不與諸侯專封也。曷爲不與？實與而文不與。文曷爲不與？諸侯之義不得專封。諸侯之義不得專封，則其曰實與之何？上無天子，下無方伯，天下諸侯有相滅亡者，力能救之，則救之可也。復發傳者，君子樂道人之善也。不繫衛者，明去衛而國楚丘，起其遷也。不書遷與救、次者，深爲桓公諱，使若始時尚倉卒，有所救，其後晏然無干戈之患，所以重其任而厚責之。主書者，起文從實也。

夏，五月，辛巳，葬我小君哀姜。

哀姜者何？莊公之夫人也。誅當絶，不當以夫人禮書葬。書葬者，正齊桓討賊，辟責內讎齊。

虞師、晉師滅夏陽。

虞，微國也，曷爲序乎大國之上？據稱師有加文，知不主會。使虞首惡也。曷爲使虞首惡？據楚人、巴人滅庸不使巴首惡。虞受賂，假滅國者道，以取亡焉。其受賂奈何？獻公朝諸大夫而問焉，曰：「寡人夜者寢而不寐，其意也何？」諸大夫有進對者曰：「寢不安與？其諸侍御有不在側者與？」獻公不應。荀息進曰：「虞、郭見與？」猶曰：虞郭豈見於君之心乎？荀息素知獻公欲伐此二國，故云爾。獻公揖而進之，以手通指曰揖。遂與之入而謀曰：「吾欲攻郭，則虞救之；攻虞，則郭救之。如之何？願與子慮之。」荀息對曰：「君若用臣之謀，則今日取郭，而明日取虞爾，君何憂焉？」獻公曰：「然則奈何？」荀息曰：「請以屈産之乘，屈産，出名馬之地。乘，備駟也。與垂棘之白璧〔一二〕，垂棘，出美玉之地。玉以尚白爲美。往必可得也。則寶出之内藏，藏之外府；如虞可得，猶外府藏也。馬出之内廄，繫之外廄爾。君何喪焉？」獻公曰：「諾。雖然，宫之奇存焉，如之何？」荀息曰：「宫之奇知則知矣，君欲言其知，實知也。雖然，虞公貪而好寶，見寶必不從其言，請終以往。」於是終以往。虞公見寶，許諾。宫之奇果諫：「記曰：『脣亡則齒寒。』記，史記也。虞、郭之相救，非相爲賜。賜，猶惠也。則晉今日取郭，而明日虞從而亡爾，君請勿許也。」虞公不從其言，終假之道以取郭。明郭非虞不滅，虞當坐滅人。還，四年，反取虞。還復往，故言反。虞公抱寶牽馬而至〔一三〕，荀息見曰：「臣之謀何如？」獻公曰：「子之謀則已行矣，寶則吾寶也，雖然，吾馬之齒亦已長矣。」蓋戲之也。以馬齒長戲之，喻荀息之年老。傳極道此者，以終荀息、宫之奇言，且以爲戒，又惡獻公不仁，以滅人爲戲謔也。晉至此乃見者，著晉楚俱大國，後治同姓也。以滅人見義者，比楚先治大惡〔一四〕，親疏之别。夏陽者何？郭之邑也。曷爲不繫于郭？國之也。曷爲國之？君存焉爾。

秋，九月，齊侯、宋公、江人、黄人盟于貫澤〔一五〕。

江人、黄人者何？遠國之辭也。桓公德盛，不嫌使微者，知以遠國辭稱人。遠國至矣，則中國曷爲獨言齊、宋至爾？大國言齊、宋，遠國言江、黄，則以其餘爲莫敢不至也。晉大于宋，不序晉而序宋者〔一六〕，時實晉楚之君不至，君子成人之美，故褒益以爲徧至之辭，所以獎大霸功而勉盛德也。江、黄附從霸者，當進不進者，方爲徧至之辭。

冬，十月，不雨。

何以書？記異也。説與前同。

楚人侵鄭。

三年，春，王，正月，不雨。

夏，四月，不雨。

何以書？記異也。大平一月不雨即書。春秋亂世，一月不雨，未害物，未足爲異，當滿一時乃書。一月書者，時僖公得立欣喜，不恤庶衆，比致三旱，即能退辟正殿，飭過求己，循省百官，放佞臣郭都等，理冤獄四百餘人，精誠感天，不雩而得澍雨，故一月即書，善其應變改政。旱不從上發傳者，著人事之備積於是。

徐人取舒。

其言取之何？据國言滅〔一七〕。易也。易者，猶無守禦之備。不爲桓諱者，刺其不救也。

六月，雨。

其言六月雨何？据上得雨不書。上雨而不甚也。所以詳録賢君精誠之應也。僖公飭過求己，六月澍雨，宣公復古行中，其年穀大豐，明天人相與報應之際，不可不察其意。

秋，齊侯、宋公、江人、黄人會于陽穀。

此大會也，曷爲末言爾？末者，淺耳，但言會不言盟，据貫澤言盟。桓公曰：「無障谷，無障斷川谷，專水利也。水注川曰溪〔一八〕，注溪曰谷。無貯粟，有無當相通。無易樹子，樹，立本正辭，無易本正當立之子。無以妾爲妻。此四者，皆時人所患。時桓公功德隆盛，諸侯咸曰：「無言不從，曷爲用盟哉！」故告誓而已。

冬，公子友如齊莅盟。

莅盟者何？往盟乎彼也。猶曰：往盟於齊。莅，臨也。時因齊都盟，主國主名不出者，春秋王魯，故言莅以見王義，使若王者遣使臨諸侯盟，飭以法度。其言來盟者何？來盟于我也。此亦因魯都以見王義，使若來之京師盟，白事于王。不加莅者，來就魯，魯已尊矣。

楚人伐鄭。

四年，春，王，正月，公會齊侯、宋公、陳侯、衛侯、鄭伯、許男、曹伯侵蔡，蔡潰。

潰者何？下叛上也。國曰潰，邑曰叛。不與諸侯潰之爲文，重出蔡者，侵爲加蔡舉，潰爲惡蔡録，義各異也。月者，善義兵也。潰例月，叛例時。

遂伐楚，次于陘。

其言次于陘何？据召陵侵楚不言次、來盟不言陘。有俟也。孰俟？俟屈完也。時楚彊大〔一九〕，卒暴征之，則多傷士衆。桓公先犯其與國，臨蔡，蔡潰，兵精威行，乃推以伐楚，楚懼，然後使屈完來受盟，脩臣子之職，不頓兵血刃，以文德優柔服之，故詳録其止次待之，善其重愛民命，生事有漸，故敏則有功。

夏，許男新臣卒。不言卒於師者，桓公師無危。不月者，爲下盟去月，方見大信。

楚屈完來盟于師，盟于召陵。

屈完者何？楚大夫也。何以不稱使？据陳侯使袁僑如會〔二〇〕。尊屈完也。曷爲尊屈完？据陳侯使袁僑如會，不尊之。以當桓公也。增倍使若得其君，以醇霸德，成王事也。其言盟于師，盟于召陵何？据「戊寅，叔孫豹及諸侯之大夫及陳袁僑盟」不舉會與地。師在召陵也。時喜得屈完來服於陘，即退次召陵，與之盟，故言盟于師，盟于召陵。師在召陵，則曷爲再言盟？据「齊侯使國佐如師，己酉，及國佐盟于袁婁」俱從地，不再言盟。喜服楚也。

孔子曰：「書之重，辭之復，嗚呼！不可不察其中必有美者焉。」何言乎喜服楚？据服蔡無喜文。楚，有王者則後服，桓公行霸，至是乃服楚。無王者則先叛，桓公不脩其師，先叛盟是也。夷狄也，而亟病中國。數侵滅中國。南夷與北夷交，南夷，謂楚滅鄧、穀，伐蔡、鄭；北夷，謂狄滅邢、衞，至于温，交亂中國。中國不絶若綫。綫，縫帛縷，以喻微也。桓公救中國，存邢、衞是也。而攘夷狄，攘，却也，北伐山戎是也。卒怗荆〔二一〕，卒，盡也。怗，服也。荆，楚也。以此爲王者之事也。言桓公先治其國以及諸夏，治諸夏以及夷狄，如王者爲之，故云爾。其言來何？据陳袁僑如會不言來。與桓爲主也。以從内文，知與桓公爲天下霸主。前此者有事矣，謂城邢、衞是也。後此者有事矣，謂城緣陵是也。則曷爲獨於此焉與桓公爲主？序績也。序，次也。績，功也。累次桓公之功德，莫大於服楚，明德及彊夷〔二二〕，最爲盛。

齊人執陳袁濤塗。

濤塗之罪何？辟軍之道也。其辟軍之道奈何？濤塗謂桓公曰：「君既服南夷矣，何不還師濱海而東，服東夷且歸？」濱，涯也，順海涯而東也。東夷，吴也。從召陵東歸，不經陳，而趨近海道，多廣澤水草，軍所便也。桓公曰：「諾。」於是還師濱海而東，大陷于沛澤之中。草棘曰沛，漸洳曰澤。顧而執濤塗。時濤塗與桓公俱行。執者曷爲或稱侯？或稱人？稱侯而執者，伯討也；言有罪，方伯所宜討。稱人而執者，非伯討也。此執有罪，何以不得爲伯討？古者周公東征則西國怨，西征則東國怨。此道黜陟之時也。詩云：「周公東征，四國是皇。」桓公假塗于陳而伐楚，則陳人不欲其反由己者，師不正故也。故令濤塗有此言。不脩其師而執濤塗，古人之討，則不然也。以己所招而反執人，古人所不爲也。凡書執者，惡其專執。

秋，及江人、黄人伐陳。

八月，公至自伐楚。楚已服矣，何以致伐？楚叛盟也。爲桓公不脩其師而執濤塗故也。月者，凡公出滿二時，月，危公之久〔二三〕。

葬許繆公。得卒葬於所傳聞世者，許大小次曹，故卒少在曹後。

冬，十有二月，公孫慈帥師會齊人、宋人、衛人、鄭人、許人、曹人侵陳。月者，剌桓公不脩其師，因見患誑，不内自責，乃復加人以罪。

五年，春，晉侯殺其世子申生。曷爲直稱晉侯以殺？據鄭殺其大夫申侯稱國也。續問「以殺」者，問殺所稱例爾，非謂晉侯不當稱國爵也。殺世子、母弟直稱君者，甚之也。甚之者，甚惡殺親親也。春秋公子貫於先君，唯世子與母弟以今君録，親親也。今舍國體，直稱君，知以親親責之。

杞伯姬來朝其子。

其言來朝其子何〔二四〕？据微者不當書朝。連來者，内辭也。與其子來者，問爲直來乎？爲下朝出？内辭也，與其子俱來朝也。因其與子俱來。禮，外孫初冠，有朝外祖之道，故使若來朝其子，以殺直來之恥，所以辟教戒之不明也。微無君命，言朝者，明非實。

夏，公孫慈如牟。

公及齊侯、宋公、陳侯、衛侯、鄭伯、許男、曹伯會王世子于首戴。

曷爲殊會王世子？据宰周公不殊别也。世子貴也。世子，猶世世子也。解貴意也。言當世父位，儲君副主，不可以諸侯會之爲文，故殊之，使若諸侯爲世子所會也〔二五〕。自王者言之，以屈遠世子在三公下，禮喪服斬衰曰「公士大夫之衆臣」是也。自諸侯言之，世子尊於三公。此禮之威儀，各有所施〔二六〕。言及者，因其文可得見汲汲也。世子所以會者，時桓公德衰，諸侯背叛，故上假王世子示以公義。

秋，八月，諸侯盟于首戴。

諸侯何以不序？据上會序。一事而再見者，前目而後凡也。省文，從可知，間無事，不省諸侯。會盟一事，不舉重者，時世子不與盟。

鄭伯逃歸不盟。

其言逃歸不盟者何？據上言諸侯，鄭伯在其中，弟子疑，故執不知問。不可使盟也。時鄭伯内欲與楚，外依古不盟爲解，安居會上，不肯從桓公盟，故後言不盟。不可使盟，則其言逃歸何？據後言不盟，居會上辭。魯子曰：「蓋不以寡犯衆也。」諸侯以義相約，而鄭伯懷二心，依古不肯盟，故言逃歸，所以抑一人之惡，申衆人之善，故云爾。

楚人滅弦。弦子奔黄。

九月，戊申，朔，日有食之。此象齊桓德衰，是後，楚遂背叛，狄伐晉滅温，晉里克比弒其二君〔二七〕。

冬，晉人執虞公。

虞已滅矣，其言執之何？據滅言「以歸」，上傳云「四年反取虞」，知去滅〔二八〕、變「以歸」言執。不與滅也。曷爲不與滅？滅者，亡國之善辭也。言滅者，王者起，當存之，故爲善辭。滅者，上下之同力者也。言滅者，臣子與君戮力一心〔二九〕，共死之辭也。不但去滅、復去以歸言執者，明虞公滅人以自亡，當絶，不得責不死位也。晉稱人者，本滅而執之，不以王法執治之，故從執無罪辭也。虞稱公者，奪正爵，起從滅也。不從滅例月者，略之。

六年，春，王，正月。

夏，公會齊侯、宋公、陳侯、衞侯、曹伯伐鄭，圍新城。

邑不言圍，此其言圍何？彊也。惡桓公行霸，彊而無義也。鄭背叛，本由桓公過陳不以道理，當先脩文德以來之，而便伐之，彊非所以附疏。

秋，楚人圍許。

諸侯遂救許。

冬，公至自伐鄭。事遷於救許，以伐鄭致者，舉不得意。

七年，春，齊人伐鄭。

夏，小邾婁子來朝。至是所以進稱爵者，時附從霸者朝天子，旁朝罷〔三〇〕，行進，齊桓公白天子，進之，固因其得禮，著其能以爵通。

鄭殺其大夫申侯。

其稱國以殺何？据「晉侯殺其世子申生」稱侯。稱國以殺者，君殺大夫之辭也。諸侯國體，以大夫爲股肱，士民爲肌膚，故以國體録。

秋，七月，公會齊侯、宋公、陳世子款、鄭世子華盟于甯母〔三一〕。

曹伯般卒。

公子友如齊。

冬，葬曹昭公。

八年，春，王，正月，公會王人、齊侯、宋公、衛侯、許男、曹伯、陳世子款、鄭世子華盟于洮〔三二〕。

王人者何？微者也。曷爲序乎諸侯之上？先王命也。銜王命會諸侯，諸侯當北面受之，故尊序於上。時桓公德衰，甯母之盟，常會者不至，而陳、鄭又遣世子，故上假王人之重以自助。

鄭伯乞盟。

乞盟者何？處其所而請與也。以不序也。其處其所而請與奈何？蓋酌之也。酌，挹也。時鄭伯欲與楚，不肯自來盟，處其國，遣使挹取其血而請與之約束，無汲汲慕中國之心，故抑之使若叩頭乞盟者也。不録使者，方抑鄭伯使若自來也。不盟不爲大惡者，古者不盟也。

夏，狄伐晉。

秋，七月，禘于大廟，用致夫人。

用者何？用者不宜用也。致者何？致者不宜致也。禘，用致夫人，非禮也。以致文在廟下，不使入廟，知非禮也。禮，夫人始見廟，當特祭，而因禘諸公廟見，欲以省煩勞，不謹敬，故譏之。不日者，下「用」失禮明。夫人何以不稱姜氏？貶。曷爲貶？據夫人姜氏入不貶。譏以妾爲妻也。以逆不書，入廟當稱婦姜而稱夫人者，夫人當坐篡嫡也。妾之事嫡，猶臣之事君同。其言以妾爲妻奈何？蓋脅于齊媵女之先至者也。以不致楚女及夫人至，皆不書也。僖公本聘楚女爲嫡，齊女爲媵，齊先致其女，脅僖公使用爲嫡，故從父母辭言致。不書夫人及楚女至者，起齊先致其女，然後脅魯立也〔三三〕。楚女未至而豫廢，故皆不得以夫人至書也。

冬，十有二月，丁未，天王崩。惠王也。

九年，春，王，三月，丁丑，宋公禦説卒。何以不書葬？爲襄公諱也。襄公背殯出會宰周公，有不子之惡，後有征齊憂中國尊周室之心，功足以除惡，故諱不書葬，使若非背殯也。

夏，公會宰周公、齊侯、宋子、衞侯、鄭伯、許男、曹伯于葵丘。宰周公者何？天子之爲政者也。宰，猶治也，三公之職號尊名也。以加宰〔三四〕，知其職大尊重，當與天子參聽萬機，而下爲諸侯所會，惡不勝其任也。宋未葬不稱子某者，出會諸侯，非尸柩之前，故不名。

秋，七月，乙酉，伯姬卒。

此未適人，何以卒？據杞叔姬不卒〔三五〕。許嫁矣。婦人許嫁，字而笄之。字者，尊而不泄，所以遠別也。笄者，簪也，所以繫持髮，象男子飾也。服此者，明繫屬於人，所以養貞一也。婚禮曰：「女子許嫁，笄而醴之，稱字。」死，則以成人之喪治之。不以殤禮降也。許嫁卒者，當爲諸侯夫人，有即貴之漸，猶俠卒也〔三六〕。日者，恩尤重於未命大夫，故從諸侯夫人例。

九月，戊辰，諸侯盟于葵丘。

桓之盟不日，此何以日？危之也。何危爾？貫澤之會，桓公有憂中國之心，不召而至者，江人、黄人也。葵丘之會，桓公震而矜之，叛者九國。下伐厲，善義兵是也。會不書者，叛也。叛不書者，爲天子親遣三公會之而見叛，故上爲天子、下爲桓公諱也。會盟一事，不舉重者，時宰周公不與盟。震之者何？猶曰振振然。亢陽之貌。矜之者何？猶曰：莫若我也。色自美大之貌。

甲戌，晉侯詭諸卒。不書葬者，殺世子也。

冬，晉里克弑其君之子奚齊〔三七〕。

此未踰年之君，其言弑其君之子奚齊何？據弑其君舍不連先君。連名者，上不書葬、子某，弑君名未明也。弑未踰年君之號也〔三八〕。欲言弑其子奚齊，嫌無君文，與殺大夫同；欲言弑其君，又嫌與弑成君同，故引先君冠「子」之上，則弑未踰年君之號定，而坐之輕重見矣。加「之」者，起先君之子。不解名者，解言殺從弑，名可知也。弑未踰年君例當月，不月者，不正遇禍，終始惡明，故略之。

十年，春，王，正月，公如齊。書如者，録内所與外交接也，故如京師善，則月榮之；如齊晉善，則月安之。如楚，則月危之。明當尊賢慕大，無友不如己者。月者，僖公本齊所立，桓公德衰見叛，獨能念恩朝事之，故善録之。

狄滅温。温子奔衛。

晉里克弑其君卓子及其大夫荀息〔三九〕。

及者何？累也。弑君多矣，舍此無累者乎？曰：有，孔父、仇牧皆累也。舍孔父、仇牧無累者乎？曰：有。有則此何以書？賢也。何賢乎荀息？據與孔父同。荀息可謂不食其言矣。不食言者，不如食受之而消亡之，以奚齊、卓子皆立。其不食其言奈何？奚齊、卓子者，驪姬之子也，荀息傅焉。禮，諸侯之子，八歲受之少傅，教之以小學，業小道焉，履小節焉。十五受大傅，教之以大學，業大道焉，履大節焉。驪姬者，國色也，其顔色一國之選。獻公愛之甚，欲立其子，於是殺世子申生。申生者，里克傅之。獻公病將死，謂荀息曰：「士何如則可謂之信矣？」獻公自知廢正當有後患，欲託二子於荀息，故動之云爾。荀息對曰：「使死者反生，生者不愧乎其言，則可謂信矣。」荀息察言觀色，知獻公欲爲奚齊、卓子來動己，故荅之云爾。獻公死，奚齊立。里克謂荀息曰：「君殺正而立不正，廢長而立幼，長謂重耳。如之何？願與子慮之。」荀息曰：「君嘗訊臣矣，上問下曰訊。言臣者，明君臣相與言不可負。臣對曰：『使死者反生，生者不愧乎其言，則可謂信矣。』」里克知其不可與謀，退弑奚齊。荀息立卓子，里克弑卓子，荀息死之。荀息可謂不食其言矣。起時莫不背死鄉生，去敗與成。荀息一受君命，終身死之，故言「及」，與孔父同義。不日者，不正遇禍，終始惡明，故略之。

夏，齊侯、許男伐北戎。

晉殺其大夫里克。

里克弑二君，則曷爲不以討賊之辭言之？據衞人殺州吁。惠公之大夫也。惠公篡立已定，晉國君臣合爲一體，無所復責，故曰：此乃惠公之大夫，安得以討賊之辭言之？然則孰立惠公？欲難殺之意。里克也〔四〇〕。里克弑奚齊、卓子，逆惠公而入。里克立惠公，則惠公曷爲殺之？惠公曰：「爾既殺夫二孺子矣，孺子，小子也。奚齊、卓子時皆幼小。又將圖寡人，如我有不可，將復圖我如二孺子。爲爾君者，不亦病乎？」於是殺之。然則曷爲不言惠公之入？據齊小白入于齊〔四一〕。晉之不言出入者，踊爲文公諱也。踊，豫也，齊人語。若關西言渾矣。獻公殺申生〔四二〕，文公與惠公恐見及，出奔，不子當絶，還入爲篡。文公功足以并掩前人之惡，惠公入、懷公出、文公入渾皆不書，悉爲文公諱故也。爲文公諱者，欲明文公之功大也，語在下。懷公者，惠公子也。惠公卒，懷公立，而秦納文公，故出奔。惠公、文公出奔不書者，非命嗣也。齊小白入于齊，則曷爲不爲桓公諱？桓公之享國也長，享，食。美見乎天下，故不爲之諱本惡也。文公之享國也短，美未見乎天下，故爲之諱本惡也。桓公功大，善惡相除，足封有餘，較然爲天下所知；文公功少，嫌未足除身篡而有封功，故爲之諱。并不言惠公、懷公出入者，明非徒足以除身篡而已，有足封之，明較也美不如桓公之功大。

秋，七月。

冬，大雨雹。

何以書？記異也。夫人專愛之所生也。

十有一年，春，晉殺其大夫丕鄭父〔四三〕。

夏，公及夫人姜氏會齊侯于陽穀。

秋，八月，大雩。公與夫人出會，不恤民之應。

冬，楚人伐黄。

十有二年，春，王，三月，庚午，日有食之。是後，楚滅黄，狄侵衛。

夏，楚人滅黄。

秋〔四四〕，七月。

冬，十有二月，丁丑，陳侯處臼卒。

十有三年，春，狄侵衛。

夏，四月，葬陳宣公。

公會齊侯、宋公、陳侯、衛侯、鄭伯、許男、曹伯于鹹〔四五〕。桓公自貫澤、陽穀之會後，所以不復舉小國者，從一法之後，小國言從令行，大國唯曹、許以上乃會。

秋，九月，大雩。由陽穀之會不恤民，復會于鹹、城緣陵，煩擾之應。

冬，公子友如齊。

十有四年，春，諸侯城緣陵。

孰城之〔四六〕？諸侯不序，故問誰城。城杞也。曷爲城杞？滅也。孰滅之，蓋徐、莒脅之。以下皆狄徐也。言脅者，杞，王者之後，尤微，是見恐曷而亡〔四七〕。曷爲不言徐、莒脅之？爲桓公諱也。曷爲爲桓公諱？上無天子，下無方伯，天下諸侯有相滅亡者，桓公不能救，則桓公恥之也。然則孰城之？桓公城之。曷爲不言桓公城之？不與諸侯專封也。曷爲不與？實與而文不與。文曷爲不與？諸侯之義不得專封也。諸侯之義不得專封，則其曰實與之何？上無天子，下無方伯，天下諸侯有相滅亡者，力能救之，則救之可也。輒發傳者，與城衛同義。言諸侯者，時桓公德衰，待諸侯然後乃能存之。外城不月者，文言諸侯，非内城明矣。

夏，六月，季姬及鄫子遇于防，使鄫子來朝〔四八〕。

鄫子曷爲使乎季姬來朝？据「使」者臣爲君銜命文也。内辭也。非使來朝，使來請己也。使來請娶己以爲夫人，下書歸是也。禮，男不親求，女不親許。魯不防正其女，乃使要遮鄫子淫泆，使來請己，與禽獸無異，故卑鄫子使乎季姬，以絶賤之也。月者，甚惡内也〔四九〕。

秋，八月，辛卯，沙鹿崩。

沙鹿者何？河上之邑也。此邑也，其言崩何？据梁山言崩。襲邑也。襲者，嘿陷入于地中〔五〇〕。言崩者，以在河上也。河岸有高下，如山有地矣，故得言崩也。沙鹿崩何以書？記異也。外異不書，此何以書？据長狄之齊晉不書。爲天下記異也。土地者，民之主，霸者之象也。河者，陰之精。爲下所襲者，此象天下異，齊桓將卒，霸道毁，夷狄動，宋襄承其業，爲楚所敗之應。而不繫國者〔五一〕，起天下異。

狄侵鄭。

冬，蔡侯肸卒〔五二〕。不書葬者，潰當絶也。不月者，賤其背中國而附父讎，故略之甚也。肸立不書者，父獻舞見獲，留卒於楚，肸以次立，非篡也。

十有五年，春，王，正月，公如齊。月者，善公既能念恩，尊事齊桓，又合古五年一朝之義，故録之。

楚人伐徐。

三月，公會齊侯、宋公、陳侯、衞侯、鄭伯、許男、曹伯盟于牡丘，遂次于匡。

公孫敖率師及諸侯之大夫救徐。言次者，刺諸侯緩於人恩，既約救徐而生事止次，不自往，遣大夫往，卒不能解也。大夫不序者，起會上大夫，君已目，故臣凡也。内獨出名氏者，臣不得因君殊尊省文，别尊卑也。

夏，五月，日有食之。是後，秦獲晉侯，齊桓公卒，楚執宋公，霸道衰，中國微弱之應。

秋，七月，齊師、曹師伐厲[五三]。月者，善録義兵。厲，葵丘之會叛天子之命也。曹稱師者，桓公霸道衰，曹獨能從之征伐不義，故褒之，所以勸勉不能，扶助霸功，激揚解惰也[五四]。

八月，螺。公久出，煩擾之所生。

九月，公至自會。桓公之會不致，此何以致？據柯之會不致。久也。久暴師衆，過三時。

季姬歸于鄫。

己卯，晦，震夷伯之廟。晦者何？冥也。晝日而冥。震之者何？雷電擊夷伯之廟者也。夷伯者，曷爲者也？季氏之孚也。孚，信也，季氏所信任臣。季氏之孚，則微者，其稱夷伯何？大之也。曷爲大之？據陽虎稱盜。天戒之，故大之也。明此非但爲微者異，乃公家之至戒，故尊大之，使稱字過于大夫以起之，所以畏天命。孔子曰：「君子有三畏：畏天命，畏大人，畏聖人之言。」何以書？記異也。此象桓公德衰，彊楚以邪勝正，僖公蔽於季氏，季氏蔽於陪臣，陪臣見信得權，僭立大夫廟，天意若曰：蔽公室者，是人也，當去之。

冬，宋人伐曹。

楚人敗徐于婁林。謂之徐者，爲滅杞，不知尊先聖法度，惡重，故狄之也。不月者，略兩夷狄也。

十有一月，壬戌，晉侯及秦伯戰于韓，獲晉侯。

此偏戰也，何以不言師敗績？據泓之戰言宋師敗績。君獲不言師敗績也。舉君獲爲重也。釋不書者，以獲君爲惡；書者，以惡見獲，與獲人君者皆當絶也。主書者，從獲人例。

十有六年〔五五〕，春，王，正月，戊申，朔，霣石于宋五。是月〔五六〕，六鷁退飛過宋都〔五七〕。

曷爲先言霣而後言石？據星霣後言霣。霣石記聞，聞其磌然〔五八〕，視之則石，察之則五。是月者何？僅逮是月也。是月，邊也，魯人語也。在正月之幾盡，故曰劣及是月也。何以不日？據五石言日。晦日也。凡災異晦日不日，日食是也。日食常於晦朔，不日晦，可知也。六鷁無常，故言「是月」以起晦也。晦則何以不言晦？據上言朔。春秋不書晦也。事當日者日。平居無他卓佹、無所求取言晦朔也，趡盟、奚戰是也。朔有事則書，重始，故書以録事，若泓之戰及此皆是也。晦雖有事不書。重始而終自正，故不復書以録事。曷爲先言六而後言鷁？據霣石後言五。六鷁退飛，記見也。視之則六，察之則鷁，徐而察之則退飛。鷁小而飛高，故視之如此，事勢然也。宋都者，宋國所治也。人所聚曰都。言過宋都者，時獨過宋都，退飛。五石六鷁何以書？記異也。外異不書，此何以書？爲王者之後記異也。王者之後有亡徵，非親王安存之象〔五九〕，故重録爲戒，記災異也。石者，陰德之專者也；鷁者，鳥中之耿介者，皆有似宋襄公之行。襄欲行霸事，不納公子目夷之謀，事事耿介自用，卒以五年見執，六年終敗，如五石六鷁之數。天之與人，昭昭著明，甚可畏也。於晦朔者，示其立功善，甫始而敗，將不克終，故詳録天意也。

三月，壬申，公子季友卒。其稱季友何？據犂戰名，不稱季，來歸不稱友。賢也。閔公不書葬，故復於卒賢之，明季子當蒙討慶父之功，遏牙存國，終當録也。不稱子者，上歸本當稱字，起事言子。

夏，四月，丙申，鄫季姬卒。

秋，七月，甲子，公孫慈卒。日者，僖公賢君，宜有恩禮於大夫，故皆日也。一年喪骨肉三人，故日痛之。

冬，十有二月，公會齊侯、宋公、陳侯、衛侯、鄭伯、許男、邢侯、曹伯于淮。月者，危桓公德衰，任豎刁〔六〇〕、易牙，墮功滅項自此始也。

十有七年，春，齊人、徐人伐英氏〔六一〕。稱氏者，春秋前黜稱氏也。伐國而舍氏言之者〔六二〕，非主名，故伐之得從國舉。

夏，滅項。

孰滅之？齊滅之。以言滅，知非内也；以不諱，知齊滅。曷爲不言齊滅之？據齊師滅譚。爲桓公諱也。春秋爲賢者諱，此滅人之國，何賢爾？君子之惡惡也疾始，絶其始，則不得終其惡。善善也樂終。樂賢者終其行。桓公嘗有繼絶、立僖公也。存亡之功，存邢、衛、杞。故君子爲之諱也。言嘗者，時桓公德衰功廢而滅人，嫌當坐，故上述所嘗盛美而爲之諱，所以尊其德，彰其功。傳不言服楚，獨舉繼絶存亡者，明繼絶存亡，足以除殺子糾、滅譚、遂、項，覆終身之惡。服楚功在覆篡惡之表，所以封桓公，各當如其事也。不月者，桓公不坐滅，略小國。

秋，夫人姜氏會齊侯于卞。

九月，公至自會。

冬，十有二月，乙亥，齊侯小白卒。

十有八年，春，王，正月，宋公會曹伯〔六三〕、衛人、邾婁人伐齊。月者，與襄公之征齊，善録義兵。

夏，師救齊。

五月，戊寅，宋師及齊師戰于甗，齊師敗績。

戰不言伐，此其言伐何？宋公與伐而不與戰，故言伐。春秋伐者爲客，伐者爲主。

曷爲不使齊主之？據「甲寅，衛人及齊人戰」。與襄公之征齊也。曷爲與襄公之征齊？據齊桓公霸者，猶不與征衛。桓公死，豎刁、易牙爭權，不葬，爲是故伐之也。不爲文實者，保伍連率，本有用兵征伐不義之道。

狄救齊。

秋，八月，丁亥，葬齊桓公。

冬，邢人、狄人伐衛。狄稱人者，善能救齊，雖拒義兵，猶有憂中國之心，故進之。不於救時進之者，辟襄公，不使義兵壅塞。

十有九年，春，王，三月，宋人執滕子嬰齊。名者，著葵丘之會叛天子命者也。不得爲伯討者，不以其罪執之，妄執之，所以著有罪者，爲襄公殺恥也。襄公有善志，欲承齊桓之業，執一惡人，不能得其過，故爲見其罪，所以助賢者養善意也。月者，録責之。

夏，六月，宋人、曹人、邾婁人盟于曹南。因本會于曹南盟，故以地實邾婁。説在下。

鄫子會盟于邾婁。

其言會盟何？據外諸侯會盟不録，及曹伯襄言會諸侯〔六四〕。後會也。説與會伐宋同義。君不會大夫，刺後會者，起實君也。地以邾婁者，起爲邾婁事也。不言君者，爲襄公諱也。魯本許嫁季姬於邾婁，季姬淫泆，使鄫子請己而許之，二國交忿，襄公爲此盟，欲和解之。既在人間〔六五〕，反爲邾婁所欺，執用鄫子，恥辱加於宋無異，故没襄公，使若微者也。不於上地以邾婁者，深爲襄公諱，使若不爲邾婁事盟，而鄫子自就邾婁，爲所執者也。上盟不日者，深順諱文，從微者例，使若下執不以上盟爲辨也。會盟不日者，言會盟，不信已明，無取於日，自其正文也。

己酉，邾婁人執鄫子用之。

惡乎用之？用之社也。其用之社奈何？蓋叩其鼻以血社也〔六六〕。惡無道也。不言社者，本無用人之道，言用之，已重矣，故絶其所用處也。日者，魯不能防正其女，以至於此，明當痛其女禍而自責之。

秋，宋人圍曹。

衛人伐邢。

冬，公會陳人〔六七〕、蔡人、楚人、鄭人盟于齊。因宋征齊有隙，爲此盟也。是後，楚遂得中國，霍之會，執宋公。

梁亡。

此未有伐者，其言梁亡何？據蔡潰以自潰爲文，舉侵也。自亡也。其自亡奈何？魚爛而亡也。梁君隆刑峻法，一家犯罪，四家坐之，一國之中無不被刑者，百姓一旦相率俱去，狀若魚爛，魚爛從内發，故云爾。著其自亡者〔六八〕，明百姓得去之，君當絶者。

二十年，春，新作南門。

何以書？譏。何譏爾？門有古常也。惡奢泰，不奉古制常法。

夏，郜子來朝。

郜子者何？未有存文，嫌不名，故執不知問。失地之君也。何以不名？據鄧、穀名。兄弟辭也。郜，魯之同姓，故不忍言其絶賤，明當尊遇之，異於鄧、穀也。書者，喜内見歸。

五月，乙巳，西宫災。

西宫者何？小寢也。小寢則曷爲謂之西宫？有西宫，則有東宫矣。魯子曰：「以有西宫，亦知諸侯之有三宫也。」西宫者，小寢内室，楚女所居也。禮，諸侯娶三國女，以楚女居西宫，知二國女於小寢内各有一宫也，故云爾。禮，夫人居中宫，少在前；右媵居西宫，左媵居東宫，少在後。西宫災何以書？記災也。是時，僖公爲齊所脅，以齊媵爲嫡〔六九〕，楚女廢在西宮而不見恤，悲愁怨曠之所生也。言西宮不繫小寢者，小寢，夫人所統，妾之所繫也。天意若曰：楚女本當爲夫人，不當繫於齊女。故經亦云爾。

鄭人入滑。

秋，齊人、狄人盟于邢。狄稱人者，能常與中國也。

冬，楚人伐隨。叛楚故也。

二十有一年，春，狄侵衛。貶狄者，爲犯中國諱。

宋人、齊人、楚人盟于鹿上。

夏，大旱。

何以書？記災也。新作南門之所生。

秋，宋公、楚子、陳侯、蔡侯、鄭伯、許男、曹伯會于霍，執宋公以伐宋。

孰執之？楚子執之。以下獻捷貶。曷爲不言楚子執之？据溴梁盟〔七〇〕，下執莒子、邾婁子復出晉人也。不與夷狄之執中國也。不舉執爲重，復舉伐者，劫質諸侯，求其國，事當起也。不爲襄公諱者，守信見執，無恥。說在下也。

冬，公伐邾婁。

楚人使宜申來獻捷。

此楚子也，其稱人何？據稱使知楚子。貶。曷爲貶？據齊侯獻戎捷不貶。爲執宋公貶。曷爲爲執宋公貶？據上已没，不與執中國。宋公與楚子期以乘車之會，蓋鹿上之盟。公子目夷諫曰：「楚，夷國也，彊而無義，請君以兵車之會往。」宋公曰：「不可！吾與之約以乘車之會，自我爲之，自我墮之，曰：不可。」終以乘車之會往，楚人果伏兵車，執宋公以伐宋。詐諼劫質諸侯〔七一〕，求其國，當絶，故貶。宋公謂公子目夷曰：「子歸守國矣。國，子之國也，吾不從子之言，以至乎此。」公子目夷復曰：「君雖不言國，國，固臣之國也。」所以堅宋公意，絶彊楚之望。於是歸，設守械而守國。楚人謂宋人曰：「子不與我國，吾將殺子君矣。」宋人應之曰：「吾賴社稷之神靈，吾國已有君矣。」楚人知雖殺宋公，猶不得宋國，於是釋宋公。宋公釋乎執，走之衛。襄公本謂公子目夷曰：「國，子之國也。」宋公愧前語，故慙不忍反，走之衛。不書者，執解而往，非出奔也。公子目夷復曰：「國，爲君守之，君曷爲不入？」然後逆襄公歸。凡出奔歸書、執獲歸不書者，出奔已失國，故録還，應盜國；與執獲者異，臣下尚隨君事之，未失國，不應盜國，無爲録也。惡乎捷？捷乎宋。以上言伐宋。曷爲不言捷乎宋？据戎捷也。爲襄公諱也。襄公本會楚欲行霸，憂中國也。不用目夷之言，而見詐執伐宋，幾亡其國，故諱爲没國文，所以申善志。不月者，因起其事。此圍辭也，曷爲不言其圍？據上言守國，知圍也。爲公子目夷諱也。目夷遭難，設權救君，有解圍存國免主之功，故爲諱圍起其事，所以彰目夷之賢也。歸捷書者，刺魯受惡人物也。

十有二月，癸丑，公會諸侯盟于薄。言諸侯者，起霍之會諸侯也。不序者，起公從旁以議釋宋公。會盟一事也，言會者，因以殊諸侯也。

釋宋公。

執未有言釋之者，此其言釋之何？據執滕子不言釋。公與爲爾也。公與爲爾奈何？公與議爾也。善僖公能與楚議釋賢者之厄。不言公釋之者，諸侯亦有力也。

二十有二年，春，公伐邾婁〔七二〕，取須朐。

夏，宋公、衛侯、許男、滕子伐鄭。

秋，八月，丁未，及邾婁人戰于升陘。

冬，十有一月，己巳，朔，宋公及楚人戰于泓，宋師敗績。

偏戰者日爾，此其言朔何？據奚之戰不言朔。春秋辭繁而不殺者，正也。繁，多也。殺，省也。正，得正道，尤美。何正爾？宋公與楚人期戰于泓之陽。泓，水名，水北曰陽。

楚人濟泓而來。濟，渡。有司復曰：「請迨其未畢濟而擊之。」迨，及。宋公曰：「不可。吾聞之也，君子不厄人，吾雖喪國之餘，我雖前幾爲楚所喪，所以得其餘民以爲國，喻褊弱。寡人不忍行也。」既濟，未畢陳，有司復曰：「請迨其未畢陳而擊之。」宋公曰：「不可。吾聞之也，君子不鼓不成列。」軍法以鼓戰，以金止；不鼓不戰。不成列，未成陳也。君子不戰未成陳之師。已陳，然後襄公鼓之，宋師大敗。故君子大其不鼓不成列，臨大事而不忘大禮。有君而無臣，言朔，亦所以起有君而無臣，惜其有王德而無王佐也。若襄公所行，帝王之兵也。有帝王之君，宜有帝王之臣；有帝王之臣，宜有帝王之民。未能醇粹而守其禮，所以敗也。以爲雖文王之戰，亦不過此也。有似文王伐崇。陸戰當舉地，舉水者，大其不以水厄人也。

二十有三年，春，齊侯伐宋，圍緡。

邑不言圍，此其言圍何？疾重故也。疾，痛也。重故，喻若重故創矣。襄公欲行霸，守正履信，屬爲楚所敗，諸夏之君宜雜然助之，反因其困而伐之，痛與重故創無異，故言圍以惡其不仁也。

夏，五月，庚寅，宋公慈父卒。

何以不書葬？盈乎諱也。盈，滿也，相接足之辭也。襄公本以背殯不書其父葬，至襄公身書葬，則嫌霸業不成，所覆者薄，故復使身不書葬，明當以前諱除背殯，以後諱加微封。内娶不去日略之者，功覆之也。

秋，楚人伐陳。

冬，十有一月，杞子卒。卒者，桓公存王者後，功尤美，故爲表異卒録之。始見稱伯，卒獨稱子者，微弱爲徐、莒所脅，不能死位。春秋伯、子、男一也，辭無所貶，貶稱子者，春秋黜杞不明，故以其一等貶之，明本非伯，乃公也。又因以見聖人子孫有誅無絶，故貶不失爵也。不名不日不書葬者，從小國例也。

二十有四年，春，王，正月。

夏，狄伐鄭。

秋，七月。

冬，天王出居于鄭。王者無外，此其言出何？據王子瑕奔晉不言出。不能乎母也。不能事母，罪莫大於不孝，故絶之言出也。下無廢上之義，得絶之者，明母得廢之，臣下得從母命。魯子曰：「是王也不能乎母者，其諸此之謂與？」猶曰：是王也，無絶義，不能事母而見絶外者，其諸謂此灼然異居、不復供養者與？主書者，録王者所居也。

晉侯夷吾卒。篡，故不書葬，明當絶也。不日月者，失衆身死，子見篡逐，故略之，猶薛伯定也。

二十有五年，春，王，正月，丙午，衛侯燬滅邢。

衛侯燬何以名？據楚子滅蕭不名。絶。曷爲絶之？據俱滅人。滅同姓也。絶先祖支體尤重，故名，甚之也。日者，爲魯憂内録之。

夏，四月，癸酉，衛侯燬卒。

宋蕩伯姬來逆婦。

宋蕩伯姬者何？蕩氏之母也。蕩氏，宋世大夫。其言來逆婦何？據莒慶言逆叔姬。連來者，嫌内女爲殺直來也。兄弟辭也。其稱婦何？有姑之辭也。宋、魯之間，名結婚姻爲兄弟。稱婦者，見姑之辭。以逆實文，知不殺直來也。主書者，無出道也。

宋殺其大夫。

何以不名？據宋殺其大夫山名。宋三世無大夫，三世内娶也。三世謂慈父、王臣、處臼也，内娶大夫女也。言無大夫者，禮，不臣妻之父母。國内皆臣，無娶道，故絶去大夫名，正其義也。外小惡正之者，宋以內娶，故公族以弱，妃黨益彊，威權下流，政分三門，卒生篡弒，親親出奔。疾其末，故正其本。

秋，楚人圍陳，納頓子于頓。

何以不言遂？據楚子、鄭人侵陳，遂侵宋。兩之也。微者不別遂，但別兩耳。別之者，惡國家不重民命，一出兵爲兩事也。納頓子書者，前出奔當絶，還入爲盜國，當誅，書楚納之，與之同罪也。主書者，從楚納之。頓子出奔不書者，小國例也。不見挈者，故君不可見挈於臣。

葬衛文公。不月者，滅同姓，故奪臣子恩也。

冬，十有二月，癸亥，公會衛子、莒慶盟于洮。莒無大夫，書莒慶者，尊敬壻之義也。洮，內地。公與未踰年君、大夫盟，不別得意，雖在外，猶不致也。

二十有六年，春，王，正月，己未，公會莒子、衛甯遬盟于向。

齊人侵我西鄙，公追齊師至巂〔七三〕，弗及。

其言至巂弗及何？據公追戎于濟西不言所至，又不言「弗及」。侈也。侈，猶大也。大公能却彊齊之兵。弗者，不之深者也。言齊人畏公士卒精猛，引師而去之，深遠不可得及，故曰侈。不直言大之者，自爲追，唯臣子得褒之耳，不得與追戎同也。言師者，侈大公所追也。國內兵不書而舉地者，善公齊師去則止，不遠勞百姓，過復取勝，得用兵之節，故詳録之。

夏，齊人伐我北鄙。

衛人伐齊。

公子遂如楚乞師。

乞者何？卑辭也。曷爲以外内同若辭？據春秋尊魯。重師也。外内皆同卑其辭者，深爲與人者重之。曷爲重師？據泓之戰不重師。師出不正反，戰不正勝也。不正者，不正自謂出當復反、戰當必勝。兵，凶器；戰，危事，不得已而用之爾，乃以假人，故重而不暇别外内也。稱師者，正所乞名也。乞師例時。

秋，楚人滅隗，以隗子歸。不月者，略夷狄滅微國也。不言獲者，舉滅爲重。書以歸者，惡不死位。不名者，所傳聞世，見治始起，責小國略，但絶不誅之。

冬，楚人伐宋，圍緡。

邑不言圍，此其言圍何？刺道用師也。時以師與魯，未至，又道用之，於是惡其視百姓之命若草木，不仁之甚也。稱人者，楚未有大夫，未得稱師，楚自道用之，故從楚文。

公以楚師伐齊，取穀。言以者，行公意，别魯兵也。稱師者，順上文。

公至自伐齊。

此已取穀矣，何以致伐？據伐邾婁取叢不致。未得乎取穀也。未可謂得意於取穀。曷爲未得乎取穀？據俱取邑。曰：患之起，必自此始也。魯内虚而外乞師，以犯彊齊，會齊侯昭卒，晉文行霸，幸而得免。孔子曰：「人之生也直，罔之生也幸而免。」故雖得意，猶致伐也。

二十有七年，春，杞子來朝。貶稱子者，起其無禮不備，故魯入之。

夏，六月，庚寅，齊侯昭卒。

秋，八月，乙未，葬齊孝公。

乙巳，公子遂帥師入杞。日者，杞屬脩禮朝魯，雖無禮，君子躬自厚而薄責於人，不當乃入之，故録責之。

冬，楚人、陳侯、蔡侯、鄭伯、許男圍宋。

此楚子也，其稱人何？據序諸侯之上。貶。曷爲貶？據圍鄭不貶。爲執宋公貶，故終僖之篇貶也。古者諸侯有難，王者若方伯和平之，後相犯，復故罪。楚前執宋公，僖公與共議釋之。今復圍犯宋，故貶，因以見義。終僖之篇貶者，言君子和平人，當終身保也。

十有二月，甲戌，公會諸侯盟于宋。地以宋者，起公解宋圍，爲此盟也。宋得與盟，則宋解可知也，而公釋之見矣。

二十有八年，春，晉侯侵曹。晉侯伐衞。

曷爲再言晉侯？據楚人圍陳，納頓子于頓，亦兩事，不再出楚人。非兩之也。然則何以不言遂？據「侵蔡，遂伐楚」言遂。未侵曹也。未侵曹，則其言侵曹何？致其意也。其意侵曹，則曷爲伐衞？晉侯將侵曹，假塗于衞，衞曰：「不可得。」則固將伐之也。曹有罪，晉文行霸征之〔七四〕，衞壅遏不得使義兵以時進〔七五〕，故著言侵曹以致其意，所以通賢者之心，不使壅塞也。宋襄公伐齊，月，此不月者，晉文公功信未著，且當脩文德，未當深求於諸侯，故不美也。

公子買戍衞，不卒戍，刺之。

不卒戍者何？不卒戍者，内辭也，不可使往也。即往，當言「戍衞，不卒」。不可使往，則其言戍衞何？據言「戍衞」行文。遂公意也。使臣子，不可使，恥深，故諱使若往不卒竟事者，明臣不得壅塞君命。刺之者何？殺之也。殺之則曷爲謂之刺之？内諱殺大夫，謂之刺之也。有罪無罪，皆不得專殺，故諱殺言刺之。不言刺公子買，但言「不卒戍刺之」者，起爲上事刺之也。内殺大夫例：有罪不日，無罪日。外殺大夫皆時。

楚人救衞。

三月，丙午，晉侯入曹，執曹伯畀宋人。

畀者何？與也。其言畀宋人何？據下執衛侯言「歸之于京師」。與使聽之也。與使聽其獄也。時天王居于鄭，晉文欲討楚師，以宋王者之後，法度所存，故因假使治之。宋稱人者，明聽訟必師斷，與其師衆共之。曹伯之罪何？甚惡也。其甚惡奈何？不可以一罪言也。曹伯數侵伐諸侯以自廣大，傳曰「晉侯執曹伯，班其所取侵地于諸侯」是也。齊桓既没，諸侯背叛無道者非一。晉與曹同姓，恩惠當先施，刑罰當後加，起而征之，嫌其失義，故著其甚惡者，可知也。以兵得不言獲者，晉文伯討，不坐獲者，故亦不責曹不死義兵。日者，喜義兵得時入。

夏，四月，己巳，晉侯、齊師、宋師、秦師及楚人戰于城濮，楚師敗績。

此大戰也，曷爲使微者？據秦稱師録功，知大戰必不使微者，楚雖無大夫，齊桓行霸書屈完也。子玉得臣也。以上敗績、下殺得臣。子玉得臣，則其稱人何？據屈完當桓公稱名氏。貶。曷爲貶？據邲之戰林父不貶。大夫不敵君也。臣無敵君戰之義，故絶正也。秦稱師者，助霸者征伐，克勝有功，故褒進之。齊桓先朝天子，晉文先討夷狄者，晉文之時，楚與爭彊，所遭遇異。

楚殺其大夫得臣。楚無大夫，其言大夫者，欲起上楚人本當言子玉得臣，所以詳録霸事。不氏者，子玉得臣，楚之驕蹇臣，數道其君侵中國，故貶，明當與君俱治也。

衛侯出奔楚。晉文逐之，不書逐之者，以王事逐之，擇立其次，無絶衛之心，惡不如出奔重。

五月，癸丑，公會晉侯、齊侯、宋公、蔡侯、鄭伯、衛子、莒子盟于踐土。

陳侯如會。

其言如會何？据曹伯襄言會諸侯。後會也。説與會伐宋同。刺陳侯不慕霸者，反岐意于楚，失信後會。會不致者，安信與晉文也。盟日者，譎也。衛稱子者，起叔武本無即位之意。陳岐意于楚，在二十七年。

公朝于王所。

曷爲不言公如京師？据「三月，公如京師」。天子在是也。天子在是，則曷爲不言天子在是？据狩于河陽。不與致天子也。時晉文公年老，恐霸功不成，故上白天子曰「諸侯不可卒致，願王居踐土」，下謂諸侯曰「天子在是，不可不朝」，迫使正君臣、明王法，雖非正，起時可與，故書朝，因正其義。不書諸侯朝者，外小惡不書，獨録内也。不書如、不言天王者，從外正君臣，所以見文公之功。

六月，衛侯鄭自楚復歸于衛。言復歸者，天子有命歸之。名者，刺天子歸有罪也。言「自楚」者，爲天子之諱也〔七六〕。天子所以陵遲者，爲善不賞，爲惡不誅。衛侯出奔當絶，叔武讓國，不當復廢而反衛侯，令殺叔武，故使若從楚歸者。復歸例皆時，此月者，爲下卒出也。

衛元咺出奔晉。

陳侯款卒。不書葬者，爲晉文諱行霸、不務教人以孝。陳有大喪而彊會其孤，故深爲恥之。宋襄亦背殯，獨不爲齊桓諱者，時宋襄自會之。卒不日者，賤其岐意于楚。

秋，杞伯姬來。

公子遂如齊。

冬，公會晉侯、齊侯、宋公、蔡侯、鄭伯、陳子、莒子、邾婁子、秦人于温。

天王狩于河陽。

狩不書，此何以書？据常事也。不與再致天子也。一失禮尚愈，再失禮重，故深正其義，使若天子自狩，非致也。魯子曰：「温近而踐土遠也。」此魯子一説也。温近狩地，故可言狩。踐土遠狩地，故不言狩也。公以再朝而日言之，上説是。

壬申，公朝于王所。

其日何？据上朝不日。録乎内也。危録内再失禮，將爲有義者所惡。不月而日者，自是諸侯不繫天子，若日不繫於月。

晉人執衛侯，歸之于京師。

歸之于者何？歸于者何？歸之于者，罪已定矣。歸于者，罪未定也。罪未定，則何以得爲伯討〔七七〕？此難成公十五年「晉侯執曹伯歸于京師」。歸之于者，執之于天子之側者也，罪定不定已可知矣。歸之者，決絶之辭，執于天子之側，已白天子，罪定不定自在天子，故言「已可知」。歸于者，非執之于天子之側者也，罪定不定，未可知也。未得白天子。分别之者，但欲明諸侯尊貴，不得自相治，當斷之于天子爾。大惡雖未可知，執有罪，當爲伯討矣。無罪而執人，當貶稱人。衛侯之罪何？殺叔武也。何以不書？據殺大夫書。爲叔武諱也。春秋爲賢者諱，何賢乎叔武？據失兄意。讓國也。其讓國奈何？文公逐衛侯而立叔武，叔武辭立，而他人立，則恐衛侯之不得反也，故於是己立，故上稱子。然後爲踐土之會，治反衛侯。叔武訟治於晉文公，令白王者反衛侯，使還國也。叔武讓國見殺，而爲叔武諱殺者，明叔武治反衛侯，欲兄饗國〔七八〕，故爲去殺己之罪，所以起其功，而重衛侯之無道。衛侯得反，曰：「叔武篡我。」元咺爭之曰：「叔武無罪。」終殺叔武，元咺走而出。此晉侯也，其稱人何？此以伯討而何貶者，言歸之于伯討，明知坐他事，故更問之。貶。曷爲貶？據他罪不見。衛之禍，文公爲之也。文公爲之奈何？文公逐衛侯而立叔武，使人兄弟相疑。春秋許人臣者必使臣，許人子者必使子。文公惡衛侯大深，愛叔武大甚，故使兄弟相疑。放乎殺母弟者，文公爲之也。文公本逐之非，故致此禍也。逐之文不見，故貶。主書者，以起文公逐之。

衛元咺自晉復歸于衛。

自者何？有力焉者也。有力焉者，有力于晉也。言恃晉有屬己力以歸，方難下意，故於是發問。此執其君，其言自何？上元咺出奔晉，而文公執衛侯，知以元咺訴執之，怪訴其君而助之。爲叔武爭也。解文公助之意，以元咺爲叔武爭訴，以爲忠於己而助之。雖然，臣無訴君之義，復於衛，非也，悖君臣之義，故著言「自」，明不當有力於惡人也。言復歸者，深爲霸者恥之，使若無罪。

諸侯遂圍許。

曹伯襄復歸于曹，遂會諸侯圍許。曹伯言復歸者[七九]，天子歸之也。名者，與衛侯鄭同義。執歸不書，書者，名惡當見。本無事，不當言遂，又不更舉曹伯者，見其能悔過，即時從霸者征伐也。霸兵不月者，刺文公不偃武脩文以附疏，倉卒欲服許，卒不能降，威信自是衰，故不成其善。

二十有九年，春，介葛盧來。

介葛盧者何？夷狄之君也。何以不言朝？据諸侯來曰朝。不能乎朝也。不能升降揖讓也。介者，國也。葛盧者，名也。進稱名者，能慕中國、朝賢君，明當扶勉以禮義。

公至自圍許。

夏，六月，公會王人[八〇]、晉人、宋人、齊人、陳人、蔡人、秦人盟于狄泉。文公圍許，不能服，自知威信不行，故復上假王人以會諸侯，年老志衰，不能自致，故諸侯亦使微者會之。月者，惡霸功之廢於是。

秋，大雨雹。夫人專愛之所生。

冬，介葛盧來。前公圍許不在，故更來朝。不稱字者，一年再朝不中禮，故不復進也。

三十年，春，王，正月。

夏，狄侵齊。

秋，衛殺其大夫元咺及公子瑕。

衛侯未至，其稱國以殺何？據歸在下。道殺也。時已得天子命還國，於道路遇而殺之，坐之與至國同，故但稱國，不復別也。言「及公子瑕」者，下大夫，別尊卑。

衛侯鄭歸于衛。

此殺其大夫，其言歸何？据未至而有專殺之惡，與入惡同。歸惡乎元咺也〔八一〕。衛侯歸殺無惡，則元咺之惡明矣。曷爲歸惡乎元咺？据師還。元咺之事君也，君出則己入，晉人執衛侯歸之于京師，元咺自晉復歸于衛，恃晉力以歸是也。君入則己出，衛侯鄭自楚復歸于衛，元咺出奔晉是也。以爲不臣也。故不從犯伯執。爲天子所還言復歸，從出入無惡言歸，以見元晅有出入罪，衞侯得殺之，所以專臣事君之義。名者，爲殺叔武，惡天子歸有罪也。執歸不書，主書者，名惡當見。

晉人、秦人圍鄭。

介人侵蕭。稱人者，侵中國，故退之。

冬，天王使宰周公來聘。與葵丘會同義。

公子遂如京師，遂如晉。

大夫無遂事，此其言遂何？公不得爲政爾。不從公政令也。時見使如京師，而橫生事，矯君命聘晉〔八二〕，故疾其驕蹇自專，當絶之。不舉重者，「遂」當有本。

三十有一年，春，取濟西田。

惡乎取之？以不月，與取運異，知非内叛邑。取之曹也。曷爲不言取之曹？据取叢言邾婁田也〔八三〕。諱取同姓之田也。同姓相貪利，惡差重，恥差深。此未有伐曹者，則其言取之曹何？据伐同姓不諱，即有兵，當舉伐曹，下日，若「甲戌，取須朐」。晉侯執曹伯，班其所取侵地于諸侯也。班者，布徧還之辭。晉侯執曹伯，班其所取侵地于諸侯，則何諱乎取同姓之田？据晉還之，得爲伯。久也。魯本爲霸者所還，當時不取，久後有悔，更緣前語取之，不應復得，故當坐取邑。

公子遂如晉。

夏，四月，四卜郊，不從，乃免牲，猶三望。

曷爲或言三卜，或言四卜？三卜，禮也；四卜，非禮也。三卜何以禮？四卜何以非禮？据俱卜也。求吉之道三，三卜吉凶，必有相奇者，可以決疑，故求吉必三卜。禘嘗不卜，郊何以卜？禘比祫爲大，嘗比四時祭爲大，故据之。卜郊，非禮也。禮，天子不卜郊。卜郊何以非禮？据上言三卜禮。魯郊，非禮也。以魯郊非禮，故卜爾。昔武王既没，成王幼少，周公居攝，行天子事，制禮作樂，致大平，有王功。周公薨，成王以王禮葬之，命魯使郊，以彰周公之德，非正，故卜。三卜，吉則用之，不吉，則免牲。謂之郊者，天人相與交接之意也。不言郊天者，謙不敢斥尊。魯郊何以非禮？据成公乃不郊，惡之。天子祭天，郊者，所以祭天也。天子所祭，莫重於郊。居南郊者，就陽位也。稾席玄酒，器用陶匏，大珪不琢，大羹不和，爲天至尊，物不可悉備，故推質以事之。諸侯祭土。土，謂社也。諸侯所祭，莫重於社。卿大夫祭五祀，士祭其先祖。天子有方望之事，方望，謂郊時所望祭四方羣神、日月星辰、風伯雨師、五嶽四瀆及餘山川，凡三十六所。無所不通。盡八極之内，天之所覆，地之所載，無所不至，故得郊也。諸侯山川有不在其封内者，則不祭也。故魯郊非禮也。曷爲或言免牲？或言免牛?·免牲，禮也。魯卜郊不吉，免之。禮，卜郊不吉，則爲牲作玄衣纁裳，使有司玄端，放之於南郊，明本爲天，不敢留天牲。免牛，非禮也。免牛何以非禮?·傷者曰牛。養牲不謹敬，有災傷，天不饗用，不得復爲天牲，故以本牛名之。非禮者，非天牲，不當復見免，但當内自省責而已。三望者何?·望祭也。然則曷祭?·祭泰山〔八四〕、河、海。曷爲祭泰山、河、海?·据郊者主爲祭天。山川有能潤于百里者，天子秩而祭之。此皆助天宣氣布功，故祭天及之。秩者，隨其大小尊卑高下所宜。禮，祭天牲角繭栗，社稷宗廟角握，六宗五嶽四瀆角尺，其餘山川視卿大夫，天燎地瘞，日月星辰布，山縣水沉，風磔雨升。燎者，取俎上七體，與其珪寶在辨中，置於柴上燒之。觸石而出，膚寸而合，側手爲膚，按指爲寸〔八五〕，言其觸石理而出，無有膚寸而不合。不崇朝而徧雨乎天下者，唯泰山爾。崇，重也，不重朝，言一朝也。河、海潤于千里。亦能通氣致雨，潤澤及于千里。韓詩傳曰「湯時大旱，使人禱于山川」是也。郊望非一，獨祭三者，魯郊非禮，故獨祭其大者。猶者何?·通可以已也。已，止。何以書?·譏不郊而望祭也。譏尊者不食而卑者獨食。書者，惡失禮也。魯至是郊者，僖公賢君，欲尊明其先祖之功德，不就廢之。譏者，春秋不見事不書，皆從事舉可知也。不吉言「不從」者，明己意汲汲欲郊，而卜不從爾，所以見事鬼神當加精誠。

秋，七月。

冬，杞伯姬來求婦。

其言來求婦何？兄弟辭也。其稱婦何？有姑之辭也。書者，無出道也。

狄圍衛。

十有二月，衛遷于帝丘。月者，惡大國遷至小國。城郭堅固，人衆彊，遷徙畏人，故惡之也。

三十有二年，春，王，正月。

夏，四月，己丑，鄭伯接卒。不書葬者，殺大夫申侯也。君殺大夫，皆就葬別有罪無罪，唯内無貶公之道，不可去葬，故從殺時別之。

衛人侵狄。

秋，衛人及狄盟。不地者，起因上侵就狄盟也。復出衛人者，嫌與内微者同也。言及者，時出不得狄君也。稱人而言及，則知狄盟者卑。

冬，十有二月，己卯，晉侯重耳卒。

三十有三年，春，王，二月，秦人入滑。

齊侯使國歸父來聘。

夏，四月，辛巳，晉人及姜戎敗秦于殽〔八六〕。其謂之秦何？據敗者稱師，未得師稱人。夷狄之也。曷爲夷狄之？據俱見敗。秦伯將襲鄭，輕行疾至，不戒以入曰襲。百里子與蹇叔子諫曰：「千里而襲人，未有不亡者也。」行疾不假塗，變必生；道遠多險阻，遭變必亡。秦伯怒曰：「若爾之年者，宰上之木拱矣，宰，冢也。拱，可以手對抱。爾曷知！」師出，百里子與蹇叔子送其子而戒之曰〔八七〕：「爾即死，必於殽之嶔巖〔八八〕，是文王之所辟風雨者也，其處險阻隘勢，一人可要百，故文王過之驅馳，常若辟風雨，襲鄭所當由也。吾將尸爾焉。」在牀曰尸，在棺曰柩。子揖師而行，揖其父於師中，介冑不拜，爲其拜如蹲。百里子與蹇叔子從其子而哭之。秦伯怒曰：「爾曷爲哭吾師？」對曰：「臣非敢哭君師，哭臣之子也。」言恐臣先死，子不見臣，故先哭之。弦高者，鄭商也。鄭商，賈人。遇之殽，矯以鄭伯之命而犒師焉。詐稱曰矯。犒，勞也。見其軍行非常，不似君子，恐見虜掠，故生意矯君命勞之。或曰：「往矣。」或曰：「反矣。」軍中語也。時以爲鄭實使弦高犒之，或以爲鄭伯已知將見襲，必設備，不如還。或曰：緒出〔八九〕，當遂往之。然而晉人與姜戎要之殽而擊之，匹馬隻輪無反者〔九〇〕。然，然上議猶豫留住之頃也。匹馬，一馬也；隻，踦也〔九一〕；皆喻盡。其言及姜戎何？據秦人、白狄不言及；「及吳子」〔九二〕，吳子主會也。姜戎，微也；故絕言及。稱人，亦微者也，何言乎姜戎之微？據邢人、狄人伐衛不言及。先軫也。先軫，晉大夫也。言姜戎微，則知稱人者尊。或曰：襄公親之。以既貶，又危文公葬。襄公親之，則其稱人何？據桓十三年衛侯背殯用兵不稱人。貶。曷爲貶？據俱背殯用兵。君在乎殯而用師，危不得葬也。與衛迫齊、宋異，故惡不子也。詐戰不日，此何以日？據不言敗績，外詐戰文也。詐，卒也，齊人語也。盡也。惡晉不仁。

癸巳，葬晉文公。

狄侵齊。

公伐邾婁，取叢〔九三〕。取邑不致者，得意可知例。

秋，公子遂率師伐邾婁。

晉人敗狄于箕。

冬，十月，公如齊。不月者，略微者與夷狄也。

十有二月，公至自齊。月者，善公念齊恩及子孫。

乙巳，公薨于小寢。

賈霜不殺草。

李梅實。

何以書？記異也。何異爾？不時也。周之十二月，夏之十月也。易中孚記曰：「陰假陽威之應也。」早實霜而不殺萬物，至當實霜之時，根生之物復榮不死，斯陽假與陰威，陰威列索，故陽自實霜而反不能殺也。此禄去公室，政在公子遂之應也。

晉人、陳人、鄭人伐許。

春秋公羊卷第四〔九四〕

【校勘記】

〔一〕人，余本誤作「入」。

〔二〕縊，諸本同。釋文：「一本作搤。」案縊字爲勝。説文：「搤，捉也。」漢書揚雄傳「搤熊羆」，搤即捉也。此齊桓召姜氏而殺之，不宜用「搤」字。桓公十六年左傳云「夷姜縊」，亦作縊，可爲旁證。

〔三〕王，原作「主」，據余本、鄂本改。

〔四〕莒挐，諸本同。釋文：「一本作茹。」案文公十一年疏引此經作挐，則何氏原本蓋作挐字。

〔五〕拒，余本同。阮氏挍勘記云：「鄂本作距。」案當以拒字爲勝。説詳今本解詁通用字考。

〔六〕與弒，諸本同。釋文出「與殺」云「申志反」。案解詁原本作弒不作殺，説詳今本解詁弒殺異文考。

〔七〕其，宋小字本同，余本誤脱。阮氏挍勘記云：「唐石經、鄂本『於』下有『其』字，此脱。按閔二年疏引此傳云『貶必於其重者』，亦有其字。」案阮説是。

〔八〕孰城，各本同。阮氏挍勘記云：「十四年傳曰孰城之，疏引此傳亦有『之』字，唐石經以下本皆脱。」案阮説大謬。據文例，凡言「孰城」者，孰是賓語；凡言「孰城之」者，孰是主語。下傳云「孰滅之？蓋狄滅之」「孰城之？桓公城之」，正與此「孰城？城衛」文例相反，明此不得有「之」字。下十四年傳云「孰城之？城杞也」，衍「之」字，説詳彼條。

〔九〕内，原作「自」，據余本改。案下注云「外城不月者，文言諸侯，非内城明矣」，且徐彦疏亦作「内」字。

〔一〇〕曷爲不言城衛，余本、宋小字本同。阮氏挍勘記云：「解云：舊本『曷爲』之下有『不言』二字，今無者，脱也。按唐石經『曷爲』下原刻作『城』，後磨改爲『不』，則本作『曷爲城衛』，『不言』二字係磨改補入，故此行及次行皆十一字，其蹟可覆也。疏本亦無『不言』二字。十四年傳云曷爲城杞，亦無『不言』。」案何注云「故當言城衛」，似有「不言」二字。

〔一一〕故，余本同。阮氏挍勘記云：「疏本故作固，解云：固字亦有作故字者，言由是之故，當言城衛。按何氏當本用固字，七年注云：固因其得禮，著其能以爵通。此注今本作故，非。」案阮挍備一説耳。

〔一二〕垂棘，余本、宋小字本同。釋文：「一本作蕀。」案棘字是。棘爲地名而見於經傳者，如垂棘、大棘、赤棘、棘、曲棘，地名皆寫作棘。又草棘、叢棘，注文亦作棘，知何氏原本寫作棘字。

〔一三〕牽，諸本同。釋文：「本又作掔。」案掔，説文：「固也。」段注云：「掔之言堅也、緊也，謂手持之固也。或假借爲牽字。」此解詁本作牽，不作掔，桓公八年注云「君牽牲」，可證。

〔一四〕比，原作「此」，據余本改。

〔一五〕貫澤，諸本同。阮氏校勘記云：「唐石經同。釋文『貫澤，二傳無澤字』。按九年傳貫澤之會，解云：即上二年秋九月，齊侯、宋公、江人、黄人盟于貫是也。而此言于貫澤者，蓋地有二名。然則，公羊僖二年經本作盟于貫，九年傳云貫澤，陸氏猶未深考。〇按此九年疏奪澤字耳，前説非也。」案阮校非是。陸淳差繆略云「貫，公羊作貫澤」，是陸淳所見左氏之經作貫不作貫澤。又徐彦疏云：「上二年秋九月，齊侯、宋公、江人、黄人盟于貫是也，而此言于貫澤者，蓋地有二名。」則徐彦所見公羊經本亦有作貫者。且據漢石經殘字推排碑圖，今本亦衍一字。然徧考何氏之注，俱言貫澤，無單言貫者，疑徐彦所見或本，非解詁原本，原本即作貫澤。

〔一六〕晉大于宋不序晉而序宋者，余本同。阮氏校勘記云：「孫志祖云：穀梁疏引二『晉』字下皆有『楚』字，乃與下文合，各本脱也。」案孫説乃一家之言。傳云中國大國，故注舉晉以對宋，此敘中國之序不可舉楚言。若有楚字，嫌楚是中國大國。下言晉、楚之君實不至者，乃敘當時之事也。

〔一七〕言，原作「易」，據余本改。

〔一八〕溪，余本同，恐非何氏用字。説文：「谿，山瀆無所通者，從谷奚聲。」小徐云：「谿，俗作溪。」以谿爲正字，以溪爲俗字。干禄字書竝列「溪谿」云「上通下正」，則以溪爲通字，非俗字。今考陸氏釋文出「曰溪」云「口兮反」，知隋唐間解詁傳本已有作溪者。然據何氏用字承經傳之例，經傳既作乾谿，則注文亦當用谿字。此「溪」字及下注「注溪曰谷」，疑是後人傳寫改易。

〔一九〕彊，余本作强。案當以彊字爲正，説詳今本解詁通用字考。

〔二〇〕僑，諸本同，釋文：「一本作驕。」案徧考經注，袁僑經四見，注六見，無作驕者，則陸氏所見「一本」者，非解詁原本。

〔二一〕怗，唐石經、余本同，宋小字本作帖。釋文：「一本作貼，服也。一本作拈。」案唐玄度九經字樣云：「怗，公羊卒怗荆，禮記以爲怗懘字。」是彼所見公羊傳亦作怗也。今注云「怗，服也」，明解詁原本作怗。

〔二二〕彊，余本作强。案當以彊字爲長，説詳今本解詁通用字考。

〔二三〕危公之久，余本同。阮氏校勘記云：「危而久之，久字亦有作之字者。按久作之，則不通。」汪氏識語云：「案疏本作危公久之，此久之，亦有作之久者，正與今本注合。」據汪氏説，則疏云「久字亦有作之字者」，謂徐彦所據本作「久之」，一本作「之久」，頗具識見。

〔二四〕其子何，宋小字本「子」下衍「者」字。

〔二五〕世，原作「出」，據余本改。

〔二六〕有，原作「育」，據余本改。

〔二七〕比弑，余本同。釋文作「比殺」云「申志反」。案解詁原本作弑不作殺，説詳今本解詁弑殺異文考。

〔二八〕去，原作「夫」，據余本改。

〔二九〕戮，余本同，鄂本作勠。釋文：「又作勠。」案解詁原本作戮字，説見桓公十年校記。

〔三〇〕罷，余本同。阮氏挍勘記云：「鄂本罷作能。〇按旁應讀去聲。於朝天子罷而朝魯，所謂朝罷朝也。作『能』者應誤。」案阮説可從。

〔三一〕母，原作毋，余本、宋小字本同。阮氏挍勘記云：「釋文：『甯毋，音無，或音某。』葉鈔本及唐石經作甯母。」案解詁原本或寫作母字，非毋字。何以明之？經「滕子虞母卒」，各本皆作母不作毋，依經傳人名用字一貫之例，則此甯母宜亦寫作母。證一也。下八年注云「甯母之盟」，撫本即作母字，是同一槧本，前後互異，則甯母之寫作母，可爲二證。高士奇春秋地名考略云：「今魚臺縣東二十里有穀亭鎮，即春秋時之甯母亭也。水經注謂之穀庭城，泗水經此，亦曰穀亭，河水深數丈，俗名負娘河，相傳有孝子負母渡此。」以傳説孝子負母渡河，似宜作母。證三也。陸德明左氏音義：「甯母，母如字，又音無。」是左氏經作母可知。有此諸證，則解詁原本蓋是母字歟？

〔三二〕鄭世子華，諸本同。二家經無此四字。阮氏挍勘記云：「唐石經、諸本同。按左氏、穀梁無『鄭世子華』，故下鄭伯乞盟。此蓋因注言甯母之盟，鄭遣世子而誤衍。」案阮説是。陸淳差繆略補缺云：「公羊於『陳世子款』下又有『鄭世子華』四字。」知隋唐之世公羊經已衍此四字。

〔三三〕脅魯立也，余本同。阮氏挍勘記云：「元年疏引作脅魯使立也，此脱使字。」案疏文所引，未必皆解詁原文，或增或減，不能一定。

〔三四〕加，余本誤作「如」。

〔三五〕叔姬，余本同。徐疏云：「宜作伯姬字，即莊二十七年春，公會杞伯姬于洮。」案疏是也。莊二十五年伯姬嫁于杞，二十七年莊公會伯姬于洮，注云「不卒於無服」，是伯姬嫁於杞大夫，魯不爲之服，故云不卒。今此伯姬雖許嫁諸侯，然猶未適人，故傳以未適人發問，注則以杞伯姬爲比。

〔三六〕侠，原作「此」，據余本改。案疏標注亦作「侠」，可證。

〔三七〕弑其，唐石經、余本、宋小字本同。釋文出「殺其」云：「音試。」案解詁原本作弑不作殺。説詳今本解詁弑殺異文考。

〔三八〕弑，唐石經、余本、宋小字本同。阮氏挍勘記云：「閩、監、毛本同。唐石經、鄂本、宋本殺作弑。按釋文，則此經弑多作殺，或讀爲弑，以意求之。唐石經以下本皆作弑，此作殺，爲岐出。然殺可讀弑，弑不可讀殺也。」案作殺是，以注云「解言殺」，知傳文作殺。十行本以下改弑爲殺，可從。説詳今本解詁弑殺異文考。

〔三九〕卓子，諸本同。阮氏挍勘記云：「唐石經、諸本同。釋文：『卓子，左氏經無子字。』」案漢石經亦無「子」

字。徧考傳注，皆作卓子，疑解詁原本即作卓子，蔡邕石經與何氏家法不同，不得據以爲難。

〔四〇〕「里克也」上原衍「曰」字，據唐石經、余本、宋小字本删。

〔四一〕于，原作「於」，據余本改。

〔四二〕生，原作「簒」，據余本改。

〔四三〕丕，唐石經、余本、宋小字本同。陸德明釋文作「坯」字。又，陸淳差繆略云：「坯，公羊作邳。」案今本作丕，與二陸所見不同。張參五經文字云：「坯丕，上説文，下石經，下見春秋傳。」是二字異體。今以漢石經亦寫作丕，循舊不改。

〔四四〕秋，原作「狄」，據唐石經、余本改。

〔四五〕鹹，漢石經作「咸」。案今本經注均寫作「鹹」，似解詁原本即用鹹字。

〔四六〕「孰城之」，各本同，俱誤衍「之」字。何以知之？傳凡言「孰城」者，孰是賓語；凡言「孰城之」者，孰是主語。此問孰城，下荅曰「城杞」，杞是賓語。下傳云「孰滅之，蓋徐、莒脅之」「孰城之？桓公城之」，徐莒、桓公是主語。傳文凡此類文法皆同，如「孰謂？謂州公也」「孰繼？繼子般也」「孰隱，隱子也」「孰俟？俟屈完也」，孰皆是賓語。「孰及之？内之微者也」「孰立之？石碏立之」「孰滅之，齊滅之」「孰弑之？慶父也」「孰亡之？蓋狄滅之」，孰皆是主語。然則，此衍「之」字明矣，以杞是賓語，知傳文當作「孰城」。

〔四七〕恐曷，余本同。阮氏挍勘記云：「釋文『曷，火葛反』。惠棟九經古義云：『恐曷，即漢律恐猲也。陳羣新律序云：盜律有恐猲。漢書王子侯表曰：葛魁侯戚坐縛家吏恐猲受賕，棄市。平城侯禮坐恐猲取雞，免。承鄉侯德天坐恐猲國人受財臧五百以上，免。籍陽侯顯坐恐猲國民取財物，免。師古曰：猲者，謂以威力脅人也。音呼葛反。』」案無別本可證，不能定解詁原本作「恐曷」抑「恐猲」。

〔四八〕鄫，唐石經、余本、宋小字本同。漢石經作繒，穀梁亦作繒。然注文「鄫」字二十餘見，無作繒者，蓋解詁原本作鄫，何氏本與蔡邕本不同。

〔四九〕此句末原有「矣」字，據余本删。案徐疏亦無「矣」字，又徧檢注文，何氏無「也矣」連文者。

〔五〇〕嘿，原作黑，據余本改。

〔五一〕繫，余本誤作「擊」。

〔五二〕肸，余本作肹。阮氏挍勘記云：「唐石經肹作肸，閩、監、毛本作肸，非，注同。」案張參五經文字：「肸肹，許乙反，上説文，下經典相承隸省，見春秋傳。」考説文𦘫字，從十，㕯聲，則肸字不爲譌體。阮氏據唐石經謂肸是而肸非，恐非何氏用字之例。

〔五三〕厲，唐石經、余本、宋小字本同。漢石經作厲。

〔五四〕惰也，余本同。釋文出「隋也」云：「徒卧反。」案惰字是。何氏用惰字，如輕惰，解惰，皆不敬之意。用隋字，則借爲「墜」字，如隋水、隋地。故此「解惰」不得寫作「解隋」。

〔五五〕陸氏釋文：「本或從此下別爲卷。」案隋志載解詁十一卷。十一卷者，莊公、閔公共一卷，其餘諸公分別爲卷。今若分僖公爲二卷，則全書凡十二卷，非解詁原本之卷次。

〔五六〕是月，各本同。阮氏挍勘記云：「唐石經、諸本同。釋文『是月，如字，或一音徒兮反』。盧文弨曰：『是月有作提月者，故一音徒兮反。初學記晦日條引此作提月。又鶡冠子王鈇篇家里用提，陸佃注云：提，零日也。引公羊爲證。』〇按『是月』與月令『是月』，似異而實同，改作提者，俗人所爲也。」案阮説未達注意。何氏既云「是月」乃魯人語，則必與常語不同，猶注云齊人語，即與常語殊。今傳文有「天無是月」，知「是月」乃常文。惟「提月」與常語不同，故云魯人語。準此，經文「是月」，傳文「是月者何」，注文「是月，邊也，魯人語」，此三「是月」，皆當作提月。説詳徐彦公羊疏補正。

〔五七〕鷁，諸本同。釋文作鶂。阮氏挍勘記云：「諸本同。唐石經『六鷁』字缺，釋文作『六鶂，五歷反』。經義雜記曰：『説文：鶂，鳥也，从鳥兒聲，春秋傳曰六鶂退飛。不收从益字。左氏正義曰：「鷁，字或作鶂。」釋文『六鷁，本或作鶂。』公、穀釋文皆云『六鶂，五歷反』，可證三傳本皆作鶂，與説文同。今公羊注疏皆作鷁，穀梁注疏皆作鶂，惟經文『六鷁退飛』此一字从益，蓋因唐時左傳已有作鷁者，故後人據以易二傳也。穀梁疏引賈逵云：『鶂，水鳥，陽中之陰，象君臣之訟鬩。』解鶂取同聲爲詁，可證左傳字本從兒。」案臧氏之説，未爲的論。何休用字與許慎不同，且漢石經亦寫作鷁。今解詁傳注皆作鷁，蓋何氏本即用鷁字。陸德明本已非解詁原本，不得據以爲難。

〔五八〕碵，諸本同。釋文：「本或作砰。」楊士勛穀梁疏云：「碵字，説文、玉篇、字林等無其字，學士多讀爲砰。據公羊古本，竝爲碵字。」據此，則公羊古本作碵，砰是後人音讀之字，解詁原本蓋作碵字。

〔五九〕親，余本同。阮氏挍勘記云：「閩、監、毛本同誤也。鄂本親作新，當據正。」案阮説可從。

〔六〇〕豎，原作「竪」。案説文豎字从臤豆聲，此據唐石經、余本、宋小字本改。

〔六一〕英，諸本同。漢石經作「央」。

〔六二〕舍，余本同。阮氏挍勘記云：「宋本同。閩、監、毛本舍作含。」案舍字義長。傳云「舍死亡無所設」，注云「舍，置也」，此云舍氏，即置氏。若作含字，則與傳注相違，傳云「國不若氏」，是國不得含氏。依何氏用字之例，當言「連氏」，不當云「含氏」，閩本以下恐非。

〔六三〕宋公會，諸本同。左、穀二家經無「會」字。定公四年徐疏引僖公十八年經云「春，王，正月，宋公、曹伯以下伐齊」，似徐彦所見本亦無會字。今以漢石經殘字推排，此行多一字，疑何休原本亦無「會」字。

〔六四〕及，余本同。徐疏云：「舊本皆無及字。」案解詁原本宜無「及」字，襄三年注云「据曹伯襄言會諸侯，鄫子言會盟」，莊十四年注「据伐國不殊會，曹伯襄言會諸侯」，皆無「及」字，此注同例，宜亦無及字。

〔六五〕人，余本同。十行本以下改「人」爲「會」，阮氏挍勘記云：「鄂本『會』誤『人』。」乃以會字爲是。然別無佐證，阮説不敢必是。

〔六六〕血，唐石經、余本、宋小字本同。阮氏挍勘記云：「唐石經、諸本同。周禮肆師注引春秋僖十九年夏，邾人執鄫子，用之，傳曰：『用之者何？蓋叩其鼻以衈社也。』惠士奇云：『山海經東山經祠毛用一犬祈衈』，注云：衈音餌，以血塗祭爲衈也。公羊傳蓋叩其鼻以衈社。今本公羊作血，訛，穀梁作衈社，與鄭注合。」案阮挍足備一説。

〔六七〕公會，諸本同。二家經無「公」字，趙坦春秋異文箋云：「陳、蔡、楚、鄭俱稱人，則不當書「公會」，公羊衍『公』字。」案漢石經亦無「公」字，疑解詁原本與石經同。

〔六八〕著，余本誤作「者」。

〔六九〕嫡，余本同。阮氏挍勘記云：「鄂本、閩、監、毛本嫡作適，釋文：『適又作嫡。』」案作嫡是。説詳今本解詁通用字考。

〔七〇〕湨，原作溴，據余本改。釋文出「溴梁」云「古闃反」，古闃反，當是湨字。下文凡作溴梁者，皆改作湨梁。

〔七一〕詐諼，余本同。釋文出「誰諼」云：「本又作詐諼。」案詐字是，昭公八年注「疾詐諼滅人」，可證。

〔七二〕公伐，諸本同。漢石經無「公」字，未知解詁原本有「公」字否。

〔七三〕巂，唐石經同，釋文亦作「巂」，余本、宋小字本則作嶲，皆誤，正字當作酅。酅，即莊公三年經「紀季以酅入于齊」之酅。莊公三年穀梁經「紀季以酅入于齊」，而此年穀梁經書「公追齊師至嶲」，亦前後不一。然陸淳差繆略云：「雋，公羊、左氏或作鄬」，是陸淳所見公羊經或本作鄬字。考莊公十八年何氏注兩云「据公追齊師至鄬」，是解詁原本作鄬之證。且今本左氏經上下皆寫作鄬字，明鄬、巂實爲一地。故此經傳二「巂」字，皆當作鄬。漢石經書作「雋」，亦非解詁原本用字。又，襄公十五年何注云「故與『至攜』同文」，攜字亦誤，當作鄬字。

〔七四〕晉文，余本同。阮氏挍勘記云：「鄂本『文』下有『公』字，此脱。」案阮挍僅據鄂本立説，不敢必。

〔七五〕壅，余本同。釋文出「衛雍」云「又作壅」。案壅字是，傳云「梁山崩，壅河」，何注凡言壅塞者，皆承傳作壅字，如「不使義兵壅塞」「不使壅塞也」「明臣不得壅塞君命」「不使君命壅塞」等。雍則用於專名，如衡雍、雍丘。

〔七六〕天子之諱，各本同。阮氏挍勘記云：「宋本『子』下衍『之』字，疏同。」案徐疏標注亦有「之」字，自十行本始脱「之」字，阮氏蓋據十行本立論，未可信從。

〔七七〕伯討，各本同。阮氏挍勘記云：「唐石經原刻作執，後磨改作討。按下云歸于者，非執之于天子之側者也，則此當從原刻作執。」案阮説非也。僖公四年傳云「稱侯而執者，伯討也。稱人而執者，非伯討也」，據此，則成公十五年經書「晉侯執曹伯，歸于京師」，是稱侯而執，爲伯討，然經書「歸于」，又是罪未定之辭，故傳發曰「罪未定，則何以得爲伯討」。此經稱人而執，明非伯討，然又書「歸之于」，是罪定之辭，故可與成十五年經相比，是以注云「此難成公十五年晉侯執曹伯歸于京師」。此討字，不得改作執字。

〔七八〕饗，各本同，疑解詁原本作「享」字。説詳今本解詁通用字考。

〔七九〕曹伯言復歸者，諸本同。阮氏挍勘記云：「浦鏜云：自此下二十九字，當在上文曹伯襄復歸于曹之下。按廿一年疏引此曰曹伯之下注云，則此注本在上經下也。」案浦説非也。考何氏注例，注文不必寫在當句之下，如隱公四年經「九月，衛人殺州吁于濮」，注云「討賊例時，此月者，久之也」，此釋經書「九月」之義，不寫於經下，而寫於傳末。然則，今本不誤。説詳公羊注疏合刻例考。

〔八〇〕「公會」，諸本同。左、穀二家經無「公」字。陸淳差繆略云：「『會』上，公羊有『公』字。」則陸氏所見，正與今本公羊經同。然以漢石經殘字推排，此行多一字，疑石經本亦無「公」字。又審何注，謂晉文主會，不能服許，諸侯使微者會之，意何氏所據經文亦無「公」字，若有「公」字，注不得云諸侯使微者會之。

〔八一〕乎，余本、宋小字本同，唐石經作「于」，據下文「曷爲歸惡乎元咺」，似「乎」字爲勝。

〔八二〕矯，諸本同。阮氏挍勘記云：「釋文作撟君，云本又作矯。」案「矯」字是。知者，僖三十三年傳云「矯以鄭伯之命而犒師焉」，注云「詐稱曰矯」，是解詁原本作矯無疑。

〔八三〕邾婁田，諸本同。案僖三十三年經「公伐邾婁，取叢」不言田，此注不宜云「据取叢言邾婁田」，疑「田」字衍。

〔八四〕泰山，諸本同。釋文出「大山」云：「音泰，本亦作泰。」案「泰」是，經注並作泰山，無有作大山者。

〔八五〕按，原作「桉」，據余本改。

〔八六〕殽，諸本同。釋文：「本又作肴。」案文公二年注云「起殽之戰」，則解詁原本作殽不作肴。

〔八七〕百，余本、宋小字本同，唐石經作「伯」。案唐石經上下文皆作「百里子」，惟此寫作伯，誤。嚴可均唐石經校文云：「伯，當作百，上下文皆作百。」是。

〔八八〕嵚，唐石經、余本、宋小字本同。釋文：「本或作嶔。」案嵚字不見説文。嶔，説文：「陳輿服於庭也。」以嵚巖連文，似以從山之嵚爲長，猶籧篨之皆從竹也。

〔八九〕緒，余本、鄂本同。閩本以下注疏本則改「緒」爲「既」，疑不能定。

〔九〇〕隻輪，諸本同。阮氏挍勘記云：「唐石經、諸本同。釋文：『隻輪，一本又作易輪。』董仲舒云：車皆不還，故不得易輪轍。』經義雜記曰：何注：『匹馬，一馬也。隻，踦也。』穀梁傳作匹馬倚輪無反者，范解：『倚輪，一隻之輪。』漢書五行志載劉向説，謂晉敗秦師，匹馬觭輪無反者，服虔曰：『觭，音奇偶之奇。』師古曰：『觭，隻也。』凡作觭、作踦、作倚，皆奇字之通借，疑公羊傳本作匹馬踦輪，與穀梁及漢志同。何注作踦，隻也，與范解及顏注同，今本及釋文皆誤倒。若傳本作隻，文義已明，反訓爲踦，義轉晦矣。」案臧説未必是，文公二年注「匹馬隻輪無反者」，複言隻輪，則解詁原本或作隻字。又論衡儒增篇引作「匹馬隻輪」，是漢人所見公羊作隻之證。

〔九一〕隻踦，阮氏挍勘記云：「釋文：隻，踦也。一本作易踦。○按據此則知傳一本作易輪，與董仲舒合，而何釋爲踦。」案「易踦」恐非何氏原注，蓋據一本之「易輪」而改注文爲「易，踦也」。

〔九二〕及吴子，原脱「及」字，余本亦脱。阮氏挍勘記云：「鄂本疊吴子二字。盧文弨曰：秦人白狄伐晉，在成九年；及吴子，在哀十三年。舊本吴子重，但脱一『及』字。按疏中標注云『及吴子主會也』，如今本，依疏疊『及』字，義可通矣。○按此注當據『秦人、白狄不言及』句絶，下云『及吴子，吴子主會也』，謂如哀十三年言『及吴子』者，因吴子主會，今姜戎非主會者，何以言及？」案盧、阮二説可從，兹補「及」字。

〔九三〕叢，諸本同。釋文作菆。疏云：「叢，有作鄹字者。」是徐彦所見一本有作「鄹」者。案鄹、菆音同可通，菆或借作叢，張參五經文字云「叢，經典或借菆字爲之。」是也。然據僖二十六年注「据伐邾婁取叢不致」、三十一年注「据取叢言邾婁田也」，似解詁原本即作叢字。

〔九四〕第四，原作「第五」，余本同。據唐石經改。又，此行下有小字二行記經注字數：「經七千一百五十二字，注一萬八百字。」

春秋公羊經傳解詁文公第六

何休 學

元年，春，王，正月，公即位。

二月，癸亥，朔，日有食之。是後，楚世子商臣弑其君，楚滅江、六，狄比侵中國。

天王使叔服來會葬。

其言來會葬何？據奔喪以非禮書，歸含且賵不言「來」[一]。會葬禮也。但解會葬者，明言「來」者常文，不爲早晚施也。常事書者，文公不肖，諸侯莫肯會之，故書天子之厚，以起諸侯之薄，蓋以長補短也。叔服者，王子虎也；服者，字也；叔者，長幼稱也；不繫王者，不以親疏録也。不稱王子者，時天子諸侯不務求賢，而專貴親親，故尤其在位子弟，刺其早任以權也。魯得言公子者，方録異辭，故獨不言弟也。諸侯得言子弟者，一國失賢輕。

夏，四月，丁巳，葬我君僖公。

天王使毛伯來錫公命。

錫者何？賜也。命者何？加我服也。復發傳者，嫌禮與桓公同，死生異也。主書者，惡天子也。古者三載考績，三考黜陟幽明，文公新即位，功未足施而錫之，非禮也。

晉侯伐衛。

叔孫得臣如京師。書者，與莊二十五年同。知不爲喪聘書者，聘爲貢職天子，當得異方之物以事宗廟，又欲以知君父無恙，不以喪廢，故不譏也。如他國〔二〕，就不三年一譏而已〔三〕。

衛人伐晉。

秋，公孫敖會晉侯于戚。

冬，十月，丁未，楚世子商臣弑其君髡〔四〕。楚無大夫，言世子者，甚惡世子弑父之禍也。不言其父言「其君」者，君之於世子，有父之親，有君之尊。言世子者，所以明有父之親；言君者，所以明有君之尊，又責臣子當討賊也。日者，夷狄子弑父，忍言其日。

公孫敖如齊。書者，譏喪娶，吉凶不相干。

二年，春，王，二月，甲子，晉侯及秦師戰于彭衙〔五〕，秦師敗績。稱秦師者，慜其衆〔六〕，惡其將，前以不用賢者之言，匹馬隻輪無反者，今復重師敗績。師敵君不正者，賤之，不嫌得敵君。

丁丑，作僖公主。

作僖公主者何？爲僖公作主也。爲僖公廟作主也。主狀：正方，穿中央，達四方。天子長尺二寸，諸侯長一尺。**主者曷用？虞主用桑，**禮，平明而葬，日中而反，虞。以陽求陰謂之虞者，親喪以下壙，皇皇無所親〔七〕，求而虞事之。虞，猶安神也。用桑者〔八〕，取其名，與其麤觕，所以副孝子之心。禮，虞祭，天子九，諸侯七，卿大夫五，士三。其奠處猶吉祭。**練主用栗。**謂期年練祭也。埋虞主於兩階之間，易用栗也。夏后氏以松，殷人以柏，周人以栗。松猶容也，想見其容貌而事之，主人正之意也。柏猶迫也，親而不遠，主地正之意也。栗猶戰栗，謹敬貌，主天正之意也。禮士虞記曰：「桑主不文，吉主皆刻而諡之。」蓋爲禘祫時別昭穆也。虞主三代同者，用意尚麤觕，未暇別也。**用栗者，藏主也。**藏于廟室中，常所當奉事也。質家藏于堂〔九〕。**作僖公主何以書？**據作餘公主不書。**譏。何譏爾？不時也。其不時奈何？欲久喪而後不能也。**禮，作練主當以十三月。文公亂聖人制，欲服喪三十六月，十九月作練主，又不能卒竟，故以二十五月也。日者，重失禮鬼神。

三月，乙巳，及晉處父盟。

此晉陽處父也，何以不氏？據晉陽處父伐楚救江〔一〇〕。**諱與大夫盟也。**諱去氏者，使若得其君，如經言邾婁儀父矣。不地者，起公就於晉也。日者，起公盟也。俱沒公，齊高傒不使若君，處父使若君者，親就其國，恥不得其君，故使若得其君也。如晉不書、不致者，深諱之。

夏，六月，公孫敖會宋公、陳侯、鄭伯、晉士縠盟于垂斂〔一一〕。盟不日者，欲共盟誅商臣，雖不能誅，猶爲疾惡故也，褒與信辭也。不如平丘兩舉會盟詳録之者，時至即盟，會禮不成。

自十有二月不雨，至于秋七月。

何以書？記異也。以不言旱。大旱以災書，此亦旱也，曷爲以異書？大旱之日短而云災，云，言也，言有災。故以災書。此不雨之日長而無災，故以異書也。此禄去公室、政在公子遂之所致也。不就莊三十一年發傳者，此最甚事著。

八月，丁卯，大事于大廟，躋僖公〔一二〕。

大事者何？大祫也。以言大，與「有事」異。又從僖八年禘數之〔一三〕，知爲大祫。大祫者何？合祭也。其合祭奈何？毁廟之主陳于大祖。毁廟，謂親過高祖，毁其廟，藏其主于大祖廟中。禮，取其廟室笮以爲死者炊沐。大祖，周公之廟。陳者，就陳列大祖前，大祖東鄉，昭南鄉，穆北鄉，其餘孫從王父。父曰昭，子曰穆。昭取其鄉明，穆取其北面尚敬。未毁廟之主，皆升，合食于大祖，自外來曰升。五年而再殷祭。殷，盛也，謂三年祫五年禘。禘所以異於祫者，功臣皆祭也。祫，猶合也；禘，猶諦也，審諦無所遺失。禮，天子特禘特祫，諸侯禘則不礿，祫則不嘗。大夫有賜於君，然後祫其高祖。躋者何？升也。何言乎升僖公？据禘于大廟不道所升。譏。何譏爾？逆祀也。其逆祀奈何？先禰而後祖也。升謂西上。禮，昭穆指父子，近取法春秋，惠公與莊公當同南面西上，隱、桓與閔、僖亦當同北面西上，繼閔者在下。文公緣僖公於閔公爲庶兄，置僖公於閔公上，失先後之義，故譏之。傳曰「後祖」者，僖公以臣繼閔公，猶子繼父，故閔公於文公亦猶祖也。自先君言之，隱、桓及閔、僖各當爲兄弟，顧有貴賤耳。自繼代言之，有父子君臣之道。此恩義逆順，各有所施也。不言吉祫者，就不三年不復譏，略爲下張本。

冬，晉人、宋人、陳人、鄭人伐秦。

公子遂如齊納幣。

納幣不書，此何以書？譏。何譏爾？譏喪娶也[一四]。娶在三年之外，則何譏乎喪娶？据逆在四年。三年之内不圖婚。僖公以十二月薨，至此未滿二十五月，又禮先納采、問名、納吉，乃納幣，此四者皆在三年之内，故云爾。吉禘于莊公，譏，然則曷爲不於祭焉譏？据吉禘于莊公，譏始不三年。大事、圖婚俱不三年，大事獨從吉禘不復譏。三年之恩疾矣，疾，痛。非虚加之也，非虚加責之。以人心爲皆有之。以人心爲皆有疾痛不忍娶。以人心爲皆有之，則曷爲獨於娶焉譏？据孝子疾痛，吉事皆不當爲，非獨娶也。娶者，大吉也，合二姓之好，傳之於無窮，故爲大吉。非常吉也，與大事異。其爲吉者主於己，主於己身，不如祭祀尚有念先人之心。以爲有人心焉者，則宜於此焉變矣。變者，變慟哭泣也。

有人心念親者，聞有欲爲己圖婚，則當變慟哭泣矣，況乃至于納幣成婚哉？

三年，春，王，正月，叔孫得臣會晉人、宋人、陳人、衛人、鄭人伐沈，沈潰。

夏，五月，王子虎卒。

王子虎者何？天子之大夫也。外大夫不卒，此何以卒？據原仲也。新使乎我也。王子虎，即叔服也。新爲王者使來會葬，在葬後三年中卒，君子恩隆於親親，則加報之，故卒，明當有恩禮也。尹氏卒日，此不日者，在期外也。名者，卒從正。

秦人伐晉。

秋，楚人圍江。

雨螽于宋〔一五〕。

雨螽者何？死而墜也〔一六〕。以先言雨也。墜，隋地也，不言如雨言雨螽者，本飛從地上而下至地，似雨尤醇。何以書？記異也。外異不書，此何以書？爲王者之後記異也。螽，猶衆也，衆死而墜者，羣臣將爭彊相殘賊之象。是後，大臣比爭鬬相殺，司城驚逃，子哀奔亡，國家廓然無人，朝廷久空〔一七〕，蓋猶三世内娶，貴近妃族，禍自上下，故異之云爾。

冬，公如晉。

十有二月，己巳，公及晉侯盟。

晉陽處父帥師伐楚，救江。

此伐楚也，其言救江何？據兩之當先言救也；非兩之，當重出處父也；生事當言遂。三者皆違例，知後言救江，起伐楚意，故問之。爲諼也。諼，詐。其爲諼奈何？伐楚爲救江也。救人之道，當指其所之，實欲救江而反伐楚，以爲其勢必當引圍江兵，當還自救也，故云爾。孔子曰：「自古皆有死，民無信不立。」

四年，春，公至自晉。

夏，逆婦姜于齊。

其謂之逆婦姜于齊何〔一八〕？據不書逆者主名，不言如齊，不稱女。略之也。稱婦姜，至文也；逆與至共文，故爲略。高子曰：「娶乎大夫者，略之也。」賤，非所以奉宗廟，故略之。不書逆者主名，卑不爲録使也。不言如齊者，大夫無國也。不稱女者，方以婦姜見，與至共文，重至也。不稱夫人爲致文者，賤不可奉宗廟也。不言氏者，本當稱女。女者，父母辭，君子不奪人之親，故使從父母辭不言氏。

狄侵齊。

秋，楚人滅江。

晉侯伐秦。

衞侯使甯俞來聘〔一九〕。

冬，十有一月，壬寅，夫人風氏薨。

五年，春，王，正月，王使榮叔歸含且賵。

含者何？口實也。孝子所以實親口也。緣生以事死，不忍虚其口，天子以珠，諸侯以玉，大夫以碧，士以貝，春秋之制也。文家加飯以稻米。其言歸含且賵何？据宰咺歸兩賵不言「且」也。連賵何之者，嫌据賵言歸。兼之。兼之非禮也。且，兼辭。以言且，知譏兼之也。含言歸者，時主持含來也。去天者，含者，臣子職，以至尊行至卑事，失尊之義也。不從含晚言來者，本不當含也。主書者，從含也。

三月，辛亥，葬我小君成風。

成風者何？僖公之母也。風，氏也，任、宿、顓臾之姓。

王使召伯來會葬。去天者，不及事，刺比失喪禮也。

夏，公孫敖如晉。

秦人入鄀。

秋，楚人滅六。

冬，十月，甲申，許男業卒〔二〇〕。

六年，春，葬許僖公。

夏，季孫行父如陳。

秋，季孫行父如晉。

八月，乙亥，晉侯讙卒。

冬，十月，公子遂如晉，葬晉襄公。書遂者，刺公生時數如晉，葬不自行，非禮也。禮，諸侯薨，使大夫弔，自會葬。

晉殺其大夫陽處父。

晉狐射姑出奔狄。

晉殺其大夫陽處父，則狐射姑曷爲出奔？据蔡殺其大夫公子燮，蔡公子履出奔楚，此非同姓，恐見及。射姑殺也。以非恐見及，知其殺。射姑殺，則其稱國以殺何？君漏言也。自上言泄下曰漏。其漏言奈何？君將使射姑將，謂作中軍大夫。陽處父諫曰：「射姑民衆不説，不可使將。」於是廢將。陽處父出，射姑入，君謂射姑曰：「陽處父言曰『射姑民衆不説，不可使將』。」射姑怒，出，刺陽處父於朝而走。明君漏言殺之，當坐殺也。易曰：「君不密，則失臣。臣不密，則失身。幾事不密，則害成。」

閏月不告月，猶朝于廟。

不告月者何？不告朔也。禮，諸侯受十二月朔政於天子，藏于大祖廟，每月朔朝廟，使大夫南面奉天子命，君北面而受之。比時使有司先告朔，慎之至也。受於廟者，孝子歸美先君，不敢自專也。言朝者，緣生以事死，親在，朝朝莫夕；已死，不敢瀆鬼神。故事必于朔者，感月始生而朝。曷爲不告朔？据俱月也。天無是月也。閏月矣，何以謂之天無是月？是月〔二一〕，非常月也。所在無常，故無政也。猶者何？通可以已也。朝者，因視朔政爾。無政而朝，故加「猶」。不言朔者，閏月無告朔禮也。不言公者，内事可知。

七年，春，公伐邾婁。

三月，甲戌，取須朐。

取邑不日，此何以日？据取叢也〔二二〕。内辭也，使若他人然。使若公春伐邾婁而去，他人自以甲戌日取之。内再取邑，然後甚而日也；今此一取而日，故使若他人然。所以深諱者，扈之盟不見序，并爲取邑故。

遂城郚。主書者，甚其生事困極師衆。

夏，四月，宋公王臣卒。不書葬者，坐殺大夫也。不日者，内娶略。

宋人殺其大夫。

何以不名？據宋殺其大夫山名。宋三世無大夫，三世内娶也。故使無大夫。

戊子，晉人及秦人戰于令狐，晉先眛以師奔秦〔二三〕。

此偏戰也，何以不言師敗績？據秦師敗績。敵也。俱無勝負。此晉先眛也，其稱人何？據奔無出文，知先眛也。貶。曷爲貶？據新築之戰，衞孫良夫敗績不貶。外也。其外奈何？以師外也。懷持二心，有功欲還，無功便持師出奔，故於戰貶之，起其以師外也。本所以懷持二心者，其咎亦由晉侯要以無功當誅也。不起者，敵而外，事可知也。何以不言出〔二四〕？據楚囊瓦俱戰而奔言出。遂在外也。起其生事成於竟外，從竟外去。

狄侵我西鄙。

秋，八月，公會諸侯、晉大夫盟于扈。

諸侯何以不序？大夫何以不名？序，次也。據新城盟，諸侯序、趙盾名。公失序也。公失序奈何？諸侯不可使與公盟，眣晉大夫使與公盟也〔二五〕。以目通指曰眣。文公内則欲久喪而後不能，喪娶逆祀，外則貪利取邑，爲諸侯所薄賤，不見序，故深諱爲不可知之辭。不日者，順諱爲善文也。

冬，徐伐莒。謂之徐者，前共滅王者後，不知尊先聖法度，今自先犯，文對事連，可以起同惡。莒在下，不得狄，故復狄徐也。一罪再狄者，明爲莒狄之爾。徐先狄，在僖十五年。

公孫敖如莒莅盟。

八年，春，王，正月。

夏，四月。

秋，八月，戊申，天王崩。

冬，十月，壬午，公子遂會晉趙盾盟于衡雍。

乙酉，公子遂會伊雒戎盟于暴〔二六〕。四日不能再出，不卒名者，非一事再見也。

公孫敖如京師，不至復。

丙戌，奔莒。

不至復者何？不至復者，内辭也，不可使往也。安居不肯行，故諱使若已行，但不至還爾。即已行，當道所至，乃言復，如至黄矣。不可使往，則其言如京師何？遂公意也。正其義，不使君命壅塞。何以不言出？據慶父言出奔。遂在外也。諱使若從外奔，不敢復還者也。日者，嫌敖罪明，則起君弱，故諱使若無罪。

螽。先是，公如晉，公子遂、公孫敖比出，不可使，勢奪於大夫，煩擾之應。

宋人殺其大夫司馬。

宋司城來奔。

司馬者何？司城者何？皆官舉也。皆以官名舉言之。天子有大司徒、大司馬、大司空，皆三公官名也。諸侯有司徒、司馬、司空，皆卿官也。宋變司空爲司城者，辟先君武公名也。曷爲皆官舉？據宋殺其大夫山不官舉。宋三世無大夫，三世内娶也。宋以内娶，故威勢下流，三世妃黨爭權相殺，司城驚逃、子哀奔亡，主或不知所任，朝廷久空，故但舉官起其事也。大夫相殺例皆時。

九年，春，毛伯來求金。

毛伯者何？天子之大夫也。何以不稱使？據南季稱使。當喪未君也。時王新有三年喪。踰年矣，何以謂之未君？據崩在八年，踰年當即位。即位矣，而未稱王也。未稱王，何以知其即位？以諸侯之踰年即位，亦知天子之踰年即位也。俱繼體，其禮不得異。以天子三年然後稱王，亦知諸侯於其封内三年稱子也。各信恩於其下。踰年稱公矣，則曷爲於其封内三年稱子？緣民臣之心，不可一日無君；緣終始之義，一年不二君，故君薨稱子某，既葬稱子，明繼體以繫民臣之心。不可曠年無君。故踰年稱公。緣孝子之心，則三年不忍當也。孝子三年志在思慕，不忍當父位，故雖即位，猶於其封内三年稱子。子張曰：「書云『高宗諒闇〔二七〕，三年不言』，何謂也？」孔子曰：「何必高宗，古之人皆然。君薨，百官總己以聽冢宰三年。」毛伯來求金何以書？譏。何譏爾？王者無求，求金，非禮也。然則，是王者與？據未稱王。曰：非也。非王者，則曷爲謂之王者？王者無求，曰：是子也，雖名爲三年稱子者，其實非唯繼父之位。繼文王之體，守文王之法度，文王之法無求，而求，故譏之也。引文王者，文王始受命，制法度。

夫人姜氏如齊。奔父母之喪也。不言奔喪者，尊内，猶不言朝聘也，故以致起得禮也。書者，大夫家危重。言如齊者，大夫繫國。

二月，叔孫得臣如京師。

辛丑，葬襄王。王者不書葬，此何以書？不及時書，過時書，重録失時。我有往者則書。謂使大夫往也，惡文公不自往，故書葬以起大夫會之。日者，僖公、成風之喪，襄王比加禮，故恩録之，所以甚責内。

晉人殺其大夫先都。

三月，夫人姜氏至自齊。出獨致者，得禮，故與臣子辭。月者，婦人危重，從始至例。

晉人殺其大夫士穀及箕鄭父。

楚人伐鄭。

公子遂會晉人、宋人、衛人、許人救鄭。

夏，狄侵齊。

秋，八月，曹伯襄卒。

九月，癸酉，地震。

地震者何？動地也。動者，震之故。傳先言動者，喻若物之動地以曉人也。何以書？記異也。天動地静者，常也。地動者，象陰爲陽行。是時，魯文公制於公子遂，齊、晉失道，四方叛德，星孛之萌自此而作，故下與北斗之變所感同也。不傳天下異者，從王内録可知。

冬，楚子使椒來聘〔二八〕。

椒者何？楚大夫也。楚無大夫，此何以書？始有大夫也。入文公所聞世，見升平法〔二九〕，内諸夏以外夷狄也。屈完、子玉得臣者，以起霸事。此其正也，聘而與大夫者，本大國。始有大夫，則何以不氏？据屈完氏。許夷狄者，不一而足也〔三〇〕。許，與也。足其氏，則當純以中國禮責之〔三一〕，嫌夷狄質薄，不可卒備，故且以漸。

秦人來歸僖公、成風之襚。

其言僖公、成風何？兼之。兼之，非禮也。禮主于敬，當各使一使，所以别尊卑。曷爲不言及成風？据及者别公、夫人尊卑文也。連成風者，但問尊卑體當絶，非欲上成風使及僖公。成風尊也。不可使卑及尊也。母尊序在下者，明婦人有三從之義：少繫父，既嫁繫夫，夫死繫子。

葬曹共公。

十年，春，王，三月，辛卯，臧孫辰卒。

夏，秦伐晉。謂之秦者，起令狐之戰，敵均不敗，晉先眛以師奔秦，可以足矣，而猶不知止，故夷狄之。

楚殺其大夫宜申。

自正月不雨，至于秋七月。公子遂之所招。

及蘇子盟于女栗〔三二〕。

冬，狄侵宋。

楚子、蔡侯次于屈貉。魯恐，故書，刺微弱也。

十有一年，春，楚子伐圈。

夏，叔彭生會晉郤缺于承匡。

秋，曹伯來朝。

公子遂如宋。

狄侵齊。

冬，十月，甲午，叔孫得臣敗狄于鹹。

狄者何？以日，嫌夷狄不能偏戰，故問也。長狄也。蓋長百尺。兄弟三人，言相類如兄弟。一者之齊，一者之魯，一者之晉。不書者，外異也。其之齊者，王子成父殺之。其之魯者，叔孫得臣殺之。經言敗，殺不明，故復云爾。則未知其之晉者也。其言敗何？據敗者內戰文，非殺一人也。大之也。長狄之三國，皆欲爲君，長大非一人所能討，興師動衆，然後殺之，如大戰，故就其事言敗。其日何？據日而言敗，與公子友敗莒師于犂同〔三〕，非殺一人文。大之也，如結日大戰。其地何？大之也。如大戰，故地。何以書？記異也。魯成就周道之封，齊、晉霸，尊周室之後。長狄之操，無羽翮之助，別之三國，皆欲爲君。此象周室衰，禮義廢，大人無輔佐，有夷狄行。事以三成，不可苟指一。故自宣、成以往，弑君二十八，亡國四十〔三四〕。

十有二年，春，王，正月，盛伯來奔。

盛伯者何？失地之君也。何以不名？兄弟辭也。與郜子同義。月者，前爲魯所滅，今來見歸，尤當加意厚遇之。

杞伯來朝。

二月，庚子，子叔姬卒。卒者，許嫁〔三五〕。

此未適人，何以卒？許嫁矣。婦人許嫁，字而笄之，死則以成人之喪治之。其稱子何？据伯姬卒，亦許嫁，不稱子。貴也。其貴奈何？母弟也。不稱母妹而繫先君言子者，遠別也。禮，男子不絕婦人之手，婦人不絕男子之手。

夏，楚人圍巢。

秋，滕子來朝。

秦伯使遂來聘〔三六〕。

遂者何？秦大夫也。秦無大夫，此何以書？賢繆公也。何賢乎繆公？据聘不足與大夫，荆人來聘是也。以爲能變也。其爲能變奈何？惟諓諓善竫言〔三七〕，諓諓，淺薄之貌。竫，猶撰也。俾君子易怠，俾，使也。易怠，猶輕惰也〔三八〕。而況乎我多有之？惟一介斷斷焉，無他技〔三九〕。一介，猶一槩。斷斷，猶專一也。他技，奇巧異端也〔四〇〕。孔子曰：「攻乎異端，斯害也已。」其心休休，休休，美大貌。能有容，能含容賢者逆耳之言。是難也。是難行也。秦繆公自傷前不能用百里子、蹇叔子之言，感而自變悔，遂霸西戎，故因其能聘中國，善而與之，使有大夫。子貢曰：「君子之過也，如日月之食焉。過也，人皆見之；更也，人皆仰之。」此之謂也。

冬，十有二月，戊午，晉人、秦人戰于河曲。

此偏戰也，何以不言師敗績？敵也。曷爲以水地？以水地者，謂以水曲折，起地遠近所在也。据戰于泓不言曲。河曲疏矣〔四一〕，河千里而一曲也。河曲疏，以据地明，故可以曲地。因以起二國之君數興兵相伐，戰無已時，故不言及、不別曲直，而地以河曲，明兩曲也。

季孫行父帥師城諸及運。書帥師者，刺魯微弱，臣下不可使，邑久不脩，不敢徒行，興師厲衆，然後敢城之。言及者，別君邑、臣邑也。

十有三年，春，王，正月。

夏，五月，壬午，陳侯朔卒。不書葬者，盈爲晉文諱也。晉文雖霸，彊會人孤以尊天子〔四二〕，自補有餘，故復盈爲諱。

邾婁子蘧篨卒〔四三〕。

自正月不雨，至于秋七月。公子遂所致。

世室屋壞。

世室者何？魯公之廟也。魯公，周公子伯禽。周公稱大廟，魯公稱世室，羣公稱宮。少差異其下者，所以上尊周公。此魯公之廟也，曷爲謂之世室？世室，猶世室也，世世不毁也。魯公，始封之君，故不毁也。周公何以稱大廟于魯？据魯公始封也。封魯公以爲周公也。爲周公故，語在下。周公拜乎前，魯公拜乎後。始受封時，拜于文王廟也。尚書曰「用命賞于祖」是也。父子俱拜者，明以周公之功封魯公也。曰：「生以養周公，生以魯國供養周公。死以爲周公主。」如周公死，當以魯公爲祭祀主。加「曰」者，成王始受其茅土之辭〔四四〕。禮記明堂位曰：「封周公於曲阜，地方七百里，革車千乘。」蓋以爲有王功，故半天子也。然則周公之魯乎？曰：不之魯也，封魯公以爲周公主〔四五〕。然則周公曷爲不之魯？据爲周公者，謂生以養周公，死以爲周公主。周公不之魯，則不得供養爲主。欲天下之一乎周也。周公聖人，德至重，功至大，東征則西國怨，西征則東國怨。嫌之魯，恐天下迴心趣鄉之，故封伯禽，命使遥供養，死則奔喪爲主，所以一天下之心于周室。魯祭周公，何以爲牲？据廟異也。周公用白牡，白牡，殷牲也。周公死，有王禮，謙不敢與文、武同也。不以夏黑牡者，嫌改周之文，當以夏辟嫌也。魯公用騂犅，騂犅，赤脊，周牲也。魯公以諸侯不嫌，故從周制，以脊爲差。羣公不毛。不毛，不純色，所以降于尊祖〔四六〕。魯祭周公，何以爲盛？据牲異也。周公盛，盛者，新穀。魯公燾，燾者，冒也，故上以新也。羣公廩。廩者，連新於陳上，財令半相連爾。此謂方祫祭之時，序昭穆之差。世室屋壞何以書？譏。何譏爾？久不脩也。簡忽久，不以時脩治，至令壞敗，故譏之。言屋者，重宗廟，詳録之。以不務公室不月者，知久不脩當蒙上月。

冬，公如晉。

衛侯會于沓〔四七〕。

狄侵衛。

十有二月，己丑，公及晉侯盟。

還自晉。鄭伯會公于斐〔四八〕。

還者何？善辭也。何善爾？往黨衛侯會公于沓，至，得與晉侯盟。反黨，鄭伯會公于斐，故善之也。黨，所也，所猶時〔四九〕，齊人語也。文公前扈之盟不見序，後能救鄭之難，不逆王者之求，上得尊尊之義，下得解患之恩，一出三爲諸侯所榮，故加録於其還時，皆深善之。

十有四年，春，王，正月，公至自晉。月者，爲臣子喜録上事。

邾婁人伐我南鄙。

叔彭生帥師伐邾婁。

夏，五月，乙亥，齊侯潘卒。不書葬者，潘立儲嗣不明，乍欲立舍，乍欲立商人，至使臨葬更相篡弑〔五〇〕，故絶其身，明當更立其先君之次。

六月，公會宋公、陳侯、衛侯、鄭伯、許男、曹伯、晉趙盾。

癸酉，同盟于新城。盟下日者，刺諸侯微弱，信在趙盾。

秋，七月，有星孛入于北斗。

孛者何？彗星也。狀如篲。其言入于北斗何？據大辰不言入，又不言孛名。北斗有中也。中者，魁中。何以書？記異也。孛者，邪亂之氣。篲者，掃故置新之象也〔五一〕。北斗，天之樞機玉衡，七政所出。是時，桓、文迹息，王者不能統政。自是之後，齊、晉並爭，吴、楚更謀，競行天子之事，齊、宋、莒、魯弑其君而立之應。

公至自會。

晉人納接菑于邾婁〔五二〕，弗克納。

納者何？入辭也。其言弗克納何？据言「于邾婁」與「納頓子于頓」同，俱入國得立辭。大其弗克納也。克，勝也。鄭伯以勝爲惡，此弗勝，故爲大。何大乎其弗克納？据伐齊納子糾恥不能納。晉郤缺帥師，革車八百乘，以納接菑于邾婁，力沛若有餘，沛，有餘貌。而納之。邾婁人言曰：「接菑，晉出也；貜且，齊出也。出，外孫也。子以其指，指，手指。則接菑也四，貜且也六。言俱不得天之正性。子以大國壓之，壓，服也，服邾婁使從命。則未知齊晉孰有之也？設齊復興兵來納貜且，亦欲服邾婁使從命，未知齊晉誰能使外孫有邾婁者。貴則皆貴矣。時邾婁再娶，二子母尊同體敵。雖然，貜且也長。」既兩不得正性，又皆貴，唯當以年長故立之。郤缺曰：「非吾力不能納也，義實不爾克也。」如邾婁人言，義不可奪也，故云爾。引師而去之，故君子大其弗克納也。大其不以己非奪人之是。此晉郤缺也，其稱人何？貶。曷爲貶？据趙鞅納蒯聵不貶。不與大夫專廢置君也。曷爲不與？据大其弗克納。實與，弗克納是。而文不與。文曷爲不與？大夫之義，不得專廢置君也。不復發「上無天子，下無方伯」傳者，諸侯本有錫命征伐憂天下之道，故明有亂，義大夫不得專也〔五三〕。接菑不繫邾婁者，見挈于郤缺也。不氏者，本當言邾婁接菑，見當國也。

九月，甲申，公孫敖卒于齊。已絶，卒之者，爲後齊脅魯歸其喪有恥，故爲内諱，使若尚爲大夫。

齊公子商人弑其君舍。

此未踰年之君也，其言弑其君舍何？据弑其君之子奚齊也。連名何之者，弑成君、未成君俱名，問例所從也。己立之，己殺之，商人本正當立，恐舍緣潘意爲害，故先立而弑之。成死者而賤生者也。惡商人懷詐無道，故成舍之君號，以賤商人之所爲。不解名者，言成君可知。從成君不日者，與卓子同。

宋子哀來奔。

宋子哀者何？無聞焉爾。

冬，單伯如齊。

齊人執單伯。

齊人執子叔姬。

執者曷爲或稱行人？或不稱行人？此問諸侯相執大夫所稱例。稱行人而執者，以其事執也。以其所銜奉國事執之，「晉人執我行人叔孫舍」是也。不稱行人而執者，以已執也。已者，已大夫，自以大夫之罪執之。分別之者，罪惡各當歸其本。單伯之罪何？道淫也。惡乎淫？淫乎子叔姬。時子叔姬嫁，當爲齊夫人，使單伯送之。然則曷爲不言「齊人執單伯及子叔姬」？據夫人婦姜繫公子遂。內辭也，使若異罪然。深諱使若各自以他事見執者。不書叔姬歸于齊者，深諱以起道淫。書單伯如齊者，起送叔姬也。齊稱人者，順諱文〔五四〕，使若非伯討。

十有五年，春，季孫行父如晉。

三月，宋司馬華孫來盟。月者，文公微弱，大夫秉政，宋亦蔽於三世之黨，二亂結盟，故不與信辭。不稱使者，宋無大夫，官舉者，見宋亂也。録華孫者，明惡一國〔五五〕，非以月惡華孫也〔五六〕。

夏，曹伯來朝。

齊人歸公孫敖之喪。

何以不言來？据齊人來歸子叔姬。內辭也。脅我而歸之，筍將而來也。筍者，竹箯，一名編輿，齊、魯以北名之曰筍。將，送也。爲叔姬淫，惡魯類，故取其尸置編輿中傳送而來，脅魯令受之，故諱不言來，起其來有恥，不可言來也。不月者，不以恩録，與子叔姬異。

六月，辛丑，朔，日有食之。鼓，用牲于社。是後，楚人滅庸，宋人弒其君處臼，齊人弒其君商人，宣公弒子赤，莒弒其君庶其。

單伯至自齊。大夫不致，此致者，喜患禍解也。不省去氏者，淫當絶，使若他單伯至也。

晉郤缺帥師伐蔡。

戊申，入蔡。

入不言伐，此其言伐何？至之日也。其日何？据「甲寅，齊人伐衛」日伐也。至之日也。嫌至日伐、不至日入，故日入也〔五七〕。主書，與「甲寅」同義。

秋，齊人侵我西鄙。

季孫行父如晉。

冬，十有一月，諸侯盟于扈。不序不日者，順上諱文，使若扈之盟都不可得而知。

十有二月，齊人來歸子叔姬。

其言來何？据齊人歸公孫敖之喪不言來。閔之也。閔傷其棄絶來歸。此有罪，何閔爾？父母之於子，雖有罪，猶若其不欲服罪然。孔子曰：「父爲子隱，子爲父隱，直在其中矣。」所以崇父子之親也。言齊人不以棄歸爲文者，令與敖同文相發明。叔姬于文公爲姊妹，言父母者，時文公母在，明孝子當申母恩也。月者，閔録之，從無罪例。

齊侯侵我西鄙，遂伐曹，入其郛。

郛者何？恢郭也。恢，大也。郭，城外大郭。入郛書乎？曰：不書。圍不言入，入郛是也〔五八〕。入郛不書，此何以書？動我也。諱使若爲同姓見入郛，故動懼我也。動我者何？內辭也，其實我動焉爾。齊侵魯，魯實爲子叔姬故，動懼失操云爾。鄉者不去，幾亦入我郛，故舉入郛以起魯恥，且明兵之所鄉，苟得其罪，則莫敢不懼。

十有六年，春，季孫行父會齊侯于陽穀，齊侯弗及盟。其言弗及盟何？據序上會也。連盟何者，嫌據盟。不見與盟也。與齊期盟，爲叔姬故。中見簡賤，不見與盟，侮辱有恥，故諱使若行父會而去，齊侯不及得與盟，故言齊侯弗及，亦所以起齊侯不肯。

夏，五月，公四不視朔。視朔說在六年。不舉不朝廟者，禮，月終于廟先受朔政，乃朝，明王教尊也。朝廟，私也，故以不視朔爲重。常以朔者，重始也。公曷爲四不視朔？據無事也。公有疾也。以不諱舉公，知有疾，公有疾，乃復舉公是也。何言乎公有疾不視朔？據有疾無惡也。自是，公無疾不視朔也。有疾，無惡，不當書。又不言有疾者，欲起公自是無疾不視朔也。然則，曷爲不言公無疾不視朔？有疾，猶可言也；無疾，不可言也。言無疾，大惡，不可言也。是後，公不復視朔，政事委任公子遂。

六月，戊辰，公子遂及齊侯盟于犀丘。

秋，八月，辛未，夫人姜氏薨。

毀泉臺。

泉臺者何？郎臺也。莊公所築臺于郎，以郎譏臨民之漱浣。郎臺則曷爲謂之泉臺？未成爲郎臺，未成時，但以地名之。既成爲泉臺。既成，更以所置名之。毀泉臺何以書？譏。何譏爾？築之譏，毀之譏。先祖爲之，已毀之，不如勿居而已矣。但當勿居，令自毀壞，不當故毀，暴揚先祖之惡也。築、毀譏同，知例皆時。

楚人、秦人、巴人滅庸。

冬，十有一月，宋人弑其君處臼。

弑君者曷爲或稱名氏？或不稱名氏？大夫弑君稱名氏，賤者窮諸人。賤者，謂士也，士正自當稱人。大夫相殺稱人，賤者窮諸盜。降大夫使稱人、降士使稱盜者，所以別死刑有輕重也。無尊上、非聖人、不孝者斬首梟之，無營上犯軍法者斬要，殺人者刎脰[五九]，故重者録，輕者略也。不日者，内娶略賤之。

十有七年，春，晉人、衛人、陳人、鄭人伐宋。

夏，四月，癸亥，葬我小君聖姜。

聖姜者何？文公之母也。

齊侯伐我西鄙。

六月，癸未，公及齊侯盟于穀。

諸侯會于扈。

秋，公至自穀。

冬，公子遂如齊。

十有八年，春，王，二月，丁丑，公薨于臺下。

秦伯罃卒。秦繆公也〔六〇〕。至此卒者，因其賢。

夏，五月，戊戌，齊人弑其君商人。商人，弑君賊，復見者，與大夫異。齊人已君事之，殺之，宜當坐弑君。

六月，癸酉，葬我君文公。

秋，公子遂、叔孫得臣如齊。不舉重者，譏魯猥使二大夫出，虚國家、廢政事，重録内也。

冬，十月，子卒。

子卒者孰謂？謂子赤也。何以不日？据子般卒日。隱之也。何隱爾？弑也。弑則何以不日？据子般卒日。不忍言也。所聞世，臣子恩痛王父深厚，故不忍言其日，與子般異。

夫人姜氏歸于齊。歸者，大歸也。夫死、子弑、賊人立，無所歸留，故去也。有去道，書者，重絶不復反。

季孫行父如齊。

莒弑其君庶其。稱國以弑何？据莒人弑其君密州。稱國以弑者，衆弑君之辭。一人弑君，國中人人盡喜，故舉國以明失衆，當坐絶也。例皆時者，略之也。

春秋公羊卷第五〔六一〕

【校勘記】

〔一〕含，余本同。釋文「本又作唅」。案含字爲正，説見隱公元年校記。

〔二〕他，余本同，疏本作佗。案「他」字是。解詁人名皆作「佗」，他人他事則寫作「他」。

〔三〕一，各本同，疑當作「壹」。説詳今本解詁通用字考。

〔四〕髡，原作「髠」，余本、宋小字本同。阮氏挍勘記云：「從几，非。」案説文髡字從兀不從几，阮説可從，據唐石經改。

〔五〕衙，諸本同。釋文：「本或作牙。」別無佐證，不能定。

〔六〕愍，諸本同。案當作「閔」，解詁通書用閔不用愍，下注云「閔其衆」可證。説詳今本解詁通用字考。

〔七〕親，余本同。阮氏挍勘記云：「穀梁疏引作『見』，此作『親』，誤。」案阮氏據穀梁疏立論，固備一説，然非定論。

〔八〕猶安神也用桑者，余本同。阮氏挍勘記云：「穀梁疏引作『虞，猶安也』，無神字，此衍。『用桑者』下有『桑猶喪也』四字。○按用桑者上，穀梁有『虞主』二字。」案疏之引書，不盡與原文同。阮氏據疏以定衍奪，不敢必也。

〔九〕藏于廟室中常所當奉事也質家藏于堂，阮挍標注云「藏于廟室中當所當奉事也」，乃據十行本。其挍云：「閩、監本同。毛本上『當』作堂，宜據正。儀禮經傳通解上『當』作『常』，鄂本下『當』作『常』，皆誤。○按當作『藏於廟中堂，所常奉事也。質家藏於室』，蓋各本有誤，俟再攷。」孫校云：「此當從鄂本，謂藏於廟室，當常奉事。以別於桑主不藏而埋之也。阮説並誤。」案儀禮經傳通解所引，與此本及余本同，不誤，鄂本亦不可從。

〔一〇〕晉，余本誤作「陽」。

〔一一〕斂，唐石經同，余本、鄂本、宋小字本作歛。案説文斂「从攴、僉聲」，宜以斂字爲正。

〔一二〕躋，諸本同。釋文出「隮僖」云：「本又作躋。」案説文不收隮字，足部：「躋，登也。」今此傳云「躋者何？升也」，與許説同。又疏文數引傳文皆作躋，無作隮者，則解詁原本當作躋，陸氏所見「又本」是。

〔一三〕又，原作「文」，據余本改。案疏本亦作「又」。

〔一四〕娶，諸本同。釋文出「喪取」云：「本亦作娶。」案解詁原本當作娶字。説詳今本解詁通用字考。

〔一五〕螽，諸本咸同，恐非。案説文「螽，蝗也。从䖵、夂聲。螺，螽或从虫衆聲」，是螺乃螽之或體。今本解詁，除此經傳注四見螽外，其餘十九見皆作螺。下注云「螺，猶衆也」，何氏取聲形爲詁，蓋可想見解詁原本即作螺字。漢石經寫作蠢，乃螺之異體，可爲旁證。張參五經文字云：「螽螺，二同，並音終，見春秋傳。」此非何氏家法，解詁原本或作螺，或作蠢，「螽」字蓋後人傳寫改易。

〔一六〕而墜，諸本同。釋文作「而隊」。案莊公七年注云「星霣未墜」，釋文亦標「墜」字。且今本注文皆寫作墜字，無作隊者，明解詁原本寫作「墜」。

〔一七〕空，余本同。阮氏挍勘記云：「鄂本空作虚，此誤。」案阮説可商。文公九年注亦云「朝廷久空」，與此同，明「空」字不誤。

〔一八〕何，余本同，唐石經作河。李富孫云：「詩『景員維河』，箋云：河之言何也。釋文：本或作何。是二字古同用。」案今本傳注無有借河爲何者，何氏原本作「何」明矣，不得據二字同用爲説，唐石經誤。

〔一九〕甯俞，唐石經、余本、宋小字本同。阮氏挍勘記云：「唐石經、諸本同。解云：正本作速字，故賈氏云公羊曰甯速。經義雜記曰：賈氏所據公羊作甯速，即徐所謂正本是也。後人依左、穀改之。釋文『甯俞，音餘』，已同今本矣。」案即如徐彦所云作「速」者，解詁原本亦當寫作「遫」，不當作「速」。若然，似「俞」字爲勝。

〔二〇〕業，唐石經、余本同，漢石經作鄴。徐疏云：「正本『業』作『辛』字。」據石經鄴字，知「辛」字誤。解詁或作業，或作鄴，不作辛。

〔二一〕是月，余本奪此二字。阮氏挍勘記云：「唐石經、鄂本皆疊『是月』二字，此脱。」案阮説是。

〔二二〕叢，諸本同。阮氏挍勘記云：「解云考諸舊本，叢皆作闞，若作叢，非其義，且彼叢字多作鄒。按此當從舊本作闞。」案阮説可從。注云「内再取邑，然後甚而日也」者，謂隱公十年辛未取郜，辛巳取防，彼注云「据取闞不日」，是以取闞爲比，注云「今此一取而日」，宜亦以闞爲比，舊本作闞是也。

〔二三〕晉先眜以師奔秦，眜，原誤作「眛」，唐石經、余本同誤。釋文、宋小字本作「眛」，亦誤。説見隱公元年校記。又今本左、穀二家經無「以師」二字，疑解詁原本亦無「以師」二字。何者？此傳云「何以不言出」，何注據囊瓦爲説。考經「楚囊瓦出奔鄭」，與此經相比，一書奔，一書出奔，是其異也。設若經書「晉先眜以師奔秦」，既有「以師」二字，則傳家不宜發傳曰「何以不言出」，注亦不宜以囊瓦爲比。惟經書「晉先眜奔秦」，與囊瓦之經相比，少一「出」字，故傳以「何以不言出」發問，注則以囊瓦爲比。且據漢石經殘字推排，亦多今本二字，然則，此經蓋涉下傳而衍「以師」二字。朱駿聲春秋三家異文覈云：「先蔑無帥師事，『以師』二字衍文也。」是。

〔二四〕出，宋小字本誤作「世」。

〔二五〕眣，原作「眣」，余本、宋小字本同，誤。釋文出「眣晉」云：「本又作眣，丑乙反，又大結反，以目通指曰眣。本又作睽，音同。字書云：眣，瞚也。以忍反。」亦誤作眣。案說文不收眣字，目部眣字云：「目不從正也，從目，失聲。」張參五經文字云：「眣，式甚反，又音舜，以目通也。見春秋傳。」目不從正之「眣」，非以目通指之「眣」，眣與眣義異字殊。段玉裁云：「開成石經公羊二皆作眣。疑此字从矢，會意。从失者，其譌體。」此說深具識見。又，成公二年傳云「郤克眣魯、衛之使」，唐石經與此本並作「眣」，正以目通指之義。以彼證此，蓋眣是解詁原本之字。

〔二六〕暴，諸本同。釋文：「本又作曝。」案說文「暴，晞也，從日出収米」，則曝乃後出之字。注云「久暴其師」「暴揚先祖之惡」「暴桑，蒲蘇桑」等，可見解詁原本作暴不作曝。又，伊雒，二家經無伊字，據漢石經殘字推排，此行多一字，似蔡邕本亦無「伊」字，不知解詁原本何如也。

〔二七〕諒，余本作「涼」，釋文亦作涼。

〔二八〕椒，諸本同。釋文：「一本作萩。」案穀梁作萩，左氏作椒，疑椒是解詁原字。

〔二九〕見升平法，余本同。齊召南考證云：「見治升平，監本訛作『見升平法』，今依閣本改正。」案疏本即作

「見治升平」，不知齊氏所見閣本爲何本。

〔三〇〕一，諸本同。阮氏挍勘記云：「浦鏜云：壹誤一。按唐石經、諸本皆作一。」案「一」字是，説詳今本解詁通用字考。

〔三一〕貴，余本同。阮氏挍勘記云：「鄂本貴作責，此誤。」案阮説可商。傳云「許夷狄」，則以「貴」字爲長，謂許夷狄者，稱名即可，不必如中國禮稱氏爲貴。

〔三二〕女，諸本同，釋文：「本亦作汝。」案「汝」字非，解詁用女不用汝。隱公三年傳云「不若愛女」，又注云「爾，女也」，是其證。

〔三三〕于犂，原脱，據余本補。阮氏挍勘記云：「鄂本無『于犂』，非也。按釋文出『于犂』二字。」案阮説是。

〔三四〕弑君二十八亡國四十，余本同。阮氏挍勘記云：「解云：宜云弑君二十也，八是衍字。亡國二十四也，作四十者錯也。」案徐疏非是。何注乃據緯書之説，不宜坐實弑君、亡國之數。説詳今本解詁弑殺異文考。

〔三五〕卒者許嫁，余本同。徐疏云：「舊本皆無此注。」案舊本是也。傳既云「何以卒？許嫁矣」，若於此經下更出注云「卒者，許嫁」，乃與傳意複，非注例。

〔三六〕使遂，諸本同。徐疏云：「左氏、穀梁皆作術字，經亦有作術字者，疑遂字無。」別無佐證，未知孰是。

〔三七〕惟諓諓善竫言，余本、宋小字本同。阮氏挍勘記云：「諸本同，唐石經缺。釋文『諓，尚書作截。竫，或作諞，本作諓。』九經古義云：説文引書戔戔巧言，李尋傳云『昔秦穆公説諓諓之言，任仡仡之勇』。王逸楚辭章句引書云諓諓靖言，靖與竫同。」阮氏於此不作案斷。案注云諓諓，則解詁原本當作諓不作截，漢石經亦寫作諓。又，何氏注竫字云「猶撰也」，可知解詁原本不作諓字。至於諞字，説文云：「諞，便巧言也，从言扁聲。論語曰『友諞佞』。」今注文亦引論語「友便佞」，是用便不用諞。然則，何氏用竫字，陸氏所見諞、諓者，非解詁用字可知。

〔三八〕輕惰，余本同。阮氏挍勘記云：「釋文作輕隋。」案惰字是。何休用惰字例，如輕惰，解惰，皆不敬之意。用隋字，則借作墮，如隋水、隋地。此輕惰不得寫作輕隋。

〔三九〕無他，各本同。阮氏挍勘記云：「唐石經、諸本同。釋文作佗技。」案解詁原本當作他，不作佗。何注云「無他深淺意也」「平居無他卓佹」「以奔無他義」，皆作他字。又傳文「他人」，亦可證。

〔四〇〕奇，諸本同。釋文：「本又作琦。」案諸經注皆寫作奇，無作琦者，解詁原本當作奇。

〔四一〕曲蹠，諸本同。阮氏挍勘記云：「唐石經、諸本同。爾雅釋水『百里一小曲，千里一曲一直』，注引公羊傳曰：『河曲流，河千里一曲一直也。』蹠云：『此注以蹠爲流，又加一直字，誤也。』按郭氏所據公羊，不與何本同，何本作蹠不作流也。○按此是流字，鄂本、唐石經等作蹠，乃譌字耳。邢昺所據已譌。」案此當作蹠字，阮氏前挍是，後挍非。傳意河千里方一曲，故云曲蹠，以其曲蹠，故可爲標識，是以注云「以据地」。若作流字，則千里方一曲，不得云「曲流」。郭注引云「河曲流」，知彼所見本作「流」不作「泝」。以曲蹠、曲流形相近，則何氏本蓋用「流」字，不用「泝」字。

〔四二〕彊，余本誤脱。

〔四三〕蘧，各本同，釋文作籧。案當以籧字爲正。考張參五經文字云「籧作蘧，訛」，且竹部亦收篨字，是張參以爲當作籧篨。然寫刻石經之人未必全依張參字樣，故此蘧字從艸不從竹。然定公十五年經「次于籧篨」，字則從竹，諸本皆同。依何氏用字之例，凡人名地名之用字，皆前後一貫。今以釋文作籧字，定十五年唐石經又寫作籧篨，頗疑此蘧字乃籧字之譌，解詁原本當作籧篨。

〔四四〕受，余本同。阮氏挍勘記云：「浦鏜云：受當作授，字誤。」

〔四五〕主，諸本同，蓋涉上文「死以爲周公主」而衍。案王引之經義述聞云：「上文封魯公以爲周公，兼生養、死祭言之，非專指爲祭主一事也。且爲周公主，爲字讀平聲；封魯公以爲周公，爲字讀去聲。此文封魯公以爲周公，是復述上文之詞，若於『爲周公』下加一主字，則謬以千里矣。自唐石經始衍主字，而各本遂沿其誤。定四年左傳正義引此無主字。」此説可謂極於毫芒。

〔四六〕于，余本同。阮氏挍勘記云：「盧文弨曰：于當作子。按此本疏中作降子尊祖。」案盧説可從。

〔四七〕會于沓，諸本同。二家經「會」下有「公」字。依漢石經殘字推排，亦宜有「公」字。以文理言之，「衞侯會于沓」，不知衞侯所會者何人，嫌意不明。下經「鄭伯會公于斐」，有「公」字，可參證。

〔四八〕斐，諸本同。釋文云：「本又作棐。」案經文但見斐字，用於專名，不見棐字，疑解詁原本即作斐字。

〔四九〕猶，原作「由」，據余本改。

〔五〇〕簒弑，余本同。釋文作「簒殺」云：「申志反。」案解詁原本作弑不作殺。説詳今本解詁弑殺異文考。

〔五一〕掃，余本同。案宣公十八年注「埽地曰墠」、哀公十四年注「埽旦置新」，皆作埽，則此「掃」字蓋後人改易，解詁原本當作埽字。

〔五二〕接菑，諸本同。宋刻單行本經典釋文及此本、余本所附釋文，俱標「捷菑」云：「二傳作捷菑。」案當以接字爲正。莊公十二年經「宋萬弑其君接」，僖公三十二年經「鄭伯接」，釋文並曰：「二傳作捷。」然則公羊作「接」可知。今此經書接菑，釋文既云「二傳作捷菑」，明陸德明所據本即作接菑。是以諸宋本釋文作「捷菑」者，乃傳寫之誤。自閩本改釋文「捷菑」爲「接菑」，始得釋文舊貌。

〔五三〕義，原脱，據余本補。

〔五四〕順，原脱，據余本補。

〔五五〕一，余本初刻同，重脩本改作「二」。案當以「一」字爲勝，注意經書月者，乃惡宋、魯結盟，非惡華孫。經書「宋司馬華孫來盟」而不書「宋公使華孫來盟」，既不稱使，又書司馬，乃違大夫不官舉之例，是宋國之亂明矣，故云「録華孫者，明惡一國」。若作「二」字，則兼惡魯國，然兼惡魯國，乃以書月見義。此書「録華孫」者，獨惡宋也。

〔五六〕月，原作「日」，據余本改。

〔五七〕日，原作「曰」，誤，余本、鄂本同誤。阮氏挍勘記云：「閩、監、毛本作日。」案作「日」是。

〔五八〕圍不言入入郛是也，余本同。徐疏云：「案諸舊本，此傳之下悉皆無注，有注云『圍不言入，入郛是也』者，衍字耳。」案徐疏是。莊公十年傳云「圍不言戰，入不言圍」，此云「圍不言入」，與傳違，故知衍文。

〔五九〕脰，余本同。釋文出「頭」云：「本又作脰。」案宣公六年傳云：「刎頸而死。」何注：「勇士自斷頭。」莊公十二年傳云「絶其脰」，注：「脰，頸也。」傳云刎頸，注言斷頭，無有作刎頭者，當以脰字爲正。

〔六〇〕繆，各本俱誤作「穆」。案何氏用字之例，凡昭穆用穆字，凡謚法用繆字，下注云秦繆公，可證。説詳今本解詁通用字考。

〔六一〕第五，原作「第六」，余本同，據唐石經改。又，此行下有小字二行：「經三千五百三十六字，注五千八百一十七字。」

春秋公羊經傳解詁宣公第七

何休 學

元年，春，王，正月，公即位。

繼弒君不言即位，此其言即位何？其意也〔一〕。桓公篡成君，宣公篡未踰年君，嫌其義異，故復發傳。

公子遂如齊逆女。譏喪娶，復書不親迎者，嫌觸諱不成其文也。有母言如者，緣内諱，無貶公文。

三月，遂以夫人婦姜至自齊。

遂何以不稱公子？一事而再見者，卒名也。卒，竟也，竟但舉名者，省文。夫人何以不稱姜氏？据僑如以夫人婦姜氏至自齊也。經有姜，不但問不稱氏者，嫌据夫人氏，欲使去姜。貶。曷爲貶？据俱至也。譏喪娶也。喪娶者，公也，則曷爲貶夫人？据師還也。内無貶于公之道也。明下無貶上之義。内無貶于公之道，則曷爲貶夫人？据俱有諱義。夫人與公一體也。恥辱與公共之。夫人貶，則公惡明矣。去氏比於去姜差輕，輕可言〔二〕，故不諱貶夫人。**其稱婦何？**據桓公夫人至不稱婦。**有姑之辭也。**有姑，當以婦禮至；無姑，當以夫人禮至，故分别言之。言「以」者，見行遂意也，見繼重在遂，因遠别也。月者，公不親迎，危録之例也。

夏，季孫行父如齊。

晉放其大夫胥甲父于衛。放之者何？猶曰：**無去是云爾。**是，是衛。**然則何言爾？近正也。此其爲近正奈何？古者大夫已去，三年待放，**古者刑不上大夫，蓋以爲摘巢毁卵，則鳳皇不翔；刳胎焚夭，則麒麟不至。刑之，則恐誤刑賢者，死者不可復生，刑者不可復屬，故有罪放之而已，所以尊賢者之類也。三年者，古者疑獄三年而後斷，易曰「繫用徽墨，寘於叢棘，三歲不得，凶」是也。自嫌有罪當誅，故三年不敢去。**君放之，非也。**曰「無去是」非也。**大夫待放，正也。**聽君不去，衛正也[三]。**古者臣有大喪，則君三年不呼其門。**重奪孝子之恩也。禮，父母之喪，三年不從政；齊衰、大功之喪，三月不從政。故孔子曰：「夏后氏三年之喪，既殯而致事；殷人既葬而致事；周人卒哭而致事。君子不奪人之親，亦不可奪親也。」**已練，可以弁冕，**此説時衰正失[四]，非謂禮當然。弁，禮所謂皮弁、爵弁也。皮弁，武冠；爵弁，文冠。夏曰收，殷曰冔，周曰弁，加旒曰冕，主所以入宗廟。**服金革之事。**謂以兵事使之。**君使之，非也。**非古道也。臣行之，禮也。臣順君命，亦禮也。此與君放之非、臣待君放正同，故引同類相發明。閔子閔子騫，以孝聞。要經而服事，禮，已練〔五〕，男子除乎首，婦人除乎帶。既而曰：「若此乎，古之道不即人心。」既，事畢。言古者，不敢斥君。即，近也。退而致仕。退，退身也。致仕，還禄位于君。孔子蓋善之也。善其服事，外得事君之義；致仕，内不失親親之恩。言古者，又孫順不訕其君也。不言君子者，時賢者多以爲非，唯孔子以爲是。

公會齊侯于平州。

公子遂如齊。

六月，齊人取濟西田。

外取邑不書，此何以書？据曹取之不書。所以賂齊也。魯所以賂遺齊，故稱人，共國辭。曷爲賂齊？据上無戰伐，無所謝。爲弑子赤之賂也。子赤，齊外孫，宣公篡弑之，恐爲齊所誅，爲是賂之。故諱使若齊自取之者，亦因惡齊取篡者賂，當坐取邑。未之齊，坐者，由律行言許受賂也。月者，惡内甚于邾婁子益。

秋，邾婁子來朝。

楚子、鄭人侵陳，遂侵宋。微者不得言遂，遂者，楚子之遂也。不從鄭人去遂者，兵尊者兼將。

晉趙盾帥師救陳。

宋公、陳侯、衞侯、曹伯會晉師于斐林伐鄭。

此晉趙盾之師也。據上趙盾救陳，微者不能會諸侯。曷爲不言趙盾之師？據公子遂會晉趙盾于衡雍，伊雒戎盟再出名氏。君不會大夫之辭也。時諸侯爲趙盾所會，不與卑致尊，故正之。去大夫名氏，使若更有師也。殊會地之者，起諸侯爲盾所會。

冬，晉趙穿帥師侵柳。

柳者何？天子之邑也。天子之間田也，有大夫守之。晉與大夫忿爭，侵之。曷爲不繫乎周？據「王師敗績于貿戎」繫王。不與伐天子也。絶正其義，使若兩國自相伐。

晉人、宋人伐鄭。

二年，春，王，二月，壬子，宋華元帥師及鄭公子歸生帥師戰于大棘，宋師敗績，獲宋華元。復出宋者，非獨惡華元，明恥辱及宋國。

秦師伐晉。秦稱師者，閔其衆，惡其將。本秦之忿，起殽之戰。今襄公、繆公已死，可以止矣，而復伐晉，惡其構怨結禍無已。

夏，晉人、宋人、衞人、陳人侵鄭。

秋，九月，乙丑，晉趙盾弑其君夷獋。

冬，十月，乙亥，天王崩。匡王。

三年，春，王，正月，郊牛之口傷，改卜牛，牛死，乃不郊，猶三望。其言之何？据食角不言「之」。緩也。辭間容「之」，故爲緩，不若「食角」急也。别天牲，主以角。書者，譏宣公養牲不謹敬，不絜清而災，重事至尊，故詳録其簡甚。曷爲不復卜？据定十五年牛死，改卜牛。養牲養二卜，二卜，語在下。帝牲不吉，帝，皇天大帝，在北辰之中，主揔領天地五帝羣神也。不吉者，有災。則扳稷牲而卜之。先卜帝牲養之，有災，更引稷牲卜之以爲天牲，養之，凡當二卜爾，復不吉，不復郊。帝牲在于滌三月，滌，宫名，養帝牲三牢之處也。謂之滌者，取其蕩滌絜清。三牢者，各主一月，取三月一時，足以充其天牲。於稷者，唯具是視。視其身體具無災害而已，不特養于滌宫，所以降稷尊帝。郊則曷爲必祭稷？据郊者主爲祭天。王者必以其祖配。祖謂后稷，周之始祖，姜嫄履大人迹所生。配，配食也。王者則曷爲必以其祖配？据方父事天。自内出者，無匹不行。匹，合也，無所與會合，則不行。自外至者，無主不止。必得主人乃止者，天道闇昧，故推人道以接之。不以文王配者，重本尊始之義也。故孝經曰：「郊祀后稷以配天，宗祀文王於明堂以配上帝。」上帝〔六〕，五帝，在大微之中，迭生子孫，更王天下。書改卜者，善其應變得禮〔七〕。

葬匡王。

楚子伐賁渾戎。

夏，楚人侵鄭。

秋，赤狄侵齊。

宋師圍曹。

冬，十月，丙戌，鄭伯蘭卒。

葬鄭繆公。葬不月者，子未三年而弒，故略之。

四年，春，王，正月，公及齊侯平莒及郯，莒人不肯。

公伐莒，取向。

此平莒也，其言不肯何？据取汶陽田不言棘不肯。辭取向也。爲公取向作辭也。恥行義爲利，故諱使若莒不肯聽公平〔八〕，伐取其邑以弱之者愈也。莒言及者，明非莒不肯起其平也。書齊侯者，公不能獨平也。月者，惡録之。

秦伯稻卒。

夏，六月，乙酉，鄭公子歸生弒其君夷。

赤狄侵齊。

秋，公如齊。

公至自齊。

冬，楚子伐鄭。

五年，春，公如齊。

夏，公至自齊。

秋，九月，齊高固來逆子叔姬。

叔孫得臣卒。不日者，知公子遂欲弒君，爲人臣知賊而不言，明當誅。

冬，齊高固及子叔姬來。

何言乎高固之來？據當舉叔姬爲重，大夫私事不當書。言叔姬之來，而不言高固之來，則不可。禮，大夫妻歲一歸宗。叔姬屬嫁而與高固來，如但言叔姬來而不言高固來，則魯負教戒重，不可言，故書高固，明失教戒重在固。言及者，猶公及夫人。子公羊子曰：「其諸爲其雙雙而俱至者與？」言其雙行匹至，似於鳥獸。

楚人伐鄭。

六年，春，晉趙盾、衛孫免侵陳。

趙盾弑君，此其復見何？據宋督、鄭歸生、齊崔杼弑其君，後不復見。親弑君者，趙穿也。復見趙盾者，欲起親弑者趙穿，非盾。親弑君者趙穿，則曷爲加之趙盾？不討賊也。何以謂之不討賊？據皆去葬〔九〕、不加弑。晉史書賊曰：「晉趙盾弑其君夷獋。」趙盾曰：「天乎！無辜。辜，罪也。呼天告冤。吾不弑君，誰謂吾弑君者乎？」史曰：「爾爲仁爲義，人弑爾君，而復國不討賊，此非弑君如何？」復，反也。趙盾不能復應者，明義之所責，不可辭。趙盾之復國奈何？靈公爲無道，使諸大夫皆内朝，禮，公族朝於内朝，親親也，雖有貴者〔一〇〕，以齒，明父子也。外朝以官，體異姓也。宗廟之中，以爵爲位，崇德也。宗人授事以官，尊賢也。升餕受爵以上嗣，尊祖之道也。喪紀以服之精麤爲序〔一一〕，不奪人之親也。然後處乎臺上，引彈而彈之，已趨而辟丸，已，已諸大夫也。是樂而已矣。以是爲笑樂。趙盾已朝而出，與諸大夫立於朝，有人荷畚〔一二〕，荷，負也。畚，草器，若今市所量穀者是也。齊人謂之鍾。自閨而出者，宮中之門謂之闈，其小者謂之閨。從内朝出，立于外朝。見出閨者，知外朝在閨外，内朝在閨内可知。趙盾曰：「彼何也？夫畚曷爲出乎閨？」彼何者，始怪何等物之辭，熟視，知其爲畚。乃言「夫畚」者，賤器，何故乃出尊者之閨乎？呼之不至，怪而呼，欲問之。曰：「子，大夫也，欲視之，則就而視之。」顧君責已以視人，欲以見就爲解也。古者士大夫通曰子。趙盾就而視之，則赫然死人也。赫然，已支解之貌。趙盾曰：「是何也？」曰：「膳宰也。主宰割殽膳者，若今大官宰人。支解，將使我棄之。」熊蹯不熟，蹯，掌。公怒，以斗摮而殺之，摮，猶擊也，摮，謂旁擊頭項。趙盾曰：「嘻。」趨而入。靈公望見趙盾，愬而再拜，愬者，驚貌。禮，臣拜，然後君荅拜。靈公先拜者，畚出盾入，知其欲諫，欲以敬拒之，使不復言也。禮，天子爲三公下階，卿前席，大夫興席，士式几。趙盾逡巡北面，再拜稽首，頭至地曰稽首，頭至手曰拜手。趨而出。本欲諫君，君以拜謝，知己意，冀當覺悟〔一三〕，故出。靈公心怍焉，怍，慙貌，慙盾知己過。欲殺之，於是使勇士某者往殺之。某者，本有姓字，記傳者失之。勇士入其大門，則無人門焉者〔一四〕；入其閨，則無人閨焉者；焉者，於也，是無人於閨門守視者也。上其堂，則無人焉。但言「焉」，絶語辭。堂不設守視人，故不言「焉者」〔一五〕。俯而闚其户，俯，俛頭。户，室户。方食魚飧〔一六〕。勇士曰：「嘻！子誠仁人也。吾入子之大門，則無人焉；入子之閨，則無人焉；上子之堂，則無人焉；是子之易也。易，猶省也。子爲晉國重卿，而食魚飧，是子之儉也。君將使我殺子，吾不忍殺子也。雖然，吾亦不可復見吾君矣。」負君命也。遂刎頸而死。勇士自斷頭也。傳極道此者，明約儉之衞甚於重門擊柝〔一七〕。孔子曰：「禮，與其奢，寧儉。」此之謂也。靈公聞之，怒，滋欲殺之甚。滋，猶益也。衆莫可使往者。於是伏甲于宫中，召趙盾而食之。趙盾之車右祁彌明者，國之力士也。禮，大夫驂乘，有車右，有御者。仡然從乎趙盾而入，仡然，壯勇貌。放乎堂下而立。嫌靈公復欲殺盾，故入以爲意。禮器記曰：「天子堂高九尺，諸侯七尺，大夫五尺，士三尺。」趙盾已食，靈公謂盾曰：「吾聞子之劍，蓋利劍也，子以示我，吾將觀焉。」授君劍，當拔而進其首，靈公因欲以推殺之。趙盾起，將進劍，祁彌明自下呼之曰：「盾食飽則出，何故拔劍於君所？」趙盾知之，由人曰知之，自己知曰覺焉。躇階而走〔一八〕。躇，猶超遽不暇以次〔一九〕。靈公有周狗，周狗，可以比周之狗，所指如意。謂之獒，犬四尺曰獒。呼獒而屬之，獒亦躇階而從之。祁彌明逆而踆之，以足逆躪曰踆。絶其頷。頷，口。趙盾顧曰：「君之獒，不若臣之獒也！」然而宫中甲鼓而起。甲，即上所道伏甲，約勒，聞鼓聲，當起殺盾。有起于甲中者，抱趙盾而乘之。欲趨疾走〔二〇〕。趙盾顧曰：「吾何以得此于子？」猶曰：吾何以得此救急之恩於子邪？非所以意悟。曰：「子某時所食活我于暴桑下者也。」某時者，記傳者失之。暴桑，蒲蘇桑。傳道此者，明人當素積恩德。趙盾曰：「子名爲誰？」後欲報之。曰：「吾君孰爲介？介，甲也。猶曰：我晉君誰爲興此甲兵，豈不爲盾乎？子之乘矣，何問吾名？」之乘，即上車也。猶曰：子已上車矣，何不疾去而反徐問吾名乎？欲令蚤免去〔二一〕，不望報也〔二二〕。趙盾驅而出，衆無留之者。明盾賢人，不忍殺也。且靈公無道，民衆不説，以致見殺。趙穿緣民衆不説，起弑靈公，然後迎趙盾而入，與之立于朝，復大夫位也，即所謂復國不討賊，明史得用責之。傳極道此上事者，明君雖不君，臣不可以不臣。而立成公黑臀。不書者，明以惡夷狸，猶不書剽立。

夏，四月。

秋，八月，螺。先是，宣公伐莒取向，公比如齊所致。

冬，十月。

七年，春，衛侯使孫良夫來盟。

夏，公會齊侯伐萊。

秋，公至自伐萊。

大旱。爲伐萊踰時也。

冬，公會晉侯、宋公、衛侯、鄭伯、曹伯于黑壤。

八年，春，公至自會。

夏，六月，公子遂如齊，至黄乃復。

其言至黄乃復何？据公孫敖不言至、復，又不言乃。有疾也。乃，難辭也。上言乃復，下有卒，知以疾爲難。何言乎有疾乃復？据公如晉以有疾乃復，殺恥，以爲有疾無惡。譏。何譏爾？大夫以君命出，聞喪徐行而不反。聞喪者，聞父母之喪。徐行者，不忍疾行，又爲君當使人追代之。以喪喻疾者，喪尚不當反，況於疾乎？順經文而重責之。言乃不言有疾者，有疾，猶不得反也。敖不言乃者，明無所難爲重，敖當誅，遂當絶。

辛巳，有事于大廟。

仲遂卒于垂。

仲遂者何？据不稱公子，故問之。公子遂也。自是後，無遂卒，知公子遂。何以不稱公子？据公子季友卒，雖加字，猶稱公子〔二三〕。貶。曷爲貶？据叔孫得臣卒不貶。爲弒子赤貶。然則曷爲不於其弒焉貶？据翬終隱之篇貶。欲使於文十八年子赤卒年中貶。於文則無罪，於子則無年。此解十八年秋如齊不貶意也。十八年編於文公，貶之，則嫌有罪於文公、無罪於子赤也。卒乃貶者，元年逆女，嫌爲喪娶貶也；公會平州下如齊〔二四〕，嫌公遂；八年如齊〔二五〕，嫌坐乃復貶也。貶加字者，起嬰齊所氏，明爲歸父後，大宗不得絶也。地者，卒外〔二六〕，明當有卒外禮也。日者，不去樂也。書有事者，爲不去樂張本。

壬午，猶繹。萬入，去籥。

繹者何？祭之明日也。禮，繹繼昨日事，但不灌地降神爾。天子諸侯曰繹，大夫曰賓尸，士曰宴尸，去事之殺也。必繹者，尸屬昨日配先祖食，不忍輒忘，故因以復祭，禮則無有誤，敬慎之至。殷曰肜〔二七〕，周曰繹。繹者，据今日道昨日，不敢斥尊言之，文意也。肜者，肜肜不絕，据昨日道今日，斥尊言之，質意也。祭必有尸者，節神也。禮，天子以卿爲尸，諸侯以大夫爲尸，卿大夫已下以孫爲尸〔二八〕。夏立尸，殷坐尸，周旅酬六尸。萬者何？干舞也。干，謂楯也，能爲人扞難而不使害人，故聖王貴之，以爲武樂。萬者，其篇名。武王以萬人服天下，民樂之，故名之云爾。籥者何？籥舞也。籥所吹以節舞也，吹籥而舞，文樂之長。其言「萬入去籥」何？据入者不言萬、去樂不言名。去其有聲者，不欲令人聞之〔二九〕。廢其無聲者，廢，置也，置者不去也，齊人語。存其心焉爾。存其心焉爾者何？知其不可而爲之也。明其心猶存於樂，知其不可，故去其有聲者而爲之。猶者何？通可以已也。禮，大夫死，爲廢一時之祭。有事于廟而聞之者，去樂卒事；卒事而聞之者，廢繹。日者，起明日也。言入者，据未奏去籥時書。凡祭自三年喪已下〔三〇〕，各以日月廢時祭，唯郊社越紼而行事，可。

戊子，夫人熊氏薨。

晉師、白狄伐秦。

楚人滅舒蓼。

秋，七月，甲子，日有食之，既。是後，楚莊王圍宋，析骸易子，伐鄭勝晉，鄭伯肉袒，晉大敗於邲〔三一〕，中國精奪，屈服彊楚之應。

冬，十月，己丑，葬我小君頃熊，雨不克葬。

庚寅，日中而克葬。

頃熊者何？宣公之母也。熊氏，楚女。宣公，即僖公妾子。而者何？難也。乃者何？問定公「日下昃乃克葬」〔三二〕。難也。禮，卜葬從遠日。不克葬，見難者，臣子重難，不得以正日葬其君。曷爲或言而？或言乃？乃難乎而也。言「乃」者，內而深；言「而」者，外而淺。下昃，日昳久，故言乃。孔子曰：「其爲之也難，言之得無訒乎？」皆所以起孝子之情也。雨不克葬者，爲不得行葬禮。孔子曰：「生，事之以禮；死，葬之以禮，祭之以禮。」故不得行禮，則不葬也。魯録「雨不克葬」者，恩録內尤深也。別朝莫者，明見日乃葬也。

城平陽。

楚師伐陳。

九年，春，王，正月，公如齊。月者，善宣公事齊合古禮，卒使齊歸濟西田。不就十年月者，五年再朝，近得正。孔子曰：「知和而和，不以禮節之，亦不可行也。」明雖事人，皆當合禮。

公至自齊。

夏，仲孫蔑如京師。

齊侯伐萊。

秋，取根牟。

根牟者何？邾婁之邑也。曷爲不繫乎邾婁？諱亟也。亟，疾也。屬有小君之喪，邾婁子來加禮，未期而取其邑，故諱不繫邾婁也。上有小君喪，而下諱取之，則邾婁加禮明矣。未期年從加禮數者，猶王子虎從會葬數。

八月，滕子卒。

九月，晉侯、宋公、衛侯、鄭伯、曹伯會于扈。

晉荀林父帥師伐陳。

辛酉，晉侯黑臀卒于扈。

扈者何？晉之邑也。諸侯卒其封内不地，此何以地？據陳侯鮑卒不地。卒于會，故地也。起時衰多窮厄，伐喪而卒於諸侯會上，故地，危之。未出其地，故不言會也。左右皆臣民，雖卒於會上，危愈於竟外，故不復著言會也。出外死有輕重，死於師尤甚，於會次之，於人國次之〔三三〕，封内最輕。不書葬者，篡也。

冬，十月，癸酉，衞侯鄭卒。不書葬者，殺公子瑕也。

宋人圍滕。

楚子伐鄭。

晉郤缺帥師救鄭。

陳殺其大夫泄冶〔三四〕。

十年，春，公如齊。

公至自齊。

齊人歸我濟西田〔三五〕。

齊已取之矣，其言我何？据歸讙及僤〔三六〕，齊已取，不言我。言我者，未絶于我也〔三七〕。

曷爲未絶于我？据有俄道〔三八〕。齊已言取之矣，齊已言語許取之。其實未之齊也。其人民貢賦尚屬於魯，實未歸於齊。不言來者，明不從齊來，不當坐取邑。凡歸邑物例皆時。

夏，四月，丙辰，日有食之。與「甲子既」同，事重，故累食。

己巳，齊侯元卒。

齊崔氏出奔衞。

崔氏者何？齊大夫也。其稱崔氏何？据齊高無咎出奔名，連崔氏者，與尹氏俱稱氏，嫌爲采邑。貶。曷爲貶？据外大夫奔不貶。譏世卿。世卿，非禮也。復見譏者，嫌尹氏王者大夫，職重不當世，諸侯大夫任輕可世也。因齊大國，禍著，故就可以爲法戒。明王者尊莫大於周室，彊莫大於齊國，世卿猶能危之。

公如齊。不言奔喪者，尊内也，猶不言朝聘。

五月，公至自齊。

癸巳，陳夏徵舒弑其君平國。

六月，宋師伐滕。

公孫歸父如齊，葬齊惠公。

晉人、宋人、衞人、曹人伐鄭。

秋，天王使王季子來聘。

王季子者何？天子之大夫也。其稱王季子何？据叔服不繫王、不稱子，王札子不稱季。貴也。其貴奈何？母弟也。子者，王子也。天子不言子弟，故變文上「季」繫先王以明之，著其骨肉貴，體親也。

公孫歸父帥師伐邾婁，取蘱。

大水。先是，城平陽，取根牟及蘱，役重，民怨之所生。

季孫行父如齊。

冬，公孫歸父如齊。

齊侯使國佐來聘。

饑。

何以書？以重書也。民食不足，百姓不可復興，危亡將至，故重而書之。明當自省減，開倉廩，贍振之。哀公問於有若曰：「年饑，用不足，如之何？」有若對曰：「盍徹乎？」曰：「二，吾猶不足，如之何其徹也？」對曰：「百姓足，君孰與不足？百姓不足，君孰與足？」

楚子伐鄭。

十有一年，春，王，正月。

夏，楚子、陳侯、鄭伯盟于辰陵。不日月者，莊王行霸，約諸侯，明王法，討徵舒，善其憂中國，故爲信辭。

公孫歸父會齊人伐莒。

秋，晉侯會狄于欑函。離不言會，言會者，見所聞世治近升平，内諸夏而詳録之，殊夷狄也。下發傳於吴者，方具説其義，故從外内悉舉者明言之。

冬，十月，楚人殺陳夏徵舒。

此楚子也，其稱人何？據下入陳稱子。貶。曷爲貶？據徵舒有罪。不與外討也。辟天子，故貶見之，即所謂「貶絶然後罪惡見」。不與外討者，因其討乎外，而不與也。雖内討，亦不與也。雖自討其臣下，亦不得與也。曷爲不與？據善爲齊誅之。實與，不言執，與討賊同文。而文不與。文曷爲不與？諸侯之義不得專討也。諸侯之義不得專討，則其曰實與之何？上無天子，下無方伯，天下諸侯有爲無道者，臣弑君，子弑父，力能討之，則討之可也。與齊桓專封同義。不書兵者，時不伐。

丁亥，楚子入陳。日者，惡莊王討賊之後，欲利其國。復出楚子者，爲下納善不當貶，不可因上貶文。

納公孫甯、儀行父于陳。

此皆大夫也，其言納何？據納者，謂已絶也。今甯、儀行父上未有出奔絶文，故見大夫反言納也。納公黨與也。徵舒弑君，甯、儀行父如楚訴徵舒，徵舒之黨從後絶其位，楚爲討徵舒而納之，本以助公見絶，故言納公黨與。不書徵舒絶之者，以弑君爲重。主書者，美楚能變悔改過，以遂前功，卒不取其國而存陳。不繫國者，因上入陳可知。

十有二年，春，葬陳靈公。討此賊者，非臣子也，何以書葬？据惠公殺里克，不書卓子葬。君子辭也。楚已討之矣，臣子雖欲討之，而無所討也。無所復討也。不從殺泄冶不書葬者，泄冶有罪，故從討賊書葬，則君子辭與泄冶罪兩見矣。不月者，獨甯、儀行父有訴楚功，上已言納，故從餘臣子恩薄略之。

楚子圍鄭。

夏，六月，乙卯，晉荀林父帥師及楚子戰于邲，晉師敗績。大夫不敵君，此其稱名氏以敵楚子何？据城濮之戰，子玉得臣貶也。不與晉而與楚子爲禮也。不與晉而反與楚子爲君臣之禮，以惡晉。曷爲不與晉而與楚子爲禮也？据城濮之戰貶得臣者，不與楚爲禮。莊王伐鄭，勝乎皇門，勝，戰勝。皇門，鄭郭門。放乎路衢。路衢，郭内衢，道四達謂之衢。鄭伯肉袒，左執茅旌，茅旌，祀宗廟所用，迎道神，指護祭者。斷曰藉，不斷曰旌。用茅者，取其心理順一，自本而暢乎末，所以通精誠，副至意。右執鸞刀，鸞刀，宗廟割切之刀，環有和，鋒有鸞。執宗廟器者，示以宗廟不血食，自歸首。以逆莊王，曰：「寡人無良邊垂之臣，諸侯自稱曰寡人，天子自稱曰朕。良，善也，無善，喻有過，言己有過於楚。邊垂之臣，謙不敢斥莊王。以干天禍，干，犯也。謙不敢斥莊王，歸之於天。是以使君王沛焉，沛焉者，怒有餘之貌，猶傳曰「力沛若有餘」。辱到敝邑，遠自勞辱到於鄭也。諸侯自稱國曰敝邑。君如矜此喪人，自謂己喪亡。錫之不毛之地，墝埆不生五穀曰不毛，謙不敢求肥饒。使帥一二耋老而綏焉〔三九〕，六十稱耋，七十稱老。綏，安也。謙不敢多索丁夫〔四〇〕，願得主帥一二老夫以自安。請唯君王之命。」莊王曰：「君之不令臣交易爲言，是亦莊王謙不斥鄭伯之辭。令，善也。交易，猶往來也。言君之不善臣數往來爲惡言。是以使寡人得見君之玉面，而微至乎此。」微，喻小也，積小語，言以致於此。莊王親自手旌，自以手持旌也。緇廣充幅〔四一〕、長尋曰旐，繼旐如燕尾曰旆，加文章曰旗〔四二〕，錯革鳥曰旟，注旄首曰旌。左右撝軍，退舍七里。將軍子重諫曰：「南郢之與鄭，相去數千里，南郢，楚都，不能二千里。言數千里者，欲深感莊王使納其言。諸大夫死者數人，廝役扈養死者數百人。艾草爲防者曰廝，汲水漿者曰役，養馬者曰扈，炊亨者曰養。今君勝鄭而不有，無乃失民臣之力乎？」無乃，猶得無。莊王曰：「古者杅不穿，皮不蠹，則不出於四方。杅，飲水器；穿，敗也。皮，裘也；蠹，壞也。言杅穿皮蠹，乃出四方。古者出四方朝聘征伐，皆當多少圖有所喪費，然後乃行爾。喻己出征伐，士卒死傷，固其宜也，不當以是故滅有鄭，恥不能早服也。是以君子篤於禮而薄于利〔四三〕，篤，厚也。不惜杅皮之費，而貴朝聘征伐者，厚於禮義，薄於財利。要其人而不要其土，本所以伐鄭者，欲要其人服罪過爾〔四四〕，不要取其土地，猶古朝聘欲厚禮義，不顧杅皮。告從，從，服從。不赦不詳。善用心曰詳。吾以不詳道民，災及吾身，何日之有？」何日之有，猶無有日。既則晉師之救鄭者至，荀林父也。曰：「請戰。」荀林父請戰。莊王許諾。將軍子重諫曰：「晉，大國也。國大衆彊。王師淹病矣，淹，久也。諸大夫、廝役死者是。君請勿許也。」莊王曰：「弱者，吾威之；彊者，吾辟之；是以使寡人無以立乎天下。」以是故，必使寡人無以立功名于天下。令之還師而逆晉寇。言還者，時莊王勝鄭去矣，會晉師至，復還戰也。言寇者，傳序經意，謂晉如寇虜。莊王鼓之，晉師大敗。晉衆之走者，舟中之指可掬矣。時晉乘舟渡邲水戰，兵敗反走，欲急去，先入舟者斬後扳舟者指，指隋舟中，身隋邲水中而死。可掬者，言其多也，以兩手曰掬。禮，天子造舟，諸侯維舟，卿大夫方舟，士特舟。莊王曰：「嘻！吾兩君不相好，敵大夫戰，言兩君者，林父本以君命來。百姓何罪？」令之還師，而佚晉寇。佚，猶過，使得過渡邲水去也。晉見莊王行義於陳〔四五〕，功立威行，嫉妬欲敗之，救鄭雖解，猶擊之不止，爲其欲壞楚善行，以求上人，故奪不使與楚成禮，而序林父於上，罪起其事。言及者，以臣及君，不嫌晉直，明晉汲汲欲敗楚爾。陸戰當舉地，而舉水者，大莊王閔隋水而佚晉寇。

秋，七月。

冬，十有二月，戊寅，楚子滅蕭。日者，屬上有王言，今反滅人，故深責之。

晉人、宋人、衞人、曹人同盟于清丘。
宋師伐陳。
衞人救陳。

十有三年，春，齊師伐衞。
夏，楚子伐宋。
秋，螽。先是，新饑，而使歸父會齊人伐莒，賦斂不足，國家遂虚，下求不已之應。
冬，晉殺其大夫先穀。

十有四年，春，衞殺其大夫孔達。
夏，五月，壬申，曹伯壽卒。日者，公子喜時父也，緣臣子尊榮，莫不欲與君父共之，故加録之，所以養孝子之志。許人子者，必使父也〔四六〕。
晉侯伐鄭。
秋，九月，楚子圍宋。月者，惡久圍宋，使易子而食之。
葬曹文公。

冬，公孫歸父會齊侯于穀。

十有五年，春，公孫歸父會楚子于宋。宋見圍，不得與會。地以宋者，善内爲救宋行，雖不能解，猶爲見人之厄則矜之，故養遂其善意。不嫌與實解宋同文者，平事見剌皆可知。

夏，五月，宋人及楚人平。

外平不書，此何以書？据上楚、鄭平不書。大其平乎己也。己，二大夫。何大乎其平乎己？据大夫無遂事。莊王圍宋，軍有七日之糧爾，盡此不勝〔四七〕，將去而歸爾。於是使司馬子反乘堙而闚宋城，宋華元亦乘堙而出見之。堙，距堙，上城具。司馬子反曰：「子之國何如？」華元曰：「憊矣。」曰：「何如？」問憊意也。曰：「易子而食之，析骸而炊之。」析，破。骸，人骨也。司馬子反曰：「嘻！甚矣憊！雖然，雖如所言。吾聞之也，圍者古有見圍者。柑馬而秣之〔四八〕，秣者，以粟置馬口中。柑者，以木銜其口，不欲令食粟，示有畜積。使肥者應客。示飽足也。是何子之情也？」猶曰：何大露情？華元曰：「吾聞之，君子見人之厄則矜之，矜，閔。小人見人之厄則幸之。幸，僥幸。吾見子之君子也，是以告情于子也」。司馬子反曰：「諾。諾者，受語辭。勉之矣！勉，猶努力，使努力堅守之。吾軍亦有七日之糧爾，盡此不勝，將去而歸爾。」

揖而去之，反于莊王。反報於莊王。莊王曰：「何如？」司馬子反曰：「憊矣！」曰：「何如？」曰：「易子而食之，析骸而炊之。」莊王曰：「嘻！甚矣憊。雖然，雖已憊。吾今取此，然後而歸爾。」意未足也。司馬子反曰：「不可。臣已告之矣，軍有七日之糧爾。」莊王怒曰：「吾使子往視之，子曷爲告之？」司馬子反曰：「以區區之宋，區區，小貌。猶有不欺人之臣，可以楚而無乎？是以告之也。」莊王曰：「諾，先以諾受，絶子反語。舍而止。更命築舍而止，示無去計。雖然，雖宋已知我糧短。吾猶取此，然後歸爾。」欲徵糧待勝也。司馬子反曰：「然則君請處于此，臣請歸爾。」莊王曰：「子去我而歸，吾孰與處于此？吾亦從子而歸爾。」引師而去之。故君子大其平乎己也。大其有仁恩。此皆大夫也，其稱人何？貶。曷爲貶？据大其平。平者在下也。言在下者，譏二子在君側，不先以便宜反報，歸美于君，而生事專平，故貶稱人。等不勿貶〔四九〕、不言遂者，在君側，無遂道也。以主坐在君側，遂爲罪也，知經不以文實貶也。凡爲文實貶者，皆以取專事爲罪。月者，專平不易。

六月，癸卯，晉師滅赤狄潞氏，以潞子嬰兒歸。

潞何以稱子？据其滅稱氏。潞子之爲善也，躬足以亡爾。躬，身。雖然，君子不可不記也。離于夷狄，疾夷狄之俗而去離之，故稱子。而未能合于中國，未能與中國合同禮義、相親比也，故猶繫赤狄。晉師伐之，中國不救，狄人不有，是以亡也。以去俗歸義亡，故君子閔傷進之。日者，痛録之。名者，示所聞世始録小國也。録以歸者，因可責而責之。責而加進之者，明不當絶，當復其氏。

秦人伐晉。

王札子殺召伯、毛伯。

王札子者何？長庶之號也。天子之庶兄。札者，冠且字也。禮，天子庶兄冠而不名，所以尊之。子者，王子也，天子不言子弟，故變文上札繫先王以明之〔五〇〕。不稱伯仲者，辟同母兄弟，起其爲庶兄也。主書者，惡天子不以禮尊之而任以權，至令殺尊卿二人。不言「其大夫」者，挈也，惡二大夫居尊卿之位，爲下所提挈而殺之。大夫相殺不稱人者，正之。諸侯大夫顧弒君重，故降稱人。王者至尊，不得顧。

秋，蝝。從十三年之後，上求未已，而又歸父比年再出會，内議税畝〔五一〕，百姓動擾之應。

仲孫蔑會齊高固于牟婁。

初税畝。

初者何？始也。税畝者何？履畝而税也。時宣公無恩信於民，民不肯盡力於公田，故履踐案行〔五二〕，擇其善畝穀最好者税取之。初税畝何以書？譏。何譏爾？譏始履畝而税也。何譏乎始履畝而稅？據用田賦不言初，亦不言稅畝。古者什一而藉。什一以借民力，以什與民，自取其一爲公田。古者曷爲什一而藉？據數非一。什一者，天下之中正也。多乎什一，大桀小桀；奢泰多取於民，比於桀也。寡乎什一，大貉小貉〔五三〕。蠻貉無社稷、宗廟、百官、制度之費，稅薄。什一者，天下之中正也。什一行而頌聲作矣。頌聲者，大平歌頌之聲〔五四〕，帝王之高致也。春秋經傳數萬，指意無窮狀，相須而舉，相待而成。至此獨言頌聲作者，民以食爲本也。夫飢寒並至，雖堯、舜躬化，不能使野無寇盜；貧富兼并，雖皋陶制法，不能使彊不陵弱。是故聖人制井田之法而口分之，一夫一婦受田百畝，以養父母妻子，五口爲一家，公田十畝，即所謂什一而稅也，廬舍二畝半。凡爲田一頃十二畝半，八家而九頃，共爲一井，故曰井田。廬舍在內，貴人也。公田次之，重公也。私田在外，賤私也。井田之義：一曰無泄地氣，二曰無費一家，三曰同風俗，四曰合巧拙，五曰通財貨。因井田以爲市，故俗語曰市井。種穀不得種一穀，以備災害。田中不得有樹，以妨五穀。還廬舍種桑荻雜菜〔五五〕，畜五母雞兩母豕，瓜果種疆畔，女工蠶織，老者得衣帛焉，得食肉焉，死者得葬焉。多於五口，名曰餘夫，餘夫以率受田二十五畝。十井共出兵車一乘。司空謹別田之高下善惡，分爲三品：上田一歲一墾，中田二歲一墾，下田三歲一墾。肥饒不得獨樂，墝埆不得獨苦，故三年一換土易居，財均力平，兵車素定，是謂均民力、彊國家。在田曰廬，在邑曰里。一里八十戶，八家共一巷。中里爲校室，選其耆老有高德者名曰父老，其有辯護伉健者爲里正〔五六〕，皆受倍田，得乘馬。父老比三老孝弟官屬，里正比庶人在官之吏。民春夏出田，秋冬入保城郭。田作之時，春，父老及里正旦開門坐塾上，晏出後時者不得出，莫不持樵者不得入。五穀畢入，民皆居宅，里正趨緝績，男女同巷，相從夜績，至於夜中。故女功一月得四十五日作〔五七〕，從十月盡正月止。男女有所怨恨，相從而歌，飢者歌其食，勞者歌其事。男年六十、女年五十無子者，官衣食之，使之民間求詩，鄉移於邑，邑移於國，國以聞於天子，故王者不出牖户，盡知天下所苦，不下堂而知四方。十月事訖，父老教於校室，八歲者學小學，十五者學大學，其有秀者移於鄉學，鄉學之秀者移於庠，庠之秀者移於國學。學於小學，諸侯歲貢小學之秀者於天子；學於大學，其有秀者命曰造士，行同而能偶，別之以射，然後爵之。士以才能進取，君以考功授官。三年耕，餘一年之畜〔五八〕；九年耕，餘三年之積；三十年耕，有十年之儲。雖遇唐堯之水、殷湯之旱，民無近憂，四海之内莫不樂其業，故曰頌聲作矣。

冬，蝝生。

未有言蝝生者，此其言蝝生何？蝝即蟓也，始生曰蝝，大曰蟓。蝝生不書，此何以書？幸之也。幸，僥幸。幸之者何？聞災當懼，反喜，非其類，故執不知問。猶曰：受之云爾。受之云爾者何？上變古易常，上謂宣公，變易公田古常舊制而税畝。應是而有天災，應是變古易常而有天災蟓，民用飢。其諸則宜於此焉變矣。言宣公於此天災饑後，能受過變瘠，明年復古行中，冬大有年，其功美過於無災〔五九〕，故君子深爲喜而僥幸之。變蝝言蝝，以不爲災書，起其事。

饑。

十有六年，春，王，正月，晉人滅赤狄甲氏及留吁。言及者，留吁行微不進。

夏，成周宣謝災。

成周者何？東周也。後周分爲二，天下所名爲東周。名爲成周者，本成王所定名，天下初號之云爾。宣謝者何？宣宮之謝也。宣宮，周宣王之廟也。至此不毀者，有中興之功。室有東西廂曰廟，無東西廂，有室曰寢，無室曰謝。何言乎成周宣謝災？據天子之居稱京師，宋災不别所燒。樂器藏焉爾。宣王中興所作樂器。成周宣謝災何以書？記災也。外災不書，此何以書？新周也。新周，故分别所災，不與宋同也。孔子以春秋當新王，上黜杞，下新周而故宋，因天災中興之樂器，示周不復興，故繫宣謝於成周，使若國文，黜而新之，從爲王者後記災也〔六〇〕。

秋，郯伯姬來歸。嫁不書者，爲媵也。來歸書者，後爲嫡也。死不卒者，已棄，有更適人之道。或時爲大夫妻，故不得待以初也。棄歸例：有罪時，無罪月。

冬，大有年。

十有七年，春，王，正月，庚子，許男錫我卒。

丁未，蔡侯申卒。

夏，葬許昭公。

葬蔡文公。不月者，齊桓、晉文没後，先背中國，與楚，故略之。與楚，在文十年。

六月，癸卯，日有食之。是後，邾婁人戕鄫子，四國大夫敗齊師于搴，齊侯佚獲〔六一〕，君道微，臣道彊之所致〔六二〕。

己未，公會晉侯、衞侯、曹伯、邾婁子同盟于斷道。

秋，公至自會。

冬，十有一月，壬午，公弟叔肹卒。稱字者，賢之。宣公篡立，叔肹不仕其朝，不食其禄，終身於貧賤，故孔子曰：「篤信好學，守死善道。危邦不入，亂邦不居。天下有道則見，無道則隱。」此之謂也。禮，盛德之士不名，天子上大夫不名。春秋公子不爲大夫者不卒，卒而字者，起其宜爲天子上大夫也。孔子曰：「興滅國，繼絶世，舉逸民，天下之民歸心焉。」

十有八年，春，晉侯、衞世子臧伐齊。

公伐杞。

夏，四月。

秋，七月，邾婁人戕鄫子于鄫。

戕鄫子于鄫者何？殘賊而殺之也。支解節斷之，故變殺言戕。戕則殘賊，惡無道也。言于鄫者，刺鄫無守備。小國本不卒，故亦不日。

甲戌，楚子旅卒。

何以不書葬？据日而名。吴、楚之君不書葬，辟其號也。旅，即莊王也。葬從臣子辭，當稱王，故絶其葬，明當誅之。至此卒者，因其有賢行。

公孫歸父如晉。

冬，十月，壬戌，公薨于路寢。

歸父還自晉，至檉，遂奔齊。

還者何？善辭也。何善爾？歸父使於晉，上如晉，是。還自晉，至檉，聞君薨家遣，家爲魯所逐遣，以先人弑君故也。墠帷，埽地曰墠，今齊俗名之云爾。將袒踊，故設帷重形。哭君成踊，踊，辟踊也。禮必踊者，如嬰兒之慕母矣。成踊，成三日五哭踊之禮。禮，臣爲君本服斬衰，故成踊。比二日，朝莫哭踊；三日，朝哭踊，莫不復哭踊。去事之殺也。反命乎介，因介反命。禮，卿出聘，以大夫爲上介，以士爲衆介。自是走之齊。主書者，善其不以家見逐怨懟，成踊哭君，終臣子之道，起時莫能然也。言至檉者，善其得禮於檉。言「遂」者，因介反命是也；不待報，非也〔六三〕。遂弑君〔六四〕，本當絶，小善録者，本宣公同篡之人，又不當逐。不日者，伯討可逐，故從有罪例也。

春秋公羊卷第六〔六五〕

【校勘記】

〔一〕「其意」上，疑有「如」字。此注云「復發傳」者，謂桓公元年傳云「繼弑君不言即位，此其言即位何？如其意也」，彼傳有「如」字，今此再發傳，亦當有「如」字。若無「如」字，嫌文意不明。說見王引之經義述聞。

〔二〕輕輕，余本不疊。

〔三〕衛，余本同。阮氏挍勘記云：「衛，蓋是字誤，或當作爲。」案阮挍備一説耳。

〔四〕正，余本同。阮氏校勘記云：「鄂本正作政，此誤。」案何氏用字之例，政教之政用「政」字，不用「正」字，似鄂本爲長。

〔五〕已，余本同，疏本作「既」。

〔六〕上帝，原脱，據余本補。

〔七〕「禮」下，余本有「也」字。

〔八〕「不肯」下，余本誤衍「起其平也」四字。

〔九〕去葬，「去葬」下原有「日」字，鄂本同。阮氏校勘記云：「鄂本葬下有日字，此脱。○按從疏，日字不當有。」案阮氏後校是。單疏鈔本標注無「日」字，今余本亦無日字，據删。又，「不加弑」，余本「加」誤作「如」。

〔一〇〕有貴，余本初刻作「富貴」，重脩本作「有富貴」，阮氏校勘記出「有富貴」云：「鄂本無『富』字，此衍。○按禮記文王世子無富字。」案阮説是。

〔一一〕麤，余本作粗。阮氏校勘記云：「鄂本粗作麤。按疏中引注作犕。」案當以麤字爲是。莊公十年傳云「犕者曰侵」，注云「犕，麤也」，故注文常言麤犕。又單疏鈔本引注，正作麤字，是其證。

〔一二〕荷，諸本同。釋文標「有人何」云：「本又作荷。」案注云「荷，負也」，則解詁原本蓋作荷字。

〔一三〕悟，原作「寤」，鄂本同，此據余本改。阮氏校勘記云：「鄂本悟作寤。按下注云『非所以意悟』，用悟字。成七年注云『重録魯不覺寤』，用寤字。蓋覺寤字當作寤，猶人寐而覺寤也。」按阮説可商。傳云「叔術覺焉」，注云「覺，悟也」，是覺悟當用悟字。又徧檢注文，或言覺悟，或言覺寤，前後不一。此悟、寤異文，以注云「覺，悟也」，疑悟是解詁原本之字，寤乃後人改易。

〔一四〕無人門焉者，諸本同。阮氏挍勘記云：「唐石經、諸本同。段玉裁云：此當作『焉門者』，下當作『焉閨者』，故注云『焉者，於也，是無人於門閨守視者也』，今本誤倒。」案段説非也。解詁原本即作「焉者」，下注云「但言『焉』，絶語辭。堂不設守視人，故不言焉者」，明「焉者」連文。參下條校記。

〔一五〕焉者，余本作「堂焉者」。阮氏挍勘記出「堂焉者」云：「鄂本無『焉』。段玉裁云：當作『焉堂者』。」案鄂本、余本、段説皆非。何以言之？細繹注意，門、閨本有人守視，勇士入門、入閨，俱不見人，故言「無人門」「無人閨」。堂本無人守視，與門、閨不同，不宜云「無人堂」，但言「無人」而已。傳於入門入閨云「無人門焉者」「無人閨焉者」，於上堂云「無人焉」，知「焉」與「焉者」，乃「上堂」與「入門」「入閨」行文之殊，故解「焉」爲絶語辭，以其堂本無人，不得連文「者」字。此「焉者」不誤。

〔一六〕飧，原作「飱」，余本、宋小字本同，誤。據唐石經改。

〔一七〕「衞」下，余本有「也」字。阮氏挍勘記云：「鄂本無也字，此誤衍。」

〔一八〕躇，諸本同。釋文：「一本作辵。」案説文云：「辵，乍行乍止也，从彳从止，讀若春秋公羊傳曰：辵階而走。」是許慎所見公羊本作辵也。説文不收躇字，今此注云「躇，猶超遽不暇以次」，則何氏所見本與許氏不同。

〔一九〕遽不，余本同。釋文出「劇不」云：「本亦作遽。」案作遽是。遽，説文：「傳也。」玉篇：「急也，疾也。」考定公八年注云「切遽意」，正是急、疾之義，知解詁原本是遽字。

〔二〇〕趨，余本同，鄂本作趍。案解詁原本當作趨，以傳注文俱寫作趨，無作趍字。

〔二一〕蚤，各本同，恐非。考何氏用字之例，凡早晚者皆用早，不借蚤爲早。今本借蚤爲早者僅此一見，蓋緣釋文而誤耶？說詳今本解詁通用字考。

〔二二〕也，鄂本同，余本作「矣」。

〔二三〕公子，鄂本同。余本「公子」下有「也」字，案疏本似有「也」字。

〔二四〕如齊，鄂本同。余本「如齊」下有「也」字。

〔二五〕八年，鄂本同。余本誤脱。

〔二六〕卒外，余本作「絶外卒」。阮氏挍勘記云：「鄂本作『地者，卒外』，此本『絶』衍字，『外卒』誤倒。按解云：此言於垂者，正以卒於外故也。是疏本亦作卒外，不言絶。」案阮説是。

〔二七〕肜，余本同。釋文作「曰肜」。據爾雅，肜是祭名，宜以肜字爲正。

〔二八〕已下，余本作「以下」。案注文凡言「以上」者，俱作「以」字，無寫作「已上」者。則此「已下」，宜亦寫作「以下」。且注文「以下終其身不氏」「明諸侯得專討士以下也」「謂喪服大功以下」，亦作「以」

字，此「已下」恐誤，余本是。

〔二九〕聞之，鄂本同，余本「之」下有「也」字。

〔三〇〕已下，余本同，疑當作「以下」。説見上條校記。

〔三一〕於，余本同。疏本作「于」。

〔三二〕問，鄂本同。余本「問」上有「謂」字，阮氏挍勘記云：「鄂本無『謂』字，此誤衍。」案阮説可從。

〔三三〕於，原作「如」，誤，余本同誤。阮氏挍勘記云：「鄂本、元本同誤也。閩、監、毛本『如』作『於』，當據正。」案阮説可從，疏文標注作「於人國」，可證。

〔三四〕泄，余本同。唐石經寫作洩，乃避諱字，解詁原本作泄字。

〔三五〕濟西田，余本、宋小字本同，唐石經作「濟西之田」。阮氏挍勘記云：「閩、監、毛本同，唐石經磨改『西』下增『之』字，鄂本亦有。」案解詁原本當無「之」字，知者，僖公三十一年經「取濟西田」，宣公元年經「齊人取濟西田」，宣公九年注云「卒使齊歸濟西田」，襄公十九年注云「据齊人取濟西田不言自」，定公十年注云「歸濟西田不言來」，哀公八年注云「與歸我濟西田同文」，皆無「之」字，則此經宜亦無「之」字。

〔三六〕僤，原作「闡」，余本同。阮氏挍勘記云：「閩、監、毛本闡作僤，釋文作『及僤』云：本又作闡。」案今本哀公八年經「齊人取讙及僤」「齊人歸讙及僤」，皆作僤，疏本亦作僤，疑此闡字乃後人據二傳改寫。

釋文作「僤」，乃解詁原本用字。

〔三七〕于，宋小字本同，余本作「於」。阮氏挍勘記云：「唐石經、鄂本作于。」案下傳云「曷爲未絶于我」，亦作于，宜此亦當作「于」。

〔三八〕俄，余本同，阮氏挍勘記云：「鄂本俄作我，是也，當據正。」案阮説不可從。疏云：「桓二年傳云『至乎地之與人，則不然，俄而可以爲其有矣』，彼注云『俄者，謂須臾之間，制得之頃也，言俄爾之間，則有絶于本主之道。爾來十年，何言未絶于我乎？故難之。」是徐疏本亦作俄字。

〔三九〕耋，余本作耊。阮氏挍勘記云：「唐石經作耋。」案説文：「耋，年八十曰耋。从老省、从至。」張參五經文字亦云：「耋從老省，從至。」今以唐石經亦作耋，從之。

〔四〇〕多索，余本同。釋文：「舊本作策，音索。」案索字爲勝。多索者，多求也。注云「陰威列索」「謙不敢求索」，是索爲求義，今注文凡用策字者，皆無求義。

〔四一〕緇，余本同。阮氏挍勘記云：「解云：今爾雅釋天繒作緇字。按此則何注本作繒廣充幅，當訂正。」案徐彦疏本作繒，猶不能定解詁原本必如是。

〔四二〕旗，余本同。阮氏挍勘記云：「按旗當作旂，疏同。疏引爾雅及孫炎注皆作旂。」案阮説是。下傳云「旗獲」，何注云：「旗，軍幟名，各有色，與金鼓俱舉，使士卒望而爲陳者」，與此「加文章」義少異，則此作「旂」可知。

〔四三〕薄于，唐石經、余本、宋小字本同。自閩本始改「于」爲「於」。阮氏挍勘記云：「唐石經、鄂本同。閩、監、毛本于作於，是也。」案注云「厚於禮義，薄於財利」，似「於」字義長。

〔四四〕爾，余本作「耳」。阮氏挍勘記云：「閩、監、毛本作耳，是也。鄂本耳作爾。」案鄂本與此本同，作「耳」者未必是。

〔四五〕於，余本同，疏本作「于」。

〔四六〕必使父也，余本同。阮氏挍勘記云：「元本同。閩、監、毛本『父』上有『人』字。按疏中引注亦作必使人父也，此脱。」案阮説未必是。注云「許人臣者必使臣」「許人子者必使子」，此注云「許人子者必使父」，文法正同，未必奪文。

〔四七〕盡此不勝，諸本同。阮氏挍勘記云：「唐石經、諸本同。解云：舊本或云：軍有七日之糧爾，七日盡此不勝，將去而歸爾。今定本無下『七日』二字。按定本是也。」案阮説可從。

〔四八〕柑，唐石經、余本、宋小字本同，阮氏挍勘記云：「按柑當作拑。」案阮説恐非。何注云：「柑者，以木銜其口。」蓋取字形從木爲詁，則何氏本作柑字。

〔四九〕勿，余本誤作「物」。

〔五〇〕上，余本作王，阮氏挍勘記云：「此本『上』作『王』，誤。解云：謂以札於子上，以札近先王。」案阮説是。

〔五一〕議，余本作「計」。

〔五二〕案，原作「柔」，據余本改。

〔五三〕大駱，諸本同。釋文作「大貊」。案張參五經文字云：「貉貊二同，並莫白反。孔子云：貉之言貉貉惡也。上經典借爲貈字，下經典借爲蠻貊字。」貊、貊異體，經有「屈貉」字，則何氏本蓋作貉不作貊。

〔五四〕大，原作太，誤，余本同誤。案何氏用大不用太，太字乃後世傳寫改易。

〔五五〕𤟹，余本同。阮氏挍勘記云：「按食貨志無𤟹字，此𤟹，當作萩，萩者，楸之假借字，楸者，梓也。」

〔五六〕辯護，余本同。阮氏挍勘記云：「按辯，當作辨。辨，即今人所用之辦字。辨護，謂能幹辦護衞也。」孫校云：「阮説是也。辨護二字出中候握河紀，見周禮山虞、大祝及毛詩閟宫疏。」案集韻引何休注亦作辨護，阮、孫二挍足備一説。

〔五七〕五，原作「三」，據余本改。

〔五八〕畜，余本同。阮氏挍勘記云：「鄂本作蓄。」案作「畜」是，解詁凡言畜積者皆寫作「畜」字。

〔五九〕其，余本同。阮氏挍勘記云：「鄂本『其』作『有』。」

〔六〇〕王者後，余本同，疏本作「王者之後」。

〔六一〕佚，原作「逸」，誤，余本同誤。案徐疏標注作「佚獲」。且傳文作「佚獲」，何注用字皆承經傳之文，無改字。説詳今本解詁通用字考。

〔六二〕彊，余本作「强」。案當以彊字爲正，説詳今本解詁通用字考。

〔六三〕非，余本作「罪」。阮氏挍勘記云：「鄂本罪作非。」案上文「是也」，此文「非也」，是、非對文。且「不待報」爲非禮，不宜以「罪」言，余本恐誤。

〔六四〕遂，余本、鄂本均誤作「逐」。

〔六五〕第六，原作「第七」，余本同。據唐石經改。又此行下有二行小字：「經三千八百二十四字，注六千八百一十五字。」

春秋公羊經傳解詁成公第八

何休 學

元年，春，王，正月，公即位。

二月，辛酉，葬我君宣公。

無冰。周二月，夏十二月。尚書曰「舒恒燠若」〔二〕，易京房傳曰「當寒而温，倒賞也」。是時，成公幼少，季孫行父專權而委任之所致。

三月，作丘甲。

何以書？譏。何譏爾？譏始丘使也。四井爲邑，四邑爲丘。甲，鎧也。譏始使丘民作鎧也。古者有四民：一曰德能居位曰士，二曰辟土殖穀曰農，三曰巧心勞手以成器物曰工，四曰通財粥貨曰商。四民不相兼，然後財用足。月者，重録之。

夏，臧孫許及晉侯盟于赤棘。時者，謀結鞌之戰不相負也。後爲晉所執，不日者，執在三年外尋舊盟後，非此盟所能保。

秋，王師敗績于貿戎。

孰敗之？蓋晉敗之。以晉比侵柳圍郊，知王師討晉而敗之。或曰：貿戎敗之。以地貿戎故。然則曷爲不言晉敗之？據侵柳圍郊言晉。王者無敵，莫敢當也。正其義，使若王自敗于貿戎，莫敢當敵敗之也。不日月者，深正之，使若不戰。

冬，十月。

二年，春，齊侯伐我北鄙。

夏，四月，丙戌，衛孫良夫帥師及齊師戰于新築，衛師敗績。

六月，癸酉，季孫行父、臧孫許、叔孫僑如、公孫嬰齊帥師會晉郤克、衛孫良夫、曹公子手及齊侯戰于鞌〔二〕，齊師敗績。

曹無大夫，公子手何以書？據羈無氏。憂内也。春秋託王于魯，因假以見王法，明諸侯有能從王者征伐不義，克勝有功，當褒之，故與大夫。大夫敵君不貶者，隨從王者，大夫得敵諸侯也。不從内言敗之者，君子不掩人之功，故從外言戰也。魯舉四大夫、不舉重者，惡内多虚，國家悉出用兵，重録内也。

秋，七月，齊侯使國佐如師。己酉，及國佐盟于袁婁〔三〕。

君不使乎大夫〔四〕，此其行使乎大夫何？據高子來盟，魯無君不稱使。不從王者大夫稱使者，實晉郤克爲主，經先晉、傳舉郤克是也。佚獲也〔五〕。佚獲者，已獲而逃亡也。當絕賤，使與大夫敵體以起之。君獲不言師敗績，等起不去師敗績者，辟内敗文。其佚獲奈何？師還齊侯，還，繞。晉郤克投戟，逡巡再拜稽首馬前。逢丑父者，頃公之車右也，人君驂乘有車右、有御者。面目與頃公相似，衣服與頃公相似，禮，皮弁以征，故言衣服相似。頃公有負晉、魯之心，故特選丑父備急，欲以自代。代頃公當左。升車象陽，陽道尚左，故人君居左，臣居右。使頃公取飲，頃公操飲而至，不知頃公將欲堅敵意邪〔六〕？勢未得去邪？曰：「革取清者。」革，更也。軍中人多，水泉濁，欲使遠取清者，因亡去。頃公用是佚而不反。不書獲者，内大惡諱。逢丑父曰：「吾賴社稷之神靈，吾君已免矣。」郤克曰：「欺三軍者，其法奈何？」顧問執法者。曰：「法斮。」斮，斬。於是斮逢丑父。丑父死君，不賢之者，經有使乎大夫，於王法，頃公當絕。如賢丑父，是賞人之臣絕其君也。若以丑父故不絕頃公，是開諸侯戰不能死難也。如以衰世無絕頃公者，自齊所當善爾，非王法所當貴〔七〕。己酉，及齊國佐盟于袁婁。曷爲不盟于師而盟于袁婁？據國佐如師。前此者，晉郤克與臧孫許同時而聘于齊。不書，恥之〔八〕。蕭同姪子者，齊君之母也，蕭同，國名。姪子者，蕭同君姪娣之子，嫁於齊，生頃公。踊于棓而闚客〔九〕，踊，上也。凡無高下有絕加躡板曰棓，齊人語。則客或跛或眇。於是使跛者迓跛者〔一〇〕，使眇者迓眇者。迓，迎。卿主迎者也〔一一〕。聘禮，賓至，大夫率至于館。卿致館，宰夫朝服致飧腍。厥明，訝于館〔一二〕。二大夫出，相與踦閭而語，閭，當道門。閉一扇，開一扇，一人在外，一人在内曰踦閭。將别，恨爲齊所侮戲，謀伐之，而不欲使人聽之。移日然後相去。齊人皆曰：患之起必自此始。知必爲國家憂，明芻蕘之言不可廢，且起頃公不覺寤〔一三〕。二大夫歸，相與率師爲鞌之戰，齊師大敗。齊侯使國佐如師，怪師勝，猶不解，往問之。郤克曰：「與我紀侯之甗，齊襄公滅紀所得甗邑，其土肥饒，欲得之。或説：甗，玉甑。反魯、衛之侵地，使耕者東畝，使耕者東西如晉地。且以蕭同姪子爲質，見侮戲本由蕭同姪子。則吾舍子矣。」國佐曰：「與我紀侯之甗，請諾。反魯、衛之侵地，請諾。使耕者東畝，是則土齊也〔一四〕。則晉悉以齊爲土地，是不可行。蕭同姪子者，齊君之母也。齊君之母，猶晉君之母也，不可。言至尊不可爲質。請戰。如欲使耕者東西畝，質齊君之母，當請戰。壹戰不勝，請再。再戰不勝，請三。言齊雖敗，尚可三戰。三戰不勝，則齊國盡子之有也，何必以蕭同姪子爲質？」揖而去之。郤克眣魯衛之使，使以其辭而爲之請，郤克恥傷其威，故使魯衛大夫以國佐辭爲國佐請。然後許之，逮于袁婁而與之盟。逮，及也，追及國佐于袁婁也。傳極道此者，本禍所由生，因録國佐受命不受辭，義可拒則拒，可許則許，一言使四國大夫汲汲追與之盟。

八月，壬午，宋公鮑卒。

庚寅，衛侯遬卒。

取汶陽田。

汶陽田者何？鞌之賂也。以國佐言「反魯衛之侵地，請諾」。本所侵地非一，揔繫汶陽者，省文也。不言取之齊者，恥内乘勝脅齊求賂得邑，故諱使若非齊邑。

冬，楚師、鄭師侵衛。

十有一月，公會楚公子嬰齊于蜀。

丙申，公及楚人、秦人、宋人、陳人、衛人、鄭人、齊人〔一五〕、曹人、邾婁人、薛人、鄫人盟于蜀。

此楚公子嬰齊也，其稱人何？據會而盟一處，知一人也。得壹貶焉爾。得壹貶者〔一六〕，獨此一事得具見其惡，故貶之爾。不然，則當没公也，如齊高傒矣。不没公者，明不主爲公故也。上會不序諸侯大夫者，嬰齊，楚專政驕蹇臣也，數道其君率諸侯侵中國，故獨先舉於上，乃貶之，明本在嬰齊，當先誅其本，乃及其末。

三年，春，王，正月，公會晉侯、宋公、衛侯、曹伯伐鄭。

辛亥，葬衛繆公。

二月，公至自伐鄭。

甲子，新宮災，三日哭。

新宮者何？宣公之宮也。以無新宮〔一七〕，知宣公之宮廟。宣宮則曷爲謂之新宮？不忍言也。親之精神所依，而災，孝子隱痛，不忍正言也。謂之新宮者，因新入宮，易其西北角，示昭穆相繼，代有所改更也。其言三日哭何？据桓、僖宮災不言三日哭。廟災，三日哭，禮也。善得禮，痛傷鬼神無所依歸，故君臣素縞哭之。新宮災何以書？記災也。此象宣公篡立，當誅絶，不宜列昭穆。成公幼少，臣威大重，結怨彊齊，將不得久承宗廟之應。

乙亥，葬宋文公。

夏，公如晉。

鄭公子去疾率師伐許。

公至自晉。

秋，叔孫僑如率師圍棘。

棘者何？汶陽之不服邑也。棘人初未服於魯。其言圍之何？据國内兵不舉。不聽也。不聽者，叛也。不言叛者，爲内諱，故書圍以起之。不先以文德來之，而便以兵圍之，當與圍外邑同罪，故言圍也。得曰取，不得曰圍。

大雩。成公幼少，大臣秉政，變亂政教。先是，作丘甲，爲鞌之戰，伐鄭圍棘，不恤民之所生。

晉郤克、衛孫良夫伐將咎如。

冬，十有一月，晉侯使荀庚來聘。

衛侯使孫良夫來聘。

丙午，及荀庚盟。

丁未，及孫良夫盟。

此聘也，其言盟何？據不舉重，嫌生事，故此以輕問重也。聘而言盟者，尋舊盟也。尋，猶尋繹也。以不舉重連聘而言之，知尋繹舊故約誓也。書者，惡之。詩曰：「君子屢盟，亂是用長。」二國既脩禮相聘，不能相親信，反復相疑，故舉聘以非之。

鄭伐許。謂之鄭者，惡鄭襄公與楚同心，數侵伐諸夏。自此之後，中國盟會無已，兵革數起，夷狄比周爲黨，故夷狄之。

四年，春，宋公使華元來聘。

三月，壬申，鄭伯堅卒〔一八〕。

杞伯來朝。

夏，四月，甲寅，臧孫許卒。

公如晉。

葬鄭襄公。

秋，公至自晉。

冬，城運。

鄭伯伐許。未踰年君稱伯者，時樂成君位，親自伐許，故如其意以著其惡。

五年，春，王，正月，杞叔姬來歸。始歸不書，與郯伯姬同。

仲孫蔑如宋。

夏，叔孫僑如會晉荀秀于穀。

梁山崩。

梁山者何？河上之山也。梁山崩何以書？記異也。何異爾？大也。何大爾？梁山崩，壅河三日不沵〔一九〕。故不日以起之。不書壅河者，舉崩大爲重。外異不書，此何以書？爲天下記異也。山者，陽精，德澤所由生，君之象。河者〔二〇〕，四瀆，所以通道中國，與王道同。記山崩壅河者，此象諸侯失勢，王道絶，大夫擅恣，爲海内害。自是之後，六十年之中，弑君十四，亡國三十二，故溴梁之盟〔二一〕，偏刺天下之大夫。

秋，大水。先是，既有兵甲，牽、棘之役，又重以城運〔二二〕，民怨之所生。

冬，十有一月，己酉，天王崩。定王。

十有二月，己丑，公會晉侯、齊侯、宋公、衛侯、鄭伯、曹伯、邾婁子、杞伯同盟于蟲牢。約備彊楚。

六年，春，王，正月，公至自會。月者，前魯大夫獲齊侯，今親相見，故危之。

二月，辛巳，立武宮。

武宮者何？武公之宮也。在春秋前。立者何？立者不宜立也〔二三〕。立武宮，非禮也。禮，天子諸侯立五廟，受命始封之君立一廟，至於子孫，過高祖，不得復立廟。周家祖有功，尊有德，立后稷、文、武廟，至於子孫，自高祖已下而七廟。天子卿大夫三廟，元士二廟。諸侯之卿大夫比元士二廟，諸侯之士一廟。立武宮者，蓋時衰多廢人事而好求福於鬼神，故重而書之。臧孫許伐齊有功，故立武宮。

取鄟。

鄟者何？邾婁之邑也。曷爲不繫于邾婁？諱亟也。諱魯背信亟也，屬相與爲蟲牢之盟，旋取其邑，故使若非蟲牢人矣。

衞孫良夫率師侵宋。

夏，六月，邾婁子來朝。

公孫嬰齊如晉。

壬申，鄭伯費卒。不書葬者，爲中國諱。蟲牢之盟，約備彊楚。楚伐鄭喪，不能救，晉又侵之，故去葬，使若非伐喪。

秋，仲孫蔑、叔孫僑如率師侵宋。

楚公子嬰齊率師伐鄭。

冬，季孫行父如晉。

晉欒書率師侵鄭。

七年，春，王，正月，鼷鼠食郊牛角，改卜牛，鼷鼠又食其角，乃免牛。鼷鼠者，鼠中之微者，角生上指，逆之象。易京房傳曰：「祭天不慎，鼷鼠食郊牛角。」書「又食」者，重録魯不覺寤〔二四〕，重有災也。不重言牛、獨重言鼠者，言角，牛可知；食牛者未必故鼠，故重言鼠。

吴伐郯。吴國見者，罕與中國交，至升平乃見，故因始見以漸進。

夏，五月，曹伯來朝。

不郊，猶三望。

秋，楚公子嬰齊率師伐鄭。

公會晉侯、齊侯、宋公、衛侯、曹伯、莒子、邾婁子、杞伯救鄭。

八月，戊辰，同盟于馬陵。

公至自會。

吴入州來。

冬，大雩。先是，公會諸侯救鄭，承前不恤民之所致。

衛孫林父出奔晉。

八年，春，晉侯使韓穿來言汶陽之田，歸之于齊。

來言者何？内辭也，脅我使我歸之也。以此經加「之」，知見使。即聞晉語自歸之，但當言歸。曷爲使我歸之？據本魯邑。鞌之戰，齊師大敗。齊侯歸，弔死視疾，七年不飲酒，不食肉。晉侯聞之曰：「嘻！奈何使人之君七年不飲酒，不食肉？請皆反其所取侵地。」晉侯聞齊侯悔過自責，高其義，畏其德，使諸侯還竄之所喪邑。魯見使，卑有恥，故諱不言使者，因兩爲其義，諸侯不得相奪土地，晉適可來議語之，魯宜聞義自歸之爾，不得使也。主書者，善晉之義齊。

晉欒書帥師侵蔡。

公孫嬰齊如莒。

宋公使華元來聘。

夏，宋公使公孫壽來納幣。

納幣不書，此何以書？据紀履緰來逆女不書納幣。録伯姬也。伯姬守節，逮火而死，賢，故詳録其禮，所以殊於衆女。

晉殺其大夫趙同、趙括。

秋，七月，天子使召伯來錫公命。

其稱天子何？据「天王使毛伯來錫文公命」不稱天子。元年、春、王、正月，正也。正者，文不變也。其餘皆通矣。其餘，謂不繫于元年者，或言王，或言天王，或言天子，皆相通矣，以見刺譏是非也。王者，號也。德合元者稱皇，孔子曰：「皇象元，逍遥術，無文字，德明謚。德合天者稱帝，河洛受瑞可放。仁義合者稱王，符瑞應，天下歸往。」天子者，爵稱也，聖人受命，皆天所生，故謂之天子。此錫命稱天子者，爲王者長愛幼少之義，欲進勉幼君，當勞來與賢師良傅，如父教子，不當錫也[二五]。月者，例也，爲魯喜録之。

冬，十月，癸卯，杞叔姬卒。棄而日卒者，爲下脅杞歸其喪張本文，使若尚爲杞夫人。

晉侯使士燮來聘。

叔孫僑如會晉士燮、齊人、邾婁人伐郯。

衛人來媵。

媵不書，此何以書？據逆女不書媵也。言來媵者，禮，君不求媵，諸侯自媵夫人。録伯姬也。伯姬以賢聞諸侯，諸侯爭欲媵之，故善而詳録之。媵例時。

九年，春，王，正月，杞伯來逆叔姬之喪以歸。

杞伯曷爲來逆叔姬之喪以歸？據已棄也。内辭也，脅而歸之也。言以歸者[二六]，與忿怒執人同辭，而不得專其本意，知其爲脅也。已棄而脅歸其喪，悖義恥深惡重，故使若杞伯自來逆之。

公會晉侯、齊侯、宋公、衛侯、鄭伯、曹伯、莒子、杞伯同盟于蒲。不日者，已得鄭盟，當以備楚，而不以罪執之，旋使離叛[二七]，楚緣隙潰莒，不能救，禍由中國無信，故諱爲信辭，使若莒潰，非盟失信。所以甚中國，因與下潰日相起。

公至自會。

二月，伯姬歸于宋。

夏，季孫行父如宋致女。

未有言致女者，此其言致女何？録伯姬也。古者婦人三月而後廟見稱婦，擇日而祭於禰，成婦之義也。父母使大夫操禮而致之。必三月者，取一時足以別貞信，貞信著，然後成婦禮。書者，與上納幣同義，所以彰其絜，且爲父母安榮之。言女者，謙不敢自成。禮，婦人未廟見而死，歸葬於女氏之黨。

晉人來媵。

媵不書，此何以書？録伯姬也。義與上同。復發傳者，樂道人之善。

秋，七月，丙子，齊侯無野卒。

晉人執鄭伯。

晉欒書帥師伐鄭。

冬，十有一月，葬齊頃公。

楚公子嬰齊帥師伐莒。

庚申，莒潰。日者，録責中國無信，同盟不能相救，至爲夷狄所潰。

楚人入運。

秦人、白狄伐晉。

鄭人圍許。

城中城。

十年，春，衛侯之弟黑背率師侵鄭。

夏，四月，五卜郊，不從，乃不郊。

其言乃不郊何？据上不郊不言「乃」，僖公不從言「免牲」也。不免牲，故言乃不郊也。不免牲，當坐盜天牲，失事天之道，故諱使若重難不得郊。

五月，公會晉侯、齊侯、宋公、衛侯、曹伯伐鄭。不致者，成公數卜郊，不從，怨懟，故不免牲，不但不免牲而已，故奪臣子辭以起之。

齊人來媵。

媵不書，此何以書？録伯姬也。三國來媵，非禮也。曷爲皆以録伯姬之辭言之？婦人以衆多爲侈也。侈，大也。朝廷侈於妬上，婦人侈於妬下。伯姬以至賢爲三國所爭媵，故侈大其能容之。唯天子娶十二女〔二八〕。

丙午，晉侯獳卒。不書葬者，殺大夫趙同等。

秋，七月。

公如晉。如晉者，冬也，去冬者，惡成公前既怨懟不免牲，今復如晉，過郊乃反，遂怨懟，無事天之意，當絶之。

十有一年，春，王，三月，公至自晉。

晉侯使郤州來聘〔二九〕。

己丑，及郤州盟。

夏，季孫行父如晉。

秋，叔孫僑如如齊。

冬，十月。

十有二年，春，周公出奔晉。

周公者何？天子之三公也。王者無外，此其言出何？自其私土而出也。私土者，謂其國也。此起諸侯入爲天子三公也。周公驕蹇，不事天子，出居私土，不聽京師之政，天子召之而出走，明當并絶其國，故以出國録也。不月者，小國也。

夏，公會晉侯、衛侯于沙澤。

秋，晉人敗狄于交剛。

冬，十月。

十有三年，春，晉侯使郤錡來乞師。

三月，公如京師。月者，善公尊天子。

夏，五月，公自京師，遂會晉侯、齊侯、宋公、衛侯、鄭伯、曹伯、邾婁人、滕人伐秦。

其言自京師何？据僖公二十八年諸侯遂圍許，不言自王所。公鑿行也。以起公鑿行也。鑿，猶更造之意。公鑿行奈何？不敢過天子也。時本欲直伐秦，塗過京師，不敢過天子而不朝，復生事脩朝禮而後行〔三〇〕，故起時善而褒成其意，使若故朝然後生事也。間無事，復出公者，善公鑿行。

曹伯廬卒于師〔三一〕。

秋，七月，公至自伐秦。月者，危公幼而遠用兵。

冬，葬曹宣公。

十有四年，春，王，正月，莒子朱卒。莒大于邾婁，至此乃卒者，庶其見殺不得卒，至此始卒，又不得日。

夏，衛孫林父自晉歸于衛。

秋，叔孫僑如如齊逆女。凡娶早晚皆不譏者〔三二〕，從紀履緰一譏而已〔三三〕。

鄭公子喜率師伐許。

九月，僑如以夫人婦姜氏至自齊。

冬，十月，庚寅，衛侯臧卒。

秦伯卒〔三四〕。

十有五年，春，王，二月，葬衛定公。

三月，乙巳，仲嬰齊卒。

仲嬰齊者何？疑仲遂後，故問之。公孫嬰齊也。未見於經，爲公孫嬰齊；今爲大夫死，見於經，爲仲嬰齊。公孫嬰齊，則曷爲謂之仲嬰齊？爲兄後也。爲兄後，則曷爲謂之仲嬰齊？據本公孫。爲人後者爲之子也。更爲公孫之子，故不得復氏公孫。爲人後者爲其子，則其稱仲何？據氏非一。孫以王父字爲氏也。謂諸侯子也，顧興滅繼絶，故紀族，明所出。然則嬰齊孰後？後歸父也。歸父使于晉而未反，宣公十八年，自晉至檉奔齊，訖今未還。何以後之？據已絶也。叔仲惠伯，傅子赤者也。叔仲者，叔彭生氏也。文家字積於叔，叔仲有長幼，故連氏之。經云仲者，明春秋質家，當積於仲。惠，謚也。文公死，子幼。子赤幼也。公子遂謂叔仲惠伯曰：「君幼，如之何？願與子慮之。」叔仲惠伯曰：「吾子相之，老夫抱之，禮，大夫七十而致事。若不得謝，則必賜之几杖，行役以婦人從，適四方，乘安車，自稱曰老夫。何幼君之有？」公子遂知其不可與謀，退而殺叔仲惠伯，弒子赤而立宣公〔三五〕。殺叔仲惠伯不書者，舉弒君爲重。叔仲惠伯事與荀息相類，不得爲累者，有異也。叔仲惠伯直先見殺爾，不如荀息死之。宣公死，成公幼，臧宣叔者，相也，臧孫許，宣，謚。君死不哭，聚諸大夫而問焉，曰：「昔者叔仲惠伯之事，孰爲之？」諸大夫皆雜然曰：「仲氏也，其然乎？」於是遣歸父之家，時見君幼，欲以防示諸大夫。然後哭君。歸父使乎晉，還自晉，至檉，聞君薨家遣，墠帷，哭君成踊，反命于介，自是走之齊。魯人徐傷歸父之無後也，徐者，皆共之辭也，關東語。傷其先人爲惡，身見逐絶，不忿懟也。於是使嬰齊後之也。弟無後兄之義，爲亂昭穆之序，失父子之親，故不言仲孫，明不與子爲父孫。

癸丑，公會晉侯、衛侯、鄭伯、曹伯、宋世子戌〔三六〕、齊國佐、邾婁人同盟于戚。

晉侯執曹伯，歸于京師〔三七〕。爲篡喜時。

公至自會。

夏，六月，宋公固卒。不日者，多取三國媵〔三八〕，非禮，故略之。

楚子伐鄭。

秋，八月，庚辰，葬宋共公。

宋華元出奔晉。

宋華元自晉歸于宋。不省文，復出宋華元者，宋公卒，子幼，華元以憂國，爲大夫山所譖，出奔晉。晉人理其罪，宋人反華元、誅山，故繁文大之也。言歸者，明出入無惡。

宋殺其大夫山。不氏者，見殺在華元歸後，嫌直自見殺者，故貶之，明以譖華元故。

宋魚石出奔楚。與山有親，恐見及也。後得言復入者，出無惡，知非君漏言，魚石不殺山。

冬，十有一月，叔孫僑如會晉士燮、齊高無咎、宋華元、衛孫林父、鄭公子鰌、邾婁人會吴于鍾離。

曷爲殊會吴？据楚不殊。外吴也。曷爲外也？据襄五年不外之。春秋内其國而外諸

夏，内諸夏而外夷狄。内其國者，假魯以爲京師也。諸夏，外土諸侯也。謂之夏者，大總下土言之辭也。不殊楚者，楚始見所傳聞世，尚外諸夏，未得殊也。至於所聞世可得殊，又卓然有君子之行。吴似夷狄差醇，而適見於可殊之時，故獨殊吴。**王者欲一乎天下，曷爲以外内之辭言之？**據大一統。**言自近者始也。**明當先正京師，乃正諸夏；諸夏正，乃正夷狄，以漸治之。葉公問政於孔子，孔子曰：「近者説，遠者來。」季康子問政於孔子，孔子曰：「政者，正也。子帥以正〔三九〕，孰敢不正。」是也。月者，危録之，諸侯既委任大夫，復命交接夷狄。

許遷于葉。

十有六年，春，王，正月，雨木冰。

雨木冰者何？雨而木冰也。何以書？記異也。木者，少陽，幼君大臣之象。冰者，凝陰，兵之類也。冰脅木者，君臣將執於兵之徵也。

夏，四月，辛未，滕子卒。滕子始卒於宣公，日於成公，不名。邾婁始卒於文公，日於襄公，名。俱葬於昭公，是以知滕小。

鄭公子喜帥師侵宋。

六月，丙寅，朔，日有食之。是後，楚滅舒庸，晉厲公見餓殺〔四〇〕，尤重，故十七年復食。

晉侯使欒黶來乞師。

甲午，晦。

晦者何？冥也。何以書？記異也。此王公失道，臣代其治，故陰代陽。

晉侯及楚子、鄭伯戰于鄢陵，楚子、鄭師敗績。

敗者稱師，楚何以不稱師？據宋公戰于泓，敗績稱師。王痍也。王痍者何？傷乎矢也。時爲飛矢所中。然則何以不言師敗績？據王痍。末言爾。末，無也，無所取於言師敗績也。凡舉師敗績，爲重衆，今親傷人君，當舉傷君爲重。以言戰，又言敗績，知非詐，當蒙上日也。

楚殺其大夫公子側。

秋，公會晉侯、齊侯、衛侯、宋華元、邾婁人于沙隨，不見公。

公至自會。

不見公者何？公不見見也。不見見者，恚乞師不得，欲執之。公不見見，大夫執，何以致會？據不得意，扈之會，公失序，不致。不恥也。曷爲不恥？據扈之會公失序恥。公幼也。因公幼殺恥爲諱辭，不書行父執者，公不見見，已重矣。

公會尹子、晉侯、齊國佐、邾婁人伐鄭。

曹伯歸自京師。

執而歸者名，曹伯何以不名？而不言復歸于曹何？据曹伯襄復歸于曹。易也。易，故末言之，不復舉國名。其易奈何？公子喜時在内也。公子喜時在内，則何以易？据本簒喜時也。公子喜時者，仁人也，内平其國而待之，和平其臣民，令專心于負芻。外治諸京師而免之。訟治于京師，解免使來歸。其言「自京師」何？据僖二十八年晉人執衛侯歸之于京師，後復歸于衛，俱天子所歸，不言「自京師」。不連「歸」問者，嫌「自京師」天子有力文，言甚易，欲并問力文，與上説喜時錯。言甚易也，舍是無難矣。言歸自京師者，與内据臣子致公同文，欲言甚易也。舍此所從還，無危難矣。主所以見曹伯歸，本据喜時平國反之書，非録京師有力也。執歸書者，賢喜時，爲兄所簒，終無怨心，而復深推精誠，憂免其難，非至仁莫能行之，故書起其功也。

九月，晉人執季孫行父，舍之于招丘。

執未有言舍之者，此其言舍之何？仁之也。曰：在招丘，悕矣。悕，悲也。仁之者，若曰：在招丘，可悲矣。閔録之辭。執未有言仁之者，此其言仁之何？代公執也。其代公執奈何？前此者，晉人來乞師而不與，不書者，不與，無惡。公會晉侯，會沙隨也。將執公，季孫行父曰：「此臣之罪也。」於是執季孫行父。成公將會晉厲公，謂上伐鄭也。言謚者，别嬰齊所請也。明言公會晉侯者，嬰齊所請事也，故下與嬰齊傳合同。會不當期，將執公，季孫行父曰：「臣有罪，執其君；子有罪，執其父，此聽失之大者也。今此臣之罪也，舍臣之身而執臣之君，吾恐聽失之爲宗廟羞也。」於是執季孫行父。善其過則稱己，美則稱君，累代公執，在危殆之地，故地，言「舍」而月之者，痛傷忠臣不得其所。爲代公執、不稱行人者，在君側，非出使。

冬，十月，乙亥，叔孫僑如出奔齊。

十有二月，乙丑，季孫行父及晉郤州盟于扈。行父執釋不致者，舉公至爲重。

公至自會。

乙酉，刺公子偃。

十有七年，春，衞北宮結率師侵鄭。

夏，公會尹子、單子、晉侯、齊侯、宋公、衞侯、曹伯、邾婁人伐鄭。

六月，乙酉，同盟于柯陵。

秋，公至自會。

齊高無咎出奔莒。

九月，辛丑，用郊。

用者何？用者不宜用也。九月，非所用郊也。周之九月，夏之七月，天氣上升，地氣下降，又非郊時，故加用之。然則郊曷用？郊用正月上辛。魯郊，博卜春三月，言正月者，因見百王正所當用也。三王之郊，一用夏正。言正月者，春秋之制也。正月者，歲首；上辛，猶始新，皆取其首先之意。日者，明用辛例，不郊則不日。或曰：用，然後郊。或曰用者，先有事，存后稷神名也〔四一〕。晉人將有事於河，必先有事於惡池。齊人將有事於泰山，必先有事於蜚林。魯人將有事於天，必先有事於泮宮〔四二〕。九月郊，尤悖禮，故言用，小大盡譏之。以不郊，乃譏三望，知郊不得譏小也。又夕牲告牷，后稷當在日上，不得在日下。

晉侯使荀罃來乞師〔四三〕。

冬，公會單子、晉侯、宋公、衛侯、曹伯、齊人、邾婁人伐鄭。

十有一月，公至自伐鄭。月者，方正下「壬申」，故月之。

壬申，公孫嬰齊卒于貍軫。

非此月日也，曷爲以此月日卒之？据下丁巳朔，知壬申在十月。待君命然後卒大夫。曷爲待君命然後卒大夫？据昭公出奔，卒叔孫舍。前此者，嬰齊走之晉，不書者，以爲公請，除出奔之罪也。公會晉侯，將執公，嬰齊爲公請，公許之反爲大夫。歸，至于貍軫而卒。十月壬申日。貍軫，魯地。無君命，不敢卒大夫。國人未被君命，不敢使從大夫禮。公至，十一月至，是也。曰：「吾固許之反爲大夫。」許反爲大夫，即受命矣。然後卒之。善其不敢自專，故引其死日下就公至月卒之，起其事，所以激當世之驕臣。

十有二月，丁巳，朔，日有食之。

邾婁子貜且卒。

晉殺其大夫郤錡、郤州、郤至。

楚人滅舒庸。舒庸，東夷，道吴圍巢〔四四〕。

十有八年，春，王，正月，晉殺其大夫胥童。

庚申，晉弑其君州蒲〔四五〕。日者，二月庚申日，上繫於正月者，起正月見幽〔四六〕、二月庚申日死也。厲公猥殺四大夫，臣下人人恐見及，以致此禍，故日起其事，深爲有國者戒也。

齊殺其大夫國佐。

公如晉。

夏，楚子、鄭伯伐宋。

宋魚石復入于彭城。不書叛者，楚爲魚石伐宋，取彭城以封之，本受于楚，非得于宋，故舉伐於上，起其意也。楚以封魚石，復本繫于宋。言復入者，不與楚專封，故從犯君録之。主書者，起其專封。

公至自晉。

晉侯使士匄來聘。

秋，杞伯來朝。

八月，邾婁子來朝。

築鹿囿。

何以書？譏。何譏爾？有囿矣，又爲也。刺奢泰妨民。天子囿方百里，公侯十里，伯七里，子、男五里，皆取一也。

己丑，公薨于路寢。

冬，楚人、鄭人侵宋。

晉侯使士彭來乞師〔四七〕。

十有二月，仲孫蔑會晉侯、宋公、衛侯、邾婁子、齊崔杼同盟于虚朾。不日者，時欲行義，爲宋誅魚石，故善而爲信辭。或喪盟略。

丁未，葬我君成公。

春秋公羊卷第七〔四八〕

【校勘記】

〔一〕煥，余本同。釋文出「奐若」云：「本又作煥。」別無旁證，不敢定。

〔二〕手，諸本同。釋文：「一本作午。」案左氏作「首」，手、首音同，則作午者，蓋形近而訛歟？

〔三〕己酉及國佐盟于袁婁，各本同。劉敞七經小傳云：「成二年，『齊侯使國佐如師。己酉，及國佐盟于袁婁』，後又云『及齊國佐盟于袁婁』，前文全衍，後文衍『齊』字。」嚴可均唐石經校文則謂「傳內自爲敘事，既散傳附經，則前文非衍，後文『齊』字亦非衍，劉說誤。」竊謂傳文「己酉，及齊國佐盟于袁婁」，與經文全同而疊見，非作傳之體。設若傳爲敘事而録經文，亦不應出「己酉」二字，傳問曰「曷爲不盟于師而盟于袁婁」，其意與「己酉」殊無干涉。以此言之，劉說深具識見。頗疑此九字乃是羨文，即上傳訖於「於是斮逢丑父」，下經傳起於「己酉，及國佐盟于袁婁。曷爲不盟于師而盟于袁婁」。至於下經是否衍「齊」字，雖知漢石經無「齊」字，解詁本猶不能定。

〔四〕君不使，諸本同。阮氏校勘記云：「唐石經、諸本同。按『君不』下似脱『行』字，當補正。解云：春秋謹於別尊卑，理嫌疑，故絶去使文，以起事張例，則所謂君不行使乎大夫也者，是則疏本有『行』字。又隱六年疏兩引皆作君不行使乎大夫，閔元年疏引同。」案阮說未可信從。莊二十七年疏引此傳云「君不使乎大夫」，閔公二年注云「所謂君不使乎大夫也」，宣公十七年疏引傳云「君不使乎大夫」，皆無行字。

〔五〕佚，諸本同。釋文：「一本作失。」案佚字是。傳注皆作佚獲，傳又有「佚晉寇」之文，可證。

〔六〕將欲，余本同。阮氏挍勘記云：「鄂本作『欲將』。」

〔七〕當貴，余本同。阮氏挍勘記云：「當作『得貴』。按疏標起訖云『注如以至得貴』，解云：但春秋爲王法，是以不得貴耳。則疏本作『得』字。」案阮挍可從。

〔八〕不書恥之，余本同。阮氏挍勘記云：「按疏此下有『臧孫許眇也』五字一句，今各本脱去，則疏文無所系。」備一説也。

〔九〕棓，原作掊，注同，據余本改。阮氏挍勘記云：「鄂本及漢制考作踊于掊而窺客，注同，棓字從手，非。」案注云加躡板，似以從木之棓爲長，釋文亦作「棓」。

闚，原作「窺」，余本同。阮氏挍勘記云：「釋文作闚云：『本又作窺。』」案作闚是也。據西安碑林舊藏拓本開成石經，作闚字，則傳注三見「闚」字。説詳今本解詁通用字考。

〔一〇〕迓跛，諸本同。釋文：「本又作訝。」案注云「迓，迎」，且疏文所引，亦作「迓」字，則作迓者是。

〔一一〕也，余本同。阮氏挍勘記云：「鄂本無『也』字。」

〔一二〕訝，余本同。案上傳注三迓字，唯此一見「訝」字，蓋傳寫之訛，正字當作「迓」。

〔一三〕且，余本誤作「具」。寤，余本同，恐非，疑當作悟。説詳今本解詁通用字考。

〔一四〕是則土齊也，阮氏挍勘記云：「唐石經、諸本同。解云：一本云是則土齊，曰：不可也。」據注云「是不可行」，則一本或是。王引之經義述聞謂一本當作「是則土齊也，曰：不可」，可從。

〔一五〕齊人，諸本同。阮氏挍勘記云：「唐石經、諸本同。解云：一本無齊人者，誤也。」案陸淳差繆略云：「左氏無許人，公羊無齊人。」蓋陸氏所見公羊「齊人」作「許人」，故云爾。疑解詁原本此「齊人」亦作「許人」，若是「齊人」，不宜次於「鄭人」之下。

〔一六〕壹，余本誤作「一」。

〔一七〕新宮，各本同。阮氏挍勘記云：「按當作『以無新公』，乃合。魯桓公廟謂之桓宮，僖公廟謂之僖宮，煬公廟謂之煬宮，魯無新公，故疑之而問也。」案阮説迂曲，不可從。注意魯無新公，故無新宮之名，今此云『新宮』，可知是宣公之廟。

〔一八〕堅，諸本同。阮氏挍勘記云：「唐石經、諸本同。釋文作『伯臤』云：『本或作堅。』解云：『左氏作堅字，穀梁作賢字。今定本亦作堅字。』按云定本亦作堅，與左氏同，然則疏本作臤，與釋文同也。」案漢石經寫作絚。別無佐證，未知解詁原本作何字。

〔一九〕沗，諸本同，疑當作流。説見文公十二年校記。

〔二〇〕河，余本誤作「何」。

〔二一〕溴，原作湨，據余本改。阮氏挍勘記云：「鄂本、閩本湨作溴，釋文『溴，古闃反』，當據正。」案阮説是。

〔二二〕運，諸本作鄆，非。經傳注皆作運，無作鄆者，蓋後人據二傳改易。

〔二三〕立者不宜立也，諸本同。阮氏挍勘記云：「唐石經、諸本同。解云：亦有直云『不宜立』，無在上『立者』

二字也。」案上下傳皆云「立者不宜立」，則此宜有「立者」二字。

〔二四〕寤，余本同，疑當作悟。注云「覺，悟也」，以悟釋覺，則此宜寫作覺悟。又隱公十一年注云「諂臣進謀，終不覺悟」、宣公六年「冀當覺悟」，作「悟」者不爲孤例。依何氏用字之例，悟字爲勝。

〔二五〕錫，原作「賜」，余本同。案何氏用字，凡「錫命」字皆用「錫」不用「賜」，疏本即作「錫」字。説詳今本解詁通用字考。

〔二六〕以，原作「已」，余本同。案「以」字是也，經傳皆作「以歸」，疏本作「以」字，可證。

〔二七〕離，余本誤作「禽」。

〔二八〕娶，余本同。釋文出「取十」云：「本或作娶。」案當以娶字爲正。説詳今本解詁通用字考。

〔二九〕郤州，諸本同。釋文：「本亦作犨。」案作犨者，蓋據二傳改易歟？解詁原本當作州字。

〔三〇〕復生事，余本同。阮氏挍勘記云：「疏中標注作生事脩朝禮而行，解云：生事之上有『復』字者，衍文。」案「生事」僅此而已，不得言「復」，徐疏可從。

〔三一〕盧，諸本同。阮氏挍勘記云：「唐石經、諸本同。釋文『伯盧，本亦作盧』。」案「盧」字是。經有蔡侯盧、闔盧，注云「喜時，曹伯盧弟」，皆作盧字，可證。

〔三二〕凡娶，余本同。釋文出「凡取」云：「本又作娶。」案娶字是。説詳今本解詁通用字考。

〔三三〕一，各本同。依何氏用字之例，似宜作壹。説詳今本解詁通用字考。

〔三四〕秦伯卒，各本同，疑是衍文，何以言之？昭公五年經「秦伯卒」，傳云「何以不名？秦者夷也，匿嫡之名也」，今此經秦伯亦不名，彼傳宜先發於此，不宜後發於彼。且據漢石經殘字推排，此行多三字，頗疑此三字爲衍文。説詳漢石經春秋殘字合證與碑圖之復原。

〔三五〕弑子，諸本同。釋文出「殺子」云：「音試。」案作弑是也。説詳今本解詁弑殺異文考。

〔三六〕戍，原作「成」，余本、宋小字本同，鄂本亦作成。唐石經作戍。釋文云：「世子戍，音恤，本或作成。」是陸德明所據本亦作戍。案昭公元年注「戍、惡皆與君同名」，當以戍字爲正。據唐石經改。

〔三七〕歸于，諸本咸作「歸之于」。阮氏挍勘記云：「唐石經、諸本同。僖廿八年注作『歸于京師』，無『之』字，傳文乃辨別歸之于、歸于二者之不同。然則石經此處有『之』字，其誤甚矣。左氏、穀梁亦無『之』。」案阮説是也，漢石經無「之」字，可爲明證。

〔三八〕取，余本同，疑當作娶。凡嫁娶字，經傳皆作娶不作取，説詳今本解詁通用字考。

〔三九〕以，余本作「而」。

〔四〇〕殺，余本同。阮氏挍勘記云：「鄂本作弑。」案解詁原本當作弑字。説詳今本解詁弑殺異文考。

〔四一〕神名，余本同。阮氏挍勘記云：「浦鏜云：名，衍字，從通解續挍。」案據楊復儀禮經傳續解引，乃作「明」字，非「名」字，浦説恐非。

〔四二〕泮宮，余本同。釋文：「本又作郊。」案禮記禮器云：「魯人將有事於上帝，必先有事於頖宮。」鄭注云：「魯以周公之故，得郊祀上帝，與周同。先有事於頖宮，告后稷也。頖，郊之學也，詩所謂頖宮也，字或爲郊宮。」陸氏所見「又本」，與鄭康成所見詩之「或本」同，然何氏家法未必相同。

〔四三〕甇，諸本同。陸淳差繆略云：「甇，公羊作嬰。」疑解詁原本即作嬰字。說見昭公五年校記。

〔四四〕舒庸東夷道吳圍巢，余本同。疏云：「考諸舊本，亦有無此注者。」案舊本是，舒庸不得稱東夷。說詳徐彥公羊疏補正。

〔四五〕蒲，諸本同，漢石經作滿。案成公十年左傳「晉立大子州蒲以爲君」，陸德明音義云「州蒲，本或作州滿」，則陸氏所見或本有作州滿者。又孔穎達左傳正義云：「漢末有汝南應劭，作舊名諱議云：『昔者周穆王名滿，晉厲公名州滿，又有王孫滿，是同名不諱，則此爲州滿。或曰州蒲，誤耳。今定本作蒲。』」又考史記十二諸侯年表、晉世家皆作壽曼，壽之於州，曼之於滿，音相近也。以此言之，蓋漢人所見春秋經作州滿，解詁原本亦作州滿歟？今本州蒲，則晉以下舊本所改歟。

〔四六〕起正月，余本同，疏本「起」上有「以」字。

〔四七〕彭，唐石經、余本同。徐彥疏云：「考諸正本，皆作士魴字，若作士彭者，誤矣。」明徐彥所據本作士魴。陸德明公羊音義云：「士彭，襄十二年同。」則陸氏本與徐彥不同，未知解詁原本作士魴歟？抑士彭歟？汪氏識語云：「公羊前經皆作士彭，此諸正本作士魴者，涉二傳而誤。」足備一說。

〔四八〕第七，原作「第八」，余本同。據唐石經改。又，此行下有小字二行：「經三千三百八十六字，注四千二百四十六字。」

春秋公羊經傳解詁襄公第九

何休 學

元年，春，王，正月，公即位。

仲孫蔑會晉欒黶、宋華元、衛甯殖、曹人、莒人、邾婁人、滕人、薛人圍宋彭城。

宋華元曷爲與諸侯圍宋彭城？據晉趙鞅以地正國加「叛」文。今此無加叛文，故問之。爲宋誅也。故華元無惡文。其爲宋誅奈何？魚石走之楚，楚爲之伐宋，取彭城以封魚石。魚石之罪奈何？以入是爲罪也。說在成十八年。書者，善諸侯爲宋誅。雖不能誅，猶有屈彊臣之功〔二〕。楚已取之矣，曷爲繫之宋？據莒人伐杞取牟婁，後莒牟夷以牟婁來奔不繫杞。不與諸侯專封也。故奪繫於宋，使若宋邑者。楚救不書者，從封内兵也。

夏，晉韓屈帥師伐鄭。

仲孫蔑會齊崔杼、曹人、邾婁人、杞人次于合。刺欲救宋而後不能也。知不救鄭者，時鄭背中國，不能救，不得刺。

秋，楚公子壬夫帥師侵宋。

九月，辛酉，天王崩。

邾婁子來朝。

冬，衛侯使公孫剽來聘。

晉侯使荀罃來聘。

二年，春，王，正月，葬簡王。

鄭師伐宋。

夏，五月，庚寅，夫人姜氏薨。

六月，庚辰，鄭伯睔卒。不書葬者，諱伐喪。

晉師、宋師、衛甯殖侵鄭。

秋，七月，仲孫蔑會晉荀罃、宋華元、衛孫林父、曹人、邾婁人于戚。

己丑，葬我小君齊姜。

齊姜者何？齊姜與繆姜，則未知其爲宣夫人與？成夫人與？齊姜者，宣公夫人。九年繆姜者，成公夫人也。傳家依違者，襄公服繆姜喪未踰年，親自伐鄭，有惡，故傳從内義，不正言也。

孫叔豹如宋。

冬，仲孫蔑會晉荀罃、齊崔杼、宋華元、衛孫林父、曹人、邾婁人、滕人、薛人、小邾婁人于戚，遂城虎牢。

虎牢者何？鄭之邑也。以下戍繫鄭。其言城之何？據外城邑不書。取之也。取之則曷爲不言取之？據取牟婁。爲中國諱也。曷爲爲中國諱？據莒伐杞取牟婁不爲中國諱〔一〕。諱伐喪也。曷爲不繫乎鄭？爲中國諱也。大夫無遂事，此其言遂何？歸惡乎大夫也。使若大夫自生事取之者，即實遂，但當言取之。

楚殺其大夫公子申。

三年，春，楚公子嬰齊帥師伐吳。

公如晉。

夏，四月，壬戌，公及晉侯盟于長樗。

公至自晉。盟地者，不于都也。以晉致者，上盟不于都，嫌如晉不得入，故以晉致起之。不別盟得意者，成公比失意于晉，公獨得容盟，得意亦可知。

六月，公會單子、晉侯、宋公、衞侯、鄭伯、莒子、邾婁子、齊世子光。

己未，同盟于雞澤。盟下日者，信在世子光也。

陳侯使袁僑如會。

其言如會何？据曹伯襄言會諸侯，鄫子言會盟。後會也。不直言會盟者，時諸侯不親與袁僑盟，又下方殊及之。

戊寅，叔孫豹及諸侯之大夫及陳袁僑盟。

曷爲殊及陳袁僑？据俱諸侯之大夫也。言「之大夫」者，辟諸侯與大夫皆盟。爲其與袁僑盟也。陳鄭，楚之與國，陳侯有慕中國之心，有疾，使大夫會，諸侯欲附疏，不復備責，遂與之盟，共結和親，故殊之，起主爲與袁僑盟也。復出陳者，喜得陳國也。不重出地，有諸侯在，臣繫君，故因上地。

秋，公至自會。

冬，晉荀罃帥師伐許。

四年，春，王，三月，己酉，陳侯午卒。

夏，叔孫豹如晉。

秋，七月，戊子，夫人弋氏薨。

葬陳成公。

八月，辛亥，葬我小君定弋。

定弋者何？襄公之母也。定弋，莒女也。襄公者，成公之妾子。

冬，公如晉。

陳人圍頓。

五年，春，公至自晉。

夏，鄭伯使公子發來聘。

叔孫豹、鄫世子巫如晉。

外相如不書，此何以書？据晉郤克與臧孫許同時而聘于齊不書。爲叔孫豹率而與之俱也。以不殊鄫世子，俱言如也。叔孫豹則曷爲率而與之俱？据非内大夫。蓋舅出也。巫者，鄫前夫人、襄公母姊妹之子也，俱莒外孫，故曰舅出。莒將滅之，故相與往殆乎晉也。殆，疑，疑讞于晉，齊人語。莒將滅之，則曷爲相與往殆乎晉？据當以兵救之。取後乎莒也。其取後乎莒奈何？莒女有爲鄫夫人者，蓋欲立其出也。時莒女嫁爲鄫後夫人，夫人無男有女，還嫁之于莒，有外孫。鄫子愛後夫人而無子，欲立其外孫。主書者〔三〕，善之。得爲善者，雖揚父之惡，救國之滅者，可也。

仲孫蔑、衛孫林父會吴于善稻。不殊衛者，晉侯欲會吴于戚，使魯衛先通好，見使畀，故不殊，蓋起所恥。

秋，大雩。先是，襄公數用兵，圍彭城，城虎牢，三年再會，四年如晉，踰年乃反；又賦斂重、恩澤不施之所致。

楚殺其大夫公子壬夫。

公會晉侯、宋公、陳侯、衛侯、鄭伯、曹伯、莒子、邾婁子、滕子、薛伯、齊世子光、吴人、鄫人于戚。

吴何以稱人？据上善稻之會不稱人。「吴鄫人」云，則不辭。孔子曰：「言不順，則事不成。」方以吴抑鄫，國列在稱人上，不以順辭，故進吴稱人。所以抑鄫者，經書莒人滅鄫，又與巫訴。巫當存，惡鄫文不見，見惡必以吴者，夷狄尚知父死子繼，故以甚鄫也。等不使鄫稱國者，鄫不如夷狄，故不得與夷狄同文。

公至自會。

冬，戍陳。

孰戍之？諸侯戍之。曷爲不言諸侯戍之？据下救陳言諸侯。離至不可得而序，離至，離别前後至也。陳坐欲與中國，被强楚之害〔四〕，中國宜雜然同心救之，乃解怠前後至，故不序，以刺中國之無信。故言我也。言我者，以魯至時書，與魯微者同文。微者同文者，使若城楚丘，辟魯獨戍之。戍例時。

楚公子貞帥師伐陳。

公會晉侯、宋公、衛侯、鄭伯、曹伯、莒子、邾婁子、滕子、薛伯、齊世子光救陳〔五〕。

十有二月，公至自救陳。

辛未，季孫行父卒。

六年，春，王，三月，壬午，杞伯姑容卒。始卒，便名、日、書葬者，新黜未忍便略也。

夏，宋華弱來奔。

秋，葬杞桓公。

滕子來朝。

莒人滅鄫。莒稱人者，莒公子，鄫外孫。稱人者，從莒無大夫也。言滅者，以異姓爲後，莒人當坐滅也。不月者，取後于莒，非兵滅。

冬，叔孫豹如邾婁。

季孫宿如晉。

十有二月，齊侯滅萊。

曷爲不言萊君出奔？据譚子言奔。國滅，君死之，正也。明國當存，不書殺萊君者，舉滅國爲重。

七年，春，郯子來朝。

夏，四月，三卜郊，不從，乃免牲。

小邾婁子來朝。

城費。

秋，季孫宿如衞。

八月，螺。先是，郯、小邾婁來朝，有賓主之賦，加以城費，季孫宿如衞，煩擾之應。

冬，十月，衞侯使孫林父來聘。

壬戌，及孫林父盟。

楚公子貞帥師圍陳。

十有二月，公會晉侯、宋公、陳侯、衛侯、曹伯、莒子、邾婁子于鄬。

鄭伯髡原如會〔六〕，未見諸侯。

丙戌，卒于操。

操者何？鄭之邑也。諸侯卒其封内不地，此何以地？据陳侯鮑卒不地。隱之也。何隱爾？弒也〔七〕。孰弒之？其大夫弒之。曷爲不言其大夫弒之？据鄭公子歸生弒其君夷書。爲中國諱也。曷爲爲中國諱？据歸生弒君不爲中國諱。鄭伯將會諸侯于鄬，其大夫諫曰：「中國不足歸也，則不若與楚。」鄭伯曰：「不可。」其大夫曰：「以中國爲義，則伐我喪；据城虎牢事。以中國爲彊，則不若楚。」言楚屬圍陳，不能救。於是弒之。禍由中國無義〔八〕，故深諱使若自卒。鄭伯髡原何以名？据陳侯如會不名。傷而反，未至乎舍而卒也。舍，昨日所舍止處也。以操鄭邑，知傷而反也。未見諸侯，尚往辭，知未至舍也。云爾者，古者保辜，諸侯卒名，故於如會名之，明如會時爲大夫所傷，以傷辜死也。君親無將，見辜者，辜内當以弒君論之，辜外當以傷君論之。未見諸侯，其言如會何？致其意也。鄭伯欲與中國，意未達而見弒，故養遂而致之，所以達賢者之心。

陳侯逃歸。起鄭伯欲與中國，卒逢其禍，諸侯莫有恩痛自疾之心，於是懼，然後逃歸，故書以刺中國之無義。加逃者，抑陳侯也。孔子曰：「夷狄之有君，不如諸夏之亡。」不當背也。

八年，春，王，正月，公如晉。月者，起鄬之會，鄭伯以弑〔九〕，陳侯逃歸，公獨脩禮於大國，得自安之道，故善録之。

夏，葬鄭僖公。

賊未討，何以書葬？爲中國諱也。探順上事，使若無賊然。不月者，本實當去葬責臣子，故不足也。

鄭人侵蔡，獲蔡公子燮。

此侵也，其言獲何？据宋師敗績，獲宋華元，戰乃言獲也。侵而言獲者，適得之也。時適遇，值其不備，獲得之，易。不言取之者，封内兵不書，嫌如子糾取一人，故言獲，起有兵也。又將兵禦難，不明候伺，雖不戰鬬，當坐獲。

季孫宿會晉侯、鄭伯、齊人、宋人、衛人、邾婁人于邢丘。

公至自晉。

莒人伐我東鄙。

秋，九月，大雩。由城費，公比出會、如晉，莒人伐我，動擾不恤民之應。

冬，楚公子貞帥師伐鄭。

晉侯使士匄來聘。

九年，春，宋火。

曷爲或言災？或言火？大者曰災，小者曰火。大者謂正寢〔一〇〕、社稷、宗廟、朝廷也，下此則小矣。災者，離本辭，故可以見火〔一一〕。然則内何以不言火？據西宮災不言火。内不言火者，甚之也。春秋以内爲天下法，動作當先自克責，故小有火，如大有災。何以書？記災也。外災不書，此何以書？爲王者之後記災也。是時，周樂已毀，先聖法度浸疏遠〔一二〕，不用之應。

夏，季孫宿如晉。

五月，辛酉，夫人姜氏薨。

秋，八月，癸未，葬我小君繆姜。

冬，公會晉侯、宋公、衞侯、曹伯、莒子、邾婁子、滕子、薛伯、杞伯、小邾婁子、齊世子光伐鄭。

十有二月，己亥，同盟于戲。事連上伐，不致者，惡公服繆姜喪未踰年，而親伐鄭，故奪臣子辭。

楚子伐鄭。

十年，春，公會晉侯、宋公、衛侯、曹伯、莒子、邾婁子、滕子、薛伯、杞伯、小邾婁子、齊世子光會吴于柤。

夏，五月，甲午，遂滅偪陽。

公至自會。滅日者，甚惡諸侯不崇禮義以相安，反遂爲不仁，開道彊夷滅中國。中國之禍連蔓日及，故疾録之。滅比于取邑〔一三〕，例不當書致，書致者，深諱使若公與上會，不與下滅。

楚公子貞、鄭公孫輒帥師伐宋。

晉師伐秦。

秋，莒人伐我東鄙。

公會晉侯、宋公、衛侯、曹伯、莒子、邾婁子、齊世子光、滕子、薛伯、杞伯、小邾婁子伐鄭。

冬，盜殺鄭公子斐、公子發、公孫輒。不言「其大夫」者，降從盜，故與盜同文。

戍鄭虎牢。

孰戍之？諸侯戍之。曷爲不言諸侯戍之？離至不可得而序，故言我也。剌諸侯既取虎牢以爲蕃蔽，不能雜然同心安附之。諸侯已取之矣，曷爲繫之鄭？據莒牟夷以牟婁來奔，本杞之邑，不繫于杞。諸侯莫之主有，故反繫之鄭。諸侯本無利虎牢之心，欲共以距楚爾〔一四〕。無主有之者，故不當坐取邑，故反繫之鄭，見其意也。所以見之者，上諱伐喪不言取，今刺戍之舒緩，嫌於義反，故正之云爾。

楚公子貞帥師救鄭。

公至自伐鄭。

十有一年，春，王，正月，作三軍。

三軍者何？三卿也。爲軍置三卿官也。卿大夫爵號大同小異。方據上卿道中下，故揔言三卿。作三軍何以書？欲問作多書乎？作少書乎？故復全舉句以問之。譏。何譏爾？古者上卿下卿，上士下士，說古制司馬官數。古者諸侯有司徒、司空，上卿各一，下卿各二；司馬事省，上、下卿各一。上士相上卿，下士相下卿，足以爲治。襄公委任彊臣，國家内亂，兵革四起，軍職不共，不推其原，乃益司馬作中卿官，踰王制，故譏之。言軍者，本以軍數置之。月者，重録之。

夏，四月，四卜郊，不從，乃不郊。成公下文不致，此致者，襄公但不免牲爾，不怨懟，無所起。

鄭公孫舍之帥師侵宋。

公會晉侯、宋公、衛侯、曹伯、齊世子光、莒子、邾婁子、滕子、薛伯、杞伯、小邾婁子伐鄭。

秋，七月，己未，同盟于京城北。

公至自伐鄭。

楚子、鄭伯伐宋。

公會晉侯、宋公、衛侯、曹伯、齊世子光、莒子、邾婁子、滕子、薛伯、杞伯、小邾婁子伐鄭，會于蕭魚。

此伐鄭也，其言會于蕭魚何？據伐鄭常難，今有詳録之文。蓋鄭與會爾。中國以鄭故，三年之中五起兵，至是乃服。其後，無干戈之患二十餘年，故喜而詳録其會，起得鄭爲重。

公至自會。

楚人執鄭行人良霄。

冬，秦人伐晉。爲楚救鄭。

十有二年，春，王，三月，莒人伐我東鄙，圍台。

邑不言圍，此其言圍何？伐而言圍者，取邑之辭也。伐而不言圍者，非取邑之辭也。外取邑，有嘉惡，當書。不直言取邑者，深恥中國之無信也。前九年伐得鄭，同盟于戲。楚伐鄭不救，卒爲鄭所背，中國以弱，蠻荆以彊〔一五〕，兵革亟作，蕭魚之會，服鄭最難，不務長和親，復相貪犯，故諱而言圍以起之。月者，加責之。

季孫宿帥師救台，遂入運。入運者，討叛也。封内兵書者，爲遂舉。討叛惡遂者，得而不取，與不討同，故言入，起其事。

大夫無遂事，此其言遂何？公不得爲政爾。時公微弱，政教不行，故季孫宿遂取運以自益其邑〔一六〕。

夏，晉侯使士彭來聘。

秋，九月，吴子乘卒。至此卒者，與中國會同本在楚後，賢季子，因始卒其父，是後亦欲見其迭爲君。卒皆不日，吴遠于楚〔一七〕。

冬，楚公子貞帥師侵宋。

公如晉。

十有三年，春，公至自晉。

夏，取詩。

詩者何？邿婁之邑也。曷爲不繫乎邿婁？諱亟也。諱背蕭魚之會亟。

秋，九月，庚辰，楚子審卒。

冬，城防。

十有四年，春，王，正月，季孫宿、叔老會晉士匄、齊人、宋人、衛人、鄭公孫蠆、曹人、莒人、邾婁人、滕人、薛人、杞人、小邾婁人會吴于向。月者，危，刺諸侯委任大夫，交會彊夷，臣日以彊，三年之後，君若贅旒然〔一八〕。

二月，乙未，朔，日有食之。是後，衛侯爲彊臣所逐出奔，溴梁之盟，信在大夫。

夏，四月，叔孫豹會晉荀偃、齊人、宋人、衛北宫結、鄭公孫蠆、曹人、莒人、邾婁人、滕人、薛人、杞人、小邾婁人伐秦。

己未，衛侯衎出奔齊。日者，爲孫氏、甯氏所逐，後甯氏復納之。出納之者同，當相起，故獨日也。不書孫、甯逐君者，舉君絶爲重。見逐説在二十七年。

莒人侵我東鄙。

秋，楚公子貞帥師伐吴。

冬，季孫宿會晉士匄、宋華閲、衛孫林父、鄭公孫蠆、莒人、邾婁人于戚。

十有五年，春，宋公使向戌來聘。

二月，己亥，及向戌盟于劉。

劉夏逆王后于齊。

劉夏者何？天子之大夫也。劉者何？邑也。其稱劉何？据宰渠伯糾繫官。以邑氏也。諸侯入爲天子大夫，不得氏國稱本爵，故以所受采邑氏、稱子。所謂采者，不得有其土地人民，采取其租稅爾。禮記王制曰：「天子三公之田視公侯，卿視伯，大夫視子男，元士視附庸。」稱子者，參見義：顧爲天子大夫，亦可以見諸侯不生名，亦可以見爵，亦可以見大夫稱，傳曰「天子大夫」是也。不稱劉子而名者，禮，逆王后當使三公，故貶去大夫，明非禮也。外逆女不書，此何以書？過我也。明魯當共送迎之禮〔一九〕。

夏，齊侯伐我北鄙，圍成。俱犯蕭魚。此不月，十二年月者，疾始可知。

公救成，至遇。

其言至遇何？据季孫宿救台不言所至。不敢進也。兵不敵，不敢進也。不言止次，如「公次于郎」以刺之者，量力不責，重民也，故與「至攜」同文〔二〇〕。封内兵書者，爲不進張本。

季孫宿、叔孫豹帥師城成郛。

秋，八月，丁巳，日有食之。是後，溴梁之盟，信在大夫，齊、蔡、莒、吴、衞之禍，偏滿天下。

邾婁人伐我南鄙。

冬，十有一月，癸亥，晉侯周卒〔二一〕。

十有六年，春，王，正月，葬晉悼公。

三月，公會晉侯、宋公、衛侯、鄭伯、曹伯、莒子、邾婁子、薛伯、杞伯、小邾婁子于溴梁〔二二〕。

戊寅，大夫盟。

諸侯皆在是，其言大夫盟何？據葵丘之盟諸侯皆在〔二三〕，有大夫，不言大夫盟。信在大夫也。故書大夫盟，不言諸侯之大夫者，起信在大夫。何言乎信在大夫？據上三年戊寅不起。偏刺天下之大夫也。曷爲偏刺天下之大夫？據戊寅不刺之。君若贅旒然〔二四〕。旒，旂旒。贅，繫屬之辭，若今俗名就壻爲贅壻矣〔二五〕。以旂旒喻者，爲下所執持東西。旒者，其數名。禮記玉藻曰：「天子旂十有二旒，諸侯九，卿大夫七，士五。」不言諸侯之大夫者，明所刺者非但會上大夫，并偏刺天下之大夫。不殊内大夫者，欲一其文，見惡同也。至此所以偏刺之者，蕭魚之會，服鄭最難，諸侯勞倦，莫肯復出，而大夫常行，三委于臣而君遂失權〔二六〕，大夫故得信在〔二七〕，故孔子曰：「唯器與名，不可以假人。」不重出地者，與三年雞澤大夫盟同義。

晉人執莒子、邾婁子以歸。録「以歸」者，甚惡晉。有罪無罪皆當歸京師，不得自治之。

齊侯伐我北鄙。

夏，公至自會。

五月，甲子，地震。是時，溴梁之盟，政在臣下。其後，叛臣二，弒君五，楚滅舒鳩，齊侯襲莒，乖離出奔，兵事最甚。

叔老會鄭伯、晉荀偃、衛甯殖、宋人伐許。

秋，齊侯伐我北鄙，圍成。

大雩。先是，伐許，齊侯圍成，動民之應。

冬，叔孫豹如晉。

十有七年，春，王，二月，庚午，邾婁子瞷卒。

宋人伐陳。

夏，衛石買帥師伐曹。

秋，齊侯伐我北鄙，圍洮。

齊高厚帥師伐我北鄙，圍防。

九月，大雩。此年仍見圍，不暇恤民之應。

宋華臣出奔陳。

冬，邾婁人伐我南鄙。

十有八年，春，白狄來。

白狄者何？夷狄之君也。何以不言朝？不能朝也。

夏，晉人執衞行人石買。

秋，齊師伐我北鄙。

冬，十月，公會晉侯、宋公、衞侯、鄭伯、曹伯、莒子、邾婁子、滕子、薛伯、杞伯、小邾婁子同圍齊。

曹伯負芻卒于師。

楚公子午帥師伐鄭。

十有九年，春，王，正月，諸侯盟于祝阿。下有執，不日者，善同伐齊，故褒與信辭。

晉人執邾婁子。

公至自伐齊。

此同圍齊也，何以致伐？據諸侯圍許致圍。未圍齊也。故致伐起。未圍齊，則其言圍齊何？抑齊也。曷爲抑齊？據侵蔡伐楚猶不抑。爲其亟伐也。或曰：爲其驕蹇〔二八〕，使其世子處乎諸侯之上也。以下葬略，「或説」是也。亟伐者，并數爾。加圍者，明當從滅死二等，奪其爵土。

取邾婁田，自漷水。

其言自漷水何？據齊人取濟西田不言自濟水。以漷爲竟也。何言乎以漷爲竟？據取邑未嘗道竟界。漷移也。魯本與邾婁以漷爲竟，漷移入邾婁界，魯隨而有之。諸侯土地本有度數，不得隨水，隨水有之，當坐取邑，故云爾。

季孫宿如晉。

葬曹成公。

夏，衛孫林父帥師伐齊。

秋，七月，辛卯，齊侯瑗卒。

晉士匄帥師侵齊，至穀，聞齊侯卒，乃還。

還者何？善辭也。何善爾？大其不伐喪也。此受命乎君而伐齊，則何大乎其不伐喪？據公子買戍衛不卒戍，言戍衛，遂公意。大夫以君命出，進退在大夫也。禮，兵不從中御外，臨事制宜，當敵爲師，唯義所在。士匄聞齊侯卒，引師而去，恩動孝子之心，義服諸侯之君。是後，兵寢數年，故起時善之。言乃者，士匄有難重廢君命之心，故見之。言至穀者，未侵齊也。言聞者，在竟外。舉侵者，張本。

八月，丙辰，仲孫蔑卒。

齊殺其大夫高厚。

鄭殺其大夫公子喜。

冬，葬齊靈公。不月者，抑其父，嫌子可得無過，故奪臣子恩，明光代父從政，處諸侯之上，不孝也。

城西郛。言西郛者，据都城録道東西。

叔孫豹會晉士匄于柯。

城武城。

二十年，春，王，正月，辛亥，仲孫遬會莒人盟于向。

夏，六月，庚申，公會晉侯、齊侯、宋公、衛侯、鄭伯、曹伯、莒子、邾婁子、滕子、薛伯、杞伯、小邾婁子盟于澶淵。

秋，公至自會。

仲孫遬帥師伐邾婁。

蔡殺其大夫公子燮。

蔡公子履出奔楚。

陳侯之弟光出奔楚。爲二慶所譖，還在二十三年。

叔老如齊。

冬，十月，丙辰，朔，日有食之。自溴梁之盟，臣恣日甚，故比年日食。

季孫宿如宋。

二十有一年，春，王，正月，公如晉。月者，溴梁之盟後，中國方乖離，善公獨能與大國。

邾婁庶其以漆、閭丘來奔。

邾婁庶其者何？邾婁大夫也。邾婁無大夫，此何以書？据快無氏。重地也。惡受人叛臣邑，故重而書之。不言叛者，舉地言奔，則魯坐受與庶其叛兩明，故省文也。

夏，公至自晉。

秋，晉欒盈出奔楚。

九月，庚戌，朔，日有食之。

冬，十月，庚辰，朔，日有食之。

曹伯來朝。

公會晉侯、齊侯、宋公、衛侯、鄭伯、曹伯、莒子、邾婁子于商任。

十有一月，庚子，孔子生〔二九〕。時歲在己卯〔三〇〕。

二十有二年，春，王，正月，公至自會。月者，危公前彊隨瀞有邾婁地，又受其叛臣邑，而今與會。不於上會月者，與日食同月，不得復見。

夏，四月。

秋，七月，辛酉，叔老卒。

冬，公會晉侯、齊侯、宋公、衛侯、鄭伯、曹伯、莒子、邾婁子、滕子〔三一〕、薛伯、杞伯、小邾婁子于沙隨。

公至自會。

楚殺其大夫公子追舒。

二十有三年，春，王，二月，癸酉，朔，日有食之。

三月，己巳，杞伯匄卒。

夏，邾婁鼻我來奔。

邾婁鼻我者何？邾婁大夫也。邾婁無大夫，此何以書？以近書也。以奔無他義，知以治近升平書也。所傳聞世，見治始起，外諸夏，録大略小，大國有大夫，小國略稱人。所聞之世，内諸夏，治小如大，廩廩近升平，故小國有大夫，治之漸也。見於邾婁者，自近始也〔三二〕。獨舉一國者，時亂，實未有大夫，治亂不失其實，故取足張法而已。

葬杞孝公。

陳殺其大夫慶虎及慶寅。

陳侯之弟光自楚歸于陳。前爲二慶所譖，出奔楚，楚人治其罪，陳人誅二慶，反光〔三三〕，故言歸。宋大夫山譖華元貶，此不貶者，殺二慶而光歸，譖光可知。

晉欒盈復入于晉，入于曲沃。

曲沃者何？晉之邑也。其言「入于晉入于曲沃」何？据當舉重。欒盈將入晉，晉人不納，由乎曲沃而入也。欒盈本欲入晉篡大夫位，晉人不納，更入於曲沃，得其士衆以入晉國。曲沃大夫當坐，故復言入。篡大夫位例時。

秋，齊侯伐衛，遂伐晉。

八月，叔孫豹帥師救晉，次于雍渝。

曷爲先言救而後言次？据次于聶北救邢。先通君命也。惡其不遂君命而專止次，故先通君命言救。

己卯，仲孫遬卒。

冬，十月，乙亥，臧孫紇出奔邾婁。

晉人殺欒盈。

曷爲不言殺其大夫？据篡得大夫之位。非其大夫也。明非君所置，不得爲大夫。無大夫文，而殺之稱人者，從討賊辭，大其除亂也。

齊侯襲莒。

二十有四年，春，叔孫豹如晉。

仲孫羯帥師侵齊〔三四〕。

夏，楚子伐吴。

秋，七月，甲子，朔，日有食之，既。是後，楚滅舒鳩，齊崔杼、衛甯喜弑其君。

齊崔杼帥師伐莒。

大水。前此，叔孫豹救晉，仲孫羯侵齊，比興師衆〔三五〕，民怨之所生。

八月，癸巳，朔，日有食之。與「甲子」同。

公會晉侯、宋公、衛侯、鄭伯、曹伯、莒子、邾婁子、滕子、薛伯、杞伯、小邾婁子于陳儀。

冬，楚子、蔡侯、陳侯、許男伐鄭。

公至自會。

陳鍼宜咎出奔楚〔三六〕。

叔孫豹如京師。

大饑。有死傷曰大饑，無死傷曰饑。

二十有五年，春，齊崔杼帥師伐我北鄙。

夏，五月，乙亥，齊崔杼弑其君光。

公會晉侯、宋公、衛侯、鄭伯、曹伯、莒子、邾婁子、滕子、薛伯、杞伯、小邾婁子于陳儀。

六月，壬子，鄭公孫舍之帥師入陳。日者，陳、鄭俱楚之與國，今鄭背楚入陳，明中國當憂助鄭，以離楚弱陳，故爲中國憂録之。

秋，八月，己巳，諸侯同盟于重丘。會盟再出，不舉重者，起諸侯欲誅崔杼，故詳録之。

公至自會。

衛侯入于陳儀。

陳儀者何？衛之邑也。曷爲不言入于衛？据與鄭突入櫟同。諼君以弑也。以先言入後言弑也。時衛侯爲剽所篡逐，不能以義自復，詐願居是邑爲剽臣，然後候間伺便，使甯喜弑之，君子恥其所爲。故就爲臣以諼君惡之。未得國言入者，起詐篡從此始。

楚屈建帥師滅舒鳩。

冬，鄭公孫囆帥師伐陳〔三七〕。

十有二月，吴子謁伐楚〔三八〕，門于巢卒。

門于巢卒者何？入門乎巢而卒也。入門乎巢而卒者何？入巢之門而卒也。以先言門，後言「于巢」。吴子欲伐楚，過巢，不假塗，卒暴入巢門，門者以爲欲犯巢而射殺之。君子不怨所不知，故與巢得殺之，使若吴爲自死文，所以彊守禦也。書伐者，明持兵入門，乃得殺之。吴子謁何以名？据諸侯伐人不名。傷而反，未至乎舍而卒也。以名、卒間無事，知以傷辜死，還就張本文，伐名，知傷而反；，卒繫巢，知未還至舍。巢不坐殺。復見辜者，辜內當以弑君論之，辜外當以傷君論之。

二十有六年，春，王，二月，辛卯，衛甯喜弑其君剽。甯喜爲衛侯衎弑剽，不舉衎弑剽者，諼成于喜。

衛孫林父入于戚以叛。衎盜國，林父未君事衎，言叛者，林父本逐衎，衎入故叛，衎得誅之，猶定公得誅季氏，故正之云爾。

甲午，衛侯衎復歸于衛。

此諼君以弑也，其言復歸何？据齊陽生至陳乞家，時書「入于齊」，不書「復歸」。復歸者，入無惡文。惡剽也。主惡剽，衛侯入無惡，則剽惡明矣。曷爲惡剽？据齊陽生不書歸，惡舍。剽之立，於是未有説也。凡篡立，皆緣親親也。剽以公孫立於是位，尤非其次，故衛人未有説。喜由此得成諼禍，故惡以爲戒也。篡重不書，反惡此者，因重不得書，故得惡輕，亦欲以見重。然則曷爲不言剽之立？据衛人立晉。不言剽之立者，以惡衛侯也。欲起衛侯失衆出奔，故不書剽立。剽立無惡，則衛侯惡明矣。日者，起甯氏復納之，故出入同文也。甯喜弑君而衛侯歸，則甯氏納之明矣。以歸、出奔俱日，知出納之者同。衛侯歸而孫氏叛，孫氏本與甯氏共逐之，亦可知也。名者，起盜國；盜國明，則復歸爲惡剽出見矣。

夏，晉侯使荀吳來聘。

公會晉人、鄭良霄、宋人、曹人于澶淵。

秋，宋公殺其世子痤〔三九〕。痤有罪，故平公書葬。

晉人執衛甯喜。

此執有罪，何以不得爲伯討？据甯喜弑君者，稱人而執，非伯討。不以其罪執之也。明不得以爲功，當坐執人。

八月，壬午，許男甯卒于楚。

冬，楚子、蔡侯、陳侯伐鄭。

葬許靈公。

二十有七年，春，齊侯使慶封來聘。

夏，叔孫豹會晉趙武、楚屈建、蔡公孫歸生、衛石惡、陳孔瑗、鄭良霄、許人、曹人于宋。

衛殺其大夫甯喜。

衛侯之弟鱄出奔晉。

衛殺其大夫甯喜，則衛侯之弟鱄曷爲出奔晉？據與射姑同。爲殺甯喜出奔也。曷爲爲殺甯喜出奔？據非同姓。衛甯殖與孫林父逐衛侯而立公孫剽，甯殖病將死，謂喜曰：「黜公者，非吾意也，孫氏爲之。黜，猶出逐。我即死，女能固納公乎？」固，猶必也。喜者，殖子。殖本與孫氏共立剽，而孫氏獨得其權，故有此言。喜曰：「諾。」甯殖死，喜立爲大夫，使人謂獻公曰：「黜公者，非甯氏也，孫氏爲之。吾欲納公，何如？」獻公曰：「子苟欲納我，吾請與子盟。」盟者，欲堅固喜意。喜曰：「無所用盟，時喜見獻公多詐，欲使公子鱄保之，故辭不肯盟，曰：臣納君，義也，無用爲盟矣。請使公子鱄約之。」喜素信鱄，以爲鱄能保獻公。獻公謂公子鱄曰：「甯氏將納我，吾欲與之盟，其言曰『無所用盟，請使公子鱄約之』，子固爲我與之約矣。」公子鱄辭曰：「夫負羈縶〔四〇〕，縶，馬絆也。執鈇鑕，從君東西南北，則是臣僕庶孽之事也。僕，從者。庶孽，衆賤子，猶樹之有孽生。若夫約言爲信，則非臣僕庶孽之所敢與也。」鱄見獻公多詐，不敢保。獻公怒曰：「黜我者，非甯氏與孫氏，凡在爾。」欲以此語迫從，令必約之。公子鱄不得已而與之約。已約，歸至，殺甯喜。獻公歸至國，背約殺甯喜。公子鱄挈其妻子而去之。慙恚不能保獻公。將濟于河，攜其妻子，攜，猶提也。而與之盟，恐乘舟有風波之害，已意不得展，故將濟，豫與之盟。曰：「苟有履衛地、食衛粟者，昧雉彼視。」昧，割也。時割雉以爲盟，猶曰：視彼割雉，負此盟，則如彼矣。傳極道此者，見獻公無信，刺鱄兄爲彊臣所逐，既不能救，又移心事剽，背爲姦約。獻公雖復因喜得反，誅之，小負未爲大惡，而深以自絶，所謂守小信而忘大義，拘小介而失大忠。不爲君漏言者，即漏言，當坐殺大夫，不得以正葬。正葬，明喜有罪。

秋，七月，辛巳，豹及諸侯之大夫盟于宋。

曷爲再言豹？據盟于首戴不再出公〔四一〕。殆諸侯也。殆，危也。危諸侯，故再出豹，懼録之。曷爲殆諸侯？據首戴不殆。爲衛石惡在是也，曰：惡人之徒在是矣。衛侯衎不信，而使惡臣石惡來，故深爲諸侯危懼其將負約，爲禍原。先見此者，衎負鱄殺喜，得書葬，嫌於義絶可，欲起其小負。會盟再出不舉重者，方再出豹也。石惡惡者，下出奔是也。

冬，十有二月，乙亥，朔，日有食之。是後，閽殺吴子餘祭〔四二〕，蔡世子般弒其君，莒人弒其君之應。

二十有八年，春，無冰。豹、羯爲政之所致。

夏，衛石惡出奔晉。

邾婁子來朝。

秋，八月，大雩。公方欲如楚〔四三〕，先是，豫賦于民之所致。

仲孫羯如晉。

冬，齊慶封來奔。

十有一月，公如楚。如楚皆月者，危公朝夷狄也。

十有二月，甲寅，天王崩。靈王。

乙未，楚子昭卒。乙未與甲寅相去四十二日，蓋閏月也。葬以閏數，卒不書閏者，正取朞月〔四四〕，明朞三年之喪，始死得以閏數，非死月，不得數閏。

二十有九年，春，王，正月，公在楚。

何言乎公在楚？据成十一年正月公在晉不書。正月以存君也。正月，歲終而復始，臣子喜其君父與歲終而復始，執贄存之，故言在。在晉不書在楚書者，惡襄公久在夷狄，爲臣子危録之。

夏，五月，公至自楚。

庚午，衛侯衎卒。

閽弑吳子餘祭。

閽者何？門人也，守門人號。刑人也。以刑爲閽。古者肉刑：墨、劓、臏、宫，與大辟而五。孔子曰：「三皇設言民不違，五帝畫象世順機，三王肉刑揆漸加，應世黠巧姦僞多。」刑人則曷爲謂之閽？据非刑人名。刑人，非其人也。以刑人爲閽，非其人，故變盗言閽。君子不近刑人，近刑人，則輕死之道也。刑人不自賴，而用作閽，由之出入，卒爲所殺，故以爲戒。不言「其君」者，公家不畜，士庶不友，放之遠地，欲去，聽所之，故不繫國。不繫國，故不言其君。

仲孫羯會晉荀盈、齊高止、宋華定、衛世叔齊、鄭公孫段、曹人、莒人、邾婁人、滕人、薛人、小邾婁人城杞。書者，杞時微，善能城王者後〔四五〕。

晉侯使士鞅來聘。

杞子來盟。貶稱子者，微弱不能自城，危社稷宗廟，當坐。善諸侯城之，復貶者，諸侯自閔而城之，非杞能以善道致諸侯。

吴子使札來聘。

吴無君無大夫，此何以有君有大夫？据向之會稱國。賢季子也。何賢乎季子？据聘不足賢，而使賢有君有大夫，「荆人來聘」是也。讓國也。其讓國奈何？謁也、餘祭也、夷眜也〔四六〕，與季子同母者四。與，并也，并季子四人。季子弱而才，兄弟皆愛之，同欲立之以爲君。謁曰：「今若是迮而與季子國，迮，起也，倉卒意。季子猶不受也，請無與子而與弟，弟兄迭爲君，迭，猶更也。而致國乎季子。」皆曰：「諾。」故諸爲君者，皆輕死爲勇，飲食必祝，祝，因祭祝也。論語曰「雖蔬食，菜羹，瓜，祭」，是也。曰：「天苟有吳國，猶曰：天誠欲有吳國，當與賢弟。尚速有悔於予身。」尚，猶努力。速，疾也。悔，咎。予，我也。欲急致國于季子意。故謁也死，餘祭也立。故迭爲君。餘祭也死，夷昧也立。夷昧也死，則國宜之季子者也。季子使而亡焉。僚者，長庶也，即之。緣兄弟相繼而即位。所以不書僚篡者，緣季子之心，惡以己之是揚兄之非，故爲之諱，所以起至而君之。季子使而反，至而君之爾。不爲讓國者，僚已得國，無所讓。闔廬曰：「先君之所以不與子國而與弟者，凡爲季子故也〔四七〕。將從先君之命與？則國宜之季子者也。如不從先君之命與？則我宜立者也。僚惡得爲君乎〔四八〕？」於是使專諸刺僚，闔廬，謁之長子光。專諸，膳宰。僚耆炙魚，因進魚而刺之。而致國乎季子。季子不受，曰：「爾弒吾君，吾受爾國，是吾與爾爲篡也。爾殺吾兄，吾又殺爾，是父子兄弟相殺終身無已也。」兄弟相殺者，謂闔廬爲季子殺僚。去之延陵，延陵，吳下邑。禮，公子無去國之義，故不越竟。終身不入吳國。不入吳朝，既不忍討闔廬，義不可留事〔四九〕。故君子以其不受爲義，以其不殺爲仁。故大其能去，以其不以貧賤苟止，故推二事與之。賢季子，則吳何以有君有大夫？据其本不賢其君。以季子爲臣，則宜有君者也。方以季子賢，許使有臣有大夫，故宜有君。札者何？吴季子之名也。春秋賢者不名，此何以名？許夷狄者不壹而足也〔五〇〕。故降字而名。季子者，所賢也，曷爲不足乎季子？許人臣者必使臣，許人子者必使子也。緣臣子尊榮，莫不欲與君父共之。字季子，則遠其君；夷狄常例，離君父辭，故不足，以隆父子之親，厚君臣之義。季子讓在殺僚後，豫於此賢之者，移諱于闔廬，不可以見讓，故復因聘起其事。

秋，九月，葬衛獻公。

齊高止出奔北燕。

冬，仲孫羯如晉。

三十年，春，王，正月，楚子使薳頗來聘〔五一〕。月者，公數如晉，希見荅。今見聘，故喜録之。

夏，四月，蔡世子般弒其君固。不日者，深爲中國隱痛有子弒父之禍，故不忍言其日。

五月，甲午，宋災，伯姬卒〔五二〕。伯姬守禮，含悲極思之所生。外災例時，此日者，爲伯姬卒日。

天王殺其弟年夫。王者得專殺，書者，惡失親親也。未三年，不去王者，方惡不思慕而殺弟，不與子行也。不從直稱君者，舉重也。莒殺意恢，以失子行録，設但殺弟，不能書是也。不爲諱者，年夫有罪。

王子瑕奔晉。稱王子者，惡天子重失親親。

秋，七月，叔弓如宋，葬宋共姬。

外夫人不書葬，此何以書？隱之也。何隱爾？宋災，伯姬卒焉。說在下也。其稱謚何？据葬紀伯姬不言謚。賢也。何賢爾？宋災，伯姬存焉，有司復曰：「火至矣，請出。」伯姬曰：「不可。吾聞之也，婦人夜出，謂有事宗廟。不見傅母[五三]，不下堂。」禮，后夫人必有傅母，所以輔正其行，衛其身也。選老大夫爲傅，選老大夫妻爲母。傅至矣，母未至也，逮乎火而死。故賢而録其謚。

鄭良霄出奔許，自許入于鄭。

鄭人殺良霄。

冬，十月，葬蔡景公。

賊未討，何以書葬？君子辭也。君子爲中國諱，使若加弑[五四]。月者，弑父比髡原恥尤重，故足諱辭。

晉人、齊人、宋人、衛人、鄭人、曹人、莒人、邾婁人、滕人、薛人、杞人、小邾婁人會于澶淵，宋災故。

宋災故者何？諸侯會于澶淵，凡爲宋災故也。會未有言其所爲者，此言所爲何？録伯姬也。重録伯姬之賢，爲諸侯所閔憂〔五五〕。諸侯相聚，聚，斂也，相聚斂財物。而更宋之所喪，更，復也，如今俗名解浣衣復之爲更衣。曰：「死者不可復生爾，財復矣。」復者，如故時，諸侯共償復其所喪。此大事也，曷爲使微者？據詳録所爲故。卿也。卿則其稱人何？貶。曷爲貶？據善事也。卿不得憂諸侯也。時雖名諸侯使之，恩實從卿發，故貶起其事，明大夫之義，得憂内，不得憂外，所以抑臣道也。宋憂内并貶者，非救危亡、禁作福也。

三十有一年，春，王，正月。

夏，六月，辛巳，公薨于楚宫。公朝楚，好其宫，歸而作之，故名之云爾。作不書者，見者不復見。

秋，九月，癸巳，子野卒。

己亥，仲孫羯卒。

冬，十月，滕子來會葬。此書者，與叔服同義。

癸酉，葬我君襄公。

十有一月，莒人弑其君密州。莒子納去疾，及展立，莒子廢之，展因國人攻莒子，殺之，去疾奔齊。稱人以弑者，莒無大夫。密州爲君惡〔五六〕，民所賤，故稱國以弑之。

春秋公羊卷第八〔五七〕

【校勘記】

〔一〕功，鄂本同，余本誤作「助」。

〔二〕据莒伐杞取牟婁不爲中國諱，余本同，衍文也。阮氏挍勘記云：「諸本同。按此注當衍，釋文本有此。疏本無之，是也。釋文音傳『爲中』云『于僞反，下及注并下文『鄭爲』皆同。』此陸本有注之證。解云：正据莒人取牟婁不爲中國諱矣，而何氏不注之者，以上文已据取牟婁，是以不能重出。此疏本無注之證。淺人襲疏語爲之，而未覺其與上複矣。」案阮説是。

〔三〕書，余本誤作「者」。

〔四〕强，疑當作彊。説詳今本解詁通用字考。

〔五〕莒子邾婁子滕子薛伯，唐石經、余本、宋小字本同。左氏經不見此四國，據漢石經殘字推排，此行多九字，蓋蔡邕本與今本左氏經同，然則，解詁原本亦無此九字歟？

〔六〕髡原，諸本同。阮氏挍勘記云：「唐石經作髡原，釋文『髡原，左氏作髠頑』。疏本作髠頑，解云：『正本作頑字，一本作原，非也。』按疏文所據之本，較之釋文，多得其正。」案襄公三十年注云「弑父比髠原恥尤重」，似何氏本即作髡原，徐彦正本云者，恐非解詁原本。

〔七〕弑也，諸本同。釋文出「殺也」云：「音試。」案弑字是。説詳今本解詁弑殺異文考。

〔八〕禍，余本同。釋文作「旤」云「音禍」。案僖公二十八年傳云「衞之禍，文公爲之也」，宣公十二年傳「以干天禍」，皆作禍字，且注文俱寫作禍，知解詁原本即作「禍」字。

〔九〕以弑，余本同。釋文出「以殺」云：「音試。」然解詁原本作弑不作殺，説詳今本解詁弑殺異文考。

〔一〇〕寑，原作「侵」，誤，余本同誤，據閩本改。

〔一一〕火，余本同。阮氏挍勘記云：「諸本同。浦鏜云：大誤火。按解云災者，害物之名，故可以見其大於火也。浦挍是。」案浦挍備一説耳。

〔一二〕浸，諸本同，疑解詁原本作漸。凡積漸之義，何氏用漸不用浸。説詳今本解詁通用字考。

〔一三〕比，余本誤作「止」。

〔一四〕距，各本同，疑何氏本作「拒」。説詳今本解詁通用字考。

〔一五〕彊，余本作强。案當以彊字爲正，説詳今本解詁通用字考。

〔一六〕運，諸本皆誤作「鄆」，蓋後來者據二傳而改。

〔一七〕于，余本同，疏本作「於」。

〔一八〕贅旒，余本同。釋文出「綴流」云：「一本作贅旒。」案「贅旒」是。説見下年校記。

〔一九〕迎，余本同。據阮挍，鄂本作逆。案當以「送迎」爲是，莊公九年注云「明魯爲媒，當有送迎之禮」，十一年「塗過魯，明當有送迎之禮」，皆作送迎，可以爲證。

〔二〇〕攜，余本、鄂本並同。阮氏挍勘記云：「閩、監、毛本攜改嶲。按釋文作至攜，此本載音義同，此疏及僖廿六年經傳釋文皆作至嶲。」案諸本皆非，當以酅字爲正，僖公二十六年經「公追齊師至酅」是也。説見僖公二十六年校記。

〔二一〕周，諸本同。釋文：「一本作雕。」無確證，莫詳孰是。

〔二二〕湨梁，唐石經、余本同。釋文出「狊梁」云：「本又作湨。」案注文「湨梁」七見，無作狊者，當以湨字爲正。

〔二三〕葵丘，余本同。徐疏云：「此注云葵丘者，誤也，宜爲『牡丘』字矣。」案疏是。

〔二四〕贅，釋文：「本又作綴。」案作贅是也。注云「贅，繫屬之辭，若今俗名就壻爲贅壻矣」，明何氏本作贅。旒，諸本同。釋文：「本又作流。」案注云：「旒，旂旒。」當以旒字爲正。

〔二五〕名，余本同。阮氏挍勘記云：「鄂本『名』誤『民』。」

〔二六〕三，余本同。阮氏挍勘記云：「浦鏜云：正誤三，從六經正誤挍。」案浦説非是。若作正字，何氏當寫作「政」，凡政教之義，何氏皆寫作政，不作正。汪氏識語云：「疏本作三，故以于向、伐秦、于戚解之。」是也。

〔二七〕在，余本同。阮氏挍勘記云：「鄂本在作任，此誤。」案阮説可商。傳云「信在大夫」，注云「大夫故得信在」，正解傳意。注文時見「信在」，是常文不誤，鄂本恐誤。

〔二八〕驕，諸本同。釋文出憍云：「本又作驕。」案「驕」是。注文「大甲驕蹇」「楚之驕蹇臣」「疾其驕蹇自專」「大夫驕蹇」等，皆寫作驕，是解詁原本作驕可知。張參五經文字云：「憍，憍怯之憍，經典或以驕字爲之。」今此傳寫作驕不作憍，亦可證張説之有徵。

〔二九〕十有一月庚子孔子生，阮氏挍勘記云：「唐石經、諸本同。釋文作『庚子孔子生』云：『傳文上有十月庚辰，此亦十月也。一本作十一月庚子，又本無此句。』按穀梁傳作『庚子，孔子生』，與陸氏本合。疏本作『十有一月，庚子』，與唐石經同。〇按作十月者是也。考杜氏長曆十月庚辰小，十一月己酉大，十一月無庚子，庚子乃十月二十一日也。齊召南説。」案陸德明所據本乃解詁原本。何以知之？庚子在十月，不在十一月。何休本傳言其善曆算，十月庚辰朔，十一月無庚子可知，且下注云「不於上會月者，與日食同月」，明何氏以爲商任之會亦在十月。今「庚子，孔子生」寫於其下，若有『十有一月』字，則何氏無緣不注其不合月日，今第言「時歲在己卯」者，明「庚子」上無月，乃蒙上十月。然則，今本「十有一月」四字衍也。

〔三〇〕己卯，余本同，疑是「己酉」之譌。古文卯作丣，酉作丣，二字形近，蓋後來者傳寫錯謬耳。阮氏校勘記云：「疏及鄂本、閩本同。監、毛本作乙卯，非。錢大昕云：於三統術，是年歲在乙巳，乙卯當爲乙巳之訛。疏作己卯，亦非。」案錢説非。三統乃漢曆，不得以之釋春秋。何氏多籍緯書爲説，緯所據者殷曆，以殷曆推算，則襄公二十一年年名己酉。

〔三一〕滕子，諸本同。阮氏校勘記云：「唐石經、諸本同。左氏無滕子。」案據漢石經殘字推排，此行多二字，疑石經亦無「滕子」，未知解詁原本然否？

〔三二〕自近始也，余本同。阮氏校勘記云：「諸本同。昭廿七年疏引作『以近治也』，『始』爲『治』之訛，當據正。按解云：正以地接于魯，故先治之也。是疏本作『治』。」案阮説可商。徐疏標注，正作「自近始也」，疏云「正亦地接于魯」，乃釋注意，非可爲校勘之準據。此云「自近始」者，意即治自近始，成公十五年傳云「言自近者始也」，桓公九年注云「治自近始」，皆與此「自近始」合。若如阮説據昭廿七年疏，改「始」爲「治」，又當改「自」爲「以」，深嫌迂曲，不可從。

〔三三〕反，余本誤作「及」。

〔三四〕羯，諸本同。釋文作偈，云：「本又作褐。」案作羯是也，經文五見、注文兩見，俱作羯字。

〔三五〕比，余本誤作「此」。

〔三六〕鍼，諸本同。釋文出「咸」云：「本又作鍼。」不知解詁原本用何字。

〔三七〕囆，諸本同，漢石經作噧。朱駿聲云：「囆，左氏作夏，公孫夏字子西，『西』與『夏』名字相應，公羊誤無疑。」據左傳，公孫囆卒於襄十九年，無緣於此復見，朱説可從。

〔三八〕謁，余本、宋小字本同。阮氏挍勘記云：「唐石經、諸本同。釋文云：『謁，左氏作遏。』按疏本作遏，云『亦有一本作謁字者』，作遏，則與左氏合，而陸氏乃區別之。義疏所據之本，往往勝於釋文。公羊疏非唐人所爲也。」案疏本作遏，未必即解詁原本，襄公二十九年傳注皆作謁，則解詁原本或作「謁」字。

〔三九〕痤，唐石經、余本同。宋小字本、漢石經作「座」。

〔四〇〕縶，諸本同。釋文：「本又作馽。」案，馽，即説文馬字，隸寫作馵、馽、𩡧。注云「縶，馬絆也」，則解詁原本作縶不作馽。

〔四一〕戴，余本誤作「載」。

〔四二〕殺，各本同，疑當作弒。下經書「閽弒吴子餘祭」，是其證。案何氏用弒、殺二字，凡弒君者皆書弒，不書殺。魏彦謂：「此注云閽殺，二十九年經作閽弒者，是後改。」此説不合何氏用弒之例，不可從。

〔四三〕欲，余本作「久」，疏本同余本。案欲字爲勝，注云「先是，豫賦于民之所致」，明公未如楚，宜作「欲」。

〔四四〕朞月，余本同。釋文出「期月」云：「又作朞。」案期、朞異體。傳注皆作期字，惟此二見「朞」，則解詁原本作期可知。

〔四五〕城，余本誤作「成」。

〔四六〕昧，余本同。唐石經則寫作昧，然昭公十五年經「吴子夷昧卒」，唐石經又寫作昧，彼釋文云：「音末，本亦作末。」以音末，依何氏用字之例，宜當寫作眛，昧、昧皆誤。説參隱公元年校記。

〔四七〕季子故，唐石經、余本、宋小字本同。疏本作「季子之故」。

〔四八〕惡，唐石經、余本、宋小字本同。釋文出「焉」云：「本又作惡。」顧炎武九經誤字謂當從唐石經作惡，嚴可均唐石經校文則謂惡、焉兩通，未妨隨本。案傳文「惡乎」「惡有」，與此「惡得」文法相近，似「惡」字爲勝。

〔四九〕不可，余本同。阮氏挍勘記云：「鄂本無『可』，此衍。」案阮氏僅據鄂本立説，未足徵信。「可」字當有。

〔五〇〕壹，余本、宋小字本同。依何氏用字之例，宜作「一」，説詳今本解詁通用字考。

〔五一〕頗，諸本同。釋文：「一本作跛。」案經有袁頗，宜以「頗」字爲正。

〔五二〕伯姬卒，諸本同。據漢石經殘字推排，此行少一字，似「伯姬」上有「宋」字，與左氏經同，未知解詁有「宋」字否。

〔五三〕母，諸本同。釋文：「本又作姆。」案「母」字是，傳文作母，注文承傳文用字，亦當作母。

〔五四〕加弑，余本同。釋文作「加殺」云：「音試。」案解詁原本作弑不作殺。説詳今本解詁弑殺異文辨。

〔五五〕閔憂，余本同。阮氏挍勘記云：「鄂本閔作同，此誤。」案阮挍非是。閔，通愍，痛也，伯姬賢而卒於火，爲諸侯所痛憂。注文或云「閔傷」，或云「閔患」，皆有痛義。若作同字，則無痛義，非注意。

〔五六〕密州，各本同，疑當作「庶其」。案文公十八年經「莒弒其君庶其」，傳云「稱國以弒何」，注云「据莒人弒其君密州」，明密州弒稱人，庶其弒稱國，乃解詁原本如此。彼傳又云「稱國以弒者，衆弒君之辭」，注云「一人弒君，國中人人盡喜，故舉國以明失衆，當坐絶也」，正與此注「爲君惡，民所賤，故稱國以弒之」意合。且文十六年傳云「弒君者曷爲或稱名氏？或不稱名氏？大夫弒君稱名氏，賤者窮諸人」，大夫弒君既稱名氏，莒乃小國，無大夫，是以不得稱名氏，而降稱人，則此注云「稱人以弒者，莒無大夫」，即本此義。然則，此注云「稱人以弒者，莒無大夫」，即據密州言；注云「爲君惡，民所賤，故稱國以弒之」，乃據庶其言。以密州與庶其相比，前後注意相足，深疑此密州是庶其之誤。

〔五七〕第八，原作「第九」，余本同，據唐石經改。又，此行下有小字二行：「經五千字三万，四千六百八十五字，注五千二百七十一字。」案此經文字數有誤，據書末總字數及余本字數推比，知此『五千字三万』五字衍文也。

春秋公羊經傳解詁昭公第十

何休學

元年，春，王，正月，公即位。

叔孫豹會晉趙武、楚公子圍、齊國酌、宋向戌、衛石惡[一]、陳公子招、蔡公孫歸生、鄭軒虎、許人、曹人于漷。戌、惡皆與君同名，不正之者，正之當貶，貶之，嫌觸大惡，方譏二名爲諱，義當正，亦可知。

此陳侯之弟招也，何以不稱弟？据八年稱弟。貶。曷爲貶？据八年殺偃師猶不貶。爲殺世子偃師貶，曰：「陳侯之弟招殺陳世子偃師。」大夫相殺稱人，此其稱名氏以殺何？難八年事。言將自是弒君也。明其欲弒君，故令與弒君而立者同文。孔瑗弒君，本謀在招。今將爾，詞曷爲與親弒者同[二]？君親無將，將而必誅焉。然則曷爲不於其弒焉貶？据未弒也。以親者弒，然後其罪惡甚。春秋不待貶絶而罪惡見者，不貶絶以見罪惡也。招殺偃師是也[三]。貶絶然後罪惡見者，貶絶以見罪惡也。招稱「公子」，及楚人討夏徵舒貶，皆是也。今招之罪已重矣，曷爲復貶乎此？據棄疾不豫貶。著招之有罪也。何著乎招之有罪？據棄疾不著。言楚之託乎討招以滅陳也。起楚託討招以滅陳意也。所以起之者，八年先言滅，後言執，託討招不明，故豫貶於此，明楚先以正罪討招，乃滅陳也。

三月，取運。

運者何？內之邑也。其言取之何？據自魯之有。不聽也。不聽者，叛也。不言叛者，爲內諱，故書取以起之。不先以文德來之，而便以兵取之，當與外取邑同罪，故書取。月者，爲內喜得之。

夏，秦伯之弟鍼出奔晉〔四〕。

秦無大夫，此何以書？仕諸晉也。爲仕之於晉書。曷爲仕諸晉？據國地足以祿之。有千乘之國，十井爲一乘，公侯封方百里，凡千乘；伯四百九十乘，子男二百五十乘。時秦侵伐自廣大，故曰千乘。而不能容其母弟，故君子謂之出奔也。弟賢，當任用之；不肖，當安處之。乃仕之他國，與逐之無異，故云爾。

六月，丁巳，邾婁子華卒。

晉荀吴帥師敗狄于大原。

此大鹵也，曷爲謂之大原？據讀言大原也。地、物從中國，以中國形名言之，所以曉中國，教殊俗也。邑、人名從主人。邑、人名，自夷狄所名也。不若地物有形名可得正，故從夷狄辭言之。原者何？上平曰原，下平曰隰。分別之者，地勢各有所生。原宜粟，隰宜麥，當教民所宜，因以制貢賦。

秋，莒去疾自齊入于莒。

莒展出奔吴。主書去疾者，重篡也。莒無大夫，書展者，起與去疾爭篡，當國出奔。言自齊者，當坐有力也。皆不氏者，當國也。不從莒無大夫去氏者，莒殺意恢稱公子，篡重，不嫌本不當氏。

叔弓帥師疆運田。

疆運田者何？與莒爲竟也。疆，竟也。與莒是正竟界，若言「城中丘」。與莒爲竟，則曷爲帥師而往？據非侵伐。畏莒也。畏莒有賊臣亂子，而興師與之正竟，刺魯微弱失操，煩擾百姓。

葬邾婁悼公。

冬，十有一月，己酉，楚子卷卒。

楚公子比出奔晉。辟内難也。

二年，春，晉侯使韓起來聘。

夏，叔弓如晉。

秋，鄭殺其大夫公孫黑。

冬，公如晉，至河乃復。

其言「至河乃復」何？據公如晉，次于乾侯而還，言「至自乾侯」，不言「至乾侯乃復」。不敢進也。乃，難辭也。時聞晉欲執之，不敢往。君子榮見與，耻見距〔五〕，故諱使若至河，河水有難而反。

季孫宿如晉。

三年，春，王，正月，丁未，滕子泉卒。

夏，叔弓如滕。

五月，葬滕成公。月者，襄公上葬，諸侯莫肯加禮，獨滕子來會葬，故恩録之。明公當自行，不當遣大夫，失禮尤重，以責内。

秋，小邾婁子來朝。

八月，大雩。先是，公、季孫宿比如晉。

冬，大雨雹。爲季氏。

北燕伯款出奔齊。名者，所見世著治大平，責小國詳録，出奔當誅。

四年，春，王，正月，大雨雹〔六〕。爲季氏。

夏，楚子、蔡侯、陳侯、鄭伯、許男、徐子、滕子、頓子、胡子、沈子、小邾婁子、宋世子佐、淮夷會于申。不殊淮夷者，楚子主會行義，故君子不殊其類，所以順楚而病中國。

楚人執徐子。

秋，七月，楚子、蔡侯、陳侯、許男、頓子、胡子、沈子、淮夷伐吴，執齊慶封殺之。此伐吴也，其言執齊慶封何？爲齊誅也。故繫之齊。其爲齊誅奈何？慶封走之吴，以襄公二十八年奔魯，自是走之吴。不書者，以絶于齊，在魯不復爲大夫，賤，故不復録之。吴封之於防。不書入防者，使防繫吴，嫌犯吴也。去吴，嫌齊邑也。然則曷爲不言伐防？據防已爲國。故奪言伐吴。不與諸侯專封也。慶封之罪何？脅齊君而亂齊國也。道爲齊誅意也。稱侯而執者，伯討也。月者，善義兵〔七〕。

遂滅厲。莊王滅蕭日，此不日者，靈王非賢，責之略。

九月，取鄫。

其言取之何？據國言滅。滅之也。滅之則其言取之何？内大惡諱也。因鄫上有滅文，故使若取内邑。

冬，十有二月，乙卯，叔孫豹卒。

五年，春，王，正月，舍中軍。

舍中軍者何？復古也。善復古也。然則曷爲不言三卿？據上言「作三軍」，等問不言軍云卿者，上師解言三卿，因以爲難。五亦有中，三亦有中。此乃解上作三軍時意。作時益中軍，不可言「中軍」者，五亦有中，三亦有中，不知何「中」也。今此據上「作三軍」不言「中」〔八〕，則益三之中、舍三之中皆可知也。弟子本據上言「作三」難下「中」不言「三」也。如師解言，本益中，故下言「舍中」，爲其將復據下「中」難上不言「中」，故解上以解下，如此，則下不言「三」亦可知也。不言卿者，欲同上下文以相起。傳不足以解之者，以上解下〔九〕，文當同，亦可知。月者，善録之。

楚殺其大夫屈申。

公如晉。

夏，莒牟夷以牟婁及防兹來奔。

莒牟夷者何？莒大夫也。莒無大夫，此何以書？重地也。其言「及防茲來奔」何？據漆、閭丘不言及，高張言及。不以私邑累公邑也。公邑，君邑也。私邑，臣邑也。累，次也，義不可使臣邑與君邑相次序，故言「及」以絶之。

秋，七月，公至自晉。

戊辰，叔弓帥師敗莒師于濆泉。

濆泉者何？直泉也。直泉者何？涌泉也。蓋戰而涌爲異也。不傳異者，外異不書。此象公在晉，臣下專受莒叛臣地，以興兵戰鬭，百姓悲怨歎息，氣逆之所致，故因以著戰處，欲明天之與人相報應之義。

秦伯卒。

何以不名？據諸侯名。秦者，夷也，匿嫡之名也。嫡子生，不以名令于四竟〔一〇〕，擇勇猛者而立之。其名何？據秦伯罃〔一一〕、稻名。嫡得之也。獨罃、稻以嫡得立之。

冬，楚子、蔡侯、陳侯、許男、頓子、沈子、徐人、越人伐吴。吴未服慶封之罪故也。越稱人者，俱助義兵，意進于淮夷，故加「人」以進之。義兵不月者，進越爲義兵明，故省文。

六年，春，王，正月，杞伯益姑卒。不日者，行微弱，故略之。上城杞已貶，復卒略之者，入所見世，責小國詳，始録内行也。諸侯内行小失不可勝書，故於終略責之，見其義。

葬秦景公。

夏，季孫宿如晉。

葬杞文公。

宋華合比出奔衞。

秋，九月，大雩。先是，季孫宿如晉，是後，叔弓與公比如楚，有豫賦之煩也〔一二〕。

楚薳頗帥師伐吴。

冬，叔弓如楚。

齊侯伐北燕。

七年，春，王，正月，暨齊平。書者，善録内也。不出主名者，君相與平，國中皆安，故以舉國體言之。月者，刺内暨暨也。時魯方結婚于吴，外慕强楚〔一三〕，故不汲汲于齊。

三月，公如楚。

叔孫舍如齊莅盟。

夏，四月，甲辰，朔，日有食之。是後，楚滅陳，楚弒其君于乾谿。

秋，八月，戊辰，衛侯惡卒。

九月，公至自楚。

冬，十有一月，癸未，季孫宿卒。

十有二月，癸亥，葬衛襄公。當時而日者，世子輒有惡疾，不早廢之，臨死乃命臣下廢之。自下廢上，鮮不爲亂，故危録之。

八年，春，陳侯之弟招殺陳世子偃師〔一四〕。說在元年。變「其」言「陳」者，起招致楚滅陳自此始，故重舉國。

夏，四月，辛丑，陳侯溺卒。

叔弓如晉。

楚人執陳行人干徵師殺之。

陳公子留出奔鄭。

秋，蒐于紅〔一五〕。

蒐者何？簡車徒也〔一六〕。徒，衆。何以書？蓋以罕書也。說在桓六年。

陳人殺其大夫公子過。

大雩。先是，公如楚，半年乃歸，費多賦重所致。

冬，十月，壬午，楚師滅陳，執陳公子招〔一七〕，放之于越，殺陳孔瑗。

葬陳哀公。日者，疾詐諼滅人也。不舉滅爲重，復書三事言執者，疾諼託義，故列見之。託義不先書者，本懷滅心。重舉陳者，上已言滅，不復重舉，無以明。

九年，春，叔弓會楚子于陳。陳已滅，復見者，從地名録，猶宋、鄫以邑録。不舉小地者，顧後當存。

許遷于夷。

夏，四月，陳火。陳已滅矣，其言陳火何〔一八〕？据災異爲有國者戒。存陳也。陳已滅，復火者，死灰復燃之象也。此天意欲存之，故從有國記災。曰：存陳，悕矣。書火存陳者，若曰：陳爲天所存，悲之。曷爲存陳？据災非一，天意曷爲悲陳而存之？滅人之國，執人之罪人，罪人，招也。殺人之賊，孔瑗，弑君賊也。葬人之君，若是，則陳存悕矣。楚爲無道，託討賊行義，陳臣子辟門虚心待之，而滅其國。若是，則天存之者，悲之也。不書孔瑗弑君者，本爲招弑，當舉招爲重，方不與楚討賊，故没招正賊文，以將與上貶起之。月者，閔之。

秋，仲孫貜如齊。

冬，築郎囿。

十年，春，王，正月。

夏，晉欒施來奔。

秋，七月，季孫隱如、叔弓、仲孫貜帥師伐莒。

戊子，晉侯彪卒。

九月，叔孫舍如晉。

葬晉平公。

十有二月，甲子，宋公戌卒。去冬者，蓋昭公取吴孟子之年，故貶之。

十有一年，春，王，正月〔一九〕，叔弓如宋。

葬宋平公。

夏，四月，丁巳，楚子虔誘蔡侯般，殺之于申。

楚子虔何以名？據誘戎曼子不名。絶〔二〇〕。曷爲絶之？據俱誘之。爲其誘討也。使不自知而死，故加誘。此討賊也，蔡侯般弒父而立。雖誘之，則曷爲絶之？據與莊王外討、晉文譎尊。懷惡而討不義，君子不予也〔二一〕。內懷利國之心，而外託討賊，故不與其討賊而責其誘詐也。地者，起以好會誘之。

楚公子棄疾帥師圍蔡。

五月，甲申，夫人歸氏薨。

大蒐于比蒲。

大蒐者何？簡車徒也。何以書？蓋以罕書也。説在桓六年。

仲孫貜會邾婁子盟于侵羊。不日者，蓋諱喪盟，使若議結善事。

秋，季孫隱如會晉韓起、齊國酌〔二二〕、宋華亥、衛北宮佗〔二三〕、鄭軒虎、曹人、杞人于屈銀。

九月，己亥，葬我小君齊歸。

齊歸者何？昭公之母也。歸，氏，胡女，襄公嫡夫人。

冬，十有一月，丁酉，楚師滅蔡，執蔡世子有以歸，用之。

此未踰年之君也，其稱世子何？據陳子也。不君靈公，不成其子也。靈公，即般也。不君，不與靈公，坐弑父誅，不得爲君也。不成其子，不成有得稱子繼父也。上不與楚誘討，嫌有不當絶，故正之云耳〔二四〕。不君靈公，則曷爲不成其子？據惡惡止其身。誅君之子不立，雖不與楚誅討，其惡坐弑父誅，當以誅君論之，故云爾。言執者，時楚託義滅之。非怒也，無繼也。父誅，子當絶。惡乎用之？用之防也。其用之防奈何？蓋以築防也。持其足，以頭築防，惡不以道。孔子曰：「人而不仁，疾之已甚，亂也。」日者，疾諼滅人。

十有二年，春，齊高偃帥師納北燕伯于陽。

伯于陽者何？即納上伯款，非犯父命，不當言「于陽」。又微國出入不兩書，「伯」不當再出，故斷三字問之。公子陽生也。子曰：「我乃知之矣。」子，謂孔子。乃，乃是歲也，時孔子年二十三，具知其事。後作春秋，案史記，知「公」誤爲「伯」，「子」誤爲「于」，「陽」在，「生」刊滅闕。在側者曰：「子苟知之，何以不革？」曰：「如爾所不知何？如，猶奈也。猶曰：奈女所不知何？寧可强更之乎〔二五〕？此夫子欲爲後人法，不欲令人妄億措〔二六〕。子絶四：毋意，毋必，毋固，毋我。春秋之信史也，其序，則齊桓、晉文；唯齊桓、晉文會，能以德優劣、國大小相次序。其會，則主會者爲之也；非齊桓、晉文，則如主會者爲之，雖優劣大小相越，不改更，信史也〔二七〕。其詞〔二八〕，則丘有罪焉爾。」丘，孔子名。其貶絶譏刺之辭有所失者，是丘之罪。聖人德盛尚謙，故自名爾。主書者，惡納簒也。不書所簒出奔者，微國雖未踰年君猶不録。不足「陽」下言「于北燕」者，史文也〔二九〕。北燕本在上，從史文也。

三月，壬申，鄭伯嘉卒。

夏，宋公使華定來聘。

公如晉，至河乃復。

五月，葬鄭簡公。

楚殺其大夫成然。

秋，七月。

冬，十月，公子整出奔齊〔三〇〕。

楚子伐徐。

晉伐鮮虞。謂之晉者，中國以無義，故爲夷狄所强〔三一〕，令楚行詐滅陳、蔡，諸夏懼然去，而與晉會于屈銀，不因以大綏諸侯、先之以博愛，而先伐同姓，從親親起，欲以立威行霸，故狄之。

十有三年，春，叔弓帥師圍費。

夏，四月，楚公子比自晉歸于楚，弒其君虔于乾谿。

此弒其君，其言歸何？據齊陽生入惡不言歸。歸無惡於弒立也。歸無惡於弒立者何？靈王爲無道，作乾谿之臺，三年不成，楚公子棄疾脅比而立之。然後令于乾谿之役曰：「比已立矣，後歸者不得復其田里。」衆罷而去之。靈王經而死。時棄疾詐告比得晉力可以歸，至而脅立之。比之義，宜效死不立；而立，君因自經，故加弑也。言歸者，明其本無弑君而立之意，加弑，責之爾。不日者，惡靈王無道。封内地者，起禍所由，因以爲戒。楚公子棄疾弑公子比，比已立矣，其稱公子何？據齊公子商人弑其君舍。其意不當也。其意不當，則曷爲加弑焉爾？據王子朝不貶。比之義，宜乎效死不立。大夫相殺稱人，此其稱名氏以弑何？據經言弑公子比也。言將自是爲君也。據上傳，知其脅。故使與弑君而立者同文也。不言「其」者，比實已立，嫌觸實公子。棄疾，則楚子居也。

秋，公會劉子、晉侯、齊侯、宋公、衛侯、鄭伯、曹伯、莒子、邾婁子、滕子、薛伯、杞伯、小邾婁子于平丘。

八月，甲戌，同盟于平丘。不舉重者，起諸侯欲討棄疾，故詳録之。不言劉子及諸侯者，間無異事，可知矣。

公不與盟。

晉人執季孫隱如以歸。

公至自會。

公不與盟者何？公不見與盟也。時晉主會，疑公如楚，不肯與公盟，故諱使若公自不肯與盟。公不見與盟，大夫執何以致會？據得意乃致會。不恥也。曷爲不恥？據扈之會公失序恥之。諸侯遂亂，反陳、蔡，君子不恥不與焉。時諸侯將征棄疾，棄疾乃封陳、蔡之君，使說諸侯，諸侯從陳、蔡之君言，還反，不復討楚，楚亂遂成，故云爾。公不與盟，不書成楚亂者，時不受賂也〔三二〕。諸侯實不與公盟，而言公不與盟者，遂亂，雖見與，公猶不宜與也，故因爲公張義。

蔡侯廬歸于蔡。

陳侯吴歸于陳。

此皆滅國也，其言歸何？據歸者有國辭。不與諸侯專封也。故使若有國自歸者也。名者，專受其封，當誅。書者，因以起楚封之。所以能起之者，上有存陳文，陳見滅，無君所責。又蔡本以篡見殺，但不成其子，不絶其國。即諸侯存之〔三三〕，當有文實也。

冬，十月，葬蔡靈公。書葬者，經不與楚討，嫌本可責復讎，故書葬，明當從誅君論之，不得責臣子。

公如晉，至河乃復。

吴滅州來。不日者〔三四〕，略兩夷。

十有四年，春，隱如至自晉。

三月，曹伯滕卒。

夏，四月。

秋，葬曹武公。

八月，莒子去疾卒。入昭公，卒不日、不書葬者，本篡故，因不序。

冬，莒殺其公子意恢。莒無大夫，書殺公子者，未踰年而殺其君之子，不孝尤甚，故重而録之。稱氏者，明君之子。

十有五年，春，王，正月，吴子夷昧卒〔二五〕。

二月，癸酉，有事于武宫，籥入，叔弓卒，去樂卒事。

其言去樂卒事何？据入者言萬、去籥言名，不言卒事。禮也。以加録卒事。即非禮，但當言去樂而已。若去籥矣，摠言樂者，明悉去也。君有事于廟，聞大夫之喪，去樂，恩痛不忍舉。卒事。畢竟祭事。大夫聞君之喪，攝主而往。主，謂己主祭者。臣聞君之喪，義不可以不即行，故使兄弟若宗人攝行主事而往，不廢祭者，古禮也。古有分土無分民，大夫不世，己父未必爲今君臣也。孝經曰：「資于事父以事君，而敬同。」大夫聞大夫之喪，尸事畢而往。

賓尸事畢而往也。日者，爲卒日。

夏，蔡昭吴奔鄭。不言出者，始封名、言歸，嫌與天子歸有罪同，故奪其有國之辭，明專封。

六月，丁巳，朔，日有食之。并十七年食，葢與「孛于大辰」同占。

秋，晉荀吴帥師伐鮮虞。

冬，公如晉。

十有六年，春，齊侯伐徐。

楚子誘戎曼子殺之。

楚子何以不名？据誘蔡侯名。夷狄相誘，君子不疾也。曷爲不疾？据俱誘也。若不疾，乃疾之也。以爲固當常然者，乃所以爲惡也，顧以無知薄責之。戎曼稱子者，入昭公，見王道大平，百蠻貢職，夷狄皆進至其爵。不日者，本不卒。不地者，略也。

夏，公至自晉。

秋，八月，己亥，晉侯夷卒。

九月，大雩。先是，公數如晉。

季孫隱如如晉。

冬，十月，葬晉昭公。

十有七年，春，小邾婁子來朝。

夏，六月，甲戌，朔，日有食之。

秋，郯子來朝。

八月，晉荀吴帥師滅賁渾戎。

冬，有星孛于大辰。

孛者何？彗星也。三孛皆發問者〔三六〕，或言入，或言于，或言方，嫌爲孛異，猶問録之。其言「于大辰」何？據北斗言「入于」，「大辰」非常名。在大辰也。大辰者何？大火也。大火謂心。大火爲大辰，伐爲大辰。伐，謂參伐也。大火與伐，天所以示民時早晚，天下所取正，故謂之大辰。辰，時也。北辰，亦爲大辰。北辰，北極，天之中也，常居其所。迷惑不知東西者，須視北辰以別心伐所在，故加亦，亦者，兩相須之意。何以書？記異也。心者，天子明堂布政之宫，亦爲孛。彗者，邪亂之氣，掃故置新之象〔三七〕。是後，周分爲二，天下兩主，宋南里以亡。

楚人及吴戰于長岸。

詐戰不言戰，此其言戰何？據於越敗吴于醉李〔三八〕。敵也。俱無勝負，不可言敗，故言戰也。不月者，略兩夷。

十有八年，春，王，三月，曹伯須卒。

夏，五月，壬午，宋、衞、陳、鄭災。

何以書？記異也。何異爾？異其同日而俱災也。外異不書，此何以書？爲天下記異也。詩云：「其儀不忒，正是四國。」四國，天下象也。是後，王室亂，諸侯莫肯救，故天應以同日俱災，若曰：無天下云爾。

六月，邾婁人入鄅。

秋，葬曹平公。

冬，許遷于白羽。

十有九年，春，宋公伐邾婁。

夏，五月，戊辰，許世子止弑其君買。蔡世子般弑父不忍日，此日者，加弑爾，非實弑也。

己卯，地震。季氏稍盛，宋南里以叛，王室大亂，諸侯莫肯救，晉人圍郊，吴勝雞父，尹氏立王子朝之應。

秋，齊高發帥師伐莒。

冬，葬許悼公。

賊未討，何以書葬？不成于弒也〔三九〕。曷爲不成于弒？據將而誅之。止進藥而藥殺也。時悼公病，止進藥，悼公飲藥而死。止進藥而藥殺，則曷爲加弒焉爾？據意善也。譏子道之不盡也。其譏子道之不盡奈何？曰：樂正子春之視疾也，樂正子春，曾子弟子，以孝名聞。復加一飯，則脱然愈；復損一飯，則脱然愈；復加一衣，則脱然愈；復損一衣，則脱然愈。脱然，疾除貌也，言消息得其節。止進藥而藥殺，是以君子加弒焉爾。失其消息多少之宜。曰：許世子止弒其君買，是君子之聽止也。聽治止罪。葬許悼公，是君子之赦止也。原止進藥，本欲愈父之病，無害父之意，故赦之。赦止者，免止之罪辭也。明止但得免罪，不得繼父後，許男斯代立，無惡文是也。

二十年，春，王，正月。

夏，曹公孫會自鄸出奔宋。

奔未有言「自」者，此其言自何？據始出奔未有言自者〔四〇〕，與宋華亥入宋南里復出奔異。

畔也〔四一〕。時會盜鄭以奔宋。畔則曷爲不言其畔？言叛者，當言「以鄭」，如邾婁庶其〔四二〕。爲公子喜時之後諱也。春秋爲賢者諱，諱使若從鄭出奔者，故與「自南里」同文。何賢乎公子喜時？據喜時不書。讓國也。其讓國奈何？曹伯廬卒于師，在成十三年。則未知公子喜時從與？喜時，曹伯廬弟。公子負芻從與？負芻，喜時庶兄〔四三〕。或爲主于國，或爲主于師。古者諸侯師出，世子率與守國〔四四〕，次宜爲君者，持棺絮從，所以備不虞。或時疾病，相代行，本史文不具，故傳疑之。公子喜時見公子負芻之當主也，逡巡而退。賢公子喜時，則曷爲爲會諱？君子之善善也長，惡惡也短；惡惡止其身，不遷怒也。善善及子孫。賢者子孫，故君子爲之諱也。君子不使行善者有後患，故以喜時之讓，除會之叛。不通鄭爲國如通濫者，喜時本正當立，有明王興，當還國。明叔術功惡相除，裁足通濫爾。

秋，盜殺衛侯之兄輒〔四五〕。母兄稱兄，兄何以不立？據立嫡以長。有疾也。何疾爾？惡疾也。惡疾，謂瘖、聾、盲、癘、秃、跛、傴，不逮人倫之屬也。書者，惡衛侯兄有疾，不憐傷厚遇，營衛不固，至令見殺，失親親也。公子不言「之」，兄弟言「之」者，敵體辭，嫌於尊卑不明，故加「之」以絶之，所以正名也。

冬，十月，宋華亥、向甯、華定出奔陳。月者，危，三大夫同時出奔，將爲國家患，明當防之。

十有一月，辛卯，蔡侯廬卒。

二十有一年，春，王，三月，葬蔡平公。

夏，晉侯使士鞅來聘。

宋華亥、向甯、華定自陳入于宋南里以畔〔四六〕。

宋南里者何？若曰「因諸」者然。因諸者，齊放刑人之地。公羊子，齊人，故以齊喻也。宋樂世心自曹入于蕭〔四七〕，不言宋〔四八〕。言「宋南里」者，略叛臣從刑人，于國家尤危，故重舉國。

秋，七月，壬午，朔，日有食之。是後，周有簒禍。

八月，乙亥，叔痤卒〔四九〕。

冬，蔡侯朱出奔楚。出奔者，爲東國所簒也。大國奔例月，此時者，惡背中國而與楚，故略之。

公如晉，至河乃復。

二十有二年，春，齊侯伐莒。

宋華亥、向甯、華定自宋南里出奔楚。前出奔已絶賤，復録者，以故大夫專勢入南里，犯君而出，當誅也。言「自」者，别從國去。

大蒐于昌姦〔五〇〕。

夏，四月，乙丑，天王崩。

六月，叔鞅如京師。

葬景王。

王室亂。謂王猛之事。

何言乎王室亂？據天子之居稱京師，天王入于成周，天王出居于鄭不言亂。言不及外也。宫謂之室，刺周家之微〔五一〕，邪庶並篡，無一諸侯之助、匹夫之救，如一家之亂也，故變京師言王室。不言成周言王室者〔五二〕，正王以責諸侯也。傳不事事悉解者，言不及外，外當責之，故正王可知也。不爲天子諱者，方責天下不救之。

劉子、單子以王猛居于皇。

其稱王猛何？據未踰年已葬當稱子。當國也。時欲當王者位，故稱王猛，見當國也。録居者，事所見也。不舉猛爲重者，時猛尚幼，以二子爲計勢，故加「以」，以者，行二子意辭也。二子不舉重者，尊同權等。

秋，劉子、單子以王猛入于王城。

王城者何？西周也。時居王城邑，自號西周王〔五三〕。其言入何？據非成周。篡辭也。時雖不入成周，已得京師地半，稱王置官，自號西周，故從篡辭言入，起其事也。不言西周者，正之，無二京師也。不月者〔五四〕，本無此國，無可與别輕重也。

冬，十月，王子猛卒。

此未踰年之君也，其稱王子猛卒何？據「子卒」不言名、外未踰年君不當卒。不與當也。不與當者，不與當父死子繼、兄死弟及之辭也。春秋篡成者，皆與使當君之，父死子繼、兄死弟及者，篡所緣得位，成爲君辭也。猛未悉得京師，未得成王，又外未踰年君，二者皆不當卒，卒又名者〔五五〕，非與使當成爲君也。嫌上入無成周文，非篡辭，故從得位卒，明其爲篡也。月者，方以得位明事，故從外未踰年君例。

十有二月，癸酉，朔，日有食之。是後，晉人圍郊，犯天子邑。

二十有三年，春，王，正月，叔孫舍如晉。

癸丑，叔鞅卒。

晉人執我行人叔孫舍。

晉人圍郊。

郊者何？天子之邑也。天子間田，有大夫主之。曷爲不繫于周？不與伐天子也。與侵柳同義。

夏，六月，蔡侯東國卒于楚。不日者，惡背中國而與楚，故略之。月者，比肸附父讎，責之淺也。不書葬者，篡也。篡不書者，以惡朱在三年之內，不共悲哀，舉錯無度，失衆見篡。

秋，七月，莒子庚輿來奔。

戊辰，吳敗頓、胡、沈、蔡、陳、許之師于雞父，胡子髡、沈子楹滅，獲陳夏齧。

此偏戰也，曷爲以詐戰之辭言之？据「甲戌，齊國書及吳戰于艾陵」俱與夷狄言「戰」，今此從詐戰辭言「敗」。不與夷狄之主中國也。序上言戰，別客、主人直不直也。今吳序上而言戰，則主中國辭也。然則曷爲不使中國主之？据齊國書主吳。中國亦新夷狄也。中國所以異于夷狄者，以其能尊尊也。王室亂，莫肯救，君臣上下壞敗，亦新有夷狄之行，故不使主之。不稱國、國出師者，賤略之。言「之師」者，辟許獨稱師、上五國稱國之嫌。其言滅、獲何？据蔡公孫歸生滅沈，以沈子嘉歸，殺之。國言滅，君言殺，又獲晉侯言獲，此陳夏齧亦言獲，君、大夫無別。別君臣也。君死于位曰滅，生得曰獲；大夫生死皆曰獲。大夫不世，故不別死位。不與夷狄之主中國，則其言獲陳夏齧何？据「荆敗蔡師于莘，以蔡侯獻舞歸」不言獲。吳少進也。能結日偏戰，行少進，故從中國辭治之。髡、楹下云滅者，死戰，當加禮，使若自卒，相順也。經先舉敗文，嫌敗走及殺之，故以自滅爲文，明本死位，乃敗之爾。名者，從赴辭也。

天王居于狄泉。

此未三年，其稱天王何？據毛伯來求金不稱天王。著有天子也。時庶孽並篡，天王失位徙居〔五六〕，微弱甚，故急著正其號，明天下當救其難而事之。

尹氏立王子朝。貶言尹氏者，著世卿之權。尹氏貶，王子朝不貶者，年未滿十歲，未知欲富貴，不當坐，明罪在尹氏。

八月，乙未，地震。是時，猛、朝更起，與王爭入，遂至數年；晉陵周竟，吳敗六國，季氏逐昭公，吳光弑僚滅徐〔五七〕，故日至三食，地爲再動。

冬，公如晉，至河，公有疾，乃復。

何言乎「公有疾乃復」？據上比「乃復」不言公，不言有疾。殺恥也。因有疾以殺畏晉之恥。舉公者，重疾也。子之所慎：齊、戰、疾。

二十有四年，春，王，二月，丙戌，仲孫貜卒。

叔孫舍至自晉〔五八〕。

夏，五月，乙未，朔，日有食之。是後，季氏逐昭公，吳滅巢，弑其君僚，又滅徐。

秋，八月，大雩。先是，公如晉，仲孫貜卒，民被其役。明年〔五九〕，叔倪出會，故秋七月復大雩。

丁酉，杞伯鬱釐卒〔六〇〕。

冬，吴滅巢。

葬杞平公。

二十有五年，春，叔孫舍如宋。

夏，叔倪會晉趙鞅、宋樂世心、衞北宫喜、鄭游吉、曹人、邾婁人、滕人、薛人、小邾婁人于黄父。

有鸜鵒來巢。

何以書？記異也。何異爾？非中國之禽也，宜穴又巢也。非中國之禽，而來居此國，國將危亡之象。鸜鵒，猶權欲，宜穴又巢，此權臣欲國，自下居上之徵也。其後，卒爲季氏所逐。

秋，七月，上辛，大雩。季辛，又雩。

又雩者何？又雩者，非雩也，聚衆以逐季氏也。一月不當再舉雩，言「又雩」者，起非雩也。昭公依託上雩生事聚衆，欲以逐季氏。不書逐季氏者，諱不能逐，反起下孫及爲所敗，故因雩起其事也。但舉日不舉辰者，辰不同，不可相爲上下。又日爲君，辰爲臣，去辰，則逐季氏意明矣。上不當日，言上辛者，爲下辛張本。不言下辛言季辛者，起季氏不執下而逐君。

九月，己亥，公孫于齊，次于楊州〔六一〕。地者，臣子痛君失位，詳録所舍止。

齊侯唁公于野井。

唁公者何？昭公將弑季氏〔六二〕，傳言弑者，從昭公之辭。告子家駒曰：「季氏爲無道，僭於公室久矣。諸侯稱公室。吾欲弑之，何如？」昭公素畏季氏，意者以爲如人君，故言弑。子家駒曰：「諸侯僭於天子，大夫僭於諸侯〔六三〕，久矣。」昭公曰：「吾何僭矣哉？」失禮成俗，不自知也。子家駒曰：「設兩觀，禮，天子諸侯臺門，天子外闕兩觀，諸侯内闕一觀。乘大路，禮，天子大路，諸侯路車，大夫大車，士飾車。朱干，干，楯也，以朱飾楯。玉戚，戚，斧也，以玉飾斧。以舞大夏。大夏，夏樂也。周所以舞夏樂者，王者始起，未制作之時，取先王之樂與己同者，假以風化天下。天下大同，乃自作樂。取夏樂者，與周俱文也。王者舞六樂于宗廟之中，舞先王之樂，明有法也。舞己之樂，明有制也。舞四夷之樂，大德廣及之也。東夷之樂曰株離，南夷之樂曰任，西夷之樂曰禁，北夷之樂曰昧。八佾以舞大武，此皆天子之禮也。且夫牛馬維婁，繫馬曰維，繫牛曰婁。委己者也，委食己者。而柔焉，柔，順。季氏得民衆久矣，季氏專賞罰，得民衆之心久矣，民順從之，猶牛馬之於委食己者。君無多辱焉。」恐民必不從君命，而爲季氏用，反逐君，故云爾。子家駒上説正法，下引時事以諫者，欲使昭公先自正，乃正季氏。昭公不從其言，終弑之而敗焉，果反爲季氏所逐。走之齊。齊侯唁公于野井，弔亡國曰唁，弔死國曰弔，弔喪主曰傷，弔所執紼曰絻。曰：「奈何君去魯國之社稷？」昭公曰：「喪人自謂亡人。不佞，不善。失守魯國之社稷，執事以羞。」謙自比齊下執事〔六四〕，言以羞及君。再拜顙。顙者，猶今叩頭矣，謝見唁也。慶子家駒，慶，賀。曰：「慶子免君於大難矣。」子家駒曰：「臣不佞，陷君於大難，君不忍加之以鈇鑕，賜之以死。」鈇鑕，要斬之罪，即所賜之以死〔六五〕。再拜顙。謝爲齊侯所慶。高子執簞食，簞，葦器也，圓曰簞，方曰笥。食，即下所致糗也。與四脡脯，屈曰朐〔六六〕，申曰脡。國子執壺漿，壺，禮器，腹方口圓曰壺，反之曰方壺，有爵飾。曰：「吾寡君聞君在外，餕饔未就，餕，孰食〔六七〕。饔，孰肉。未就，未成也。解所以致糗意。敢致糗于從者。」糗，糒也。謙不敢斥魯侯，故言從者。昭公曰：「君不忘吾先君，延及喪人，錫之以大禮。」再拜稽首，以衽受。衽，衣下裳當前者。乏器，謙不敢求索。高子曰：「有夫不祥，猶曰：人皆有夫不善。君無所辱大禮。」禮，臣受君錫，荅拜，謂之拜命之辱。高子見昭公拜辱，大卑，故曰「君無所辱大禮」。昭公蓋祭而不嘗。食必祭者，謙不敢便嘗，示有所先。不嘗者，待禮讓也。景公曰：「寡人有不腆先君之服，未之敢服；腆，厚也。服，謂齊侯所著衣服也。言未敢服者，見魯侯乃敢服之，謙辭也。禮，天子朝皮弁，夕玄端；朝服以聽朝，玄端以燕；皮弁以征不義，取禽獸，行射。諸侯朝朝服，夕深衣，玄端以燕，裨冕以朝天子，以祭其祖禰。卿大夫冕服而助君祭，朝服祭其祖禰〔六八〕。士爵弁黻衣裳以助公祭，玄端以祭其祖禰。有不腆先君之器，器，謂上所執簞壺。未之敢用，敢以請。」請，行禮。昭公曰：「喪人不佞，失守魯國之社稷，執事以羞，敢辱大禮，敢辭。」不敢當大禮，故敢辭。景公曰：「寡人有不腆先君之服，未之敢服；有不腆先君之器，未之敢用，敢固以請。」昭公曰：「以吾宗廟之在魯也，以我守宗廟在魯時。有先君之服，未之能以服；有先君之器，未之能以出，敢固辭。」己有時，未能以事人；今己無有，義不可以受人之禮。景公曰：「寡人有不腆先君之服，未之敢服；有不腆先君之器，未之敢用，請以饗乎從者。」欲令受之，故益謙言「從者」。昭公曰：「喪人其何稱？」行禮，賓主當各有所稱。時齊侯以諸侯遇禮接昭公，昭公自嫌失國，不敢以故稱自稱，故執謙問之。景公曰：「孰君而無稱？」猶曰：誰爲君者而言無所稱乎？昭公非君乎？昭公於是噭然而哭，噭然，哭聲貌，感景公言而自傷。諸大夫皆哭。魯諸大夫從昭公者。既哭，以人爲菑，菑，周埒垣也，所以分別内外，衞威儀，今大學辟雍作「側」字。以幦爲席，幦，車覆苓〔六九〕。以鞌爲几，以遇禮相見。以諸侯出相遇之禮相見。孔子曰：「其禮與其辭足觀矣。」言昭公素能若此，禍不至是。主書者，喜爲大國所唁。地者，痛録公，明臣子當憂納公也。

冬，十月，戊辰，叔孫舍卒。

十有一月，己亥，宋公佐卒于曲棘。

曲棘者何？宋之邑也。諸侯卒其封内不地，此何以地？憂内也。時宋公聞昭公見逐，欲憂納之，至曲棘而卒，故恩録之。

十有二月，齊侯取運。

外取邑不書，此何以書？爲公取之也。爲公取運以居公，善其憂内，故書。不舉伐者，以言語從季氏取之。月者，善録齊侯。

二十有六年，春，王，正月，葬宋元公。

三月，公至自齊，居于運。月者，閔公失國居運〔七〇〕。致者，明臣子當憂納公，不當使居運。後不復月者，始録可知。

夏，公圍成。書者，惡公失國，幸而得運，不脩文德以來之，復擾其民圍成。不從叛書者，本與國俱叛，故不得復以叛爲重。不從定公又以親圍下邑爲譏者，昭無臣子；又即如定公〔七一〕，當致也。

秋，公會齊侯、莒子、邾婁子、杞伯盟于鄟陵〔七二〕。不月者，時諸侯相與約，欲納公，故内喜爲大信辭。

公至自會，居于運。致會者，責臣子，明公已得意于諸侯，不憂助納之，而使居于運。

九月，庚申，楚子居卒。

冬，十月，天王入于成周。

成周者何？東周也。是時，王猛自號爲西周，天下因謂成周爲東周。其言入何？据入者篡辭。不嫌也。上言天王，著有天子已明，不嫌爲篡。主言入者，起其難也。不言京師者，起正居在成周〔七三〕，實外之。月者，爲天下喜録王者反正位。

尹氏、召伯、毛伯以王子朝奔楚。立王子朝獨舉尹氏，出奔并舉召伯、毛伯者，明本在尹氏，當先誅渠帥〔七四〕，後治其黨，猶楚嬰齊。

二十有七年，春，公如齊。

公至自齊，居于運。

夏，四月，吴弑其君僚。不書闔廬弑其君者，爲季子諱，明季子不忍父子兄弟自相殺，讓國闔廬，欲其享之，故爲没其罪也。不舉專諸弑者，起闔廬當國，賤者不得貶，無所明，又方見爲季子諱，本不出賊以除闔廬罪，雖可貶，猶不舉。月者，非失衆見弑，故不略之。

楚殺其大夫郤宛。

秋，晉士鞅、宋樂祁犂、衞北宫喜、曹人、邾婁人、滕人會于扈。

冬，十月，曹伯午卒。

邾婁快來奔〔七五〕。邾婁快者何？邾婁之大夫也。邾婁無大夫，此何以書？以近書也。説與鼻我同義。

公如齊。

公至自齊，居于運。

二十有八年，春，王，三月，葬曹悼公。月者，爲下出也。

公如晉，次于乾侯。乾侯，晉地名。月者，閔公内爲强臣所逐〔七六〕，外如晉不見荅，次于乾侯。不諱者，憂危不暇殺恥。後不月者，録始可知。

夏，四月，丙戌，鄭伯甯卒。

六月，葬鄭定公。

秋，七月，癸巳，滕子甯卒。

冬，葬滕悼公。

二十有九年，春，公至自乾侯，居于運。不致以晉者，不見容于晉，未至晉。

齊侯使高張來唁公。言來者，居運，從國内辭。書者，如晉不見荅，喜見唁也。不月者，例時也。

公如晉，次于乾侯。

夏，四月，庚子，叔倪卒。

秋，七月。

冬，十月，運潰。

邑不言潰，此其言潰何？据國曰潰，邑曰叛。邪之也。邪，郭。曷爲邪之？据成三年棘叛不言潰也。君存焉爾。昭公居之，故從國言潰，明罪在公也。不言國之言邪之者，公失國也。不諱者，責臣子當憂而納之，殺恥不如救危也。孔子曰：「不患寡而患不均，不患貧而患不安。」其本乃由于圍成，失大得小，而不能節用。

三十年，春，王，正月，公在乾侯。月者，閔公運潰，無尺土之居，遠在乾侯，故以存君書，明臣子當憂納之。

夏，六月，庚辰，晉侯去疾卒。

秋，八月，葬晉頃公。

冬，十有二月，吴滅徐，徐子章禹奔楚。至此乃月者，所見世，始録夷狄滅小國也。不從上州來、巢見義者，因有出奔可責〔七七〕。

三十有一年，春，王，正月，公在乾侯。

季孫隱如會晉荀櫟于適歷〔七八〕。時晉侯使荀櫟責季氏不納昭公，爲此會也。季氏負捶謝過〔七九〕，欲納昭公，昭公創惡季氏，不敢入。公出奔在外，無君命，所以書會而殊外。言來者，從王魯録。諱亟取邑。卒大夫者，盈孫文。

夏，四月，丁巳，薛伯穀卒。始卒，便名、日、書葬者，薛比滕最小，迫後定、寅皆當略。

晉侯使荀櫟唁公于乾侯。

秋，葬薛獻公。

冬，黑弓以濫來奔。

文何以無邾婁？據讀言邾婁。通濫也。通濫爲國，故使無所繫。曷爲通濫？據庶其不通也。賢者子孫宜有地也。賢者孰謂，謂叔術也。叔術者，邾婁顏公之弟也，或曰：羣公子。何賢乎叔術？據叔術不書。讓國也。其讓國奈何？當邾婁顏之時，顏公時也。邾婁女有爲魯夫人者，則未知其爲武公與？懿公與？孝公幼，不知孝公者，邾婁外孫邪？將妾子邪？顏淫九公子于宮中，所與淫公子凡九人。因以納賊，則未知其爲魯公子與？邾婁公子與？臧氏之母，養公者也。君幼則宜有養者，大夫之妾，士之妻。則未知臧氏之母者，曷爲者也？養公者必以其子入養。不離人母子，因以娱公也。臧氏之母聞有賊，以其子易公，抱公以逃。以身死公，則可；以其子易公，非事夫之義。然而於王法當賞，以活公爲重也。賊至，湊公寢而弑之。弑臧氏子也。不知欲弑孝公者，納篡邪，將利其國也。臣有鮑廣父與梁買子者，聞有賊，趨而至，臧氏之母曰：「公不死也，在是，吾以吾子易公矣。」於是負孝公之周訴天子〔八〇〕，天子爲之誅顏而立叔術，反孝公于魯。顏夫人者，嫗盈女也，國色也，其言曰：「有能爲我殺殺顏者，吾爲其妻。」殺顏者，鮑廣父、梁買子也。婦人以貞一爲行，云爾，非也。叔術爲之殺殺顏者，而以爲妻。利其色也。有子焉，謂之盱〔八一〕、夏父者，其所爲有於顏者也。爲顏公夫人時，所爲顏公生也〔八二〕。盱幼而皆愛之。叔術、嫗盈女皆愛盱。食必坐二子於其側而食之，有珍怪之食，珍怪，猶奇異也。盱必先取足焉。夏父曰：「以來！猶曰：以彼物來置我前。人未足，人，夏父自謂也。而盱有餘。」言盱所得常多。叔術覺焉，覺，悟也。知小爭食，長必爭國。易曰「君子見幾而作」「知幾，其神乎」「幾者，動之微者〔八三〕，事之先見」。曰：「嘻！此誠爾國也夫。」起而致國于夏父。夏父受而中分之，叔術曰：「不可。」三分之，叔術曰：「不可。」四分之，叔術曰：「不可。」五分之，然後受之。五分受其一。公扈子者，邾婁之父兄也。當夫子作春秋時，於邾婁君爲父兄之行。公扈者，氏也。習乎邾婁之故，故，事也，道所以言也。其言曰：「惡有言人之國賢若此者乎？惡有，猶何有、寧有此之類也。言賢者寧有反妻嫂、殺殺顏者之行乎？誅顏之時，天子死，叔術起而致國于夏父。言叔術本欲讓，迫有誅顏天子在爾，故天子死，則讓，無妻嫂、感兒爭食之事。當此之時，邾婁人常被兵于周，曰：『何故死吾天子？』猶曰：何故死畜吾天子，違生時命而立夏父乎？此天子死則讓之效也。夫子本所以如上傳，賢者惡少功大也。猶律：一人有數罪，以重者論之。春秋滅不言入是也。案叔術妻嫂，雖有過惡當絕，身無死刑，當以殺殺顏者爲重。宋繆公以反國與與夷，除馮弒君之罪，死乃反國，不如生讓之大也；馮殺與夷，亦不輕于殺殺顏者，比其罪不足而功有餘，故得爲賢。傳復記公扈子言者，欲明夫子本以上傳通之，故公扈子有是言。通濫，則文何以無邾婁？據國未有口繫于人。天下未有濫也。欲見天下實未有濫國，春秋新通之爾，故口繫于邾婁。天下未有濫，則其言以濫來奔何？據上説天下實未有濫者，言春秋新通之也。春秋新通之，君文成矣。不言濫黑弓來奔，而反與大夫竊邑來奔同文。叔術者，賢大夫也，絶之，則爲叔術不欲絶；不絶，則世大夫也。此解不言濫黑弓意。叔術者，賢大夫也，如不口繫邾婁，文言「濫黑弓來奔」，則爲叔術賢心，不欲自絶于國，又觸天下實有濫，無以起新通之，文不可設也。如口不絶邾婁，文言「濫黑弓來奔」，則嫌氏邑，起本邾婁世大夫，春秋口繫通之，文亦不可施。大夫之義不得世，故於是推而通之也。推，猶因也，因就大夫竊邑奔文通之，則大夫不世、叔術賢心不欲自絶兩明矣。

主書者，在春秋前，見王者起，當追有功，顯有德，興滅國，繼絶世。

十有二月，辛亥，朔，日有食之。是後，昭公死外，晉大夫專執，楚犯中國圍蔡也。

三十有二年，春，王，正月，公在乾侯。

取闞。

闞者何？邾婁之邑也。曷爲不繫乎邾婁？諱亟也。與取濫爲亟〔八四〕。

夏，吳伐越。

秋，七月。

冬，仲孫何忌會晉韓不信、齊高張、宋仲幾、衛世叔申、鄭國參、曹人、莒人、邾婁人、薛人、杞人、小邾婁人城成周。書者，起時善其脩廢職，有尊尊之意也〔八五〕。孔子曰：「謹權量，審法度，脩廢官，四方之政行焉。」言成周者，起正居〔八六〕，實外之。

十有二月，己未，公薨于乾侯。

春秋公羊卷第九〔八七〕

【校勘記】

〔一〕石惡，諸本同。阮氏挍勘記云：「齊召南云：二傳作齊惡，是也。石惡已於襄廿八年出奔晉矣。○按釋文不云二傳作齊惡，是公羊古本與二傳同。孫志祖説。」案齊説是，此當從二傳作齊惡。

〔二〕詞，各本俱同，疑當作「辭」。説詳今本解詁通用字考。

〔三〕招，原作「据」，據余本改。

〔四〕鍼，諸本同，漢石經作「箴」，不知解詁原本用何字。

〔五〕距，各本同，疑當作拒。説詳今本解詁通用字考。

〔六〕雹，諸本皆誤作「雪」。案僖公十年經「大雨雹」，注云：「夫人專愛之所生也。」僖公廿九年經「大雨雹」，注云：「夫人專愛之所生。」昭公三年冬，大雨雹，注云：「爲季氏。」是雹爲專壹之象。今此注云「爲季氏」，也是專壹之象，與上年注「爲季氏」同，宜亦作雹，證一也。疏云：「案正本皆作雹字，左氏經亦作雹字，故賈氏云穀梁作大雨雪。今此若有作雪字者，誤也。」則徐彥所見正本即作大雨雹，證二也。漢書五行志云：「公羊經曰大雨雹，董仲舒以爲公脅於齊，桓公立妾爲夫人，不敢進羣妾，故專壹之象見諸雹。」也以雹是專壹之象，證三也。至於雪，其象爲陰，如隱公九年注云：「雪者，盛陰之氣。」漢書五行志亦云：「雪，又雨之陰也。」然則，漢儒於雪、雹之象區別分明，無異辭，證四也。以此注云「爲季氏」，明解詁原本即作「雹」字。

〔七〕善義兵，余本同。阮氏挍勘記云：「五年疏引作月者，善録義兵，此脱録字。」案注並有「善義兵」「善録義兵」之文，且徐疏標注亦作「善義兵」，則阮挍不必是。

〔八〕今此据上作三軍不言中，余本同。阮氏挍勘記云：「疏中引注『不言中』下有『云云』二字，此脱。」案阮挍所據十行本有誤。單疏鈔本標注云「今此据上作三軍不言中云云者」，知阮氏所謂「云云」二字，乃「云云」之訛。自十行本誤作「云云」，以下注疏本咸襲其謬。

〔九〕傳不足以解之者以上解下，余本同。阮氏挍勘記云：「諸本同誤也。按解云今此傳文少，故言傳不足解之也，欲以上解下者云云，則此注『足』下衍『以』字者，下脱『欲』字，當據以删補。」案阮説可商，疏文引注，或以意言，不必照録原文，阮氏據疏以改注，不敢必是。

〔一〇〕于，余本同，疏本作「於」。

〔一一〕秦伯罃，余本同。經文寫作「秦伯罃」，然此注及下注兩作罃，竊疑解詁原本作罃不作罃。何以言之？今本以罃爲名者，秦伯罃、荀罃二人。秦伯罃，經一見；荀罃，經五見。然荀罃亦有作荀罃者，成公十七年經「晉侯使荀罃來乞師」，陸淳差繆略云：「罃，公羊作罃。」是彼所見公羊本有作荀罃字者。據何氏用字之例，經若用罃字，注無緣改作罃字。正以經用罃字，注亦用罃字，後人據左氏改經文之罃爲罃，而未及改注之罃字。疏云：「文十八年經作罃字，今此罃字誤。」寧知非彼誤者，正以文十八年秦伯罃卒之下，賈氏云穀梁傳云秦伯偃，不道公羊曰罃，知公羊與左氏同皆作罃字矣。注獨罃稱以嫡得立之者，罃字亦誤，宜爲罄字矣。」徐彦僅據賈逵之「不道」以證成其説，猶未足爲鐵證。今述另説如上，足以廣異聞、明校勘。

〔一二〕賦之，余本同。釋文出「賦斂」云：「或無此字。」是陸德明所據本「賦」下有「斂」字，其所見或本無「斂」字。案無斂者是。注文凡言豫賦者，不連言「斂」；凡言賦斂者，不言「豫」。齊召南公羊注疏考證云：「各本俱脱斂字，今據音義添補。」恐非。

〔一三〕强，疑當作彊。説詳今本解詁通用字考。

〔一四〕招，諸本同，漢石經作柖。案今本經注皆作「招」字，則何氏本作招不作柖。

〔一五〕蒐，諸本同。釋文出「廋」云：「本亦作蒐。」案解詁原本作蒐，不用廋、搜字。漢石經作獀，蔡邕與何氏家法不同。

〔一六〕車徒，諸本同。案「車」字疑衍，説見桓六年校記。

〔一七〕執陳，余本、宋小字本同。唐石經脱此二字。案昭公元年疏兩引此經，皆有「執陳」二字，左、穀二家經亦有，可證。

〔一八〕陳火，余本、宋小字本同，唐石經無「陳」字。案傳意，宜有「陳」字。又宋張洽春秋集注引亦有陳字。

〔一九〕正月，諸本同。漢石經作「二月」，左、穀二家經亦書「二月」，疑解詁原本或作二月。

〔二〇〕絶，諸本同。阮氏挍勘記云：「唐石經、諸本同。十三年疏引作『絶也，曷爲絶之』，此脱『也』字。」案阮說不可從。傳文凡言諸侯何以名，荅辭皆是「絶。曷爲絶之」，無「也」字。今阮氏但據䟽文所引，然䟽引傳注，多有出入，不得據以爲證。

〔二一〕予，諸本同，恐誤，解詁原本蓋作「與」。徧考傳注，凡不許之義，解詁皆作「不與」，惟此一見「不予」。且此注云「不與其討賊」，以注承經傳字之例，可推傳文亦當作「與」。説詳今本解詁通用字考。

〔二二〕酌，諸本同。漢石經作「杓」。

〔二三〕佗，諸本同。漢石經作「它」。案解詁不用它字，人名皆作「佗」，他人他事皆寫作「他」。

〔二四〕耳，余本同。案解詁凡言「云爾」者，皆寫作「爾」字，無有「云耳」連文者。且襄公十年注、二十六年注均有「正之云爾」文，與此句全同，是作「爾」之證。

〔二五〕强，余本同，疑當作彊。説詳今本解詁通用字考。

〔二六〕億，余本同，鄂本作意。釋文作「妄億」，䟽本亦作億，似何氏用億字。又，釋文出「錯也」云：「字或作措。」則陸氏所據本「錯」下有「也」字，今此本及余本俱無。䟽云：「故曰：夫子欲爲後人法，不欲人妄億措也。」似徐彦所據本亦有「也」字。錯、措二字音同可通，今以上下注文皆寫作錯，如昭公二十二年注「舉錯」，則「錯」字爲正，「措」恐非解詁原本之字。

〔二七〕史，余本作「文」。

〔二八〕詞，諸本同，疑當作「辭」。説詳今本解詁通用字考。

〔二九〕也，余本同。阮氏挍勘記云：「鄂本無也字，此衍。」案阮説但據鄂本立論，不敢必。

〔三〇〕整，諸本同。釋文云：「或作愸。」案愸是二傳之文。公羊疏兩引作「公子整」，蓋整是解詁原本用字。

〔三一〕强，余本同。阮氏挍勘記云：「諸本同誤也。疏中兩引皆作夷狄所彊，當據正。」案阮説可從。説詳今本解詁通用字考。

〔三二〕賂，余本誤作「盟」。

〔三三〕存之，余本同。阮氏挍勘記云：「按解云：『非謂上會諸侯墠地封之，若是上會諸侯墠地封之，當如救邢城楚丘之屬，傳亦有文實之文。』然則，存之，當作封之矣。」案阮挍備一説也。

〔三四〕日，余本同。阮氏挍勘記云：「解云：『考諸舊本，日亦有作月字者。春秋上下，滅例書月。然則，爲日字者誤。』」按三十年冬，十有二月，吴滅徐，疏引此注云：『不月者，略兩夷。』此處疏本仍作日。」案夷狄相滅略之，則舊本作「月」者是。

〔三五〕昧，諸本同。釋文：「音末，本亦作末。」音末，則字宜寫作眛。説見隱公元年校記。

〔三六〕孛，原作「字」，據余本改。

〔三七〕埽，余本同，疑解詁原本用埽字。説見文公十四年校記。

〔三八〕醉李，余本同。釋文出「檇李」云：「本或作醉。」案疏本亦作醉李。且定公十四年經「於越敗吴于醉李」，陸氏所據本即作「醉」字，然其所見或本又作「欈李」，字與「檇」少異。蓋解詁原本作醉不作檇。

〔三九〕于弑，諸本同。釋文出「于殺」云：「音試。下『于殺』『加殺』皆同。」案解詁原本作弑不作殺。説詳今本解詁弑殺異文考。

〔四〇〕自，原作「此」，誤，余本同誤，據閩本改。

〔四一〕畔，諸本同。疑當作叛，下傳二「畔」字亦當作「叛」。案何氏凡叛亂義，皆作叛不作畔。且此注云「言叛者」，以注文承傳文用字之例，傳文宜亦作叛。説詳今本解詁通用字考。

〔四二〕庶其，原作「庶期」，誤，余本、十行本同誤。案襄公二十一年經「邾婁庶其以漆、閭丘來奔」，經傳注皆作庶其，且莒君亦名庶其，明此不得寫作庶期。閩本始改十行本之「期」爲「其」，是。阮氏挍勘記云：「閩、監、毛本期改其，非。鄂本及此本疏標起訖皆作庶期。」案阮説謬矣。云「疏標起訖皆作庶期」者，乃十行本誤改徐疏之出文，今以單疏鈔本相驗，出文作「注言叛者云云」，是起訖不作「庶期」，且疏云「邾婁庶其以漆、閭丘來奔之類也」，正作「其」字，明「期」字誤。

〔四三〕庶，原作「從」，鄂本同，此據余本改。案下疏云「公子負芻者，庶兄也」，則徐彦所見本亦作「庶」字。

〔四四〕與，余本同。阮氏挍勘記云：「閩、監、毛本與作輿，此誤。解云：春秋説文，言率輿守國，輿，衆也。」案阮挍足備一説。

〔四五〕輒，諸本同。漢石經作縶，左氏經亦作縶，然注云「世子輒有惡疾」，則何氏原本蓋作「輒」字。

〔四六〕畔，各本同，恐誤，宜作「叛」。説詳今本解詁通用字考。

〔四七〕世心，原作大心，余本同。阮氏挍勘記引鄂本作世心，兹據鄂本改。案經文皆書世心，且定公十年注亦作「樂世心」，又昭公廿五年，陸淳差繆略云「大心，公羊作世心」，是解詁原本作世心。殿本改此大心爲世心，是。

〔四八〕「言宋」二字，余本誤脱。

〔四九〕痤，諸本同。漢石經作座。案注文寫作痤，則解詁原本蓋作痤，與蔡邕本不同。

〔五〇〕大蒐，諸本同。釋文出「大廋」云：「本亦作蒐。」案何氏用蒐字，不用廋、搜字。

〔五一〕家，余本作「室」。

〔五二〕不言，余本同。阮氏挍勘記引鄂本作「不曰」。案疏本亦是「不言」，當以「不言」爲是，注文無「不曰」連文者。

〔五三〕王，余本作主。阮氏挍勘記云：「鄂本同。按廿六年冬十月下，疏引作自號西周王。」案當以王字爲長。

〔五四〕者，余本同。阮氏挍勘記云：「鄂本無『者』字。」

〔五五〕二者皆不當卒卒又名者，余本同。阮氏挍勘記云：「鄂本無下『卒』字，當據以訂正。按解云：『言二者皆不當卒。』又云：『既不合卒，今書其名。』皆與鄂本合。」案阮挍可商。疏云「既不合卒」者，謂猛未得成王，又是外未踰年君，此二者皆不當書卒，今不合卒而書卒，又書其名，明其爲篡。此本及余本不誤。汪氏識語云：「疏解及標注當重卒字，不與鄂本合。」是。

〔五六〕徙，余本誤作「徒」。

〔五七〕弑，余本同，疏本作殺。案當以弑字爲是，説詳今本解詁弑殺異文考。

〔五八〕叔孫舍，諸本同。案「叔孫」二字衍文，説詳徐彦公羊疏補正。

〔五九〕明年，鄂本同，余本誤作「時年」。

〔六〇〕鬱釐，諸本同。釋文出「鬱釐」云：「本亦作釐。」徐疏云：「杞伯鬱釐卒者，左氏、穀梁作郁釐字，今正本亦有『郁』字者。」是陸德明所見本有釐、釐異文；徐彦所見本有鬱、郁異文。然則，解詁原本即作「鬱釐」歟？

〔六一〕楊州，余本同，唐石經、宋小字本作揚州。據莊公十年注，揚州乃九州之名，今此楊州在齊地，宜以楊字爲正。

〔六二〕將弑，諸本同。釋文作「將殺」云：「音試。下及注同。」案作弑是。説詳今本解詁弑殺異文考。

〔六三〕諸侯僭於天子大夫僭於諸侯，諸本同。阮氏挍勘記云：「唐石經、諸本同。考工記畫繢之事，其象方天時變，注引子家駒曰：天子僭天。今何本無此句。周禮大宰疏引作『諸侯僭天子，大夫僭諸侯』。此二『於』字，當爲衍文，考工記注無『於』字，可證。」案阮挍備一説耳。

〔六四〕謙自，余本同。釋文出「嗛自」云：「本亦作謙。」案謙字是。徧考注文，咸用謙字，無有借「嗛」爲「謙」者。

〔六五〕賜，原作「錫」，余本同，茲據鄂本改。阮氏挍勘記云：「蜀大字本、閩、監、毛本同，鄂本錫作賜。按傳言賜，不當殊文，鄂本是也。」案阮挍是也，説詳今本解詁通用字考。

〔六六〕朐，原作「駒」，據余本改。

〔六七〕孰，各本同，疑當作熟。下注孰肉，亦宜作熟。阮氏挍勘記云：「鄂本熟作孰，下同，加四點者，俗字。」案阮挍以熟爲俗字，乃據字言。若據本言，何氏凡生熟之義用熟字，凡誰何之義用孰字。説詳今本解詁通用字考。

〔六八〕祭，原脱，據余本補。

〔六九〕苓，余本同。釋文作笭。案説文：「笭，車笭也，从竹令聲。」張參五經文字：「笭，車笭。」字亦從竹，似笭字爲勝，但不知解詁原本用何字。

〔七〇〕居運，余本同。疏本作「居于鄆」，非。

〔七一〕又，原作「入」，據余本改。阮氏挍勘記云：「鄂本『又』作『入』，則上屬，言昭無臣子納公也。」案「入」字誤。注意昭公無臣子，定公有臣子。定公圍成，猶諸侯親征下土，故譏之；昭公失國，無臣子，不脩文德，而圍成，是擾民。此所譏者不同。定公有臣子，是以有致文；昭公無臣子，故無致文。是致不致又不同。明「又」字是也。

〔七二〕鄟陵，唐石經、余本、宋小字本同。釋文出「鄟陵」云：「本亦作專。」案成公六年經注作「取鄟」，明鄟字是解詁原本之字，不得寫作「專」。十行本以下改作「剸」者，亦誤。

〔七三〕正，余本同。阮氏挍勘記云：「鄂本『正』作『王』，當據正。此本疏云：起成周爲王居，閩、監、毛本亦誤爲正居。」案阮挍非也。據單疏鈔本云：「正欲起其正居在成周故也。所以能起之者，既爲天王所入，正居明矣。」是疏本亦作「正」字。下三十二年注云「言成周者，起正居，實外之」，足證「正居」爲是。

〔七四〕帥，余本同。釋文出「渠率」云：「或作帥。」

〔七五〕快，諸本同。釋文：「本又作噲。」案作快是也。襄公二十一年注云「据快無氏」，可證。

〔七六〕强，疑當作彊。説詳今本解詁通用字考。

〔七七〕因，余本作固。阮氏挍勘記云：「毛本固作因，誤。」案疏云「正以既滅其國，復奔其君，因責章禹不能死位」，知疏本亦作因，阮説未可信從。

〔七八〕荀櫟，諸本同。釋文：「本又作躒，又作濼。」案注文亦寫作荀櫟，則以櫟字爲長。躒、濼恐非解詁之字。

〔七九〕捶，余本同。阮氏挍勘記云：「閩、監、毛本捶作棰，疏同。釋文作『負箠』云：『本又作捶。』此本疏標起訖亦作負箠。」案單疏鈔本標作「負捶」，不作負箠，阮氏據十行本立説，非徐疏原本。定公八年注云「策，馬捶也」，亦作捶字，蓋捶是解詁原本用字，箠、棰皆後來者改易。

〔八〇〕訴，唐石經、余本、宋小字本同。釋文出「周愬」云：「本亦作訴。」案作訴是。傳「愬而再拜」，注云「愬者，驚貌」，是愬、訴之義有別，二字不得通假。説詳今本解詁通用字考。

〔八一〕盱，諸本同，釋文：「盱，本或作晗。」説文盱篆書盱，不收晗字，未知「晗」字是否「盻」之訛變。類篇云：「晗，人名，邾婁叔術子晗。」云「邾婁叔術子晗」者，蓋本釋文歟？此當以「盱」字爲正。

〔八二〕爲顔公，余本同。阮氏挍勘記云：「按下『爲顔公』三字誤衍，複上，當删正。」案阮氏以義爲證，不敢必。

〔八三〕者，余本同。鄂本作吉，則屬下讀。疏云：「幾者，動之微，吉之先見者也。」是疏本亦作吉。

〔八四〕取，余本同。阮氏挍勘記云：「解云：取，亦有作受字者。按莊二年疏引作受，今作『與取濫』，誤。」案徐彦所見本或作取，或作受，猶不能定。今阮氏徑謂「取」字誤，不敢必是。

〔八五〕也，余本同。阮氏挍勘記云：「鄂本無『也』字。」

〔八六〕起正居，余本同，疏本「起」上有「欲」字。

〔八七〕第九，原作「第十」，余本同。據唐石經改。又，此行下有小字二行：「經四千九百一十二字，注六千七百五十七字。」

春秋公羊經傳解詁定公第十一

何休　學

元年，春，王。

定何以無正月？据莊公雖不書即位，猶書正月。正月者，正即位也。本有正月者，正諸侯之即位。定無正月者，即位後也。雖書即位於六月，實當如莊公有正月。今無正月者，昭公出奔，國當絶，定公不得繼體奉正，故諱爲微辭，使若即位在正月後，故不書正月。即位何以後？据正月正即位。昭公在外，昭公喪在外。得入不得入，未可知也。曷爲未可知？据已稱元年。在季氏也。今季氏迎昭公喪而事之，定公得即位；不迎而事之，則不得即位。定、哀多微辭，微辭，即下傳所言者是也。定公有王無正月，不務公室，喪失國寶；哀公有黄池之會，獲麟，故揔言「多」。主人習其讀而問其傳，讀，謂經；傳，謂訓詁；主人，謂定公。言主人者，能爲主人，皆當爲微辭，非獨定公。則未知己之有罪焉爾。此假設而言之。主人，謂定、哀也。設使定哀習其經而讀之，問其傳解詁，則不知己之有罪於是。此孔子畏時君，上以諱尊隆恩，下以辟害容身，慎之至也。

三月，晉人執宋仲幾于京師〔一〕。

仲幾之罪何？據言「于京師」，成伯討辭，知有罪。不蓑城也〔二〕。若今以草衣城是也〔三〕。禮，諸侯爲天子治城，各有分丈尺，宋仲幾不治所主〔四〕。其言于京師何？據城言成周，執不地。伯討也。大夫不得專執，執無稱名氏，見伯討例，故地以京師，明以天子事執之，得伯討之義。伯討則其稱人何？據城稱名氏，諸侯伯執不稱人也。復發此難者，弟子未解，嫌大夫稱人相執，與諸侯同例。貶。故稱人爾，不以非伯討故。曷爲貶？據晉侯伯執稱人，以他罪舉。不與大夫專執也。曷爲不與？據伯討。實與，言于京師是也。而文不與。文不與者，貶稱人是也。文曷爲不與？大夫之義不得專執也。大夫不得專相執，辟諸侯也。不言歸者，諸侯當決於天子，犯之惡甚，故録所歸。大夫當決主獄爾，犯之罪從外小惡，不復別也。無例，不在常書。又月者，善爲天子執之。

夏，六月，癸亥，公之喪至自乾侯。至自乾侯者，非公事齊不專，中去之晉，竟不見容，死于乾侯。

戊辰，公即位。

癸亥，公之喪至自乾侯，則曷爲以戊辰之日然後即位？據癸亥得入，已可知。正棺於兩楹之間，然後即位。正棺者，象既小斂，夷於堂。昭公死於外，不得以君臣禮治其喪，故示盡始死之禮。禮，始死于北墉下〔五〕，浴於中霤，飯含於牖下，小斂於户内，夷於兩楹之間，大斂於阼階，殯於西階之上，祖于庭，葬於墓。奪孝子之恩，動以遠也。禮，天子五日小斂，七日大斂；諸侯三日小斂，五日大斂；卿大夫二日小斂，三日大斂，夷而絰，殯而成服。故戊辰然後即位。凡喪三日授子杖，五日授大夫杖，七日授士杖，童子、婦人不杖，不能病故也。子沈子曰：「定君乎國，定昭公之喪禮於國。然後即位。」即位不日，此何以日？據即位皆不日。録乎内也。内事詳録，善得五日變禮。或説：危不得以踰年正月即位，故日。主書者，重五始也。

秋，七月，癸巳，葬我君昭公。

九月，大雩。定公得立尤喜，而不恤民之應。

立煬宫。

煬宫者何？據十二公無煬公。煬公之宫也。春秋前煬公也。立者何？立者不宜立也。立煬宫，非禮也。不日，嫌得禮，故復問立也。不日者，所見之世諱深，使若比武宫惡愈，故不日。

冬，十月，霣霜殺菽。

何以書？記異也。菽，大豆。時獨殺菽，不殺他物，故爲異。此災菽也，曷爲以異書？據無麥苗以災書。異大乎災也。異者，所以爲人戒也。重異不重災，君子所以貴教化而賤刑罰也。周十月，夏八月，微霜用事，未可殺菽。菽者，少類，爲稼强〔六〕，季氏象也〔七〕。是時，定公喜於得位，而不念父黜逐之恥，反爲淫祀，立煬宮，故天示以當早誅季氏。

二年，春，王，正月。

夏，五月，壬辰，雉門及兩觀災。

其言雉門及兩觀災何？据桓宮、僖宮災不言及。不但問及者，方於下及問其文問之〔八〕，故先俱張本於上。兩觀微也。雉門、兩觀，皆天子之制，門爲其主，觀爲其飾，故微也。然則曷爲不言雉門災及兩觀？据下「新作雉門及兩觀」先言「作」者。主災者，兩觀也。時災從兩觀起。主災者兩觀，則曷爲後言之？据欲使言兩觀災及雉門，若言宋督弒其君與夷及其大夫孔父。不以微及大也。何以書？不復言「雉門及兩觀災何以書」者，上已問雉門及兩觀災，故但言「何以書」。記災也。此本子家駒諫昭公所當先去以自正者，昭公不從其言，卒爲季氏所逐。定公繼其後，宜去其所以失之者，故災亦云爾。立雉門、兩觀不書者，僭天子不可言，雖在春秋中，猶不書。

秋，楚人伐吴。

冬，十月，新作雉門及兩觀。

其言新作之何？據俱一門兩觀，如故常。脩大也。天災之，當減損，如諸侯制；而復脩大，僭天子之禮，故言「新作」以見脩大也。脩舊不書，此何以書？據西宮災復脩不書。譏。何譏爾？不務乎公室也。務，勉也。不務公室，亦可施于久不脩，亦可施于不務如公室之禮〔九〕，微辭也。月者，久也，當即脩之，如諸侯禮。

三年，春，王，正月，公如晉，至河乃復。月者，內有彊臣之讎，外不見荅於晉，故危之。

三月〔一〇〕，辛卯，邾婁子穿卒。

夏，四月。

秋，葬邾婁莊公。

冬，仲孫何忌及邾婁子盟于拔〔一一〕。後相犯，時者，諱公使大夫盟，又未踰年君，薄父子之恩，故爲易辭，使若義結善事。

四年，春，王，二月，癸巳，陳侯吳卒。

三月，公會劉子、晉侯、宋公、蔡侯、衛侯、陳子、鄭伯、許男、曹伯、莒子、邾婁子、頓子、胡子、滕子、薛伯、杞伯、小邾婁子、齊國夏于召陵〔一二〕，侵楚。月而不舉重者，楚以一裘之故，拘蔡昭公，數年然後歸之，諸侯雜然侵之，會同最盛，故善録其行義兵也。拘不書者，惡蔡侯吝一裘而見拘執，故匹夫之。執歸不書者，從執例。

夏，四月，庚辰，蔡公孫歸姓帥師滅沈〔一三〕，以沈子嘉歸，殺之。爲不會召陵故也。不舉滅爲重，書以歸殺之者，責不死位也。日者，定、哀滅例日。定公承黜君之後，有彊臣之讎，故有滅則危懼之，爲定公戒也。

五月，公及諸侯盟于浩油。再言公者，昭公數如晉，不見荅，卒爲季氏所逐。定公初即位，得與諸侯盟，故喜録之。後楚復圍蔡不救，不日者，善諸侯能翕然俱有疾楚之心，會同最盛，故褒與信辭。

杞伯戊卒于會〔一四〕。不日，與盟同日〔一五〕。

六月，葬陳惠公。

許遷于容城。

秋，七月，公至自會。月者，爲下「劉卷卒」，月者，重録恩。

劉卷卒。

劉卷者何？天子之大夫也。外大夫不卒，此何以卒？我主之也。劉卷，即上會劉子也。主之者，因上王魯文，王之〔一六〕，張義也。卒者，明主會者當有恩禮也。言劉卷者，主起以大夫卒之，屈於天子也。不日者，比尹氏以天子喪爲主，重也，此卷主會輕，故不日。

葬杞悼公。

楚人圍蔡。囊瓦稱人者，楚爲無道，拘蔡昭公，數年而復，怒蔡歸有言，伐之，故貶，明罪重於圍。

晉士鞅、衛孔圄帥師伐鮮虞〔一七〕。

葬劉文公。

外大夫不書葬，此何以書？録我主也。其實以主我恩録之，故云爾。舉采者，禮，諸侯入爲天子大夫，更受采地於京師，天子使大夫爲治其國，有功而卒者，當益封其子。時劉卷以功益封，故不以故國而以采地書葬，起其事，因恩以廣義也。稱公者，明本諸侯也。

冬，十有一月，庚午，蔡侯以吴子及楚人戰于伯莒，楚師敗績。

吴何以稱子？據滅徐稱國。夷狄也，而憂中國。言子，起憂中國。言以，明爲蔡故也。與桓十四年同。其憂中國奈何？伍子胥父誅乎楚，挾弓而去楚，挾弓者，懷格意也。禮，天子雕弓，諸侯彤弓，大夫嬰弓，士盧弓。以干闔廬。不待禮見曰干，欲因闔廬以復讎。闔廬曰：「士之甚！言其以賢士之甚。勇之甚！」將爲之興師而復讎于楚。伍子胥復曰：「諸侯不爲匹夫興師，必須因事者，其義可得；因公託私，而以匹夫興師討諸侯，則不免於亂。且臣聞之，事君猶事父也。虧君之義，復父之讎，臣不爲也。」於是止。蔡昭公朝乎楚，有美裘焉，囊瓦求之，昭公不與，爲是拘昭公於南郢，數年然後歸之。於其歸焉，用事乎河，時北如晉，請伐楚，因祭河。曰：「天下諸侯苟有能伐楚者，寡人請爲之前列。」楚人聞之，怒。見侵後，聞蔡有此言而怒。爲是興師，使囊瓦將而伐蔡。蔡請救于吴，伍子胥復曰：「蔡非有罪也，楚人爲無道，君如有憂中國之心，則若時可矣。」猶曰：若是時可興師矣。激發初欲興師意。於是興師而救蔡。不書與子胥俱者，舉君爲重。子胥不見於經，得爲善者，以吴義文得成之也〔一八〕。雖不舉子胥，爲非懷惡而討不義，君子不得不與之也〔一九〕。曰：事君猶事父也，此其爲可以復讎奈何？曰：父不受誅，不受誅，罪不當誅也。子復讎，可也。孝經曰：「資於事父以事君，而敬同。」本取事父之敬以事君，而父以無罪爲君所殺。諸侯之君與王者異，於義得去，君臣已絶，故可也。孝經云：「資於事父以事母。」莊公不得報讎文姜者，母所生，雖輕於父，重於君也。易曰：「天地之大德曰生。」故得絶，不得殺。父受誅，子復讎，推刃之道也。子復讎，非當，復討其子，一往一來曰推刃。復讎不除害，取讎身而已，不得兼讎子，復將恐害己而殺之。時子胥因吴之衆〔二〇〕，墮平王之墓，燒其宗廟而已。昭王雖可得殺，不除去。朋友相衛，同門曰朋，同志曰友。相衛，不使爲讎所勝。時子胥因仕於吴爲大夫，君臣言朋友者，闔廬本以朋友之道爲子胥復讎。

孔子曰：「益者三友，損者三友：友直，友諒，友多聞，益矣；友便辟，友善柔，友便佞〔二一〕，損矣。」而不相迿，迿，出表辭，猶先也。不當先相擊刺，所以伸孝子之恩。古之道也。

楚囊瓦出奔鄭。

庚辰，吴入楚。

吴何以不稱子？據狄人盟于邢，有進行，稱人。反夷狄也。其反夷狄奈何？君舍于君室，大夫舍于大夫室，蓋妻楚王之母也。舍其室，因其婦人爲妻。日者，惡其無義〔二二〕。

五年，春，王，正月，辛亥，朔，日有食之。是後，臣恣日甚，魯失國寶，宋五大夫叛〔二三〕。

夏，歸粟于蔡。

孰歸之？諸侯歸之。曷爲不言諸侯歸之？據齊人來歸衛寶。離至不可得而序，故言我也。時爲蔡新被彊楚之兵〔二四〕，故歸之粟，與戍陳同義。

於越入吴。

於越者何？越者何？不言或者，嫌兩國。於越者，未能以其名通也。越者，能以其名通也。越人自名於越，君子名之曰越。治國有狀，能與中國通者，以中國之辭言之，曰越。治國無狀，不能與中國通者，以其俗辭言之。因其俗可以見善惡，故云爾。赤狄以赤進者，狄，於北方揔名，赤者，其别，與越異也。吴新憂中國，士卒罷敝而入之，疾罪重，故謂之於越。

六月，丙申，季孫隱如卒。仲遂以貶起弑，是不貶著其逐君者。舉君出爲重，故從季辛起之〔一五〕，猶衞孫、甯。

秋，七月，壬子，叔孫不敢卒。

冬，晉士鞅帥師圍鮮虞。

六年，春，王，正月，癸亥，鄭游遬帥師滅許，以許男斯歸。

二月，公侵鄭。月者，内有彊臣之讎，不能討，而外結怨，故危之。

公至自侵鄭。

夏，季孫斯、仲孫何忌如晉。

秋，晉人執宋行人樂祁犂。

冬，城中城。

季孫斯、仲孫忌帥師圍運。

此仲孫何忌也，曷爲謂之仲孫忌？譏二名。二名，非禮也。爲其難諱也。一字爲名，令難言而易諱，所以長臣子之敬，不逼下也。春秋定、哀之間，文致大平，欲見王者治定，無所復爲譏，唯有二名，故譏之，此春秋之制也。

七年，春，王，正月。

夏，四月。

秋，齊侯、鄭伯盟于鹹。

齊人執衛行人北宫結以侵衛。

齊侯、衛侯盟于沙澤。

大雩。先是，公侵鄭，城中城，季孫斯、仲孫忌如晉，圍運，費重不恤民之應。

齊國夏帥師伐我西鄙。

九月，大雩。承前費重不恤民，又重之以齊師伐我，我自救之役〔二六〕。

冬，十月。

八年，春，王，正月，公侵齊。

公至自侵齊。

二月，公侵齊。

三月，公至自侵齊。出入月者，内有彊臣之讎，外犯彊齊，再出，尤危於侵鄭〔二七〕，故知入亦當蒙上月。

曹伯露卒。

夏，齊國夏帥師伐我西鄙。

公會晉師于瓦。

公至自瓦。此晉趙鞅之師也，但言晉師者，君不會大夫之辭也。公會大夫，不別得意，雖得意不致，此致者，諱公爲大夫所會，故使若得意者〔二八〕。

秋，七月，戊辰，陳侯柳卒。

晉趙鞅帥師侵鄭，遂侵衛。

葬曹靖公〔二九〕。

九月，葬陳懷公。

季孫斯、仲孫何忌帥師侵衛。

冬，衛侯、鄭伯盟于曲濮。

從祀先公。

從祀者何？順祀也。復文公之逆祀。文公逆祀，去者三人。諫不從而去之。定公順祀，叛者五人。諫不以禮而去曰叛。去與叛皆不書者，微也。不書禘者，後祫亦順，非獨禘也。言祀者，無已長久之辭。不言僖公者，閔公亦得其順。

盜竊寶玉、大弓。

盜者孰謂？微而竊大，可怪，故問之。謂陽虎也。陽虎者，曷爲者也？季氏之宰也。季氏之陪臣爲政者。季氏之宰，則微者也，惡乎得國寶而竊之？陽虎專季氏，季氏專魯國，陽虎拘季孫，季氏逐昭公之後，取其寶玉，藏於其家。陽虎拘季孫，奪其寶玉。季孫取玉不書者，舉逐君爲重〔三〇〕。孟氏與叔孫氏迭而食之，睋而鍥其板〔三一〕，以爪刻其饋歛板。曰：「某月某日，將殺我于蒲圃〔三二〕，力能救我，則於是。」於是時。至乎日若時而出〔三三〕。臨南者，陽虎之出也，御之。爲季孫御。於其乘焉，季孫謂臨南曰：「以季氏之世世有子，言我季氏累世有女以爲臣。子可以不免我死乎？」以義責之。臨南曰：「有力不足，臣何敢不勉？」陽越者，陽虎之從弟也，爲右，爲季孫車右，實衞之。諸陽之從者，車數十乘。至于孟衢，孟氏衢四達，可以橫去。臨南投策而墜之，策，馬捶也，見二家迭食之，欲將季孫由孟氏免之，恐陽越不聽，故詐投策，欲使下車。陽越下取策，臨南駷馬〔三四〕，搖馬銜走〔三五〕。而由乎孟氏，陽虎從而射之，矢著于莊門〔三六〕。莊門，孟氏所入門名，言幾中季孫，賴門閉，故著門。然而甲起於琴如，甲，公斂處父所帥也。琴如，地名。二家知出期，故於是時起兵。**弑不成**〔三七〕，**却，反舍于郊**〔三八〕，**皆說然息**〔三九〕。說，解舍。然，猶如。**或曰：「弑千乘之主，**時季氏邑至於千乘。**而不克，舍此可乎？」**嫌其近而無所依。**陽虎曰：「夫孺子得國而已，**得免專國家而已。**如丈夫何？」**如，猶奈也。丈夫，大人稱也。**睋而曰：「彼哉！彼哉！**望見公斂處父師，而曰「彼哉彼哉」，再言之者，切遽意。**趣駕。」**使疾駕。**既駕，公斂處父帥師而至，**公斂處父，孟氏、叔孫氏將兵之將。**慬然後得免，自是走之晉。寶者何？璋判白，**判，半也。半圭曰璋〔四〇〕，白藏天子，青藏諸侯。魯得郊天，故錫以白。不言璋言玉者，起珪璧琮璜璋五玉盡亡之也。傳獨言璋者，所以郊事天尤重，詩云「奉璋峨峨〔四一〕，髦士攸宜」是也。禮，珪以朝，璧以聘，琮以發兵，璜以發衆，璋以徵召。**弓繡質，**質，拊也〔四二〕。言大者力千斤。**龜青純。**純，緣也。謂緣甲頓也。千歲之龜青髯，明于吉凶。易曰：「定天下之吉凶，成天下之亹亹者，莫善乎蓍龜。」經不言龜者，以先知，從寶省文。謂之寶者，世世保用之辭。此皆魯始封之錫。不言取而言竊者，正名也。定公從季孫假馬，孔子曰：「君之於臣，有取無假，而君臣之義立。」主書者，定公失政，權移陪臣，拘其尊卿，喪其五玉，無以合信天子，交質諸侯，當絕之。不書拘季孫者，舉五玉爲重。書大弓者，使若都以國寶書，微辭也。

九年，春，王，正月。

夏，四月，戊申，鄭伯囆卒。

得寶玉、大弓。

何以書？國寶也。喪之書，得之書。微辭也，使若都以重國寶故書。不以罪定公者，其寶失之，當坐；得之，當除。以竊寶不月，知得例不蒙上月。

六月，葬鄭獻公。

秋，齊侯、衛侯次于五氏。欲伐魯也。善魯能却難早〔四三〕，故書次而去。

秦伯卒。

冬，葬秦哀公。

十年，春，王，三月，及齊平。月者，頰谷之會，齊侯欲執定公，故不易。

夏，公會齊侯于頰谷。

公至自頰谷。上平爲頰谷之會，不易，故月。致地者，頰谷之會，齊侯作侏儒之樂，欲以執定公，孔子曰：「匹夫而熒惑於諸侯者誅。」於是誅侏儒，侏儒首足異處，齊侯大懼，曲節從教，得意，故致地〔四四〕。

晉趙鞅帥師圍衛。

齊人來歸運、讙、龜、陰田。

齊人曷爲來歸運、讙、龜、陰田？据齊甞取魯邑。孔子行乎季孫，三月不違，孔子仕魯，政事行乎季孫，三月之中不見違，過是，違之也。不言政行乎定公者，政在季氏之家。齊人爲是來歸之。齊侯自頰谷會歸，謂晏子曰：「寡人獲過於魯侯，如之何？」晏子曰：「君子謝過以質，小人謝過以文。齊甞侵魯四邑，請皆還之。」歸濟西田不言來，此其言來者，已絶，魯不應復得，故從外來常文，與齊人來歸衛寶同。夫子雖欲不受，定公貪而受之，此違之驗。

叔孫州仇、仲孫何忌帥師圍郈。

秋，叔孫州仇、仲孫何忌帥師圍費。

宋樂世心出奔曹。

宋公子池出奔陳。

冬，齊侯、衛侯、鄭游遬會于鞌。

叔孫州仇如齊。

宋公之弟辰暨宋仲佗、石彄出奔陳。復出宋者，惡仲佗悉欲帥國人去，故舉國言之。公子池、樂世心、石彄從之，皆是也。辰言暨者，明仲佗强與俱出也〔四五〕。三大夫出不月者，舉國，危亦見矣。

十有一年，春，宋公之弟辰及仲佗、石彄、公子池自陳入于蕭以叛。不復言宋仲佗者，本舉國，已明矣。辰言及者，後汲汲，當坐重。

夏，四月。

秋，宋樂世心自曹入于蕭。不言叛者，從叛臣，叛可知。

冬，及鄭平。

叔還如鄭莅盟。

十有二年，春，薛伯定卒。不日月者，子無道，當廢之，而以爲後，未至三年，失衆見弒〔四六〕，危社稷宗廟，禍端在定〔四七〕，故略之。

夏，葬薛襄公。

叔孫州仇帥師墮郈。

衛公孟彄帥師伐曹。

季孫斯、仲孫何忌帥師墮費。曷爲帥師墮郈？帥師墮費？据城費。孔子行乎季孫，三月不違，曰：「家不藏甲，邑無百雉之城。」於是帥師墮郈，帥師墮費。郈，叔孫氏所食邑。費，季氏所食邑。二大夫宰吏數叛，患之，以問孔子，孔子曰：「陪臣執國命，采長數叛者，坐邑有城池之固，家有甲兵之藏故也。」季氏説其言而墮之。故君子時然後言，人不厭其言。書者，善定公任大聖，復古制，弱臣勢也。不書去甲者，舉墮城爲重。雉者何？五板而堵，八尺曰板，堵凡四十尺。五堵而雉，二百尺。百雉而城。二萬尺，凡周十一里三十三步二尺，公侯之制也。禮，天子千雉，蓋受百雉之城十，伯七十雉，子男五十雉。天子周城，諸侯軒城。軒城者，缺南面以受過也。

秋，大雩。不能事事信用孔子，聖澤廢。

冬，十月，癸亥，公會晉侯盟于黄〔四八〕。

十有一月，丙寅，朔，日有食之。是後，薛弑其君比，晉荀寅、士吉射入于朝歌以叛。

公至自黄。

十有二月，公圍成。

公至自圍成。成，仲孫氏邑。圍成月又致者，天子不親征下土，諸侯不親征叛邑。公親圍成，不能服，不能以一國爲家，甚危，若從他國來，故危録之〔四九〕。

十有三年，春，齊侯、衛侯次于垂瑕。

夏，築蛇淵囿。

大蒐于比蒲〔五〇〕。

衛公孟彄帥師伐曹。

秋，晉趙鞅入于晉陽以叛。

冬，晉荀寅及士吉射入于朝歌以叛。

晉趙鞅歸于晉。

此叛也，其言歸何？據叛與出入惡同。以地正國也。軍以井田立數，故言以地。其以地正國奈何？晉趙鞅取晉陽之甲以逐荀寅與士吉射。荀寅與士吉射者曷爲者也？君側之惡人也。此逐君側之惡人，曷爲以叛言之？無君命也。無君命者，操兵鄉國，故初謂之叛，後知其意，欲逐君側之惡人，故録其釋兵，書歸赦之，君子誅意不誅事。晉陽之甲者，趙簡子之邑，以邑中甲逐之。

薛弑其君比。

十有四年，春，衛公叔戍來奔。

晉趙陽出奔宋。

二月〔五一〕，辛巳，楚公子結、陳公子佗人帥師滅頓，以頓子牄歸。不別以歸何國者，明楚、陳以滅人爲重，頓子以不死位爲重。

夏，衛北宫結來奔。

五月，於越敗吴于醉李〔五二〕。月者，爲下卒出。

吴子光卒。

公會齊侯、衛侯于堅〔五三〕。

公至自會。

秋，齊侯、宋公會于洮。

天王使石尚來歸脤。

石尚者何？天子之士也。天子上士以名氏通。脤者何？俎實也。實，俎肉也。腥曰脤，熟曰燔〔五四〕。禮，諸侯朝天子，助祭於宗廟，然後受俎實。時魯不助祭而歸之，故書以譏之。

衛世子蒯聵出奔宋。主書者，子雖見逐，無去父之義。

衛公孟彄出奔鄭。

宋公之弟辰自蕭來奔。

大蒐于比蒲。譏亟也。

邾婁子來會公。書者，非邾婁子會人於都也。如入人都，當脩朝禮。古者諸侯將朝天子，必先會間隙之地〔五五〕，考德行，一刑法，講禮義，正文章，習事天子之儀，尊京師，重法度，恐過誤。言公者，不受于廟。

城莒父及霄。去冬者，是歲蓋孔子由大司寇攝相事，政化大行，粥羔豚者不飾〔五六〕，男女異路，道無拾遺，齊懼北面事魯，饋女樂以間之。定公聽季桓子受之，三日不朝，當坐淫，故貶之。歸女樂不書者，本以淫受之，故深諱其本。又三日不朝，孔子行，魯人皆知孔子所以去，附嫌近害，雖可書，猶不書。或説：無冬者，坐受女樂，令聖人去。冬陰，臣之象也。

十有五年，春，王，正月，邾婁子來朝。

鼷鼠食郊牛，牛死，改卜牛。

曷爲不言其所食？據食角。漫也〔五七〕。漫者，徧食其身，災不敬也。不舉牛死爲重，復舉食者，内災甚矣，録内不言火是也。

二月，辛丑，楚子滅胡，以胡子豹歸。

夏，五月，辛亥，郊。

曷爲以夏五月郊？據魯郊正當卜春三正也，又養牲不過三月。三卜之運也。運，轉也。已卜春三正不吉，復轉卜夏三月、周五月，得二吉，故五月郊也。易曰：「再三瀆，瀆則不告。」不得其事，雖吉，猶不當爲也。不舉卜者，從可知。

壬申，公薨于高寢。

鄭軒達帥師伐宋。

齊侯、衛侯次于籧篨。

邾婁子來奔喪。

其言來奔喪何？據會葬以禮書，歸含且賵不言來。奔喪，非禮也。但解奔喪者，明言來者常文，不爲早晚施也。禮，天子崩，諸侯奔喪、會葬；諸侯薨，有服者奔喪，無服者會葬。邾婁與魯無服，故以非禮書。禮有不弔者三：兵死，壓死，溺死。

秋，七月，壬申，姒氏卒。

姒氏者何？哀公之母也。姒氏，杞女。哀公者，即定公之妾子。何以不稱夫人？據母以子貴。哀未君也。未踰年，不稱公。

八月，庚辰，朔，日有食之。是後，衛蒯聵犯父命，盜殺蔡侯申〔五八〕，齊陳乞弑其君舍。

九月，滕子來會葬。

丁巳，葬我君定公。雨不克葬，戊午，日下昃，乃克葬。昃，日西也。易曰「日中則昃」是也。下昃，蓋晡時。

辛巳，葬定姒。

定姒何以書葬？據不稱小君，子般不書葬。未踰年之君也，哀未踰年也。母以子貴，故以子正之。有子則廟，廟則書葬。如未踰年君之禮，稱謚者，方當踰年稱夫人。曾子問曰：「並有喪，則如之何？何先何後？」孔子曰：「葬，先輕而後重；其奠也、其虞也，先重而後輕；禮也。」

冬，城漆。

春秋公羊卷第十〔五九〕

【校勘記】

〔一〕幾，諸本同。釋文：「本或作機。」案作幾是也。經注皆作幾，隱公元年疏引經亦作仲幾，可證。

〔二〕蓑，余本、宋小字本同，唐石經作衰。阮氏挍勘記云：「閩、監、毛本同。唐石經蓑作衰。釋文作『不衰』云：『或作蓑。』困學紀聞云：按左氏傳『遲速衰序，於是焉在』，又云『宋仲幾不受功蓑』，字當從漢志作衰，與左氏合。經義雜記曰：五行志『不衰城』，師古曰：『衰城，謂以差次受功賦。衰音初爲反，一曰：衰，讀曰蓑，蓑城，謂以草覆城也，蓑音先和反。』按釋文及漢志，知公羊本作不衰城。說文衰，艸雨衣，从衣，象形；何注用説文本義。作蓑，俗字也，衰城義當從師古説。」案阮説不敢必是。釋文及漢志之用字，未必與解詁合。毛詩無羊「何蓑何笠」，傳云：「蓑，所以備雨。」是漢世已見蓑字。且徐疏云：「謂不以蓑苫城也。公羊之義，以爲昭三十二年城成周者，既是城訖，故於此處責其不蓑而已。不似左氏方始欲城耳。」是疏本作蓑，與唐石經不同。

〔三〕若今，余本同。疏本「若今」上有「簑」字。

〔四〕所主，余本同。疏本「主」下有「者」字。

〔五〕墉，原作「牖」，余本同。阮氏挍勘記云：「宋本同。閩、監、毛本牖作墉，疏同。按釋文作北墉，蓋何注本作北墉，即鄭所云或本是也。今公羊作北牖，則後人從禮記改轉。」案阮説可從，此據釋文本改。

〔六〕强，余本同。案解詁原本蓋作彊，説詳今本解詁通用字考。

〔七〕象，原作「家」，據余本改。

〔八〕閒，余本誤作「聞」。

〔九〕于，余本同。阮氏挍勘記云：「蜀大字本、閩、監、毛本同，鄂本于作於，下同。按作『於』是。」案阮挍備一説耳。

〔一〇〕三月，諸本同。阮氏挍勘記云：「唐石經原刻『三月』磨改作『二月』。解云：公羊、穀梁皆作三月，左氏作二月，未知孰正。按此則當從唐石經原刻。」案阮説不可從。推排春秋長曆，此年二月癸亥朔，三月壬辰朔，辛卯，二月晦也。作「三月」者，誤。説詳春秋朔閏表與經文曆日考證。

〔一一〕技，唐石經、余本、宋小字本作枝。阮氏挍勘記云：「唐石經、諸本同，釋文『于枝，二傳作拔』。按枝當爲拔，字之誤也，如公孫拔之誤爲公孫枝。」案阮挍備一説。

〔一二〕召陵，諸本同。釋文出「邵陵」云：「本或作召。」案當以召爲正。經注悉作召陵，無作邵陵者。

〔一三〕歸姓，唐石經、余本、宋小字本同。阮氏挍勘記云：「唐石經、諸本同。釋文：『公孫歸姓，二傳無歸字，姓音生。』按昭廿三年注作歸生，疏引此經同。」案襄公二十七年、昭公元年經皆作公孫歸生，且昭公二十三年注云「蔡公孫歸生」，蓋何氏原本作歸生字。然則，哀公四年經「公孫歸姓」，亦當作歸生。漢石經或寫作公孫姓，與二傳同，非何氏家法。

〔一四〕戊，諸本同。釋文：「又音恤。二傳作成。」案音恤者，當作戌字，非戊字。考史記杞世家，國君無以天干名者，似解詁原本作戌字，惜無明證。

〔一五〕不日與盟同日，余本同。疏云：「考諸古本，日亦有作月者。」案古本作「月」者非，「日」字是，説詳何休公羊外諸侯卒葬日月例考（見義例與用字第六章）。

〔一六〕文王之，余本同。阮氏挍勘記云：「閩本作『故主之』，是也。此作『王之』，誤。監、毛本『故』亦作『文』，上屬，與疏合。主之，作王之，同誤。」案阮説可從。「王之」，宜作「主之」。

〔一七〕鮮虞，諸本同。釋文：「本或作吴。」案昭公十二年經「晉伐鮮虞」，昭十五年經「晉荀吴帥師伐鮮虞」，定五年經「晉士鞅帥師圍鮮虞」，釋文皆不出異文，則作「虞」者是。陸氏所見「或本」非解詁原本。

〔一八〕成，原作「爲」，據余本改。案疏本亦作成。

〔一九〕之，余本無。阮氏挍勘記云：「鄂本『與』下有『之』。」則與此本同。然疏標注亦無「之」字，不知孰是。

〔二〇〕之，余本同。阮氏挍勘記云：「蜀大字本、閩、監、毛本同，鄂本無『之』，此衍。」案阮氏僅據鄂本立説，不敢必也。

〔二一〕便佞，余本同。釋文出「辯佞」云：「本又作便佞。」案疏云：「辯佞，辯爲媚矣。」則徐彦所據本亦作辯，不知孰是。

〔二二〕無，余本同。阮氏挍勘記云：「鄂本『無』作『不』，此誤。」案阮氏僅據鄂本立説，不必是。

〔二三〕五，余本誤脱。阮氏挍勘記云：「疏中引作宋五大夫叛，何挍本同，此脱『五』字，當據補。」案阮説是。

〔二四〕彊，余本、疏本作强。案解詁原本蓋作彊字，説詳今本解詁通用字考。

〔二五〕辛，原作「卒」，據余本改。

〔二六〕我我，余本同。阮氏挍勘記云：「鄂本無下『我』字。」案鄂本誤脱，有「我」者是。

〔二七〕再出尤危，余本同。阮氏挍勘記云：「蜀大字本脱『再』，鄂本『尤』誤『大』。」案當以此本、余本爲是。

〔二八〕故使若，余本同。阮氏挍勘記云：「鄂本脱使字。」考傳注，「使若」常文，知鄂本誤脱。

〔二九〕曹靖，唐石經、余本並同。釋文出「曹竫」云：「本亦作靖。」閩本始據釋文改靖爲竫。案漢石經作竫，未知解詁原本作何字。

〔三〇〕舉逐君爲重，余本同。阮氏挍勘記云：「鄂本下有『也』字。」

〔三一〕睋，余本、宋小字本同。阮氏挍勘記云：「唐石經原刻作俄，後改睋，下同。按桓二年傳『俄而可以爲其有矣』，莊三十二年傳『俄而牙弒械成』，字皆作俄。何注桓二年云『俄者，謂須臾之間，創得之頃也』，此從目，非。」案玉篇引公羊注：「睋，望也。」考何氏注「睋而曰」云「望見公斂處父師，而曰」，此以「望見」釋睋，正玉篇所本。班固西都賦「睎秦嶺，睋北阜」，李賢注云：「睎，望也；睋，視也。」然則，睋之爲視、望義，已見漢世篇籍。今此傳先言「孟氏與叔孫氏迭而食之」，後言「睋而鋟其板」，尋文究理，以爪刻板，恐非須臾之間；睋而鋟者，謂以目望人以鋟板，蓋暗示人以字也。王引之經義述聞亦謂睋是俄之借字，恐非何氏本旨。又，「鋟其」，諸本同，釋文：「本又作鑯。本或作鍛，誤。」説文：「鑯，鐵器也。一曰：鑴也。从金、韱聲。」説文不收鋟字，張參五經文字解「鋟」云「刺也，見春秋傳」，以刺釋鋟。注既云「爪刻」，明不用鐵器，似鋟字爲長。

〔三二〕蒲圃，諸本同。釋文出「滿圃」云：「本又作甫。」案今本蒲字，漢石經寫作滿，如州蒲，石經作州滿。今此蒲字，釋文作滿，或然也。惟不知何休本作滿歟？抑作蒲歟？圃、甫亦不能定。

〔三三〕日，宋小字本誤作「曰」。

〔三四〕騋馬，諸本同。釋文：「本又作㯼，字書無此字，相承用之。」別無佐證，疑不能定。

〔三五〕摇馬銜走，銜，原作銜。摇，余本作捶，釋文亦作捶。阮氏挍勘記云：「鄂本捶作摇，銜作銜。○按依説文，當作菙〔箠〕，假借作捶，譌作摇。」案阮説恐非。臨南已投策墜地，手中無策，不得云「箠馬」，説文：「箠，擊馬也，从竹垂聲。」故臨南騋馬，乃摇馬銜而走。馬銜者，制馬之行也。此本及鄂本並作摇，是。又銜銜異寫，考注文皆作銜字，兹據鄂本改銜爲銜。

〔三六〕莊門，諸本同。釋文：「本或作嚴。」案「莊」字是，解詁不避漢帝諱。

〔三七〕弑不，諸本同。釋文出「殺不」云：「音試，下同。」案作弑是。説詳今本解詁弑殺異文考。

〔三八〕却反，諸本同。釋文出「郤反」云：「本又作却。」案作却是。解詁凡退却之義皆用却字，不用郤字。如僖公元年傳云「却反舍于汶水之上」，僖公四年注云「攘，却也」，二十六年注云「大公能却彊齊之兵」，定公九年注「善魯能却難早」，皆是其證。

〔三九〕説然，諸本同。釋文：「本又作税。」案注云「説，解舍」，則解詁原本當作「説」字。

〔四〇〕圭，余本同，疑當作珪字。此注圭、珪並見，非何氏用字之例。僖公三十一年注云「大珪不瑑」「與其珪寶在辨中」，皆作珪不作圭。且殿本亦作珪，可爲一證。

〔四一〕峨，余本同。釋文：「本又作娥。」案疏文亦作峨字，似峨字是。

〔四二〕拊，余本同。阮氏挍勘記云：「釋文作質柎，此從手旁，訛。」案注云「質，拊也」，拊，本有弓把之義。禮記少儀云「弓則以左手屈韣執拊，右手執簫」，孔穎達正義云「拊，弓把也」，説文「拊，揗也」，「拊，闌足也」，似以從手爲正，阮挍恐非。

〔四三〕却難，余本同。釋文出「卻難」云：「亦作却。」案作却是，説見此年上條校記。

〔四四〕地，鄂本同。余本誤作「也」。

〔四五〕强，疑當作彊。説詳今本解詁通用字考。

〔四六〕見弑，余本同。釋文作「見殺」云：「音試。」案作弑是。説詳今本解詁弑殺異文考。

〔四七〕定，余本同。阮氏挍勘記云：「解云：在定，亦有作『在是』者，今解從定。按薛弑其君比，即在定十三年，則此作定，非也。定，當從是。」案阮挍非是。薛君比無道，未及二年而弑，禍端在薛伯定。故定字不誤，若作「是」字，意有未明。汪氏識語云：「定者，薛伯名，非魯定公也。所校非。」此説是。

〔四八〕晉侯，諸本同。阮氏挍勘記云：「唐石經、諸本同。按左氏、穀梁皆作齊侯，此作晉，誤也。宋張洽云：黄，齊地，公羊作晉侯，誤。」案阮説可從。

〔四九〕危録之，余本同。阮氏挍勘記云：「鄂本下有『矣』。」

〔五〇〕大蒐，諸本同。釋文出「大廋」云：「本又作蒐。」案蒐字是。何氏用蒐字，不用廋、搜字。

〔五一〕二月，原作「三月」，余本、宋小字本同。阮氏挍勘記云：「唐石經原刻作三月，後磨去上一畫。按左氏、穀梁皆作二月，此作三，誤。」推排春秋長曆，此年二月己未朔，辛巳，二十三日；三月戊子朔，無辛巳。作「二月」者是。說詳春秋朔閏表與經文曆日考證。

〔五二〕醉李，唐石經、余本、宋小字本同。釋文云：「本又作檇李。」案何氏原本當作醉字，說見昭公十七年校記。

〔五三〕堅，諸本同。釋文：「本又作掔。」疑不能定。

〔五四〕燔，諸本同。釋文：「本亦作膰，亦作繙。」案毛詩楚茨「或燔或炙」，傳：「燔，取膟膋。」箋云：「燔，燔肉；炙，肝炙。」是燔爲俎實，漢世已見。此傳以腥、熟對文，似作燔爲長。

〔五五〕會間，余本同，疏本作「會于間」。

〔五六〕肫，余本同。阮氏挍勘記云：「此本及閩、監本、疏中引注肫作豚，毛本始改爲肫，非。按史記、家語皆作羔豚。」案桓公八年注云「薦尚黍肫」，則肫字未必誤。

〔五七〕漫，余本、宋小字本同，唐石經作曼。案注云「漫者，偏食其身」，似解詁原本即作漫字。

〔五八〕殺，余本同，疏本作弒。案作弒是。說詳今本解詁弒殺異文考。

〔五九〕第十，原作「第十一」，余本同。據唐石經改。又，此行下有小字二行：「經二千四百六十二字，注四千二百八十七字。」

春秋公羊經傳解詁哀公第十二

何休　學

元年，春，王，正月，公即位。

楚子、陳侯、隨侯、許男圍蔡〔一〕。隨，微國，稱侯者，本爵俱侯，土地見侵削，故微爾。許男者，戌也。前許男斯見滅以歸，今戌復見者，自復；斯不死位，自復無惡文者，從滅以歸可知〔二〕。

鼷鼠食郊牛。災不敬故。

改卜牛。

夏，四月，辛巳，郊。

秋，齊侯、衞侯伐晉。

冬，仲孫何忌帥師伐邾婁。邾婁子新來奔喪，伐之不諱者〔三〕，期外恩殺惡輕，明當與根牟有差。

二年，春，王，二月，季孫斯、叔孫州仇、仲孫何忌帥師伐邾婁，取漷東田及沂西田。

漷、沂，皆水名。邾婁子來奔喪，取其地，不諱者，義與上同。

癸巳，叔孫州仇、仲孫何忌及邾婁子盟于句繹。所以再出大夫名氏者，季孫斯不與盟。

夏，四月，丙子，衛侯元卒。

滕子來朝。

晉趙鞅帥師納衛世子蒯聵于戚。

戚者何？衛之邑也。曷爲不言入于衛？據「弗克納」未入國文，言「納于邾婁」，納者入辭，故傳言「曷爲不言入于衛」。父有子，子不得有父也。明父得有子而廢之，子不得有父之所有，故奪其國文，正其義也。不貶蒯聵者，下曼姑圍戚無惡文，嫌曼姑可爲輒誅其父，故明不得也。不去國見挈者，不言入于衛，不可醇無國文。輒出奔不書者，不責拒父也。主書者，與頓子同。

秋，八月，甲戌，晉趙鞅帥師及鄭軒達帥師戰于栗〔四〕，鄭師敗績。

冬，十月，葬衛靈公。

十有一月，蔡遷于州來。畏楚也，州來，吴所滅。

蔡殺其大夫公子駟。稱國以殺者，君殺大夫之辭。稱公子者，惡失親也。

三年，春，齊國夏、衛石曼姑帥師圍戚。

齊國夏曷爲與衛石曼姑帥師圍戚？据晉趙鞅以地正國加「叛」文。今此無加文，故問之。伯討也。方伯所當討，故使國夏首兵。此其爲伯討奈何？曼姑受命乎靈公而立輒。靈公者，蒯聵之父。以曼姑之義，爲固可以距之也〔五〕。曼姑無惡文者，起曼姑得拒之〔六〕。曼姑，臣也，拒之者，上爲靈公命，下爲輒故，義不可以子誅父，故但得拒之而已。傳所以曼姑解伯討者，推曼姑得拒之，則國夏得討之明矣。不言圍衛者，順上文，辟圍輒。輒者曷爲者也？蒯聵之子也。然則曷爲不立蒯聵而立輒？据春秋有父死子繼。蒯聵爲無道，行不中善道。靈公逐蒯聵而立輒。然則，輒之義可以立乎？輒之義不可以拒父，故但問可立與不。曰：可。其可奈何？不以父命辭王父命，不以蒯聵命辭靈公命。以王父命辭父命，辭，猶不從。是父之行乎子也。是靈公命行乎蒯聵〔七〕，重本尊統之義。不以家事辭王事，以父見廢，故辭讓不立，是家私事。以王事辭家事，聽靈公命立者，是王事公法也。是上之行乎下也。是王法行於諸侯〔八〕，雖得正，非義之高者也。故冉有曰：「夫子爲衛君乎？」子貢曰：「諾。吾將問之。」入曰：「伯夷、叔齊何人也？」曰：「古之賢人也。」曰：「怨乎？」「求仁而得仁，又何怨？」出曰：「夫子不爲也。」主書者，善伯討。

夏，四月，甲午，地震。此象季氏專政，蒯聵犯父命。是後，蔡大夫專相放，盜殺蔡侯申〔九〕，辟伯晉而京師楚，黄池之會，吴大爲主。

五月，辛卯，桓宫、僖宫災。

此皆毁廟也，其言災何？據禮，親過高祖，則毁其廟。復立也。曷爲不言其復立？據立武宫言立。春秋見者不復見也。謂内所改作也，哀自立之，善惡獨在哀，故得省文。何以不言及？據雉門及兩觀。敵也。親過高祖，親疏適等。何以書？上已問此皆毁廟，其言災何？故不復連桓宫、僖宫。記災也。災不宜立。

季孫斯、叔孫州仇帥師城開陽。

宋樂髡帥師伐曹。

秋，七月，丙子，季孫斯卒。

蔡人放其大夫公孫獵于吴。稱人者，惡大夫驕蹇作威相放，當誅，故貶。

冬，十月，癸卯，秦伯卒。哀公著治大平之終〔一〇〕，小國卒葬極於哀公者，皆卒日葬月。

叔孫州仇、仲孫何忌帥師圍邾婁。

四年，春，王，三月〔一一〕，庚戌，盜弑蔡侯申〔一二〕。

弑君賤者窮諸人，此其稱盜以弑何？據宋人弑其君處臼稱人。賤乎賤者也。賤於稱人者。賤乎賤者孰謂？據無主名。謂罪人也。罪人者，未加刑也。蔡侯近罪人，卒逢其禍，故以爲人君深戒。不言其君者，方當刑放之，與刑人義同。

蔡公孫辰出奔吴。

葬秦惠公。

宋人執小邾婁子。

夏，蔡殺其大夫公孫歸姓〔一三〕、公孫霍。

晉人執戎曼子赤歸于楚。

赤者何？欲以爲戎曼子名，則晉人執曹伯言畀宋人，不言名、歸。欲言微者，則不當書，故以不知問也。戎曼子之名也。其言歸于楚何？據執曹伯畀宋人不言「歸于宋」。子北宫子曰：「辟伯晉而京師楚也。」此解名而言歸意也。前此，楚比滅頓〔一四〕、胡，諸侯由是畏其威，從而圍蔡，蔡遷于州來，遂張中國，京師自置，晉人執戎曼子，不歸天子而歸于楚，而不名，而言歸于楚，則與伯執歸京師同文，故辟其文而名之，使若晉非伯執，而赤微者自歸于楚。言歸于楚者，起伯晉京師楚。主書者，惡晉背叛，當誅之。

六月，辛丑，蒲社災。

城西郛。

蒲社者何？据「鼓用牲于社」不言蒲。亡國之社也。蒲社者，先世之亡國在魯竟。社者，封也。封土爲社。其言災何？据封土非火所能燒。亡國之社蓋揜之，揜其上而柴其下。故火得燒之。揜、柴之者，絶不得使通天地四方，以爲有國者戒。蒲社災何以書？記災也。戒社者，先王所以威示教戒諸侯，使事上也。災者，象諸侯背天子。是後，宋事彊吴，齊、晉前驅，滕、薛俠轂，魯、衞驂乘，故天去戒社，若曰：王教滅絶云爾。

秋，八月，甲寅，滕子結卒。

冬，十有二月，葬蔡昭公。賊已討，故書葬也。不書討賊者，明諸侯得專討士以下也。

葬滕頃公。

五年，春，城比〔一五〕。

夏，齊侯伐宋。

晉趙鞅帥師伐衞。

秋，九月，癸酉，齊侯處臼卒。

冬，叔還如齊。

閏月，葬齊景公。

閏不書，此何以書？據楚子昭卒不書閏。喪以閏數也。謂喪服大功以下，諸喪當以閏月爲數。喪曷爲以閏數？據卒不書閏。喪數略也。略，猶殺也。以月數，恩殺，故并閏數。

六年，春，城邾婁葭。城者，取之也。不言取者〔一六〕，魯數圍取邾婁邑，邾婁未曾加非於魯，而侮奪之，不知足，有夷狄之行〔一七〕，故諱之，明惡甚。

晉趙鞅帥師伐鮮虞。

吳伐陳。

夏，齊國夏及高張來奔。

叔還會吳于柤。

秋，七月，庚寅，楚子軫卒。

齊陽生入于齊。

齊陳乞弑其君舍。

弑而立者，不以當國之辭言之，此其以當國之辭言之何？據齊公子商人弑其君舍而立，氏公子。爲諼也。此其爲諼奈何？問其義。景公謂陳乞曰：「吾欲立舍，何如？」陳乞曰：「所樂乎爲君者，欲立之，則立之；不欲立，則不立。貴自專也。君如欲立之，則臣請立之。」陳乞欲拒言不可，恐景公殺陽生。陽生謂陳乞曰：「吾聞子蓋將不欲立我也。」陳乞曰：「夫千乘之主，將廢正而立不正，必殺正者。晉世子申生是也。吾不立子者，所以生子者也，走矣！」教陽生走。與之玉節而走之。節，信也。析玉與陽生，留其半，爲後當迎之，合以爲信，防稱矯也。奔不書者，未命爲嗣。景公死而舍立，陳乞使人迎陽生于諸其家。于諸，寘也，齊人語也。除景公之喪，期而小祥，服期者除。諸大夫皆在朝，陳乞曰：「常之母，常，陳乞子，重難言其妻，故云爾。有魚菽之祭，齊俗，婦人首祭事。言魚豆者，示薄陋無所有。願諸大夫之化我也。」言欲以薄陋餘福共宴飲。諸大夫皆曰：「諾。」於是皆之陳乞之家，坐，陳乞曰：「吾有所爲甲，甲，鎧。請以示焉。」諸大夫皆曰：「諾。」於是使力士舉巨囊而至于中霤，巨囊，大囊。中央曰中霤。諸大夫見之，皆色然而駭〔一八〕，色然，驚駭貌。開之則闖然闖，出頭貌。公子陽生也。陳乞曰：「此君也已。」諸大夫不得已，皆逡巡北面再拜稽首而君之爾。時舍未能得衆，而陽生本正當立〔一九〕，諸大夫又見力士，知陳乞有備，故不得已，遂君之。自是往弑舍。陽生先詐致諸大夫，立於陳乞家，然後往弑舍，故先書當國，起其事也。乞爲陽生弑舍，不舉陽生弑者，諼成于乞也。不日者，與卓子同。

冬，仲孫何忌帥師伐邾婁。

宋向巢帥師伐曹。

七年，春，宋皇瑗帥師侵鄭。

晉魏曼多帥師侵衛。

夏，公會吴于鄫。

秋，公伐邾婁。

八月，己酉，入邾婁，以邾婁子益來。

入不言伐，此其言伐何？據當舉入爲重。內辭也，若使他人然。諱獲諸侯，故不舉重而兩書，使若魯公伐而去，他人入之以來者，醇順他人來文〔二〇〕。邾婁子益何以名？據以隗子歸不名。絶。曷爲絶之？據俱以歸。獲也。曷爲不言其獲？據獲晉侯言獲。內大惡諱也。故名以起之也。日者，惡魯侮奪邾婁無已，復入獲之。入不致者，得意可知例。

宋人圍曹。

冬，鄭駟弘帥師救曹。

八年，春，王，正月，宋公入曹，以曹伯陽歸。

曹伯陽何以名？据以隗子歸不名。絶。曷爲絶之。据俱以歸。滅也。曷爲不言其滅？据滅隗也。諱同姓之滅也。故名以起之。何諱乎同姓之滅？据衛侯燬滅邢不諱。力能救之而不救也。以屬上力能獲邾婁，而不救曹，故責之。不日者，深諱之。定、哀滅例日，此不日者，諱使若不滅，故不日。

吴伐我。不言鄙者，起圍魯也。不言圍者，諱使若伐而去。

夏，齊人取讙及僤。

外取邑不書，此何以書？所以賂齊也。曷爲賂齊？据上無戰伐之文。爲以邾婁子益來也。邾婁，齊與國，畏爲齊所怒而賂之，恥甚，故諱使若齊自取。

歸邾婁子益于邾婁。獲歸不書，此書者，善魯能悔過歸之，嫌解邾婁子益無罪書，故復名之。

秋，七月。

冬，十有二月，癸亥，杞伯過卒。

齊人歸讙及僤。書者，善魯能悔過，歸邾婁子益所喪之邑，不求自得，故不言來，使若不從齊來，與歸我濟西田同文。

九年，春，王，二月，葬杞僖公。

宋皇瑗帥師取鄭師于雍丘。

其言取之何？據詐戰言敗也。易也。其易奈何？詐之也。詐謂陷阱奇伏之類。兵者，爲征不義，不爲苟勝而已。十三年詐反不月，知此不蒙上月，疾略之爾。

夏，楚人伐陳。

秋，宋公伐鄭。

冬，十月。

十年，春，王，二月，邾婁子益來奔。月者，魯前獲而歸之，今來奔，明當尤加禮，厚遇之。

公會吴伐齊。

三月，戊戌，齊侯陽生卒。

夏，宋人伐鄭。

晉趙鞅帥師侵齊。

五月，公至自伐齊。

葬齊悼公。

衞公孟彄自齊歸于衞。

薛伯寅卒。卒、葬略者，與杞伯益姑同。

秋，葬薛惠公。

冬，楚公子結帥師伐陳。

吴救陳。救中國不進者，陳，吴與國，救陳欲以備中國，故不進。

十有一年，春，齊國書帥師伐我。

夏，陳袁頗出奔鄭。

五月，公會吴伐齊。

甲戌，齊國書帥師及吴戰于艾陵，齊師敗績，獲齊國書。戰不言伐，舉伐者，魯與伐而不與戰。不從内與伐、使吴爲主者，吴主會，故不與夷狄主中國也。言獲者，能結日偏戰，少進也。

秋，七月，辛酉，滕子虞母卒。

冬，十有一月，葬滕隱公。

衞世叔齊出奔宋。

十有二年，春，用田賦。

何以書？據當賦稅，爲何書。譏。何譏爾？譏始用田賦也。田，謂一井之田。賦者，斂取其財物也。言用田賦者，若今漢家斂民錢以田爲率矣。不言井者，城郭里巷亦有井，嫌悉賦之。禮，稅民，公田不過什一；軍賦，十井不過一乘。哀公外慕彊吳〔二一〕，空盡國儲，故復用田賦過什一。

夏，五月，甲辰，孟子卒。

孟子者何？據魯大夫無孟子。昭公之夫人也。其稱孟子何？據不稱夫人某氏。諱娶同姓，蓋吳女也。禮，不娶同姓，買妾不知其姓，則卜之，爲同宗共祖，亂人倫，與禽獸無別。昭公既娶，諱而謂之吳孟子。春秋不繫吳者，禮，婦人繫姓不繫國，雖不諱，猶不繫國也。不稱夫人、不言薨、不書葬者，深諱之。

公會吳于橐皋。

秋，公會衞侯、宋皇瑗于運。

宋向巢帥師伐鄭。

冬，十有二月，螽〔二二〕。

何以書？記異也。何異爾？不時也。螽者，與陰殺俱藏。周十二月，夏之十月，不當見，故爲異。比年再螽者〔二三〕，天不能殺，地不能埋〔二四〕。自是之後，天下大亂，莫能相禁，宋國以亡〔二五〕，齊并於陳氏，晉分爲六卿。

十有三年，春，鄭軒達帥師取宋師于嵒。

其言取之何？易也。其易奈何？詐反也。前宋行詐取鄭師，今鄭復行詐取之，苟相報償，不以君子正道，故傳言詐反，反，猶報也。

夏，許男戌卒〔二六〕。比陳、蔡，不當復卒，故卒葬略。

公會晉侯及吴子于黄池。

吴何以稱子？據救陳稱國。吴主會也。以言及也。時吴彊而無道〔二七〕，敗齊臨菑〔二八〕，乘勝大會中國。齊、晉前驅，魯、衛驂乘，滕、薛俠轂而趨。以諸夏之衆、冠帶之國，反背天子而事夷狄，恥甚不可忍言，故深爲諱辭，使若吴大以禮義會天下諸侯，以尊事天子，故進稱子。吴主會，則曷爲先言晉侯？據申之會楚子主會序上。不與夷狄之主中國也。明其實自以夷狄之彊會諸侯爾，不行禮義，故序晉於上。其言及吴子何？據鍾離之會殊會吴不言及。僖五年公及齊侯，齊侯主會益明矣。會兩伯之辭也。晉序上者，主會文也。吴言及者，亦人往爲主之文也。方不與夷狄主中國，而又事實當見，不可醇奪，故張兩伯辭。先晉，言及吴子，使若晉主會爲伯，吴亦主會爲伯，半抑半起，以奪見其事也。語在下。不與夷狄之主中國，則曷爲以會兩伯之辭言之？据伯主人。重吴也。其實重在吴，故言及。舉晉者，諱而不盈。曷爲重吴？据常殊吴。吴在是，則天下諸侯莫敢不至也。以晉大國，尚猶汲汲於吴，則知諸侯莫敢不至也。不書諸侯者，爲微辭，使若天下盡會之，而魯侯蒙俗會之者惡愈。齊桓兼舉遠明近，此但舉大者，非尊天子，故不得褒也。主書者，惡諸侯君事夷狄。

楚公子申帥師伐陳。

於越入吴。

秋，公至自會。有恥致者，順諱文也。

晉魏多帥師侵衛。

此晉魏曼多也，曷爲謂之晉魏多？据上七年言曼多。譏二名。二名，非禮也。復就晉見者，明先自正而後正人，正人當先正大以帥小。

葬許元公。

九月，螽。先是，用田賦，又有會吴之費。

冬，十有一月，有星孛于東方。

孛者何？彗星也。其言「于東方」何？据北斗言星名。見于旦也。旦者，日方出，時宿不復見，故言東方，知爲旦。何以書？記異也。周十一月，夏九月，日在房、心，房、心，天子明堂布政之庭。於此旦見，與日爭明者，諸侯代王治〔二九〕，典法滅絶之象。是後，周室遂微，諸侯相兼，爲秦所滅，燔書道絶。

盜殺陳夏彄夫〔三〇〕。

十有二月，蝝。黄池之會，費重煩之所致。

十有四年，春，西狩獲麟。

何以書？記異也。何異爾？非中國之獸也。然則孰狩之？稱西言狩，尊卑未分，据無主名〔三一〕。薪采者也。西者，据狩言方地，類賤人象也。金主芟艾，而正以春盡，木火當燃之際〔三二〕。舉此爲文，知庶人采樵薪者。薪采者，則微者也，曷爲以狩言之？据天子諸侯乃言狩，「天王狩于河陽」「公狩于郎」是也。河陽冬言狩，獲麟春言狩者，蓋据魯變周之春以爲冬〔三三〕，去周之正而行夏之時。大之也。使若天子諸侯。曷爲大之？据略微。爲獲麟大之也。曷爲爲獲麟大之？据鸛鵒俱非中國之禽，無加文。麟者，仁獸也。狀如麕，一角而戴肉，設武備而不爲害，所以爲仁也。詩云：「麟之角，振振公族。」是也。有王者則至，上有聖帝明王，天下大平〔三四〕，然後乃至。尚書曰：「簫韶九成，鳳皇來儀。擊石拊石，百獸率舞。」援神契曰：「德至鳥獸則鳳皇翔、麒麟臻。」無王者則不至。辟害遠也。當春秋時，天下散亂，不當至而至，故爲異。有以告者曰：「有麕而角者〔三五〕。」孔子曰：「孰爲來哉！孰爲來哉！」見時無聖帝明王，怪爲誰來。反袂拭面〔三六〕，涕沾袍〔三七〕。袍，衣前襟也。夫子素案圖録，知庶聖劉季當代周，見薪采者獲麟，知爲其出。何者？麟者，木精。薪采者，庶人燃火之意。此赤帝將代周居其位，故麟爲薪采者所執。西狩獲之者，從東方王於西也，東卯西金象也；言獲者，兵戈文也，言漢姓卯金刀以兵得天下。不地者，天下異也。又先是，蝝蟲冬踊，彗金精，埽旦置新之象〔三八〕。夫子知其將有六國爭彊，從横相滅之敗，秦、項驅除，積骨流血之虐，然後劉氏乃帝，深閔民之離害甚久，故豫泣也。顔淵死，子曰〔三九〕：「噫！噫，咄嗟貌。天喪予。」予，我。子路死，子曰：「噫！天祝予。」祝，斷也。天生顔淵、子路，爲夫子輔佐，皆死者，天將亡夫子之證。西狩獲麟〔四〇〕，孔子曰：「吾道窮矣。」加姓者，重終也。麟者，大平之符〔四一〕，聖人之類。時得麟而死，此亦天告夫子將没之徵，故云爾。春秋何以始乎隱？据得麟乃作。祖之所逮聞也。託記高祖以來事，可及問聞知者，猶曰：我但記先人所聞，辟制作之害。所見異辭，所聞異辭，所傳聞異辭。所以復發傳者，益師以臣見恩，此以君見恩，嫌義異。於所見之世，臣子恩其君父尤厚，故多微辭也；所聞之世，恩王父少殺，故立煬宫不日、武宫日是也；所傳聞之世，恩高祖曾祖又殺，故子赤卒不日，子般卒日是也。何以終乎哀十四年？据哀公未終也。曰：備矣。人道浹〔四二〕，王道備，必止於麟者，欲見撥亂功成於麟，猶堯、舜之隆，鳳皇來儀，故麟於周爲異。春秋記以爲瑞，明大平以瑞應爲效也〔四三〕。絶筆於春，不書下三時者，起木絶火王，制作道備，當授漢也。又春者，歲之始，能常法其始，則無不終竟。君子曷爲爲春秋？據以定作五經。撥亂世，撥，猶治也。反諸正，莫近諸春秋。得麟之後，天下血書魯端門曰：「趨作法，孔聖没，周姬亡，彗東出，秦政起，胡破術，書記散，孔不絶。」子夏明日往視之，血書飛爲赤烏，化爲白書，署曰演孔圖，中有作圖制法之狀。孔子仰推天命，俯察時變，却觀未來，豫解無窮，知漢當繼大亂之後，故作撥亂之法以授之。則未知其爲是與？其諸君子樂道堯、舜之道與？作傳者謙不敢斥夫子所爲作意也。堯、舜當古，歷象日月星辰，百獸率舞，鳳皇來儀。春秋亦以王次春，上法天文，四時具然後爲年，以敬授民時，崇德致麟〔四四〕，乃得稱大平。道同者相稱，德合者相友〔四五〕，故曰樂道堯、舜之道。末不亦樂乎堯、舜之知君子也？末不亦樂後有聖漢受命而王，德如堯、舜之知孔子爲制作。制春秋之義以俟後聖，待聖漢之王以爲法。以君子之爲，亦有樂乎此也。樂其貫於百王而不滅，名與日月並行而不息。

春秋公羊卷第十一〔四六〕

【校勘記】

〔一〕圍，原作「圖」，據唐石經、余本改。

〔二〕從，鄂本同，余本誤脱。

〔三〕者，余本同。阮氏挍勘記：「鄂本『者』誤『也』。」案阮説是。

〔四〕軒達帥師，余本同，阮氏挍勘記云：「解云：『諸家之經，軒達下有帥師，唯服引經者無。』按鄭軒達下不言『帥師』者，蒙上晉趙鞅帥師也，今三家下有『帥師』，當衍。疏本與服氏無之，是也。」案阮挍足備一説。又，栗，唐石經、余本、宋小字本同，釋文云：「一本作秩。」疏云：「於鐵者，三家同，有作栗字者，誤也。今定本作栗字。」案經有女栗，似作栗者爲勝。

〔五〕距，各本同，疑解詁原本作「拒」。説詳今本解詁通用字考。

〔六〕拒，余本同。阮氏挍勘記云：「按拒當同傳作『距』，下同。」案阮挍不敢必。傳文「距」或是「拒」之訛，説詳今本解詁通用字考。

〔七〕乎，余本同。疏本作「于」。

〔八〕於，余本同。阮氏挍勘記云：「鄂本於作乎，何挍本、疏中同。」案疏本亦作「於」。

〔九〕殺，余本同。疑解詁原本作弒，注例凡臣弒君者皆書弒。説詳今本解詁弒殺異文考。

〔一〇〕大，原作太，據余本改。

〔一一〕三月，諸本同。推排春秋長曆，二月庚寅朔，庚戌，二十一日。三月無庚戌。此三月，當是「二月」之譌，左氏經是也。説詳春秋朔閏表與經文曆日考證。

〔一二〕盜弑，唐石經、余本同，釋文作「盜殺」。案作弑是，説詳今本解詁弑殺異文考。

〔一三〕姓，疑當作「生」，説見定公四年校記。

〔一四〕楚，原作「是」，據余本改。

〔一五〕比，諸本同。釋文云：「本又作芘，亦作庇。」無別本可證，莫能定何氏用字。

〔一六〕取者，余本同，疏本「取」下有「之」字。

〔一七〕之，余本同，疏本無「之」字。

〔一八〕色然，諸本同。釋文：「本又作垝。本或作危。」案注云「色然」，色蓋是解詁之字，陸氏所見「又本」「或本」恐非解詁原本。

〔一九〕本，余本同。鄂本作「今」，恐非。

〔二〇〕二「他」字，余本同，疏本作佗。案解詁凡他人他事用「他」字，「佗」則用於人名。此當以「他」字爲正。

〔二一〕彊，余本同，疏本作强。案當以「彊」字爲勝，説詳今本解詁通用字考。

〔二二〕蟓，諸本同。釋文：「本亦作螽。」案蟓字是。説見文公三年校記。

〔二三〕螺，余本同，疏本作蠡。案螺字是，説見文公三年校記。

〔二四〕埋，余本同，疏本作「理」。

〔二五〕宋，余本、宋小字本同。阮氏挍勘記云：「解云：考諸舊本，『宋』是『宗』字，宗國猶大國。按當作宗國字，宗國謂魯也。」案「宗」字恐非。令如疏言，「宋」作「宗」字，宗國謂大國，則嫌與下齊、晉之爲大國意複。若宗國爲魯國，則嫌災異爲魯亡之徵，乃不爲魯諱，非夫子作春秋之例。

〔二六〕戍，余本、宋小字本作戌。阮氏挍勘記云：「鄂本戍作戌，唐石經缺，釋文作「戍」云：本亦作戌。」據何氏人名用字之例，似戌字爲勝。

〔二七〕彊，余本同，疏本作强。案當以彊字爲勝，説詳今本解詁通用字考。

〔二八〕菑，余本同。阮氏挍勘記云：「解云：菑字有作晉字，黄池近晉，晉人畏而會之，故曰臨晉。」案上經吴敗齊于艾陵，則此作晉者爲長。

〔二九〕王，鄂本同，余本作主。案當以「王」字爲正。

〔三〇〕夏，諸本同。釋文云：「一本作廉。」二傳亦作夏，似解詁原本即作夏字。彄，諸本同，釋文云：「一本作嫗。」別無證驗，疑不能定。

〔三一〕主名，原倒作「名主」，據余本乙。

〔三二〕燃，原作「然」，據余本改。案此本注文皆寫作燃，「然」字僅此一見，疑解詁原本即用燃字。

〔三三〕据，原作「狩」，據余本改。又，「以」字亦據余本補。

〔三四〕大，原作「太」，據余本改。

〔三五〕有麕，唐石經、余本、宋小字本同。釋文出「有麐」云：「本又作麇，亦作麕。」案説文：「麇，麞也。从鹿，囷省聲。麕，籀文不省。」是麇爲麕之省寫。五經文字出「麇麕」云：「上説文，下籀文，經典或作麐，字書不見。」是麇、麕、麐爲異體字。以注云「狀如麕」，則解詁原本蓋作麕字。

〔三六〕面，諸本同。徐彦所據本作「目」。

〔三七〕袍，諸本同。阮氏挍勘記引臧氏經義雜記云：「説文『袍，襺也。袷，交衽也。』是當作涕沾袷。衿襟皆俗字，作袍，非也。論衡指瑞云『反袂拭面，泣涕沾襟』，春秋正義云『下沾衿之泣』，離騷『霑余襟之浪浪』，皆可證。」案臧説非何氏義。注云「袍，衣前襟」，明與説文不合，不得據他本以難此。王引之謂袍乃褒之借字，廣韻：「褒，衣前襟。」涕沾袍，即涕沾襟，則袍字不誤。

〔三八〕旦，原作「且」，據余本改。

〔三九〕子曰，余本、宋小字本同。唐石經作「孔子曰」，誤。阮氏挍勘記云：「按下西狩獲麟，孔子曰：吾道窮矣。加姓者，重終也。然則，於此不當有孔字矣。」案阮説是。

〔四〇〕西狩獲麟，各本同。阮氏挍勘記引臧氏經義雜記云：「論衡指瑞云：『春秋曰西狩獲死麟。』今三傳本無死字，而公羊云：顔淵死，子曰：『噫！天喪予。』子路死，子曰：『噫！天祝予。』西狩獲麟，孔子曰：

『吾道窮矣。』注云：『時得麟而死，此亦天告夫子將没之徵。』則此傳本作『西狩獲死麟』，與上顔淵死、子路死一例；『吾道窮矣』，與上天喪予、天祝予一例。」案臧説可備一説。

〔四一〕大，原作「太」，據余本改。

〔四二〕浹，余本同。釋文云：「一本作帀。」徐彦疏云：「浹，亦有作帀字者。」未知孰是。

〔四三〕效，原作「効」，據余本改。

〔四四〕致，余本誤作「政」。

〔四五〕友，余本誤作「反」。

〔四六〕十一，原作「十二」，余本同。據唐石經改。又，「卷」字原脱，據唐石經、余本補。又，此行下有小字二行：「經二千四十二字，注三千三百八十二字。」另行大字書「凡一十二萬七百五十七字。」次行小字分記經注字數：「經四萬四千八百四十四字，注七萬五千九百一十三字。」